GESCHICHTE
FÜR CLEVERE KIDS

DK

DK | Penguin Random House

Lektorat Jessica Cawthra, Francesca Baines, Andrew Macintyre, Liz Wheeler, Jonathan Metcalf, Steven Carton, Clare Hibbert, Andrea Mills, Linda Esposito, Diane Peyton Jones, Bharti Bedi, Kingshuk Ghoshal
Gestaltung und Bildredaktion Sheila Collins, Philip Letsu, Karen Self, Phil Ormerod, David Ball, Jeongeun Park, Stefan Podhorodecki, Mary Sandberg, Jane Thomas, Nic Dean, Deep Shikha Walia, Shipra Jain, Pankaj Bhatia, Neeraj Bhatia, Tanveer Abbas Zaidi, Govind Mittal
Herstellung Andy Hilliard, Jude Crozier, Mary Slater, Ben Marcus, Rachel Ng, Balwant Singh, Pankaj Sharma
DK Picture Library Romaine Werblow
Illustrationen Jeongeun Park
Fachliche Beratung Philip Parker

Für die deutsche Ausgabe:
Projektbetreuung Sebastian Twardokus
Herstellungskoordination
Katharina Dürmeier, Bettina Bähnsch
Herstellung Sophie Schiela, Claudia Bürgers
Covergestaltung Claudia Bürgers

Titel der englischen Originalausgabe:
History Year by Year

Überarbeitete Neuausgabe

Übersetzung Karin Hofmann, Dr. Michael Schmidt
Lektorat Dorit Aurich

ISBN 978-3-8310-4130-5
5902-314181-21883-04

Druck und Bindung TBB, a.s., Slowakei

FSC www.fsc.org MIX Papier | Fördert gute Waldnutzung FSC® C018179

www.dk-verlag.de

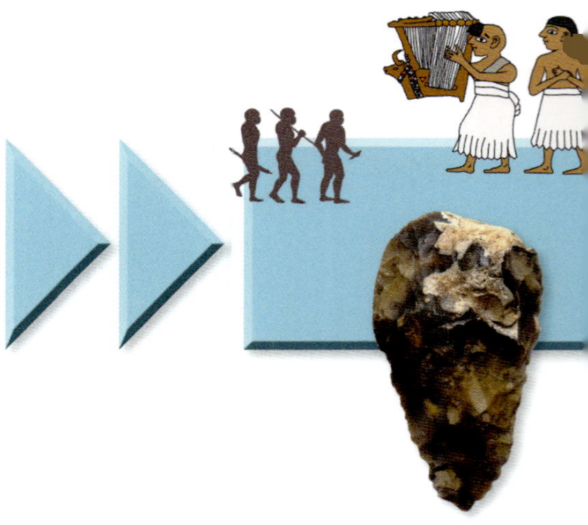

GESCHICHTE FÜR CLEVERE KIDS

LEXIKON MIT ÜBER 1500 FARBIGEN ABBILDUNGEN

Text
Peter Chrisp, Joe Fullman,
und Susan Kennedy

Inhalt

Vor 6,5 Mio. Jahren–3000 v. Chr.

Urgeschichte

3000–700 v. Chr.

Frühe Geschichte

700 v. Chr.–500 n. Chr.

Antike Kulturen

500–1450

Geheimnisvolles Mittelalter

Kursive Überschriften weisen auf Seiten hin, auf denen über das Leben von Kindern dieser Zeit erzählt wird.

Auf der Reise durch die Zeit

Die ersten Ereignisse in diesem Buch fanden vor Millionen von Jahren statt, ein Zeitraum, der mit den Buchstaben „Mio." abgekürzt wird. Noch häufiger wirst du auf die Abkürzungen „v. Chr." und „n. Chr." stoßen. Sie bedeuten „vor Christus" und „nach Christus", denn in unserer westlichen Welt ist die Zeit in die Abschnitte vor der Geburt Christi und nach der Geburt Christi eingeteilt.

1450–1750
Zeit der Entdeckungen

1750–1850
Zeit des Wandels

1850–1945
Weltreiche und Weltkriege

1945–2012
Aufbruch in eine neue Zeit

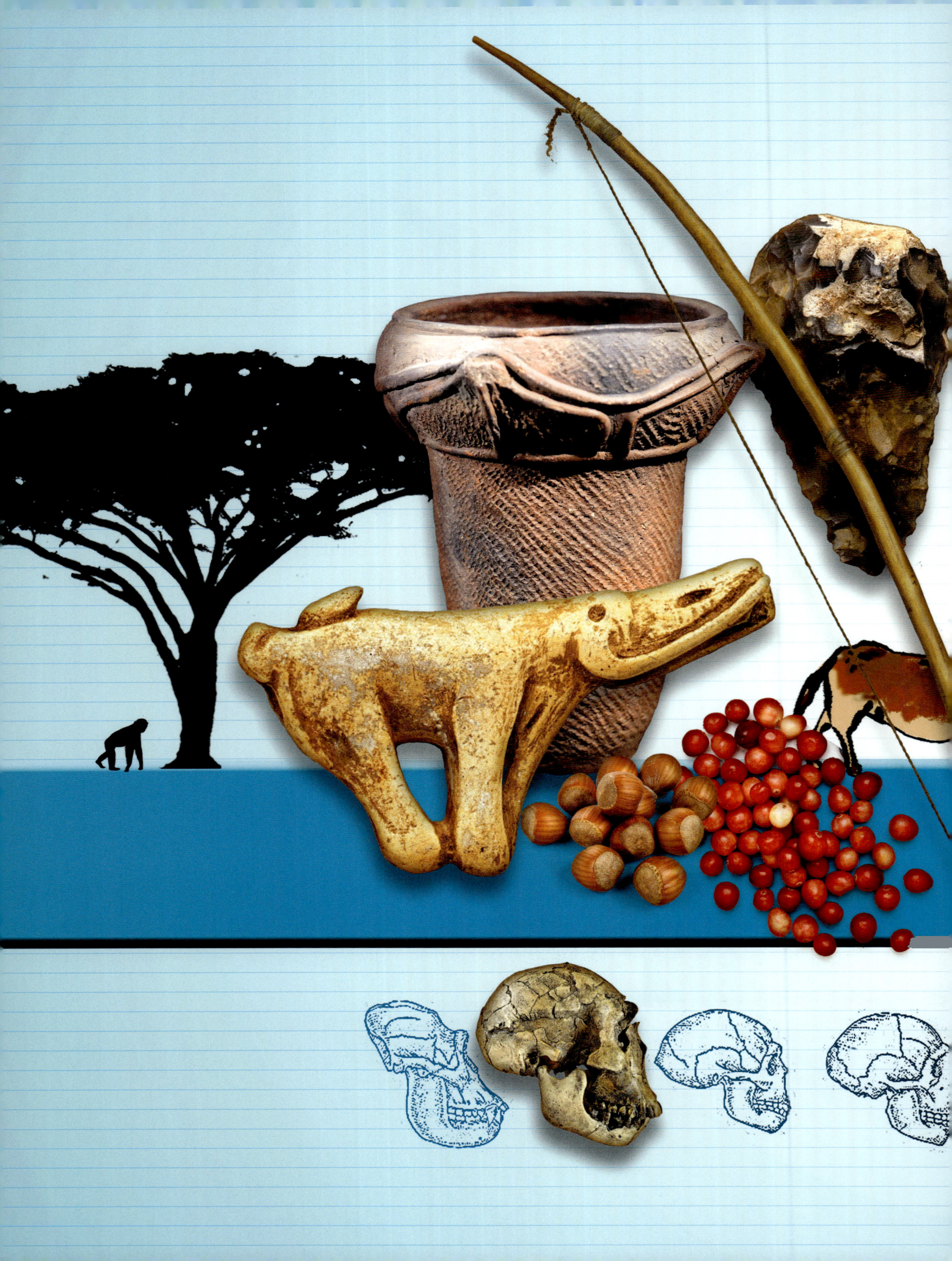

Vor 6,5 Mio. Jahren – 3000 v. Chr.
Urgeschichte

Die Geschichte der Menschheit begann vor über 6 Mio. Jahren in Afrika, als unsere affenähnlichen Vorfahren anfingen aufrecht zu gehen. Im Lauf der Zeit wurden sie größer und intelligenter. Eine Art, der *Homo erectus*, lernte, wie man Feuer macht und Werkzeuge aus Stein herstellt. Ihm folgten immer höher entwickelte Arten, bis vor etwa 200 000 Jahren unsere eigene, moderne Art, der *Homo sapiens*, erschien. Zunächst lebte er als Jäger und Sammler, doch um 9500 v. Chr. begann er Ackerbau zu treiben, was zu einer ganz neuen Lebensweise führte.

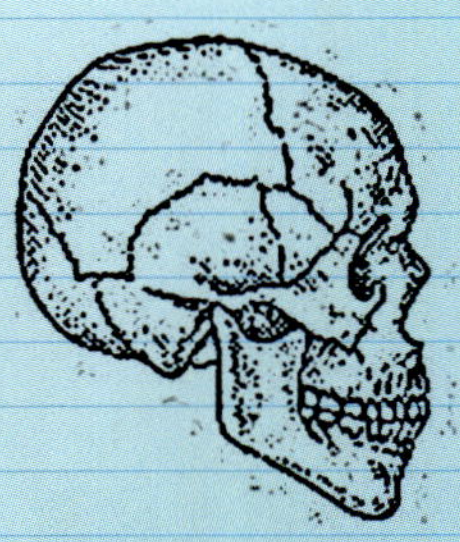

Vor 6,5 ▶ 0,2 Mio. Jahren

„Wiege der Menschheit“
Der Mensch gehört zu einer Familie aufrecht gehender Menschenaffen, den Hominiden, die sich in Ost- und Südafrika entwickelten. In der Olduvai-Schlucht in Tansania wurden 1,9 Mio. Jahre alte Fossilien von Hominiden gefunden. Deshalb nennt man diese Schlucht auch „die Wiege der Menschheit“.

Vor 6,5 Mio. Jahren

Affen auf zwei Beinen

Die ersten aufrecht gehenden Menschenaffen erscheinen in den Wäldern von Afrika. Sie leben auf Bäumen, laufen aber auch auf dem Boden. Die ältesten Fossilienfunde nennt man *Sahelanthropus tchadensis* (menschliches Fossil aus Sahel).

Versteinerte Fußabdrücke einer aufrecht gehenden Spezies

Vor 3,9 Mio. Jahren

Erste Vorfahren

Eine neue Hominiden-Art, die Australopithen, breitet sich in den Savannen Ost- und Südafrikas aus. Sie sind klein und ihr Gehirn ist nur ein Drittel so groß wie das moderner Menschen, aber ihre Fußabdrücke sehen fast so aus wie unsere.

6 Mio. Jahre — **5 Mio. Jahre** — **4 Mio. Jahre**

„Hoffentlich finden wir noch mehr Puzzleteile, die eine Verbindung zwischen diesem aufrecht gehenden Affen und dem modernen Menschen bestätigen.“

Richard Leakey, Anthropologe aus Kenia

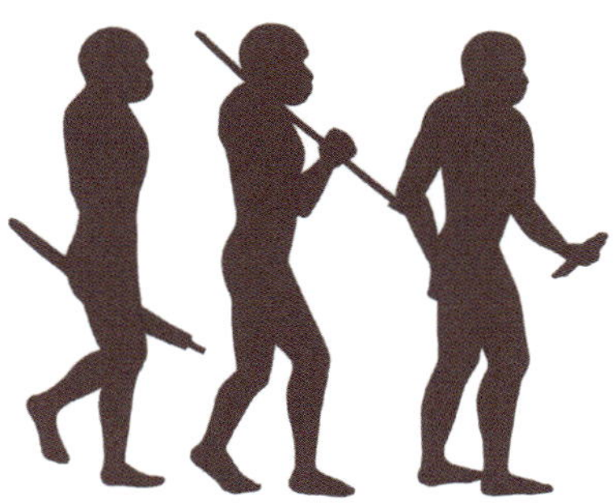

Vor 3,3 Mio. Jahren

Erste Werkzeuge

Eine frühe Hominiden-Art, wahrscheinlich *Australopithecus*, stellt Werkzeuge her, indem sie Steine so bearbeitet, dass scharfe Kanten entstehen. Damit graben sie Wurzeln aus, öffnen Nüsse und zerschmettern Knochen, um an das essbare Mark zu gelangen.

Ein neues Werkzeug

Homo erectus erfand vor 1,9 Mio. Jahren den blattförmigen Faustkeil. Er war so vielseitig einsetzbar, dass er über 1 Mio. Jahre lang das wichtigste Werkzeug der Hominiden blieb.

Vor 1,9 Mio. Jahren

Menschengröße

Homo erectus (aufrechter Mensch), ein Nachfahre des *Homo habilis*, erscheint in Ostafrika. Der Fund eines fast vollständigen Skeletts, des sogenannten Turkana-Jungen, zeigt, dass *Homo erectus* schon genauso groß war wie der moderne Mensch.

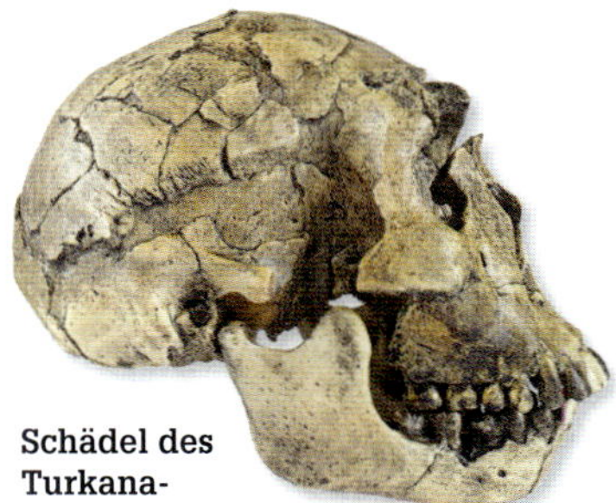

Schädel des Turkana-Jungen

Vor 0,5 Mio. Jahren

Erste Hütten

Ein Nachfahre des *Homo erectus*, der *Homo heidelbergensis*, zieht nach Europa und jagt dort mit Speeren Elefanten und Nilpferde. Als erster Hominide baut er Hütten aus Holz.

Mio. Jahre | 2 Mio. Jahre | 1 Mio. Jahre

JENSEITS VON AFRIKA

Vor weniger als 100 000 Jahren begann *Homo sapiens* von Afrika aus die Welt zu besiedeln, wie auf dieser Karte zu sehen ist. Er war nicht der erste Hominide, der Afrika verließ. Vor 1,9 Mio. Jahren zog schon *Homo erectus* von Afrika nach Eurasien.

Ausdauernd

Homo erectus war die am längsten existierende Hominiden-Art. Sie lebte über 1,5 Mio. Jahre in großen Teilen Afrikas, Südeuropas, Asiens und Indonesiens.

Fliehende Stirn, flache Hirnschale und dicke Augenbrauenwülste

Schädel von *Homo erectus* aus Kenia (Ostafrika)

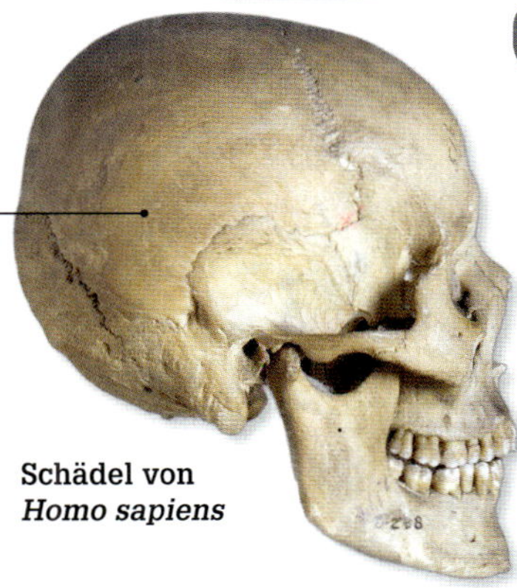

Hoher, runder Schädel und ein größeres Gehirn

Schädel von *Homo sapiens*

Vor 0,2 Mio. Jahren

Moderne Menschen

Als erster moderner Mensch erscheint *Homo sapiens* (denkender Mensch) vor 200 000 Jahren in Afrika. Sein Gehirn ist größer als das von *Homo heidelbergensis*. Besonders auffällig sind hohe Stirn, flache Augenbrauenwülste, ein kleines Gesicht und ein vorstehendes Kinn.

Feuer machen

Homo erectus lernte Feuer zu machen. Es bot Wärme, Licht und Schutz vor wilden Tieren. Außerdem ließ sich damit Fleisch kochen. So konnten Hominiden auch in kälteren Gegenden leben.

Aus einem Geweih geschnitzte Speerschleuder in Form eines Mammuts

Jäger und Sammler

Bis vor etwa 10 000 Jahren lebten die Menschen von der Jagd auf Tiere und dem Sammeln von essbaren Pflanzen. Davon wurden aber nur wenige Personen satt, deshalb zogen die Menschen in kleinen Gruppen von höchstens 50 Mitgliedern auf der Suche nach Nahrung und jagbaren Tieren umher. Auf diese Weise bevölkerten die Jäger und Sammler jeden Kontinent bis auf die Antarktis.

Speerschleuder
Die Jagdmethoden veränderten sich mit der Zeit. Schon vor 21 000 v. Chr. wurde die Speerschleuder erfunden. Sie verlängerte und verstärkte den Wurfarm. In Europa waren die Schleudern mit Schnitzereien von den Tieren verziert, die gejagt wurden.

„Jäger hatten die Wahl: verhungern oder weiterziehen."

Dr. Jacob Bronowski, *Der Aufstieg des Menschen* (1973)

Höhlenmalerei eines Jägers mit Bogen aus Tassili n'Ajjer (Algerien)

Jagd mit Hunden
Irgendwann vor 35 000 v. Chr. begannen Jäger Hunde zu zähmen. Mit ihrem scharfen Gehör und Spürsinn stöberten die Tiere die Beute auf und erlegten sie mit ihren scharfen Zähnen. Die Hunde lernten neue Fertigkeiten, z. B. menschliche Gefühle zu erkennen.

Nach der Eiszeit
Etwa ab 12 000 v. Chr. erwärmte sich das Klima. Gletscher schmolzen, Wälder, Seen und Flüsse entstanden. In dieser sogenannten Mittelsteinzeit (Mesolithikum) hatten die Menschen eine größere Auswahl an Pflanzennahrung. Der Bogen war in Waldgegenden ideal und wurde zur wichtigsten Jagdwaffe.

Chronik

62 000 v. Chr.

Pfeilspitzen, die man in einer südafrikanischen Höhle findet, sind der älteste Beweis für die Jagd mit Pfeil und Bogen. So konnte Beute aus der Ferne erlegt werden.

39 000 v. Chr.

Die Menschen in Asien und Europa erschaffen Höhlenmalereien von Tieren wie Babirusas (Hirscheber) und Auerochsen (Wildrinder).

35 000 v. Chr.

Die ältesten Hinweise auf Hunde stammen aus einer Höhle in Belgien. Sie sind die Nachkommen von Wölfen, die als Welpen von Menschen großgezogen wurden.

21 000 v. Chr.

Die Menschen in Europa benutzen Speerschleudern, um ihren Speeren mehr Geschwindigkeit und Kraft zu verleihen.

Bogen

Die Wahl der Waffen

Im Mesolithikum erfanden die Menschen viele Werkzeuge für verschiedene Zwecke. Jäger fertigten Harpunen aus Knochen und Geweihen, Pfeile mit Spitzen aus Feuerstein sowie Speere, Fallen und Netze für den Fischfang.

Harpune aus Geweih mit gezähntem Rand

Speer zum Fischen

Pfeil mit Spitze aus Feuerstein

Jäger und Sammler heute

In einigen wenigen Gegenden der Welt leben Menschen noch heute als Jäger und Sammler. Das Wissen über sie hilft uns zu verstehen, wie die ersten Menschen gelebt haben könnten. Meistens gehen die Männer auf die Jagd, während Frauen und Kinder essbare Pflanzen sammeln. Diese Menschen haben nur wenig persönlichen Besitz. Sie teilen alles, was sie haben.

Verfolgen der Beute

Die San-Buschmänner in Südafrika sind noch heute Jäger und Sammler. Als meisterhafte Jäger töten sie Wild, Antilopen, Zebras und andere Tiere mit Pfeil und Bogen. Sie tauchen die Pfeilspitzen in Gift, das sie aus Käferlarven gewinnen.

Vorzeitlicher Speiseplan

Die Steinzeitmenschen lernten, sich abwechslungsreich zu ernähren. Hier eine Auswahl aus ihrem Speiseplan:

- Beeren
- Nüsse
- Samen
- Blätter
- Gräser
- Wurzeln
- Krustentiere
- Schnecken
- Fisch
- Fleisch
- Eier

Cranberrys

Haselnüsse

Brombeeren

Schnecke

Pfeilspitze aus Feuerstein

13 000 v. Chr.

Mammutjäger in der Ukraine errichten Bauten aus den Knochen ihrer Beute. Es ist nicht bekannt, ob es einfache Hütten waren oder ob sie rituellen Zwecken dienten.

12 000 v. Chr.

Steinzeitliche Jäger und Sammler im Nahen Osten sind so geschickt im Sammeln von Nahrung, dass sie sesshaft werden und erste Siedlungen gründen.

12 000 v. Chr.

Da sich das Klima in Nordeuropa stark erwärmt hat, sterben viele große Säugetiere wie Wollnashörner und Mammuts aus.

200 000 ▸ 10 000 v. Chr.

Mammut

110 000 v. Chr.

Eiszeit

Eine Kältephase setzt ein, die 100 000 Jahre andauert. Regelmäßig überziehen Eisdecken das Land, die sich von der Arktis aus nach Süden verbreiten. Die Meeresspiegel sinken. Die Wälder in Eurasien machen Steppen und Grasland Platz. Dort leben Tiere, denen die Kälte nichts ausmacht, wie Mammut und Wollnashorn.

200 000 • • • • 150 000 • • • 100 000

200 000 v. Chr. NEANDERTALER

In Europa und im Nahen Osten erschien eine neue Spezies, die sich der Kälte angepasst hatte: der stämmige Neandertaler. Er erlegte mit dem Speer im Nahkampf große Säugetiere. Seine Kleidung war aus Leder und er lebte in Höhlen, wo er auch seine Toten bestattete.

Neandertaler
Die Neandertaler lebten wahrscheinlich in größeren Familiengruppen.

Schaber
Mit einem Schaber wie diesem bearbeiteten die Neandertaler Tierhäute. Er entstand, indem man mit einem Hammer aus Knochen oder Geweih kleine Stücke von den Rändern eines Feuersteins abschlug.

Schaber aus Feuerstein

Hammer aus Geweih

Handabdruck in einer Höhle in Chauvet (Frankreich)

„Vor 100 000 Jahren gab es sechs verschiedene Arten von Menschen. Fünf davon sind inzwischen verschwunden, nur unsere Art hat als Einzige überlebt."

Dr. Chris Stringer,
Naturkundemuseum in London

85 000–70 000 v. Chr.

Nach Asien
Moderne Menschen, *Homo sapiens*, ziehen von Afrika nach Asien. Sie breiten sich in den wärmeren Gegenden Südostasiens aus. *Homo erectus*, der vorher in Asien lebte, ist bereits ausgestorben.

50 000

50 000 v. Chr.

Seefahrt
Moderne Menschen aus Asien machen die ersten bekannten Bootsfahrten. Sie überqueren das Meer und siedeln in Australien. Dort treffen sie auf unbekannte Tierarten wie das Riesenkänguru und große, flugunfähige Vögel. Viele Tiere werden durch die Menschen ausgerottet.

Nadeln aus Knochen

40 000 v. Chr.

Cro-Magnon-Menschen
Die ersten modernen Menschen in Europa nennt man Cro-Magnon, nach einem Ort in Frankreich. Als erstes Volk nähen sie sich Kleidung mithilfe von Knochennadeln.

39 000 v. Chr.

Frühe Kunst
Die Frühmenschen erschaffen erste Kunstwerke. Sie malen Tiere auf Höhlenwände und fertigen Schnitzereien in Tier- und Menschenform. Sie hinterlassen ihre Handabdrücke an den Höhlenwänden.

38 000 v. Chr.

Die letzten Neandertaler
Nach einer Periode extremer Klimaveränderung stirbt der Neandertaler aus. Damit ist *Homo sapiens* die einzige verbliebene Menschenart auf der Erde.

20 000 v. Chr.

Nach Amerika
Moderne Menschen aus Asien folgen Tierherden bis nach Amerika. Das ist möglich, weil durch den niedrigen Meeresspiegel eine Landbrücke zwischen den beiden Kontinenten existiert. Heute trennt dort die Beringstraße (eine Meerenge) Russland von Alaska.

18 000 v. Chr.

Erste Töpfe
Jäger und Sammler in Südchina stellten die früheste bekannte Keramik her. Die ältesten erhaltenen Töpfe stammen aus Japan, wegen ihrer Musterung nennt man sie Jomon oder „Schnurkeramik". Töpfe wurden häufiger verwendet, nachdem der Ackerbau begann.

10 000

Jomon-Gefäß

VOR 17000 JAHREN, FRANKREICH

Der Saal der Stiere in den Höhlen von Lascaux (Frankreich)

Magische Geschöpfe

Vor etwa 17000 Jahren schmückten Frühmenschen Höhlen im französischen Lascaux mit Malereien von 2000 Tieren, darunter Pferde, Auerochsen, Büffel und Hirsche. Vielleicht waren die Bilder Teil von Zeremonien, die den Jägern Glück bescheren sollten. Sicherlich ist von diesen Geschöpfen im flackernden Licht des Feuers eine nahezu magische Kraft ausgegangen.

„Die wenigsten wissen, wie riesig einige der Malereien sind. Es gibt dort Tierbilder, die 3 oder 4 m lang und größer sind."

Ralph Morse, US-Fotograf, schoss 1947 die ersten Fotos in den Höhlen von Lascaux.

10 000 ▸ 3000 v. Chr.

7300 v. Chr. CATALHÖYÜK

Die älteste bekannte Siedlung ist Catalhöyük in der heutigen Türkei. Die Bauern versorgten Handwerker und Händler mit Nahrung. Die Menschen importierten Kauri-Muscheln, Obsidian (vulkanisches Glas) und Kupfer. Sie exportierten Dolche aus Obsidian, Spiegel und Schmuck.

Kauri-Muscheln

Dichte Bebauung
Die Menschen lebten in eng zusammenstehenden Häusern aus Lehm. Es gab keine Türen. Man betrat die Häuser über Leitern, die auf die Dächer führten.

Obsidian

10 000

9000 v. Chr.

Gobekli Tepe

Die vorgeschichtliche Tempelanlage wird in der heutigen Türkei etwa 6500 Jahre vor den ägyptischen Pyramiden errichtet und ist damit die älteste bekannte Kultstätte. In Kreisen aus monumentalen Steinblöcken stehen noch größere, t-förmige Steinpfeiler, die mit Darstellungen von Tieren verziert sind.

Krokodil auf einem der Steinpfeiler in Göbekli Tepe

9500 v. Chr.

Erste Bauern

Menschen in Ägypten und im Nahen Osten werden die ersten Bauern. Für sie bricht ein neues Zeitalter an, die Jungsteinzeit (Neolithikum). In anderen Teilen der Welt leben die Menschen nach wie vor im Mesolithikum als Jäger und Sammler.

Kopfschmuck
Dieses Geweih wurde im Mesolithikum von einem Jäger als Kopfschmuck getragen – vielleicht zur Tarnung auf der Jagd oder bei rituellen Tänzen, durch die Kontakt zu den Geistern der Wildtiere aufgenommen werden sollte.

Poulnabrone Dolmen in Irland

4000–2500 v. Chr.

Gräber

Sesshafte Völker in Europa errichten große Steingräber. Die ältesten, sogenannte Dolmen, bestehen aus aufrechten Steinen mit einem waagerechten Stein als Deckplatte. Ursprünglich waren sie mit Erde bedeckt. Ein Ahnengrab verleiht den Lebenden das Recht auf Landbesitz.

4000–3000 v. Chr.

Erste Städte

In Mesopotamien (heute Irak) entstehen die ersten Städte. Jede davon wird von einem König regiert. Der Schutzgott der Stadt wird in einem großen Tempel verehrt.

Plakette von einer Tempeltür

Der König ist größer dargestellt als seine Familie.

5000 v. Chr.

Kupferwerkzeug

Menschen in Mitteleuropa und Westasien stellen erstes Werkzeug aus Metall, genauer gesagt Kupfer, her. Stein wird aber noch häufig verwendet, deshalb nennt man diese Zeit Kupfersteinzeit (Chalkolithikum).

4000–3000 v. Chr.

Reitpferde

Die Menschen in den Steppengebieten Europas und Asiens beginnen auf Pferden zu reiten. Sie leben als Hirten, die mit ihren Schafherden auf der Suche nach Weideland umherziehen.

3000 v. Chr.

Chinesische Bronze

Die Menschen in China und Westasien mischen Kupfer mit Zinn. So entsteht das viel härtere Metall Bronze.

6000 — 3000

3300 v. Chr.

Erste Schrift

Die Sumerer erfinden ein frühes Schriftsystem, die Keilschrift. Fast gleichzeitig entwickeln die Ägypter ihre Hieroglyphenschrift. Sie verwenden dazu Bildsymbole, die für Wörter, Vorstellungen und Laute stehen.

3000 v. Chr.

Ägypten

In Ägypten herrschen die ersten Könige. Der älteste uns bekannte ist Narmer. Auf Reliefs wird er mit der weißen und der roten Krone Ober- und Unterägyptens dargestellt. Vielleicht hat er die beiden Gebiete zu einem einzigen Reich vereint.

3300 v. Chr. DER MANN AUS DEM EIS

1991 fanden Wanderer in den Ötztaler Alpen, zwischen Österreich und Italien, die gefrorene Leiche eines Mannes. Zuerst hielt man ihn für einen Menschen aus unserer Zeit. Doch Ötzi, wie man ihn liebevoll nannte, war schon vor 5300 Jahren mit einem Pfeil erschossen worden.

Der Griff ist 60 cm lang und aus Eibenholz.

Kupferaxt

Ötzis Axt hatte einen Kupferkopf, der mit Lederstreifen an einen Holzgriff gebunden war. Sie ist die einzige prähistorische Axt, die je vollständig gefunden wurde.

Kleidung und Ausrüstung

Ötzis Mütze war aus Bärenleder, seine Kleider aus Hirsch- und Ziegenleder. Seine Bärenlederschuhe waren mit Gras ausgestopft. Er trug Pfeil und Bogen, eine Kupferaxt, einen Feuersteindolch, Werkzeug zum Feuermachen und Beeren als Proviant bei sich.

Hier trägt der König die weiße Krone Oberägyptens.

Narmer schlägt seine Feinde mit einer Keule.

Narmer-Palette

Die ersten Bauern

Ab 9500 v. Chr. lernten die Menschen in Ägypten und Westasien, wie man Getreide aussät, erntet und lagert. Sie hielten auch Tiere wie Ziegen, Schafe, Rinder und Schweine. Sie waren Bauern geworden und mit ihnen begann ein neues Zeitalter, die Jungsteinzeit (Neolithikum). In Ostasien und Amerika verbreiteten sich Ackerbau und Viehzucht erst später.

Der fruchtbare Halbmond
Der Ackerbau begann in einem Gebiet, das auch der „fruchtbare Halbmond" genannt wird (auf der Karte grün dargestellt). Er reichte vom Mittelmeer bis zum Persischen Golf und folgte dem Lauf der Flüsse Euphrat und Tigris. Diese traten regelmäßig über die Ufer und ließen fruchtbaren Schlamm zurück. Dort wuchsen Wildgräser, Urweizen, Gerste, Roggen und andere essbare Pflanzen.

Veränderter Weizen
Die Ähren des wild wachsenden Weizen zerfielen, wenn er reif war, sodass die Samenkörner vom Wind verteilt wurden. Indem die Menschen nur Weizen mit großen, intakten Ähren ernteten und aussäten, veränderten sie allmählich sein Erscheinungsbild. Er wurde zu Brotweizen, dessen Ähren an der Pflanze bleiben, bis sie geerntet werden.

Sichel aus Feuerstein zum Ernten von Gräsern

Schwerstarbeit
Bauern mussten viel härter arbeiten als Jäger und Sammler. Die Frauen verbrachten Stunden damit, Korn zu mahlen, indem sie einen kleineren Stein auf einem größeren Stein vor- und zurückschoben. Skelettfunde aus dieser Zeit zeigen, dass das viele Knien zu Arthritis, Zehen- und Gelenkschäden führte.

Eine frühe Weizenart

Eine Ägypterin beim Mahlen von Getreide

Chronik

9500 v. Chr.
Beginn des Ackerbaus in Ägypten und Westasien. Die Menschen werden sesshaft und bauen wilde Gräser an.

8500 v. Chr.
Im Nahen Osten werden Ziegen und Schafe als Nutzvieh gehalten.

8000 v. Chr.
Die Menschen in Mittelamerika bauen Kürbis an. In China wird zum ersten Mal angebaut.

7000 v. Chr.
In der Türkei werden Schweine gehalten, im Nahen Osten Rinder. In Mexiko wird Mais aus einer Wildform entwickelt.

6500 v. Chr.
In China wird am Gelben Fluss Hirse angebaut und am Jangtse-Fluss Reis.

Sesshaftes Leben

Der Ackerbau erlaubte den Menschen, sich dauerhaft an einem Ort niederzulassen. Kleine Siedlungen wurden so zu größeren Städten. Das sesshafte Leben hatte aber nicht nur Vorzüge.

Vorteile

- Größere Familien waren leichter zu ernähren.
- Das Leben war nicht mehr so hart.
- Durch Handel war die Auswahl an Waren groß.
- Es gab die Chance, reich und mächtig zu werden.

Nachteile

- Überbevölkerung
- Seuchengefahr durch enges Zusammenleben von Mensch und Tier
- Die Müllbeseitigung war ein Problem.
- Der Reichtum der Bauern lockte Feinde an.

Übereinander-gestapelt
In vielen frühen Siedlungen lebten die Menschen übereinander.

Ahnenverehrung

Die sesshaften Menschen glaubten, dass die Verstorbenen über sie wachten. Im jordanischen Ain Ghazal fand man Statuen, die wahrscheinlich Ahnen darstellen. Sie waren in Gruben neben den Wohnhäusern vergraben. Dies war wohl Teil der Ahnenverehrung.

Statue aus Ain Ghazal

Praktische Töpfe

Tongefäße waren für die Zwecke von Jägern und Sammlern meistens zu schwer und zu zerbrechlich. Für sesshafte Völker erwiesen sie sich jedoch als ideal. Man konnte darin Flüssigkeiten tragen, Getreide lagern und Essen über einem Feuer kochen. Außerdem waren sie dekorativ und ein Zeichen des Wohlstands.

Amerikanische Bauern

Ab 8000 v. Chr. wurde auch in Mesoamerika (Mexiko und Mittelamerika) und in Südamerika Landwirtschaft betrieben. Da es kaum Tiere für die Arbeit auf den Feldern gab, kannte man in diesen Regionen weder den Pflug noch Karren mit Rädern. Zu den bekannten Getreidesorten und Tieren zählten:

★ Mais
Wurde in Mesoamerika aus einem Wildgras namens Teosinte entwickelt.

★ Kartoffeln
Überall in Amerika gab es wild wachsende Kartoffeln.

★ Lamas und Alpakas
Dienten als Lasttiere, lieferten aber auch Wolle, Fleisch und Dung (zum Heizen und als Dünger).

★ Meerschweinchen
Sind in den Anden wichtige Fleischlieferanten.

Teosinte

Angepasste Tiere

Die Tiere veränderten sich, nachdem sie domestiziert worden waren. Rinder und Schafe waren nun kleiner und friedfertiger. Schafe verloren ihre langen Hörner und bekamen ein dickeres Vlies.

6000 v. Chr.
Im mesopotamischen Sumer wird Getreide in großem Maßstab angebaut.

5000 v. Chr.
Die Landwirtschaft verbreitet sich in Europa, Westasien und Nordafrika.

5000 v. Chr.
In den südamerikanischen Anden werden Lamas gezähmt.

4000 v. Chr.
In China beginnt der Reisanbau. Im Mittelmeerraum werden Weintrauben und Oliven angebaut.

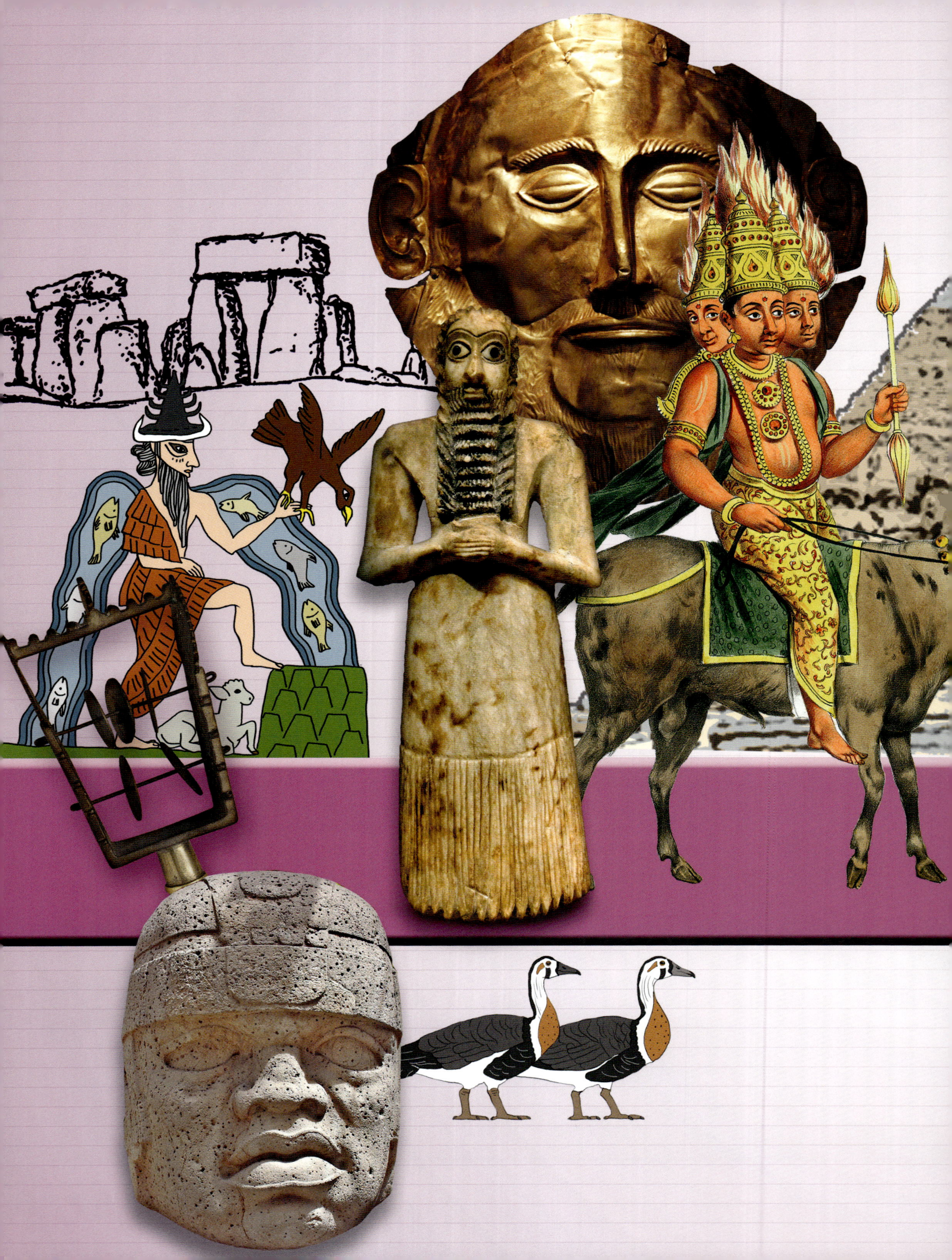

3000–700 v. Chr.
Frühe Geschichte

Die Landwirtschaft veränderte das Leben der Menschen für immer. Sie ließen sich in Siedlungen nieder und produzierten viel mehr Nahrung als Jäger und Sammler. Allmählich wuchsen die Siedlungen zu Dörfern und Städten. Die Bevölkerung teilte sich in gesellschaftliche Gruppen. Die ersten Zivilisationen entstanden in Ägypten und Mesopotamien mit Königen, einer organisierten Religion und einem Schriftsystem. Ein weiterer Fortschritt war die Herstellung von Waffen, Werkzeug und Schmuck aus Metall.

3000 ▸ 2500 v. Chr.

2686–2181 v. Chr. ALTES REICH, ÄGYPTEN

Zur Zeit des Alten Reichs erbauten ägyptische Pharaonen die Pyramiden, es sind die größten Steingräber der Geschichte. Sie sollten ein Heim für den verstorbenen König sein. Man glaubte, dass er sich dort in eine unsterbliche Gottheit verwandelte. Die Cheops-Pyramide ist mit 147 m am höchsten.

Königreich am Nil
Die altägyptische Kultur entwickelte sich neben der Wüste an den Ufern des Nils. Seine jährlichen Überschwemmungen hinterließen dort fruchtbaren Boden, der für landwirtschaftliche Zwecke genutzt werden konnte. Die erste altägyptische Epoche, das sogenannte Alte Reich, war eine Zeit des Friedens und des Wohlstands.

Stufenpyramiden
Pharao Djoser (2670–2651 v. Chr.) ließ die erste Pyramide mit sechs Stufen errichten. Sie war das erste große Steingebäude der Welt.

Die Große Pyramide
Die größte Pyramide von allen wurde von Pharao Cheops (2604–2581 v. Chr.) in Giseh erbaut. Sie ist die einzige Pyramide, bei der sich die Grabkammer des Königs hoch oben im Bauwerk befindet.

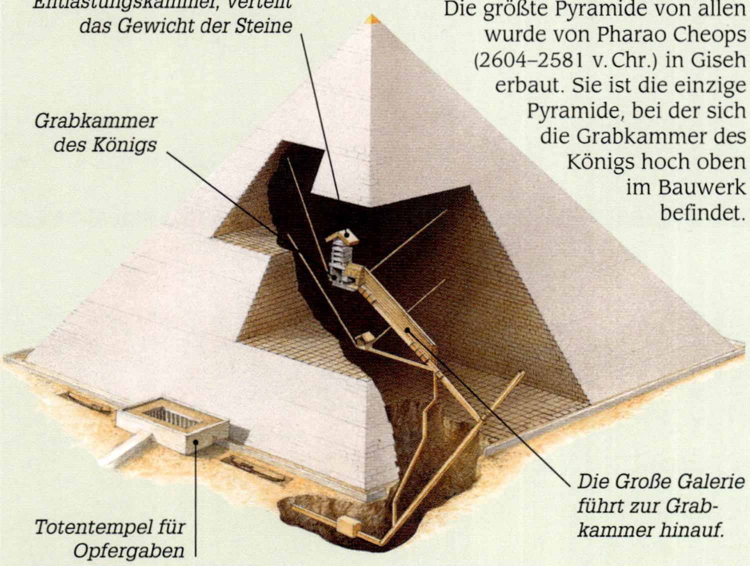

3000 | 2900

3000 v. Chr.

Der erste Staat
Die Pharaonen in Ägypten gründen den ersten Staat. Der König gilt als Gottheit und als lebendiger Vertreter des Gottes Horus. Die Pharaonen sind die ersten Regenten, die Kronen tragen.

3000 v. Chr.

Stonehenge
In England wird Stonehenge errichtet, ein zeremonielles Zentrum, das auf die Wintersonnenwende ausgerichtet ist. Zuerst gibt es dort nur einen runden Graben und eine Bank. Die ersten Steine werden 2600 v. Chr. platziert, 2500 v. Chr. folgen größere Steine, die quer auf die senkrechten Steine gelegt werden. Der Ablauf der Zeremonien in Stonehenge ist bis heute ein Rätsel.

Longshan-Gefäß

3000 v. Chr.

Chinesische Städte
Am Gelben Fluss entstehen die ersten Städte mit Stadtmauern. Das Longshan-Volk (benannt nach dem Ort, an dem die ersten Grabungen stattfanden) stellt schöne Keramikgefäße und Seidenstoffe aus Mottenkokons her.

Leben nach dem Tod
Die alten Ägypter konservierten die Körper der Toten für das Leben nach dem Tod. Leichen wurden mumifiziert, das heißt einbalsamiert, eingewickelt und zum Schutz in Särge gelegt, die mit religiösen Symbolen bemalt wurden.

Die altägyptische Kultur bestand mit wenigen Veränderungen 3000 Jahre lang.

2800 v. Chr.

Caral

Die älteste amerikanische Kultur entsteht in Peru. Die Menschen der Norte-Chico-Kultur errichten die ersten großen Städte Amerikas. Eine der größten ist Caral (rechts) mit pyramidenförmigen Bauwerken, die zeremonielle Zwecke erfüllten.

2800 | 2700 | 2600 | 2500

4000–2000 v. Chr. MESOPOTAMIEN

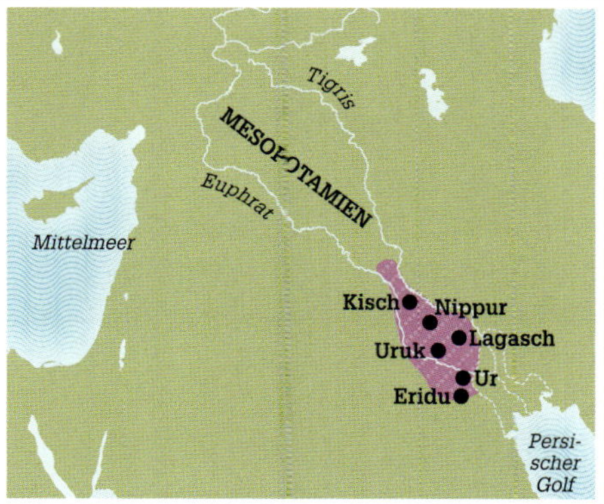

Die erste große Zivilisation entstand in Mesopotamien, in den fruchtbaren Ebenen der Flüsse Tigris und Euphrat. Die ersten Dynastien lebten in der Region von Sumer. Die Mesopotamier erfanden das Rad, den Pflug und die Schrift.

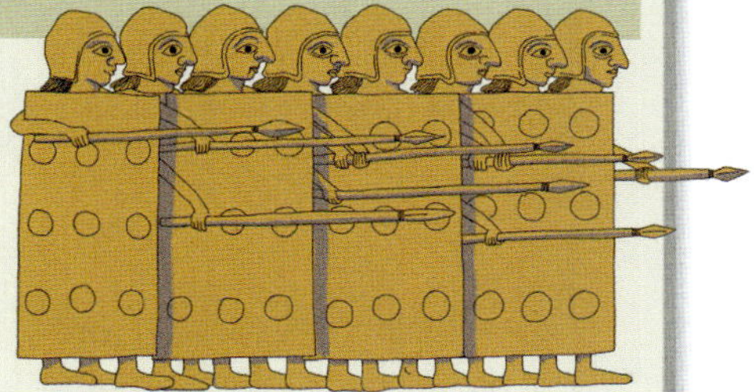

Kriege
Anders als Ägypten war Mesopotamien kein Einzelstaat, sondern bestand aus mehreren Stadtstaaten, die jeweils von einem König regiert wurden. Die Städte stritten sich mit den ersten Armeen der Geschichte um die Vorherrschaft.

Zwischen zwei Flüssen
Mesopotamien bedeutet „Zweistromland“. Es lag ungefähr im Gebiet des heutigen Irak. Die rosa Fläche auf der Karte zeigt Sumer. Die gepunktete Linie zeigt die damalige Küstenlinie, die sich im Lauf der Jahrhunderte verschoben hat.

Königliche Gräber
2600 v. Chr. wurden die verstorbenen Herrscher der Städte in Gräbern mit Schätzen und Alltagsgegenständen für das nächste Leben begraben, wie z. B. mit diesem Brettspiel.

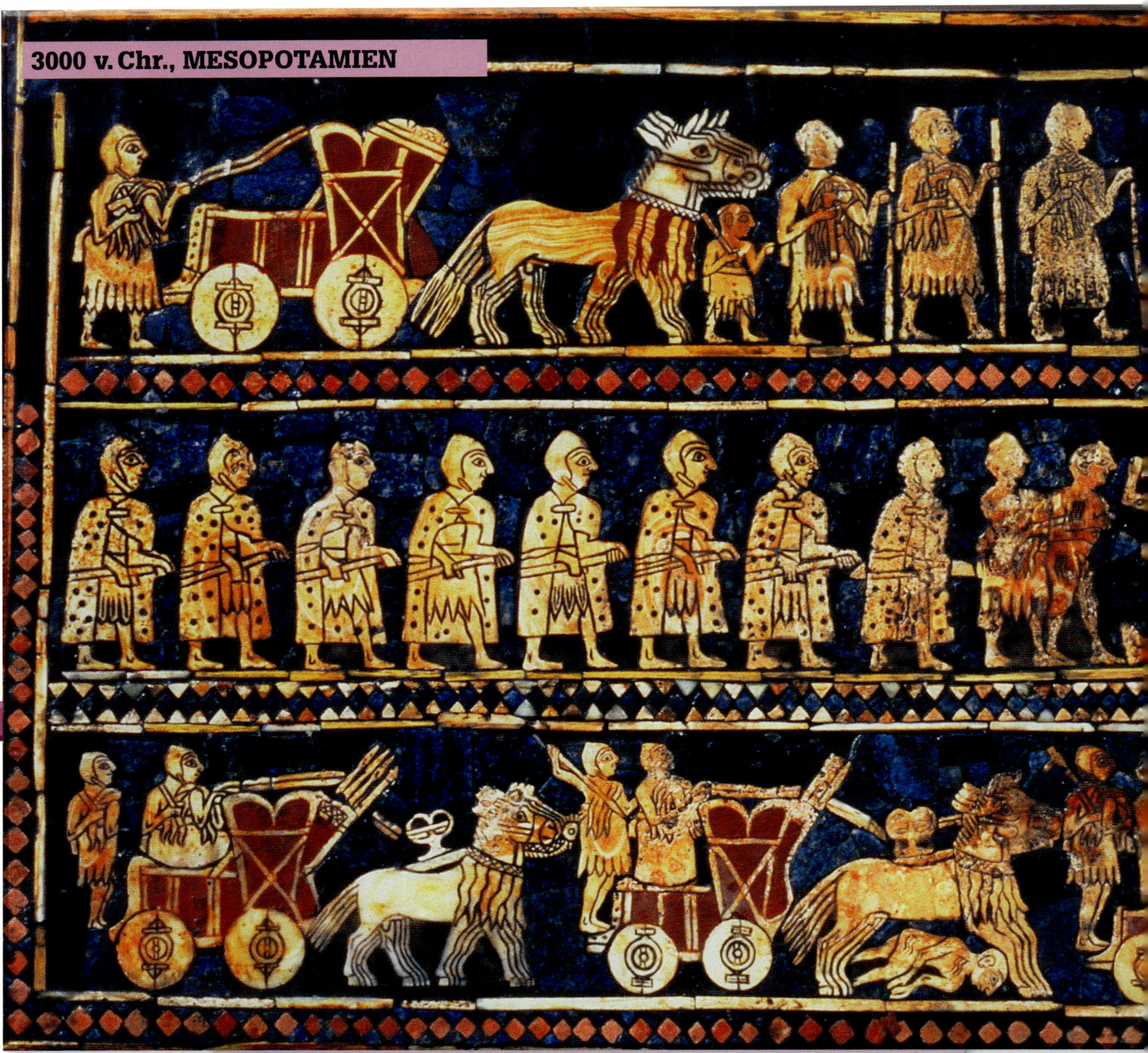

Auf in den Kampf!

Das Mosaik zeigt, wie feindliche Armeen der mesopotamischen Stadtstaaten vor 5000 Jahren um die Vorherrschaft kämpften. Oben werden Gefangene vor den König gebracht, der von seinem Wagen abgestiegen ist. Darunter sieht man, wie Soldaten Feinde mit Äxten töten und Gefangene wegführen. Ganz unten fahren Soldaten in Streitwagen, die von vier Eseln gezogen werden, über die Toten hinweg.

Mosaiktafel, die im Königsgrab von Ur in Mesopotamien gefunden wurde

„Die Esel ganz hinten gehen gemächlich. Die aber die vorderen Wagen ziehen, werden immer aufgeregter, als sie über die Leichen am Boden getrieben werden, bis die ersten in Galopp verfallen, der die Fahrer fast aus dem Gleichgewicht bringt."

Leonard Woolley, britischer Archäologe, entdeckte die Fragmente des Mosaiks (1929).

Götter und Tempel

Die alten Kulturvölker von Ägypten und Mesopotamien gehörten zu den ersten, die eine Religion ausübten. Sie beteten Götter an, von denen jeder einem bestimmten Lebensbereich zugeordnet war. Die Götter wurden in großen Tempeln, die von Priestern geführt wurden, verehrt. Religion war für die meisten frühen Kulturen eine mächtige und einigende Kraft.

Ägyptische Götter
Ägyptische Götter nahmen die Gestalt von Tieren, Menschen und manchmal eine Mischung aus beiden an. Re-Harachte (oben) vereinte die Eigenschaften von Re und Horus.

- ★ **Re**
  Sonnengott mit vielen Erscheinungsformen. Trägt oft eine Sonnenscheibe auf dem Kopf.
- ★ **Horus**
  Himmelsgott und Beschützer des Pharaos. Dargestellt wird er als Falke oder als Mann mit Falkenkopf.
- ★ **Thot**
  Gott der Weisheit. Oft in Gestalt eines Mannes mit Pavian- oder Ibiskopf.
- ★ **Chnum**
  Gott der Töpferei. Erschuf die ersten Menschen aus Ton. Oft mit Widderkopf dargestellt.
- ★ **Hathor**
  Göttin der Freude und der Musik. Sie hatte den Körper einer Frau und den Kopf oder die Ohren einer Kuh.

Die große Säulenhalle in Karnak

Festtage
Jeder Gott hatte einen Festtag, an dem seine Statue in einer Prozession umhergetragen wurde. Musik spielte dabei eine große Rolle. Das Sistrum, eine Metallrassel, wurde bei Zeremonien für die Göttinnen Hathor und Isis (Göttin der Liebe) gespielt.

Sistrum-Rassel

Tempel von Karnak
Der wohl bekannteste ägyptische Tempel in Karnak wurde für den Gott Amun-Re, seine Frau Mut und Montu, den Gott des Krieges, erbaut. Jahrhundertelang wurde der Tempel von den Pharaonen erweitert. So wurde er eines der größten religiösen Bauwerke der Welt.

Chronik

5300 v. Chr.
Der älteste sumerische Tempel wird im mesopotamischen Eridu für Enki, den Gott des Süßwassers, erbaut. Man nennt ihn „Haus der kosmischen Gewässer".

2600 v. Chr.
In Heliopolis wird der Tempel des ägyptischen Sonnengotts Re erbaut. Er ist im Alten Reich der am meisten verehrte Gott.

Ägyptische Priester bei einem Ritual

Mesopotamische Götter
Die Götter Mesopotamiens wurden in menschlicher Gestalt dargestellt. Es gab Hunderte von ihnen, aber am wichtigsten waren die Schutzgötter der großen Städte. Bis zum 2. Jt. v. Chr. hatten die Götter einen sumerischen Namen, danach einen akkadischen.

Enki / Ea
Gott des Süßwassers, Unheils, Handwerks und Schutzherr der Stadt von Eridu

Inanna / Ischtar
Göttin der Liebe, des Krieges, des Venusplaneten und Beschützerin der Stadt Uruk

Nanna / Sin
Mondgott, Schutzherr der Stadt Ur und Vater aller Götter

Ningirsu / Ninurta
Gott des Krieges und der Regenstürme, Beschützer der benachbarten Städte Girsu und Lagasch

Weihrauch
Sowohl die Ägypter als auch die Mesopotamier glaubten, dass ihre Götter den Geruch von süßem Weihrauch liebten. Weihrauch ist eine Mischung aus Harz, Holz, Kräutern und Gewürzen aus Arabien, die man verbrennt. Der duftende Rauch war eine Gabe an die Götter.

Weihrauch-Harz

Statuen der Gläubigen
Die Bürger Mesopotamiens opferten in den Tempeln Tiere, um den Göttern ihre Hingabe zu zeigen. Sie hinterließen dort auch kleine Statuen, die ständig in ihrem Namen zu den Göttern beteten. Diese Statuen zeigen, dass die Mesopotamier ihre Hände zum Beten falteten.

„Ich entzündete Weihrauch vor der Zikkurat… Die Götter rochen den süßen Duft und scharten sich wie Fliegen um das Opfer."

Aus dem *Gilgamesch-Epos*

Große Zikkurat von Ur

Zikkurat von Ur
Ab 2200 v. Chr. waren die Tempel Mesopotamiens hohe Türme mit vielen Stufen, die man Zikkurats nannte. Sie stellten heilige Berge oder eine Leiter für Götter dar, um in den Himmel hinaufzusteigen. In der flachen Landschaft waren sie ein gut sichtbares Mahnmal für die große Macht der Götter und der Menschen, die diese Tempel errichtet hatten.

2200 v. Chr.
Die ersten Zikkurats werden in Mesopotamien aus Lehmziegeln erbaut und mit glasierten Fliesen verkleidet.

Mesopotamischer Musiker, gefolgt von einem Priester

2055–1985 v. Chr.
Der älteste bekannte Tempel für Amun-Re, Mut und Montu wird in Karnak in Theben (Oberägypten) errichtet.

1550–1295 v. Chr.
Im Neuen Reich wird Theben die neue Hauptstadt Ägyptens und Amun-Re der Hauptgott. Deshalb beginnt man seinen Tempel in Karnak zu vergrößern.

605 v. Chr.
König Nebukadnezar II. von Babylon baut die Zikkurat des Gottes Marduk wieder auf, die von den Assyrern zerstört worden war.

2500 ▸ 2000 v. Chr.

2500 v. Chr. INDUS-KULTUR

In Pakistan und im Nordwesten Indiens erreichte um 2500 v. Chr. das geheimnisvolle Kulturvolk, das am Fluss Indus lebte, seine Blütezeit. In der gesamten Region wurden dieselben Maßeinheiten und Keramikstile verwendet.

Priesterkönig
Es gibt keine Beweise für Könige oder eine Religion am Indus. Dennoch nannten Archäologen diese eindrucksvolle Statue „Priesterkönig".

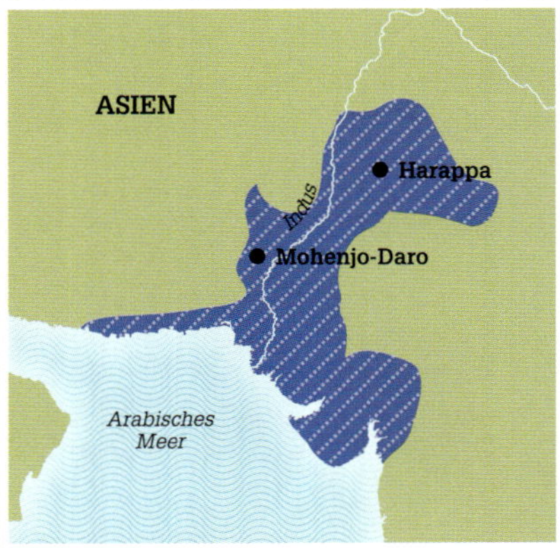

Land am Indus
Die Indus-Region umfasste sowohl Mesopotamien als auch Ägypten, aber über sie ist nur wenig bekannt.

Mohenjo-Daro
Das Indus-Volk erbaute die ersten großen Städte mit genormten Ziegeln. Jedes Haus hatte seine eigene Wasserversorgung, ein Bad und eine Toilette. Dies ist ein Blick auf die Ruinen von Mohenjo-Daro, die wichtigste Indus-Stadt im heutigen Pakistan.

2500 — 2400 — 2300

2500 v. Chr.

Norte Chico

In Peru blüht bis 1800 v. Chr. die Norte-Chico-Kultur. Es gibt keine Hinweise darauf, dass sie Kunst oder Keramik herstellte, was für eine städtische Kultur sehr ungewöhnlich ist.

Bronzekopf eines akkadischen Herrschers, wahrscheinlich Sargon I.

„Sargon marschierte nach Kasalla und legte es in Schutt und Asche, sodass nicht einmal mehr das Nest eines Vogels übrig blieb."

Babylonische Chronik

2334 v. Chr.

Das erste Reich

In Mesopotamien beginnt König Sargon von Akkad die Region Sumer zu erobern und somit das weltweit erste Reich zu erschaffen. Infolgedessen wird die sumerische Sprache durch die akkadische Sprache ersetzt, die dem Arabischen und dem Hebräischen nahesteht.

Die Zikkurat von Ur heute: Die unterste Stufe wurde wieder aufgebaut.

2200 v. Chr.

Chinesisches Reich

Den Legenden nach entsteht das erste Königreich, regiert von der Xia-Dynastie, im Nordwesten Chinas. Man glaubt, dass es am Gelben Fluss von Yu dem Großen gegründet wurde.

2180 v. Chr.

Ende des Alten Reichs

Zu geringe Nil-Schwemmen lösen Dürre und Hungersnot aus, das Alte Reich Ägyptens zerfällt. Eine Zeit des Chaos bricht an, in der viele Herrscher verschiedene Teile Ägyptens regieren.

2112 v. Chr.

Zikkurat von Ur

König Ur-Nammu von Ur (regiert 2112–2095 v. Chr.) macht seine Stadt zur mächtigsten in Mesopotamien. Er lässt eine große Zikkurat erbauen, die dem Mondgott Nanna/Sin geweiht ist.

Götter und Tempel S. 26–27

2040 v. Chr.

Mittleres Reich

Mentuhotep II., Herrscher von Theben, besiegt seine Rivalen und vereint Ägypten erneut. Damit beginnt das Mittlere Reich, das bis 1650 v. Chr. andauert. Während dieser Epoche wird der Kult von Osiris, dem Totengott, immer wichtiger.

Der ägyptische Gott Osiris

2200 | 2100 | 2000

2100 v. Chr.

Minoischer Wohlstand

Auf der Insel Kreta im Mittelmeer blüht die minoische Kultur. Die Minoer bauen große Paläste wie den in Knossos, der besonders prächtig ist. Die Paläste sind zugleich auch religiöse Zentren und Werkstätten für Metallarbeiter und andere Handwerker. Eine Wandmalerei in Knossos zeigt ein Ritual, bei dem Menschen über Stiere springen und akrobatische Kunststücke vorführen. Man vermutet, dass die Athleten den Stier bei den Hörnern packten und dann über seinen Rücken sprangen.

Die Wandmalerei in Knossos zeigt Akrobaten, die über Stiere springen.

Die Minoer wurden nach Minos, dem legendären König Kretas, benannt. Man weiß nicht, wie sich das Volk selbst nannte.

Die erste Schrift

Die ersten Schriftsysteme erfanden die alten Ägypter und die Sumerer in Mesopotamien, um ihre Handelsgeschäfte festzuhalten. Später schrieb man auch religiöse Texte, Gesetze und historische Ereignisse auf. Mit der Erfindung der Schrift beginnt die Geschichtsschreibung. Seit dieser Zeit kennen wir die Namen antiker Völker und deren Herrscher. Wir können die Geschichten lesen, die sie selbst niedergeschrieben haben.

Keilschrift
Von 3300–330 v. Chr. benutzte man im Mittleren Osten die sogenannte Keilschrift. Sie wurde mit einem angespitzten Schilfrohr in feuchten Ton geritzt. Die keilförmigen Schriftzeichen standen für Wörter, Laute, Vorstellungen und Dinge.

Hieroglyphen aus dem Tempel der Hatschepsut in Luxor

Hieroglyphen

Ägyptische Hieroglyphen (heilige Zeichen) zeigten Bilder alltäglicher Dinge. Sie standen für Laute, Vorstellungen und Dinge. Die Namen der Pharaonen trugen einen ovalen Rahmen, die Kartusche. Darin befand sich auch das Zeichen des Gottes, mit dem der Pharao angeblich verwandt war. Rechts sieht man die Namen von Thutmosis III.

Zwei Namen
Jeder Pharao hatte zwei Namen. Thutmosis III. hieß Mencheperre („ewig ist die Form des Re") und Thutmosis Neferchepheru („geboren von Thot, schön an Gestalt").

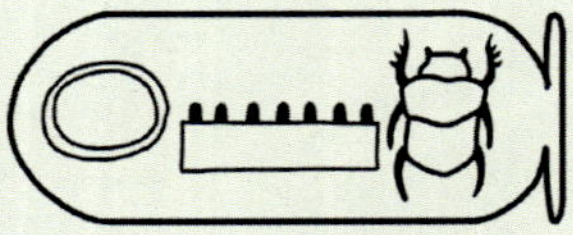

Re Men Cheper
Re ewig Formen
Mencheperre

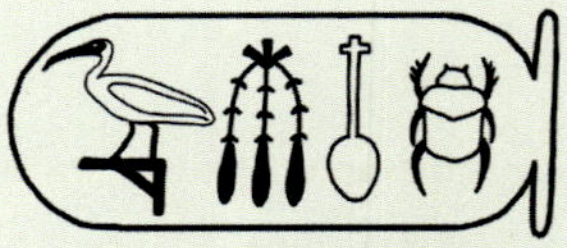

Thot Mes Nefer Cheper
Thot geboren von schöne Gestalt
Thutmosis Neferchepheru

Chronik

3300 v. Chr.
Die Ägypter kennzeichnen ihre Waren mit Plaketten aus Elfenbein oder Knochen, die mit Hieroglyphen beschriftet sind. Sie zählen zu den ältesten Schriftstücken der Welt.

3300 v. Chr.
Die Sumerer schreiben in Keilschrift auf Tontafeln. Die ersten Zeichen sind Bilder von Tieren und Gegenständen. Später werden sie zu keilförmigen Symbolen vereinfacht.

2600 v. Chr.
Die Indus-Völker im Nordwesten Indiens erfinden auch eine Schrift. Leider sind nur kurze Texte auf den Siegeln von Kaufleuten erhalten.

Ägyptischer Schreiber

1800 v. Chr.
Die Schrift der Minoer auf Kreta wird Linear A genannt. Ihre 90 Zeichen stehen für Silben und Dinge. Sie ist bis heute nicht entziffert.

Indus-Siegel aus Stein

Abdruck, den das Siegel im Ton hinterlässt

Indus-Siegel
Die Indus-Kultur erfand ein Schriftsystem, das nie entziffert wurde. Es bestand aus 300 Bildzeichen, die nur noch auf Steinsiegeln erhalten sind, mit denen die Menschen ihren Besitz kennzeichneten.

Orakelknochen

Chinesische Orakelknochen
Die ältesten chinesischen Schriftzeichen finden sich auf sogenannten Orakelknochen, mit denen die Zukunft vorhergesagt wurde. Dazu schrieb man eine Frage auf einen Knochen und erhitzte diesen. Die Antwort ergab sich durch die Interpretation der Risse, die dabei im Knochen entstanden.

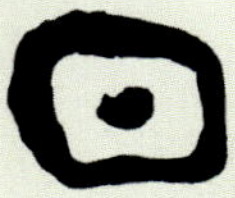

Sonne

Mond

Frühe chinesische Schriftzeichen

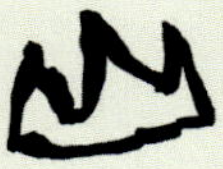

Berg

Regen

streuen

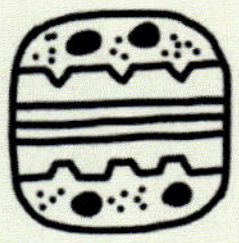

Buch

Jaguar

Schlange

Maya-Glyphen
Die Maya in Mesoamerika erfanden eine Schrift aus Zeichen, sogenannten Glyphen. Diese standen für Silben und Vorstellungen. Die Maya schrieben religiöse Texte in faltbare Bücher (Codices), gefertigt aus der Rinde von Feigenbäumen.

Maya-Codex (Buch)

Phönizisches Alphabet

Um 1050 v. Chr. begannen die Phönizier ein Alphabet zu benutzen, bei dem jedes Zeichen für einen Konsonanten stand. Der Vorteil daran war, dass nur noch 22 Zeichen gelernt werden mussten. Nun konnten noch mehr Menschen lesen und schreiben lernen.

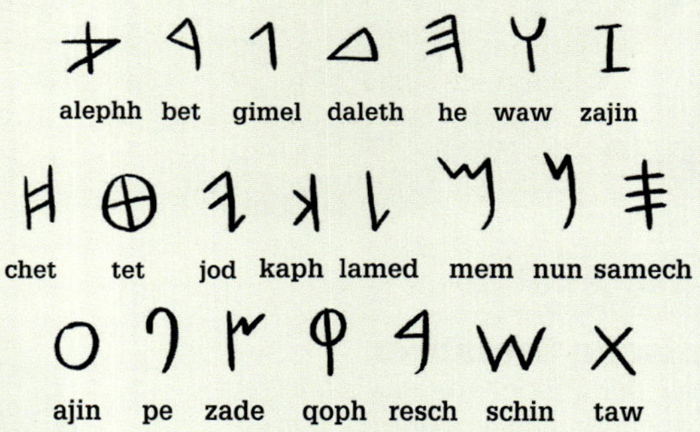

Die Verbreitung des Alphabets
Die Griechen kopierten das phönizische Alphabet und fügten Zeichen für Vokale hinzu. Danach wurde es von den Römern übernommen, die es zu dem Alphabet machten, das wir noch heute benutzen.

1250 v. Chr.
Die Chinesen schreiben Bildsymbole (Ideogramme) auf Orakelknochen. Die Symbole stehen für eine Vorstellung oder ein Ding. Es gibt keine Lautzeichen.

1050 v. Chr.
Die Phönizier beginnen ein Alphabet zu benutzen. Zwar gibt es schon ältere Alphabete im Nahen Osten, aber nur das phönizische setzt sich durch.

900 v. Chr.
Der älteste in Amerika gefundene Hinweis auf eine Schrift stammt aus dieser Zeit. Er findet sich in einem Relief im mexikanischen Veracruz. Es sind 28 Zeichen erkennbar.

300 v. Chr.
Die Maya benutzen Glyphen (Zeichen), um Inschriften in Bauwerke zu ritzen, Gefäße zu beschriften und in Bücher (Codices) zu schreiben.

2000 ▸ 1500 v. Chr.

Minoischer Krug

1600 v. Chr. SHANG-DYNASTIE, CHINA

1800 v. Chr.

Fortschritte in Peru

Im nördlichen Peru werden wichtige Neuerungen wie Töpfern, Weben und intensive Landwirtschaft eingeführt. Die Bevölkerung wächst, Städte entstehen.

2000 – 1900 – 1800

2000 v. Chr.

Minoische Seefahrer

Das Volk der Minoer von der Insel Kreta beherrscht den ganzen Mittelmeerraum. Die Minoer treiben Seehandel. Sie tauschen kretische Waren wie Olivenöl, Wein und Keramik gegen ägyptisches Elfenbein oder Kupfer aus Zypern. Sie gründen aber auch Handelsposten auf anderen Inseln wie Karpathos und Thera (Santorin). Minoische Keramik (oben) ist oft mit Meeresgeschöpfen wie diesem Oktopus verziert.

Minoische Paläste waren sehr modern. Es gab fließendes Wasser und sogar Toilettenspülung.

Stele des Hammurabi

1760 v. Chr.

Babylonisches Reich

König Hammurabi von Babylon erobert Mesopotamien, doch seine Herrschaft ist nur kurz. Am bekanntesten wird er durch seine Gesetzessammlung, die er auf eine Stele (Steinpfahl) schreiben und öffentlich aufstellen lässt, sodass jeder sie sehen kann.

„Bis zum Ende aller Tage möge der König, der das Land regiert, die Worte der Gerechtigkeit beachten, die ich niederschrieb."

Aus der Gesetzessammlung des Königs Hammurabi

Ab 1600 v. Chr. regierten die Könige der Shang-Dynastie in China. Die Menschen beteten zu ihren Ahnen und die Kluft zwischen Herrscher und gewöhnlichem Volk wurde immer größer. Wenn ein König oder Adliger starb, wurde er mit Hunderten von Sklaven bestattet, die geköpft wurden, um ihm im Jenseits zu dienen.

Bestattungsriten
Zu den Beigaben in einem Königsgrab der Shang gehörte dieser Wagen mit den Skeletten der zwei Wagenlenker und der Pferde, die ihn zogen.

Bronzezeit
In jener Zeit stellten Handwerker Werkzeuge, Waffen, Musikinstrumente und rituelle Gegenstände wie diese Klinge aus Bronze her.

Goldmaske aus Mykene

1650 v. Chr.

Einfall in Ägypten
Die Hyksos aus Westasien erobern das ägyptische Delta. Ihre von Pferden gezogenen Streitwagen werden später von den Ägyptern übernommen.

1600 v. Chr.

Mykene
In Griechenland gelangen die Mykener an die Macht. Sie kopieren die Kunst und die Mode der Minoer, sind aber viel kriegerischer. Sie bauen befestigte Paläste und erobern um 1450 v. Chr. Kreta.

1700 — **1600** — **1500**

1650 v. Chr.

Hethitische Eroberer
Die Hethiter erobern ein Reich, das fast ganz Kleinasien (heute Türkei) umfasst. Sie besitzen Streitwagen und stellen als eines der ersten Völker ab etwa 1500 v. Chr. Eisen her. Sie handeln mit Eisenwaren, halten die Technologie aber 300 Jahre lang geheim.

1628 v. Chr.

Vulkanausbruch
Der Ausbruch des Vulkans auf der griechischen Insel Thera zerstört minoische Siedlungen. Er löst außerdem Flutwellen aus, die benachbarte Inseln sowie Dörfer an der kretischen Küste verwüsten.

1550 v. Chr.

Neues Reich
Pharao Ahmosis verjagt die Hyksos aus Ägypten und läutet damit eine neue Epoche ein, die Zeit des Neuen Reichs. Die Pharaonen regieren von Theben aus und erobern später ein Reich in Asien. Es ist eine Zeit des Wohlstands, in der die große Tempelanlage von Karnak gebaut wird.

Fresko aus Thera von einem Jungen mit Fischen

Der Tempel von Karnak heute

Die Metallzeit

Die Metallbearbeitung war für die Menschen ein großer Fortschritt. Metall ließ sich leichter formen als Stein, Werkzeuge konnten mithilfe von Gussformen in Massen produziert werden. Ging eine Metallaxt kaputt, wurde sie eingeschmolzen und das Metall wiederverwertet. Glänzendes Metall wie Gold und Silber eignete sich hervorragend zur Herstellung von Schmuck.

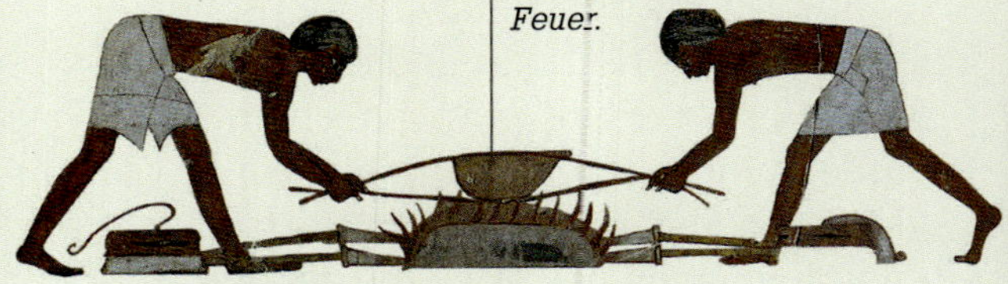

Ägyptische Metallarbeiter erhitzen Kupfer über einem Feuer.

Kupfer verhütten
Um 6500 v. Chr. lernten die Menschen, Kupfer aus Erzen (Gestein, das Mineralien und Metall enthält) zu gewinnen. Sie erhitzten den Stein, bis das rote Metall herausfloss. Diesen Vorgang nennt man Verhüttung. Das geschmolzene Metall wurde dann in Formen gegossen.

Kostbare Bronze

3200 v. Chr. fanden die Menschen heraus, dass sie durch das Mischen von Zinn und Kupfer ein viel härteres Metall herstellen konnten, nämlich Bronze. Zinn war sehr selten, daher galt Bronze als äußerst wertvoll.

Formenguss
Bronze wurde wie Kupfer zuerst erhitzt und dann in Formen gegossen. Man stellte daraus Gegenstände wie diese 3000 Jahre alte Nadel her, die in Mörigen in der Schweiz gefunden wurde.

Chinesische Bronze
Die besten Metallarbeiter waren die Chinesen. Sie kannten Gusstechniken, mit denen sie Skulpturen, Gefäße und Waffen wie diesen Axtkopf herstellten.

Die Eisenzeit
Eisen wurde von den Menschen als Letztes entdeckt. Sein Schmelzpunkt ist höher als der von anderen Metallen, deshalb ist es schwieriger zu gewinnen und zu bearbeiten. Man konnte Eisen nicht in Formen gießen, sondern musste es mit dem Hammer bearbeiten. Dazu wurde es in einem besonders heißen Ofen, dem Hochofen, erhitzt.

Griechischer Metallarbeiter am Hochofen

Chronik

7000 v. Chr.
In Westasien und Ägypten wird Schmuck aus natürlich vorkommenden Gold- und Kupferklümpchen hergestellt.

6500 v. Chr.
Die Menschen in Südosteuropa und Westasien lernen, wie man durch Schmelzen aus Mineralerzen Kupfer gewinnt.

5000 v. Chr.
Im bulgarischen Warna werden Gräber mit 3000 Beigaben aus Gold bestückt.

Kupfererz

3200 v. Chr.
In Westasien lernen die Menschen, wie man Kupfer und Zinn zu Bronze mischt.

Reines Eisen
Wegen seiner Härte ist Eisen ideal für Waffen und Werkzeuge. Dieser Dolch stammt von etwa 100 v. Chr.–100 n. Chr. Das Griffende deutet die Form eines Menschenkopfs an.

Goldornament in Form eines Stiers aus Warna

Wertvolles Gold
Das seltene, glänzende Gold war und ist überall auf der Welt begehrt. Es lässt sich leicht bearbeiten und ist zur Schmuckherstellung ideal geeignet. In Gräbern in Warna (Bulgarien) fand man einige der ältesten Goldschmuckstücke der Welt, sie stammen aus der Zeit um 5000 v. Chr.

Gold wurde oft wiederverwertet, deshalb findet man alten Goldschmuck meist nur in Gräbern.

Metall in Amerika
Die amerikanischen Völker stellten Schmuck, Statuetten und Masken aus Gold, Silber und Kupfer her, aber sie wussten nicht, wie man härtere Metalle bearbeitet. Diese Goldmaske aus einem Königsgrab in Sipan (Peru) stammt aus dem Jahr 250 v. Chr.

Vielseitige Metalle

Metall diente je nach Verfügbarkeit und Eigenschaften wie Härte oder Farbe verschiedenen Zwecken.

Griechische Silbermünze

- ★ **Gold**, das kostbarste Metall, wurde zu königlichen Totenmasken und zu Schmuck verarbeitet.
- ★ **Silber**, das zweitkostbarste Metall, wurde für Schmuck, Tassen und Münzen verwendet.
- ★ **Kupfer**, ein attraktives rotes Metall, wurde für Dekoratives und Werkzeuge wie Äxte verwendet. Weil es sehr weich ist, mussten die Äxte regelmäßig nachgeschliffen werden.
- ★ **Bronze** wurde für sehr hochwertige Gegenstände wie Schwerter, Speerspitzen, Schilde, Helme, Broschen und Spiegel verwendet.
- ★ **Eisen**, das härteste und gebräuchlichste Metall, wurde für Waffen und Alltagsgegenstände wie Werkzeug, Nägel und Speichenräder verwendet.

1550 v. Chr.
Zum ersten Mal wird in einer Region in der heutigen Türkei Eisen verhüttet.

Erntesichel

1200 v. Chr.
In China werden aus Bronze die ersten lebensgroßen Statuen von Menschen hergestellt.

1200 v. Chr.
Durch die Verbreitung von Eisenwaffen kommt es in Europa immer öfter zu Kriegen.

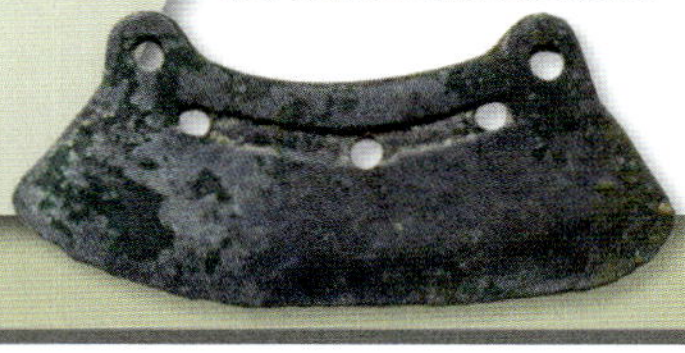

Rasiermesser aus Bronze (England, 500 v. Chr.)

500 v. Chr.
Chinesische Metallarbeiter lernen, wie man Eisen schmilzt, und erfinden das Gusseisen.

1500 ▸ 1000 v. Chr.

Die Olmeken gewannen vor 3000 Jahren Gummi aus dem Saft von Bäumen.

„Die Augen ruhen auf deiner Schönheit, bis du untergehst. Die Arbeit endet, wenn du dich im Westen zur Ruhe begibst.“

Echnaton, Hymne an Aton

Götter und Tempel S. 26–27

1400 v. Chr.

Olmeken
Das erste mesoamerikanische Kulturvolk entwickelt sich im Dschungel an der Nordküste Mexikos. Die Olmeken bauen Erdhügel und Tempel. Sie erschaffen riesige Steinköpfe, die Götter, Herrscher oder Vorfahren darstellen und Helme tragen.

1352 v. Chr.

Sonnenanbeter
Pharao Echnaton möchte, dass sein Volk nur Aton, die Sonnenscheibe (rechts), als einzigen Gott anbetet. Er gründet eine neue Hauptstadt, Achetaton, mit Tempeln ohne Dach zur Anbetung der Sonne. Nach seinem Tod um 1334 v. Chr. tritt wieder die alte Religion in Kraft.

1500 · 1400 · 1300

1302–1213 v. Chr. RAMSES DER GROSSE

Ramses II., auch Ramses der Große genannt, regierte Ägypten 66 Jahre lang. Seine Herrschaft brachte dem Reich Frieden und Wohlstand. Dass er die Bedrohung durch die Hethiter in der Schlacht von Kadesch abgewendet habe, wie er verbreiten ließ, stimmte nicht ganz. Eigentlich ging der Kampf unentschieden aus.

Vaterschaft
Ramses soll sieben Frauen und mehr als hundert Kinder gehabt haben. Seine Lieblingsfrau war Nefertari, die er schon mit 15 Jahren heiratete.

Berühmtes Gesicht
Ramses ließ zahlreiche Monumente und Tempel errichten und oft mit Kolossalstatuen von sich selbst schmücken, wie hier den Tempel von Abu Simbel (rechts).

Trojanisches Pferd
Die Legende um die Belagerung der Stadt Troja erzählt, dass die Griechen ein großes Pferd aus Holz bauten, in dem sie sich versteckten. Als die Trojaner das Pferd in die Stadt brachten, sprangen die Griechen heraus und öffneten die Tore für ihre Soldaten.

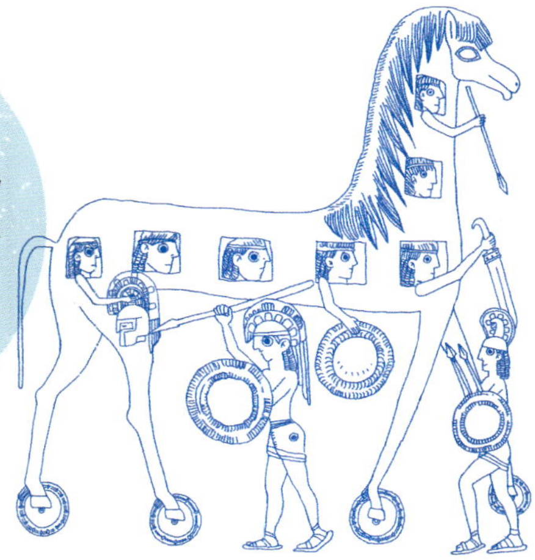

1000 v. Chr.

Arier

Seit der Mitte des 2. Jt. lebt das Volk der Arier im Nordwesten Indiens. Sie praktizieren eine frühe Form des Hinduismus. Fast alles, was wir über sie wissen, stammt aus ihren religiösen Schriften, den Vedas. Ihre Sprache Sanskrit ist mit vielen europäischen Sprachen eng verwandt.

Agni, eine der wichtigsten vedischen Gottheiten

1250–1100 v. Chr. ENDE DER BRONZEZEIT

1250–1100 v. Chr. war der östliche Mittelmeerraum in Aufruhr. Es gab eine Massenbewegung von Menschen, die neues Land zum Siedeln suchten. Große Kulturvölker wie die Mykener und die Hethiter wurden von unbekannten Feinden vernichtet. Nur den Ägyptern gelang es, die fremden Eindringlinge, die sie „Seevölker" nannten, abzuwehren.

Dunkles Zeitalter
Um 1100 v. Chr. wurden Mykene (rechts) und andere griechische Palastfestungen zerstört. Für Griechenland brach ein dunkles Zeitalter an. Die Bevölkerungszahl sank und es wurde immer weniger aufgeschrieben.

Standhaftes Ägypten
Pharao Ramses III. bekämpfte 1178 v. Chr. erfolgreich einen großen Einfall der Seevölker im Nil-Delta. Reliefs an Tempelwänden zeigen Szenen aus diesem Kampf gegen ein Volk, das „Peleset" genannt wurde. Dieses Volk siedelte später an der Küste von Kanaan und gab Palästina seinen Namen. In der Bibel wird es als „Volk der Philister" bezeichnet.

1000

1046 v. Chr.

Zhou-Dynastie

In China besiegt König Wu den letzten Shang-Kaiser und gründet die Zhou-Dynastie. Unter den Zhou wird in China die Eisenverarbeitung eingeführt.

Die Phönizier
Nach der Bronzezeit wurden die Phönizier, die an der Küste des heutigen Libanons und Syriens lebten, die führende Seehandelsmacht im Mittelmeer. Sie verkauften purpurrote Farbe, die sie aus der Murex-Meeresschnecke gewannen.

Auf der Rückenlehne von Tutanchamuns goldenem Thron ist eine Szene dargestellt, in der der König von seiner Gemahlin Anchesenamun mit Öl gesalbt wird.

Verborgene Schätze

Sieben Jahre lang hatte der britische Archäologe Howard Carter im Tal der Könige in Ägypten nach dem Grab eines wenig bekannten Pharaos namens Tutanchamun gesucht. Im November 1922 entdeckte sein Team Stufen, die zu einer versiegelten Tür führten. Mit zitternden Händen schlug Carter ein kleines Loch in die Tür und spähte im Licht einer Kerze hindurch: Vor ihm lag die größte Sammlung ägyptischer Schätze, die je gefunden wurde. Nie zuvor war ein Königsgrab entdeckt worden, das noch nicht von Räubern geplündert worden war. Die Schätze ruhten seit 3000 Jahren in dem Grab – seit sie mit dem jungen Pharao für sein Leben im Jenseits bestattet wurden.

„Als sich meine Augen an die Dunkelheit gewöhnt hatten, zeichneten sich immer mehr Details des Raums ab. Befremdliche Tiere, Statuen und Gold – überall das Glitzern von Gold.“

Howard Carter, *Das Grab des Tutanchamun* (1923)

Ein ägyptischer Schreiber

Im alten Ägypten wurden Kinder normalerweise zu Hause erzogen. Nur die Söhne von Adligen und Schreibern gingen zur Schule, wo sie Rechnen und Schreiben lernten. Schreiber waren hoch angesehene Beamte, die für alle öffentlichen Aufzeichnungen verantwortlich waren, aber ihre Ausbildung war lang und hart.

Ostrakon
Stein- oder Tonscherben zum Beschreiben nannte man Ostraka. Auf das Ostrakon wurde in hieratischer Schrift ein Gedicht aus der ägyptischen Literatur geschrieben.

Früher Beginn

Schon mit vier Jahren ging ein Junge zur Schreiberschule, wo er bis zu zehn Jahre lang ausgebildet wurde. Der Unterricht begann frühmorgens. Die Schüler brachten sich ihr Mittagessen, meistens Brot und Bier, mit. Sie saßen im Schneidersitz auf dem Boden.

Handwerkszeug

Zu den ersten Lektionen gehörte die Herstellung von Stiften. Die Jungen lernten, wie man das Ende eines Schilfrohrs so kaut, dass aus den harten Fasern feine Spitzen werden. Die Stifte wurden zusammen mit roter und schwarzer Tinte in einer Holzpalette aufbewahrt. Geschrieben wurde auf Papier, das aus der Papyruspflanze hergestellt wurde. Um Papyrus zu sparen, übten die Schüler auf Kalksteintafeln oder Tonscherben.

„Durch hypnotisches Wiederholen erlernte der Junge ein umfangreiches Repertoire an Formulierungen und Phrasen, aus denen die Staatssprache bestand."

Auszug aus dem Buch *Leben in der Antike* (1984) des Ägyptologen John Romer

Viel zu lernen

Schreiberschüler mussten über 700 Hieroglyphen lernen, aber auch die vereinfachte Version der Symbole, die im Alltag verwendet wurden. Zum Üben schrieben die Jungen literarische Texte ab. Sie mussten auch Mathematik und Buchführung lernen.

Beste Aussichten

Schreiberschüler müssen andere Kinder ihres Alters, die nicht zur Schule gingen, beneidet haben. Von ihnen wurde strengste Disziplin verlangt. Faule oder freche Schüler wurden geschlagen. Dafür erwartete sie eine glänzende Zukunft. Als Beamte mussten Schreiber weder harte Arbeit verrichten noch Steuern zahlen.

Hölzerne Palette
Diese Palette für Stifte trägt den Namen von Ramses I. Wahrscheinlich arbeitete der Schreiber, dem sie gehörte, im Palast des Pharaos.

Gänsezählung
Dieser Schreiber zählt Gänse für einen Steuerbericht. Er hat seine Stiftepalette unter den Arm geklemmt. Seine Papierrollen liegen in dem Korb, der vor ihm steht.

„Ich werde dir die Schönheit der Bücher zeigen, sodass du sie mehr lieben wirst als deine Mutter. Es [das Amt des Schreibers] ist besser als alle anderen Ämter. Es gibt nichts Besseres auf Erden.“

Die Lehre des Cheti
(ein Schultext, um 2000 v. Chr.)

1000 ▸ 700 v. Chr.

1000 v. Chr.

Die Stadt Jerusalem

In der Bibel steht, dass Jerusalem von dem israelitischen König David (regiert um 1006–965 v. Chr.) erobert wird. Auf dem Bild sieht man, wie die Bundeslade, ein tragbarer Schrein, in die Stadt gebracht wird. Sie soll die Steintafeln enthalten, auf denen Moses die Zehn Gebote Gottes niederschrieb.

965 v. Chr.

Salomons Tempel

Davids Sohn Salomon baut in Jerusalem einen Tempel. Der Ort ist den Juden heute noch heilig. Nach Salomons Tod zerfällt das Reich in zwei Teile: Israel im Norden und Judäa im Süden.

„Im vierten Jahr von Salomons Herrschaft über Israel, im Monat Siv, dem zweiten Monat, begann er den Tempel des Herrn zu bauen.“

Die Bibel, **1. Könige 6**

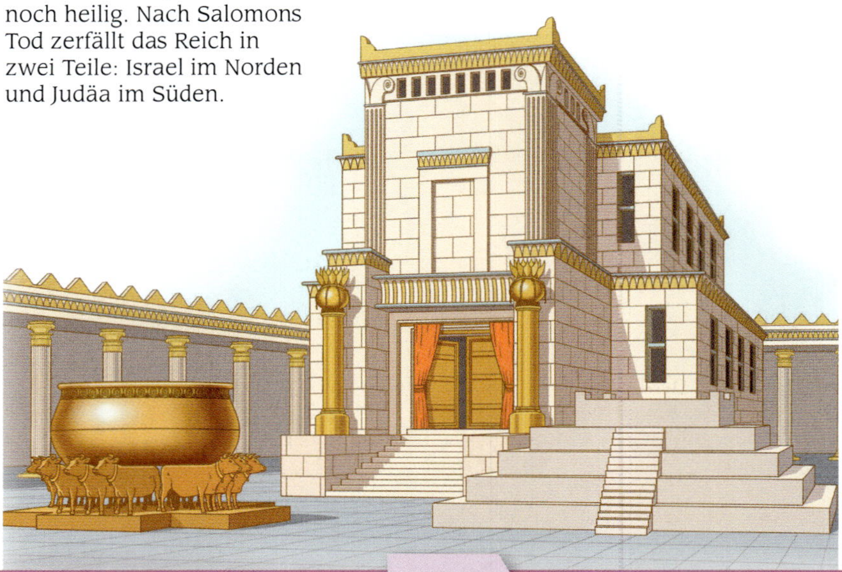

1000 · 900

960–612 v. Chr. ASSYRISCHES REICH

Im 9. Jh. v. Chr. waren die Assyrer aus dem Norden Mesopotamiens die gefürchtetste Militärmacht des Nahen Ostens. Sie eroberten Judäa, dessen Könige Tributzahlungen leisten mussten, und Israel, dessen Bevölkerung in Assyrien neu angesiedelt wurde. Später verbündeten sich die Gegner der Assyrer und zerstörten unter Führung der Babylonier das Assyrische Reich.

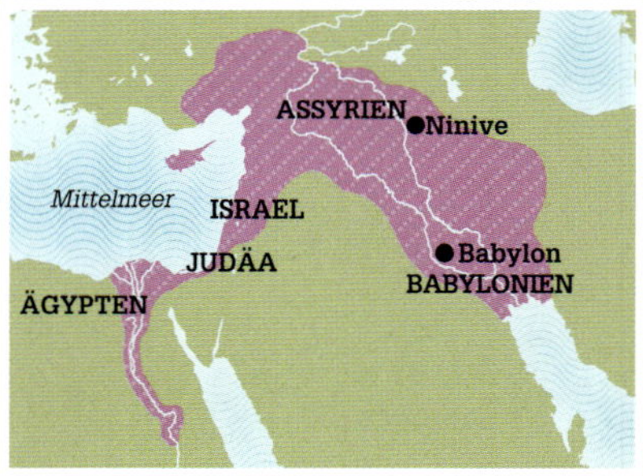

Von Ägypten bis Irak
Die Karte zeigt das Assyrische Reich im Jahr 670 v. Chr., das sich von Ägypten bis zum Irak erstreckte. Völker, die sich gegen die assyrische Herrschaft wehrten, wurden brutal bestraft.

Im alten Assyrien war die Löwenjagd der Sport der Könige.

Löwenjagd
Die Assyrer liebten die Löwenjagd genauso wie den Krieg. Dieses Relief aus dem Palast von Ninive (heute im Irak) zeigt König Assurbanipal, der vom Wagen aus auf Löwen schießt.

750 v. Chr. GRIECHISCHE SCHRIFT

Die Griechen übernahmen von den Phöniziern das Alphabet. Bald darauf schrieb der Dichter Homer zum ersten Mal seine Werke *Die Ilias* und *Die Odyssee* nieder. Dies ist der Anfang der westlichen Literatur.

Der Held Odysseus
Die Odyssee erzählt die Geschichte von Odysseus, der aus dem Krieg zurückkehrt. Hier versuchen gerade die Sirenen (Wesen, die halb Frau, halb Vogel sind) sein Schiff zu versenken.

Die Zwillinge Romulus und Remus wurden der Legende nach von einer Wölfin gesäugt.

753 v. Chr.

Gründung Roms
Der Legende nach wird Rom 753 v. Chr. von den Zwillingen Romulus und Remus gegründet. Archäologen haben aber bewiesen, dass die Stadt im 9. Jh. v. Chr. als bescheidene Siedlung ihren Anfang nahm.

750 v. Chr.

Griechische Kolonien
Die Griechen gründen Kolonien im Mittelmeerraum und am Schwarzen Meer. Dazu zählen Massilia (Marseille in Frankreich), Neapolis (Neapel in Italien) und Tripolis (in Libyen).

800 … 700

800 v. Chr.

Chavin de Huantar
Das Volk der Chavin beherrscht Peru. Ihr bedeutendster Ort ist Chavin de Huantar, ein politisches und religiöses Zentrum, das mit Reliefs von Jaguarn (unten), Adlern und übernatürlichen Wesen verschönert wird.

776 v. Chr.

Olympiade
Die Olympischen Spiele zu Ehren des Gottes Zeus finden anfangs nur in Griechenland statt. Von überall her kommen Athleten, um sich im Wettkampf zu messen.

Jäger der Arktis
Ab 800 v. Chr. jagten die Menschen der Dorset-Kultur in der kanadischen Arktis Robben und Walrosse durch Löcher im Eis. Sie verwendeten dazu kunstvoll geschnitzte Harpunen aus Knochen.

Kriege wurden unterbrochen, damit die Menschen sicher zur Olympiade reisen konnten.

Der altgriechische Fünfkampf umfasste die Sportarten Diskus und Speerwerfen, Springen mit Gewichten, Rennen und Ringen.

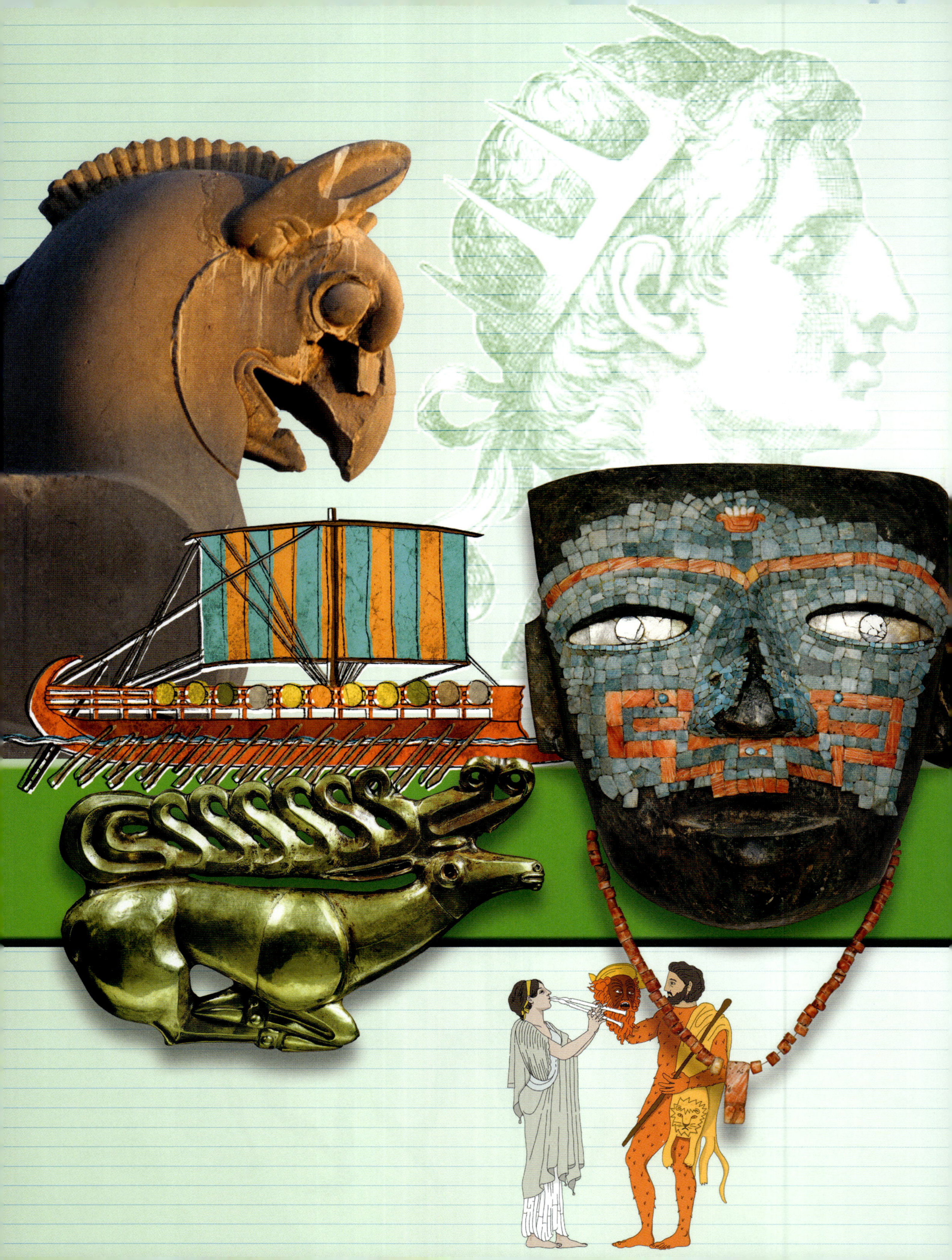

700 v. Chr.–500 n. Chr. Antike Kulturen

Die Weltbevölkerung wuchs und Landwirtschaft und Handel breiteten sich immer weiter aus. Die Zivilisation erreichte den östlichen Mittelmeerraum, Persien, Indien und China. 500 n. Chr. gab es alle großen Weltreligionen bis auf den Islam. Neue Erkenntnisse und Technologien eröffneten Künstlern, Dichtern, Architekten und Denkern bisher unbekannte Möglichkeiten. Viele Dinge, die für uns heute selbstverständlich sind, wie Münzen, Papier, Theater, Sport, Philosophie und Mathematik, nahmen in jener Zeit, die wir Antike nennen, ihren Anfang.

700 ▸ 600 v. Chr.

689 v. Chr.

Babylon wird erobert

Assyrien beherrscht noch immer Mesopotamien, nachdem seine Armeen Babylon zerstört haben. Unter Assurbanipals Herrschaft (668–627 v. Chr.) erobert Assyrien sogar Ägypten. Das Reich zerfällt jedoch 612 v. Chr.

König Assurbanipal hilft beim Wiederaufbau eines Tempels in Babylon.

Geheimnisvolle Etrusker

Die Etrusker lebten in Norditalien. Sie errichteten Städte und aufwendige Gräber. Sie hinterließen prächtige Kunstwerke wie diesen vergoldeten Kopf. Ihre Schrift ist schwer zu entziffern, deshalb weiß man wenig über sie.

660 v. Chr.

Erster Kaiser

Der Legende nach wird Jimmu 660 v. Chr. der erste Kaiser von Japan. Angeblich ist er der Nachfahre von Ameratsu, der japanischen Sonnengöttin.

700 — 680 — 660

685–668 v. Chr. AUFSTIEG SPARTAS

Der griechische Stadtstaat Sparta eroberte das Nachbarland Messenia und machte die Messenier zu Sklaven (Heloten). Da sie den Spartanern zahlenmäßig überlegen waren, bestand ständig die Gefahr eines Aufstands. So wurde Sparta ein Militärstaat, regiert von zwei Königen und einem Ältestenrat.

Kampfbereitschaft

Sparta wurde die stärkste Militärmacht Griechenlands. Es brauchte keine Verteidigungsanlagen, seine Stärke waren seine Armeen. Alle erwachsenen Spartaner waren Soldaten und bereit, jederzeit für ihre Stadt zu kämpfen.

Soldaten

Unter ihren Bronzehelmen trugen die Spartaner langes Haar, um gefährlicher auszusehen. Ihre Tuniken (Umhänge) waren rot gefärbt, damit man das Blut nicht sah.

Bronzehelm

652 v. Chr.

Skythischer Sieg

Die Skythen besiegen die Meder im nördlichen Iran. Die Skythen sind Nomaden aus Mittelasien, die nach Westen zogen und im Gebiet der heutigen Ukraine sowie Südrussland ein großes Reich gründen. Sie sind gute Reiter und bestatten ihre Anführer in einem Hügelgrab (Kurgan).

Kinder im alten Griechenland S. 48–49

Goldener Hirsch von einem skythischen Schild

Jimmu (stehend) beobachtet einen heiligen Vogel. Ein Bild aus den *Japanischen Chroniken* (1891)

620–600 v. Chr. DIE ERSTEN MÜNZEN

Lydische Münze aus Elektrum

Die ersten echten Münzen der Welt wurden in Lydien in Anatolien (Türkei) aus Elektrum, einer Mischung aus Gold und Silber, geprägt. Davor verwendete man Metallblöcke und -barren als Geld. Die Münzen waren viel handlicher, sodass die griechischen Stadtstaaten diese neue Idee schnell übernahmen.

621 v. Chr.

Drakos Gesetze

Ein Mann namens Drako gibt Athen in Griechenland die ersten Gesetze. Weil auf fast jedes Vergehen die Todesstrafe steht, nennt man noch heute besonders harte Gesetze „drakonisch".

616 v. Chr.

König von Rom

Tarquinius Priscus wird der fünfte König von Rom (der erste, Romulus, soll von 753–716 v. Chr. regiert haben). Tarquinius gewinnt mehrere Schlachten gegen benachbarte Stämme wie Sabiner, Latiner und Etrusker und macht Rom zur bedeutendsten Macht Mittelitaliens.

„Drakos Gesetze wurden nicht mit Tinte, sondern mit Blut geschrieben."

Plutarch, griechischer Geschichtsschreiber

640 — 620 — 600

In Gräbern der Skythen fand man neben Schmuck und Waffen auch Pferde und Diener, die wohl geopfert wurden.

600 v. Chr.

Rundreise

Wie der Geschichtsschreiber Herodot berichtet, sendet der ägyptische Pharao Necho II. eine phönizische Flotte zur Erkundung der afrikanischen Ostküste aus. Die Phönizier sind Händler aus dem Libanon und geschickte Seefahrer. Drei Jahre später umrunden sie die Südspitze Afrikas und kehren durch den Atlantik ins Mittelmeer zurück.

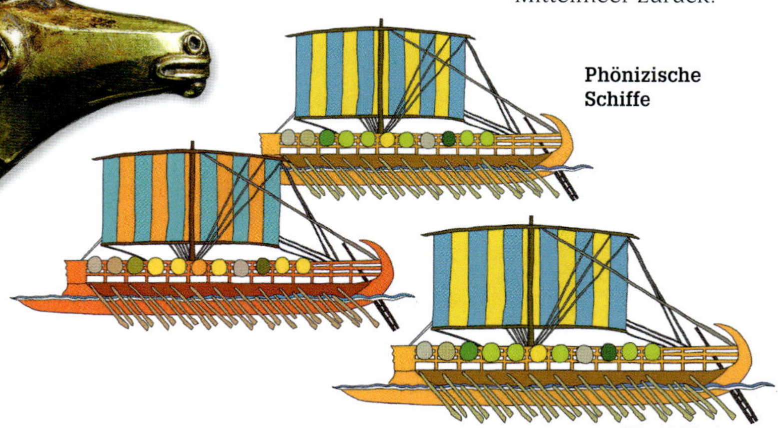

Phönizische Schiffe

Militärische Erziehung

Von Geburt an gehörte jedes spartanische Kind, egal ob Junge oder Mädchen, dem Staat. Der Ältestenrat entschied, ob das Neugeborene gesund und kräftig genug war. Schwächliche Babys wurden zum Sterben auf einem Hügel ausgesetzt. Spartanische Kinder widmeten ihr ganzes Leben dem Militär.

Hartes Training
Dieser Holzschnitt aus dem 19. Jh. zeigt junge Spartaner beim Training. Wie in Griechenland üblich waren sie dabei nackt.

Stärke

Mit sieben Jahren wurden die Jungen aus ihrer Familie genommen und in eine Militärschule geschickt. Sie lebten und schliefen in Kasernen, wo man ihnen die Kriegskunst beibrachte. Mädchen begannen ihre Ausbildung im selben Alter. Sie lernten ringen, rennen und Speer werfen. Die Spartaner glaubten, dass sie dann starke Mütter würden, die starke Söhne gebären.

Abhärtung

Junge Spartaner wurden ausgebildet, hart zu sein. Die Jungen mussten immer barfuß gehen (auch auf steinigem oder dornigem Untergrund) und sie erhielten nur wenig zu essen.

Mutprobe

Bevor er ein Bürger wurde, musste ein junger Spartaner seinen Mut beweisen. Dafür schickte man ihn bei Nacht allein hinaus. Er durfte jeden Heloten töten, dem er unterwegs begegnete. Heloten waren verachtete Sklaven, die das Land der Spartaner bestellten.

Ein Leben als Krieger

Mit 20 Jahren wurde ein Spartaner zum Vollzeitsoldaten (Hopliten). Der Name stammt von dem großen schweren Schild, dem Hoplon. Von da an lebte er in einer Gruppe aus 15 Männern, die zusammen aßen, tranken, trainierten und kämpften. Mit 30 Jahren musste er heiraten, um die nächste Generation Soldaten zu zeugen.

„Ab 12 Jahren durften sie keine Tuniken mehr tragen. Sie erhielten einmal im Jahr einen Umhang. Ihre Haut war hart und sie badeten praktisch nie."

Der griechische Gelehrte Plutarch (um 95 n. Chr.)

Stabiler Dolch
Ein typischer griechischer Dolch war etwa 40 cm lang, mit einer 7,5 cm langen Klinge.

„Entweder mit dem Schild oder auf ihm, mein Sohn!"

Der traditionelle Abschiedsgruß einer spartanischen Mutter. Nur Feiglinge verloren ihre Schilde; gefallene Helden wurden auf ihnen nach Hause getragen.

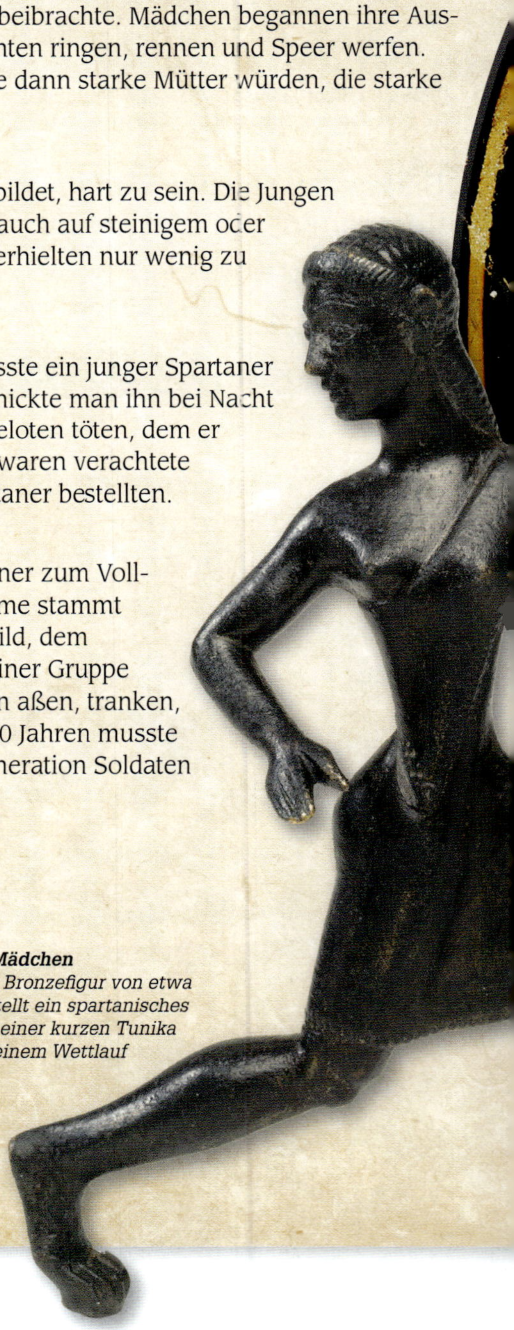

Laufendes Mädchen
Diese kleine Bronzefigur von etwa 500 v. Chr. stellt ein spartanisches Mädchen in einer kurzen Tunika dar, das an einem Wettlauf teilnimmt.

Bemaltes Gefäß
Diese Malerei auf einem Gefäß von etwa 510 v. Chr. zeigt einen spartanischen Soldaten mit einem Schild.

„Ein spartanischer Junge stahl einen jungen Fuchs und versteckte ihn unter seinem Mantel. Er ließ sich lieber von ihm die Gedärme ausreißen und starb, als den Diebstahl bekannt zu machen."

Eine Geschichte des griechischen Gelehrten Plutarch

600 ▸ 500 v. Chr.

559–486 v. Chr. DAS PERSISCHE REICH

Innerhalb von etwa 30 Jahren eroberte König Kyros (regierte 559–530 v. Chr.) von Persien, einem noch unbedeutenden Reich im heutigen Südiran, das größte Reich, das die Welt je gesehen hatte. Es wurde nach dem Namen der herrschenden Dynastie Achämeniden-Reich genannt. Unter König Darios I. (regierte 522–486 v. Chr.) richtete das Reich sein Augenmerk auf Griechenland.

Die Stadt Persepolis
Darios I. erbaute Persepolis als Hauptstadt. Die prächtigen Säulenhallen spiegelten die Macht und den Glanz des Reichs wider.

585 v. Chr.

Sonnenfinsternis

Thales von Milet, einem griechischen Stadtstaat in Anatolien (heute Türkei), sagt korrekt eine Sonnenfinsternis vorher. Als einer der ersten griechischen Philosophen befasst er sich mit Fragen über Naturereignisse.

590 v. Chr.

Nubische Pharaonen

Die Könige Nubiens, eines Reichs am Nil (heute Sudan), residieren in Meroe. Ihr Vorbild sind die ägyptischen Pharaone. Sie verwenden eine Art Hieroglyphenschrift und bestatten die Toten in Pyramidengräbern.

600 — 580 — 560

587 v. Chr.

Nebukadnezar

Weil sich die Juden gegen die babylonische Herrschaft aufgelehnt haben, befiehlt Nebukadnezar II. die Zerstörung des Tempels von Jerusalem. Die Stadt wird niedergebrannt und Tausende Juden werden nach Babylon verschleppt.

> ***„Wer weise lebt, braucht nicht einmal den Tod zu fürchten."***
>
> **Buddha (563–483 v. Chr.)**

Rad des Lebens als Symbol auf den Fußsohlen

Ein Relief von Buddhas Fußabdrücken (1. Jh. v. Chr.)

563 v. Chr.

Buddhas Geburt

Der Legende nach ist Siddharta Gautama ein Prinz aus Nordindien. Das menschliche Leid macht ihn so traurig, dass er sein Leben im Luxus aufgibt und sechs Jahre lang unter einem Baum fastet, bis er erleuchtet wird. Er wird als „Buddha" (der Erleuchtete) bekannt, dessen Lehren noch heute Millionen Menschen befolgen.

550 v. Chr.

Konfuzius' Geburt

Konfuzius ist ein chinesischer Philosoph. In seinen Schriften lehrt er, die Familie, die Alten, die Autoritäten und Tradition zu achten. Seine Lehren, der sogenannte Konfuzianismus, beeinflussen noch heute die Vorstellungen und die Politik der Chinesen.

550 v. Chr.

Aufstieg der Kelten

In Mitteleuropa beginnen sich die Kelten von ihrer ursprünglichen Heimat in den nördlichen Alpen (Österreich und Schweiz) auszubreiten. Sie treiben Fernhandel mit Salz und Eisen. In den Gräbern reicher Kelten hat man Güter griechischer und etruskischer Herkunft gefunden, die über die Stadt Massilia (heute Marseilles in Frankreich) gehandelt wurden.

Keltische Krieger S. 56–57

Persisches Reich
Das Reich von Kyros dem Großen erstreckte sich von Anatolien (Türkei) im Westen bis nach Afghanistan im Osten. Sein Sohn Kambyses II. (regierte 530–522 v. Chr.) fügte Ägypten hinzu und Darios I. Thrakien (südöstlicher Balkan).

> ***„Ich bin Kyros, König der Welt, ein großer König, mächtiger König!“***
>
> **Kyros der Große (538 v. Chr.)**

Unsterbliche Perser
Diese Soldaten, die hier auf den Wänden von Darios' ehemaligem Palast dargestellt sind, nannte man die Unsterblichen. Sie waren eine Elitetruppe aus 10 000 Mann, die den Kaiser beschützte. Starb einer von ihnen, wurde er sofort durch einen anderen ersetzt.

Die Königsstraße war ein 2575 km langer Weg zwischen der Stadt Susa in Persien und Sardis im Westen der Türkei.

540 — 520 — 500

535 v. Chr.
Seeschlacht
Die Phönizier gründeten 814 v. Chr. die Stadt Karthago (heute Tunis). Wachsende Feindseligkeiten mit der griechischen Stadt Massilia enden in der Seeschlacht von Alalia vor Korsika. Die Griechen verlieren und überlassen Karthago die Kontrolle des westlichen Mittelmeerraums.

Römisches Reich S. 68–69

509 v. Chr.
Römische Republik
Rom ist noch ein kleiner Stadtstaat, als seine Bürger beschließen, den König abzusetzen und sich von nun an selbst zu regieren. Sie rufen die Republik aus, an deren Spitze zwei Konsuln stehen. Diese werden gewählt und regieren mithilfe des Senats.

Das Symbol der Römischen Republik „SPQR“ steht für das lateinische *Senatus Populusque Romanus* und bedeutet: Der Senat und das Volk von Rom.

507 v. Chr.
Volksmacht
Der Stadtstaat Athen führt eine neue Regierungsform ein, die Demokratie (das bedeutet Volksherrschaft). Alle männlichen Bürger dürfen über wichtige offizielle Entscheidungen abstimmen. Frauen, Fremde und Sklaven sind von der Wahl ausgeschlossen.

Sportliche Griechen
Dieser Diskus aus Bronze gehörte einem Athleten namens Exoidas, der damit einen Wettkampf gewann. Die Griechen trugen viele sportliche Wettkämpfe aus, z. B. im Rennen, Diskuswerfen, Boxen und Ringen.

Griechen gegen Perser

Anfang des 5. Jh. v. Chr. versuchten die Perser zweimal Griechenland zu erobern. Die griechischen Stadtstaaten, vor allem Athen und Sparta, stritten ständig untereinander, aber gegen die Perser hielten sie zusammen. Obwohl sie in der Unterzahl waren, vertrieben sie die Perser aus Griechenland.

Hopliten auf dem Vormarsch
Diese Vasenmalerei zeigt griechische Soldaten (Hopliten). Sie kämpften zu Fuß in einer Formation aus 8–50 Reihen, der sogenannten Phalanx. Ihre Schilde hielten sie dabei nah zusammen. Die Speere der vorderen Soldaten zeigten zum Feind.

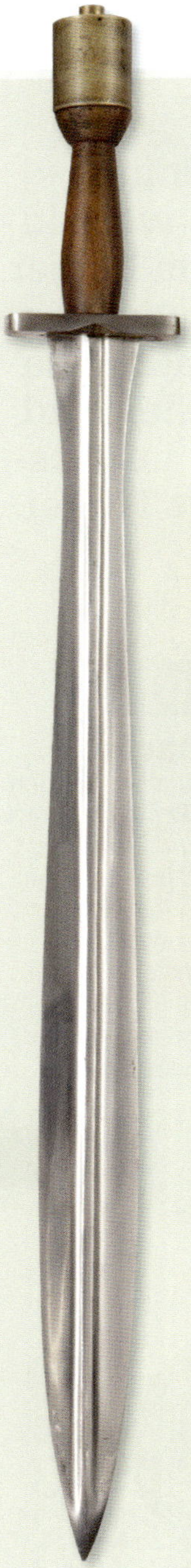

Nachbildung eines Hoplitenschwerts

Flinke Perser
Wegen ihrer leichteren Rüstung waren die Perser im Kampf beweglicher. Dieser Bogenschütze trägt nur eine weiche Filzkappe und ein Kettenhemd im Gegensatz zu den schweren Bronzehelmen und Plattenrüstungen der Griechen. Die Perser kämpften aus der Entfernung. Bogenschützen stoppten den vorrückenden Feind und Reiter ritten ihn nieder.

Persischer Bogenschütze (4. Jh. v. Chr.)

Chronik

547 v. Chr.
Der persische König Kyros der Große erobert die ionischen Stadtstaaten Anatoliens (heute Türkei).

499 v. Chr.
Während der Herrschaft von König Darios I. revoltieren die ionischen Stadtstaaten gegen Persien. Athen kommt ihnen zu Hilfe.

490 v. Chr.
Darios I. schickt ein riesiges Heer los, um Athen zu bestrafen. Es wird jedoch bei Marathon von den Athenern besiegt.

484 v. Chr.
Zwei Jahre nach Beginn seiner Herrschaft bereitet sich Xerxes darauf vor, das griechische Festland zu erobern.

483 v. Chr.
Der athenische Feldherr Themistokles überredet Athen zum Bau einer Flotte.

„Kommt und holt sie euch!“

Leonidas' Antwort an Xerxes, als dieser die Spartaner bei den Thermopylen zum Niederlegen ihrer Waffen aufforderte

Bekannte Köpfe

Xerxes
Xerxes, der Sohn von Darios I., wurde 486 v. Chr. König von Persien. Sechs Jahre später versuchte er Griechenland zu erobern.

Artemisia
Als Königin von Halikarnassos (heute Bodrum, Türkei) schickte sie fünf Schiffe für Xerxes' Flotte. Sie nahm an der Schlacht von Salamis teil.

Leonidas
Dieser spartanische König führte eine Elitetruppe aus 300 Spartanern auf eine Selbstmordmission zu den Thermopylen.

Die Schlacht bei den Thermopylen
Die Griechen trafen an einem engen Gebirgspass auf Xerxes' riesiges Heer. Der Spartanerkönig Leonidas stellte sich mit seinen Soldaten der persischen Übermacht, um die Invasion aufzuhalten. Er und alle seine Männer starben.

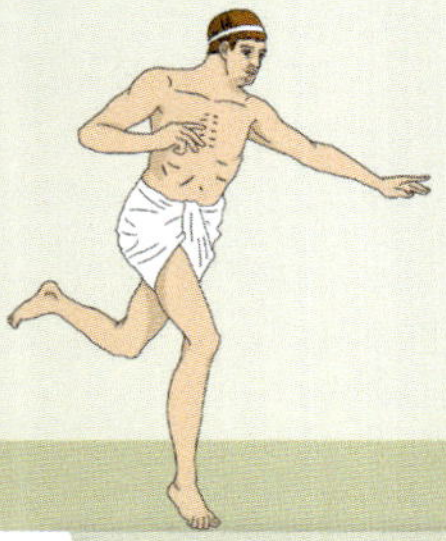

Marathonmann
Pheidippides war ein griechischer Bote. Er rannte den ganzen Weg von Athen nach Sparta, um die Spartaner für die Schlacht bei Marathon um Hilfe zu bitten. Eine andere Version lautet, dass er 40 km von Marathon nach Athen lief, um den griechischen Sieg zu verkünden. Er war der Begründer des Marathonlaufs.

Große Schlachten

490 v. Chr. Marathon
Diese Schlacht fand auf der Ebene von Marathon nördlich von Athen statt. Unter Führung von Miltiades besiegte ein kleineres griechisches Heer die einfallenden Truppen von König Darios I.

Soldaten
Griechen: 10 000 Hopliten: 9000 aus Athen, 1000 aus Plataä
Perser: 25 000 Fußsoldaten; 1000 Reiter; 600 Schiffe

480 v. Chr. Thermopylen
Die zahlenmäßig unterlegenen Griechen stellten sich Xerxes' Heer an einem schmalen Gebirgspass. Sie hielten sie zwei Tage lang auf, bis die Perser eine andere Route fanden.

Soldaten
Griechen: 7000, darunter 300 Elitekämpfer aus Sparta
Perser: bis zu 250 000, darunter 10 000 „Unsterbliche“ (Elitekämpfer)

480 v. Chr. Salamis
Themistokles, der Befehlshaber der athenischen Flotte, lockte die persischen Schiffe bei der Insel Salamis in einen Hinterhalt. König Xerxes musste vom Land aus zusehen, wie seine viel größere Flotte zerstört wurde.

Flotten
Griechen: 378 Schiffe
Perser: 800 Schiffe

479 v. Chr. Plataä
Griechen und Perser prallten auf thebanischem Gebiet aufeinander. Ein Überraschungsangriff der spartanischen Phalanx schlug die Perser endgültig in die Flucht.

Soldaten
Griechen: 40 000
Perser: 120 000 (darunter griechische Verbündete)

480 v. Chr.
Xerxes' Heer marschiert über den Hellespont nach Griechenland.

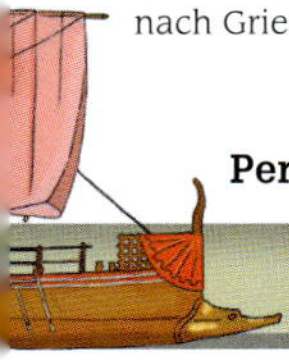

Perserschiff

480 v. Chr.
Die Perser erreichen Athen und brennen die Stadt nieder.

479 v. Chr.
Die Perser werden bei Plataä besiegt. Sie versuchen danach nie wieder Griechenland zu erobern.

477 v. Chr.
Athen führt eine Allianz gegen die Perser an. Sparta weigert sich beizutreten.

um 440 v. Chr.
Der griechische Historiker Herodot schreibt die Geschichte der griechisch-persischen Kriege nieder.

500 ▸ 400 v. Chr.

500 v. Chr.

Die Zapoteken
Die Zapoteken aus dem Süden Mexikos bauen in Monte Albán im Oaxaca-Tal ein zeremonielles Zentrum, das 1000 Jahre lang Bestand hat. Diese Urne aus Ton hat die Gestalt eines zapotekischen Gottes.

494 v. Chr.

Ärger in Rom
Das Volk (Plebs) von Rom streikt, bis die Adligen (Patrizier) ihm gestatten, zwei offizielle Volksvertreter zu wählen. Diese beiden Magistraten werden Tribune genannt.

König Xerxes schaut über das Meer in Richtung Griechenland.

480 v. Chr.

Xerxes am Hellespont
Der Perserkönig Xerxes ist mit einem riesigen Heer nach Griechenland gezogen. Am Hellespont, der Meerenge, die Asien von Europa trennt, lässt er eine Brücke aus zusammengebundenen Booten bauen, auf der die Soldaten das Meer überqueren.

Griechen gegen Perser S. 52–53

500 — 480 — 460

475 v. Chr.

Streit in China
In China, das in dieser Epoche viel kleiner ist als heute, bricht die Zeit der „Streitenden Reiche“ an. Das Zhou-Reich zerfällt in sieben Staaten, deren Fürsten um die Vorherrschaft kämpfen. Es ist aber auch die Zeit großer technischer Fortschritte, sowohl in der Kriegskunst als auch in der Landwirtschaft.

484–405 v. Chr. DAS GRIECHISCHE THEATER

Das Drama wurde in Athen erfunden, wo zu Ehren des Gottes Dionysos Theaterstücke aufgeführt wurden. Von dort aus verbreitete es sich in alle Welt. Die Werke von drei athenischen Dramatikern – Äschylos, Sophokles und Euripides – werden noch heute gespielt.

Maskerade
Es wurden Tragödien und Komödien aufgeführt. Die Schauspieler trugen dabei groteske Masken wie diese, die eine komische Figur darstellt.

Freilufttheater
Jede Stadt hatte ein Theater. Die aufsteigenden Sitzreihen aus Stein wurden im Halbkreis an einem Hügel erbaut. Die Spielfläche, die sogenannte *Orchestra*, befand sich unten in der Mitte.

Altgriechische Schauspieler

DER PARTHENON

Beim Angriff der Perser auf Athen 480 v. Chr. wurden die Tempel auf der Akropolis, dem heiligen Hügel über der Stadt, zerstört. Diesen Akt der Gotteslästerung verziehen die Griechen den Persern nie. Sie bauten einen neuen Tempel, den Parthenon, und weihten ihn der Göttin Athene.

Klassische Architektur
Der Parthenon, eines der berühmtesten Bauwerke der klassischen Antike, wurde Mitte des 5. Jh. v. Chr. in Athen erbaut.

„König Xerxes wird dich überqueren, mit oder ohne deine Erlaubnis."

Xerxes verspottet den Hellespont, nachdem ein Sturm die erste Brücke zerstört hat.

400 v. Chr.

Kelten auf Achse
Keltische Gruppen ziehen nach Südostasien und ins norditalienische Flusstal des Po, wo sie die etruskischen Städte angreifen.

440 — **420** — **400**

431 v. Chr.

Griechen im Krieg
Zwischen Athen und seinen Verbündeten auf der einen Seite und den Spartanern und deren Verbündeten auf der anderen Seite bricht der Peloponnesische Krieg aus. Athens Flotte und Heer werden nach der missglückten Belagerung von Syrakus auf Sizilien (415–413 v. Chr.) besiegt. Es muss sich 404 v. Chr. den Spartanern ergeben.

Athenische Kriegsschiffe in der Schlacht bei Syrakus

Chinesisches Geld
Chinesisches Geld wurde aus Kupfer oder Bronze gegossen. Es hatte die Form von Geräten wie Messer oder Spaten. Oft hatten die Geldstücke ein Loch, sodass man mehrere zusammenbinden konnte.

430–429 v. Chr. wütete in Athen die Pest. Ihr fiel auch der athenische Staatsmann Perikles zum Opfer.

Keltische Krieger

Die Kelten (von den Römern „Gallier" genannt) waren kein einzelnes Volk, sondern verstreut lebende Stämme, die von Heerführern angeführt wurden. Von ihrer Heimat nördlich der Alpen zogen einige Stämme nach 400 v. Chr. in den Süden, wo sie auf Griechen und Römer prallten. Die keltische Kultur jener Zeit wird La Tène genannt, nach einem Ort in der Schweiz. 100 v. Chr. war die La-Tène-Kultur in ganz Europa verbreitet.

Keltische Götter

Die keltische Religion war eng mit der Natur und dem Jahreszyklus verbunden. Es wurde zu Hunderten von Göttern gebetet. Hier sind vier davon:

Belenus
Als Gott des Feuers wurde Belenus am 1. Mai mit dem Beltane-Fest geehrt, zu dem Feuer für Reinigungsrituale entzündet wurden.

Brigid
Brigid war die Göttin der Heilkunst, der Dichtung und der Fruchtbarkeit. In Irland wurde sie später zu einer christlichen Heiligen erklärt.

Cernunnos
Dieser gehörnte Gott stand für Fruchtbarkeit, Natur, Ernte und die Unterwelt.

Epona
Die Göttin Epona (links) schützte die Pferde. Die Römer übernahmen sie und bauten ihr einen Tempel in Rom.

Die Welt der Druiden
Die keltischen Priester hießen Druiden. Sie vollzogen Rituale und opferten den Göttern vermutlich sogar Menschen. Dieses Bild zeigt einen Druiden, der mit einer goldenen Sichel Misteln von einem Baum schneidet. Sie waren für die Kelten heilige Pflanzen.

Keltischer Held
Diesen keltischen Kopf, der in der Nähe von Prag (Tschechien) gefunden wurde, ziert ein Schnurrbart mit aufgerollten Spitzen. Um den Hals trägt er einen Metallreif (Torques), der Schmuck keltischer Krieger. Die Römer bewunderten den Mut der Kelten. Sie hielten sie aber auch für prahlerische Trunkenbolde.

Chronik

400 v. Chr.
Keltische Gruppen dringen in Norditalien ein und siedeln sich im Flusstal des Po an.

390 v. Chr.
Brennus greift mit seinem gallischen Heer Rom an und plündert es.

279 v. Chr.
Ein keltisches Heer dringt in Griechenland ein und plündert den Schrein von Delphi.

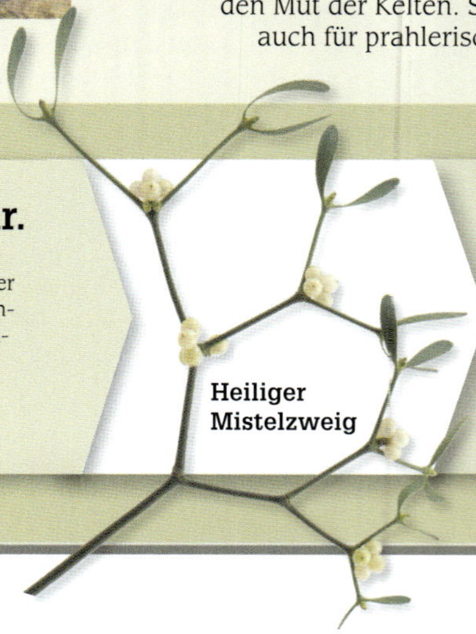

Heiliger Mistelzweig

225 v. Chr.
Die Römer besiegen die Gallier in Norditalien in der Schlacht bei Telamon.

Gehörnter Helm, wahrscheinlich für rituelle Zwecke

Wilde Krieger

Brennus
Dieser Heerführer griff 390 v. Chr. mit seinem gallischen Heer Rom an. Die Römer mussten Brennus Gold geben, damit er wieder abzog.

Caractacus
In seinem walisischen Versteck widerstand Caractacus der römischen Invasion sechs Jahre lang. Dann wurde er gefangen und nach Rom gebracht.

Boudicca
Die Königin der Icener im Osten Englands (rechts) führte 61 n. Chr. einen Aufstand gegen die Römer an.

Metallbearbeitung

Die Kelten waren gute Handwerker, die Gold, Bronze und Eisen bearbeiteten. Sie verzierten ihre Werke gern mit kunstvollen Mustern aus Kreisen, Kurven und Spiralen oder mit Motiven aus der Tier- und Pflanzenwelt.

Bronzespiegel mit reich verzierter Rückseite

Bronzebrosche aus zwei Spiralen

„Manche rasieren die Wangen, lassen aber einen Schnurrbart stehen, der den Mund bedeckt und in dem sich Nahrungsreste wie in einem Sieb fangen."

Diodorus von Sizilien über die Kelten (um 35 v. Chr.)

Ein befestigtes keltisches Dorf in Anglesey in Wales

Nach den Römern

In Gallien und Britannien vermischte sich die keltische Kultur mit der römischen. Nach Abzug der Römer zogen sich die Kelten vor germanischen Eindringlingen in die Bretagne (Frankreich) sowie nach Wales, Cornwall und Schottland (Großbritannien) zurück.

101 v. Chr.

Der römische Feldherr Marius besiegt die Kimbern in der Schlacht von Vercellae.

58–51 v. Chr.

Julius Cäsar unternimmt mehrere Feldzüge, um Gallien (heute Frankreich und Belgien) zu erobern.

43 n. Chr.

Kaiser Claudius sendet ein Heer aus, um Britannien zu erobern.

Keltischer Schild

61 n. Chr.

Königin Boudicca führt einen Aufstand der britannischen Kelten gegen die römischen Eindringlinge an.

400 ▸ 300 v. Chr.

Sokrates nimmt den Schierlingsbecher.

„Es ist Zeit zu gehen. Ich, um zu sterben, und ihr, um weiterzuleben."

Sokrates, als er von seinem Todesurteil erfuhr

399 v. Chr.

Tod durch Schierling

Der griechische Philosoph Sokrates wird zum Tod durch Trinken von giftigem Schierling verurteilt, weil er junge Athener durch seine Ideen verdorben haben soll. Die Anklage haben seine politischen Gegner vorgebracht.

350 v. Chr.

Armbrust

In China kommt die Armbrust auf. Auch die alten Griechen benutzen eine Armbrust namens Gastraphetes. Armbrüste werden viele Jahrhunderte lang als Kriegswaffen eingesetzt.

400 — 380 — 360

400 v. Chr.

Chavin-Kultur

Das Volk der Chavin im Anden-Hochland von Peru erlebt seine Blütezeit. Die Chavin halten Lamas und stellen Tongefäße in der Form von Jaguaren, Affen und anderen Tieren her.

390 v. Chr.

Gänsealarm

Schnatternd schlagen Gänse Alarm, als die Gallier eines Nachts versuchen, das Kapitol in Rom zu stürmen. Die Tiere wecken die Wachen, aber es ist zu spät: Die Stadt wird geplündert.

378 v. Chr.

Umsturz in Theben

Unter dem Feldherrn Epaminondas vertreiben die Thebaner eine spartanische Garnison aus ihrer Stadt. Theben ist nun der mächtigste griechische Stadtstaat. Er führt einen Aufstand gegen Alexander den Großen an, der die Stadt 335 v. Chr. zerstören lässt.

Antikes Spiel

Würfeln war bei den Griechen sehr beliebt. Allerdings spielten Männer und Frauen stets getrennt voneinander, gemeinsames Spielen war nicht erlaubt. Die Würfel bestanden aus Tierknochen.

Würfelspielerinnen aus Terrakotta (um 330–300 v. Chr.)

356–323 v. Chr. ALEXANDER DER GROSSE

Alexander wurde mit 20 Jahren nach der Ermordung seines Vaters, Philipp II., 336 v. Chr. König von Makedonien (im Norden Griechenlands). Alexander führte Philipps Plan, die Eroberung Persiens, aus. In acht Jahren schuf er ein Reich, das sich von Griechenland bis Nordindien erstreckte. Als er mit 32 Jahren starb, teilten seine Generäle das Reich untereinander auf. Alexander war einer der besten Feldherren der Geschichte.

Legendärer Held
Alexanders Feldzüge machten ihn schon zu Lebzeiten zur Legende. Er gründete unterwegs viele Städte, die er nach sich selbst benannte. Leider starb er ohne einen Erben (sein Sohn wurde erst nach seinem Tod geboren).

DATEN & FAKTEN

334 v. Chr. *Alexander dringt an der Spitze seines Heers von 37 000 Mann in Asien ein.*

332 v. Chr. *Alexander erobert Ägypten und macht sich zum Pharao.*

331 v. Chr. *Er kehrt nach Persien zurück, besiegt König Darios und zerstört Persepolis.*

326 v. Chr. *Als er Nordindien erreicht, weigern sich seine Männer weiterzuziehen.*

323 v. Chr. *Nach einem Trinkgelage mit seinen Männern stirbt Alexander plötzlich in Babylon.*

Schlacht von Issos
Dieses römische Mosaik zeigt Alexander bei der Schlacht von Issos (333 v. Chr.), in der er Darios III. zum ersten Mal besiegte. Er reitet sein Lieblingspferd Bukephalos, dessen Name „Ochsenkopf" bedeutet. 330 v. Chr. hatte Alexander das ganze Perserreich erobert.

Der griechische Philosoph Aristoteles war der Lehrer des 13-jährigen Alexanders des Großen.

Der Leuchtturm von Alexandria

305 v. Chr.

Pharao Ptolemäus

Ptolemäus, einer von Alexanders Generälen, macht sich selbst zum Pharao und gründet die letzte Herrscherdynastie von Ägypten. Er beginnt mit dem Bau des Leuchtturms von Alexandria, einem der sieben Weltwunder der Antike.

300

305 v. Chr.

Kriegselefanten

Chandragupta Maurya, Gründer der Maurya-Dynastie in Nordindien, gibt Seleukos, einem von Alexanders Generälen, 500 Kriegselefanten im Tausch gegen Afghanistan. Seleukos setzt sie im Kampf gegen seine Feinde ein.

Terrakottafigur eines mauryanischen Kriegselefanten

300 ▸ 200 v. Chr.

Tor aus Stein, mit Szenen aus Buddhas Leben verziert

Der Große Stupa von Sanchi (Indien)

Römisches Reich S. 68–69

300 · 280 · 260

290 v. Chr.

Römische Herrschaft
Die Stadt Rom beherrscht nach einem 50-jährigen Krieg mit den Samniten fast ganz Italien. Nur der Norden (in der Hand der Kelten) und einige griechische Städte im Süden lassen sich von Rom noch nicht erobern.

Der Ausdruck „Pyrrhussieg" stammt von dem griechischen König Pyrrhus. Er siegte über die römische Armee 280 v. Chr., erlitt aber extreme Verluste.

262 v. Chr.

Buddhistischer Herrscher
Angewidert von der Brutalität des Krieges wendet sich der Maurya-Kaiser Ashoka (regierte 268–232 v. Chr.) dem Buddhismus zu. Für Buddhas Gebeine baut er den Großen Stupa in Sanchi.

300 v. Chr.

Peruanische Mumien
Auf der Halbinsel Paracas in Peru fand man Hunderte von Mumien aus der Zeit um 300 v. Chr. Die Leichname wurden sitzend und in bunte Stoffe gehüllt bestattet. Man nimmt an, dass die Andenvölker die Mumien ihrer Ahnen als heilig verehrten.

280 v. Chr.

Kolossalstatue
Der Koloss, eine riesige Bronzestatue im Hafen der griechischen Insel Rhodos, steht nur 56 Jahre lang, ehe er von einem Erdbeben zerstört wird.

Paracas-Mumie aus Peru

So stellte man sich im 18. Jh. den Koloss von Rhodos vor.

221 v. Chr.

Der erste Kaiser von China

Zheng, der Herrscher des Qin-Reichs, erobert sechs weitere chinesische Staaten und nennt sich Qin Shihuangdi (Erster Kaiser). Dieses Porträt von ihm stammt aus einem Buch über chinesische Kaiser aus dem 18. Jh.

Archimedes in seiner Badewanne

Terrakotta-Armee S. 62–63

212 v. Chr.

Tod des Archimedes

Der griechische Mathematiker wird von den Römern bei der Belagerung von Syrakus getötet. Er soll mithilfe der Sonne und eines Spiegels die römischen Schiffe entzündet haben. Außerdem fand er bei einem Wannenbad heraus, wie man Volumen (Rauminhalt) misst.

240 — 220 — 200

264–146 v. Chr. DIE DREI PUNISCHEN KRIEGE

Die Punischen Kriege wurden zwischen Rom und der Stadt Karthago in Nordafrika um die Kontrolle über das westliche Mittelmeer ausgetragen. Der Dritte Krieg (149–146 v. Chr.) endete mit der Zerstörung Karthagos. „Punisch" kommt von *Poeni*, dem lateinischen Namen der Karthager (auch „Phönizier" genannt).

Krieg auf hoher See

Im Ersten Punischen Krieg (264–241 v. Chr.) ging es um die Herrschaft über Sizilien. Die Römer besiegten die Karthager mithilfe ihrer Kriegsschiffe.

Römische Kriegsgaleere

Hannibal überquert die Alpen

218 v. Chr. überquerte der karthagische Feldherr Hannibal mit einem großen Heer und 37 Elefanten die Alpen. Sein Ziel war die Stadt Rom. Er siegte zwar in der Schlacht von Cannae, doch gewann trotzdem Rom 201 v. Chr. den Zweiten Punischen Krieg.

210 v. Chr., CHINA

Terrakotta-Armee

1974 stürzten Männer beim Graben eines Brunnens in eine große Grube. Sie enthielt Tausende lebensgroßer Tonstatuen von Soldaten, die das Grab des ersten chinesischen Kaisers Qin Shihuangdi bewachten. 700 000 Arbeiter sollen nötig gewesen sein, um dieses Grab zu errichten. Qin Shihuangdi einte China. Alle mussten dieselben Gesetze befolgen. Er gab Normen für Gewichte und Maße vor und er legte sogar fest, wie breit die Achsen von Wagen sein durften. Er behauptete, dass seine Qin-Dynastie 10 000 Generationen lang herrschen werde. Tatsächlich war es aber nur von 221 bis 206 v. Chr.

„Groß ist die Tugend unseres Kaisers, der alle vier Ecken der Welt befriedet hat, der Verräter bestraft, böse Menschen ausrottet und … Wohlstand bringt."

Inschrift zu Ehren von Qin Shihuangdi auf einem Turm im Langya-Gebirge in der Provinz Anhui

Aufgereihte lebensgroße Terrakotta-Soldaten

200 ▸ 100 v. Chr.

Auf diesem Bild vom Kampf um Jerusalem (15. Jh.) sehen die Soldaten aus wie mittelalterliche Ritter.

164 v. Chr.

Aufstand der Juden

Der jüdische Freiheitskämpfer Judas Makkabäus erobert das von den Seleukiden besetzte Jerusalem und weiht den Tempel wieder Gott. An dieses Ereignis erinnert das jährlich stattfindende Chanukka-Fest der Juden. Makkabäus und seine Anhänger setzen sich für die Unabhängigkeit Judäas (Israels) ein.

Silbermünze mit dem Kopf des Mithridates

171 v. Chr.

Mächtige Parther

Mithridates I., König von Parthien (nordöstlicher Iran), erobert Mesopotamien von den Seleukiden, der Dynastie, die Westasien beherrscht. Durch diesen Sieg erschafft er ein Reich, das sich von Irak bis Afghanistan erstreckt.

146 v. Chr.

Roms Eroberungen

Auf Befehl des Senats zerstört ein römisches Heer die nordafrikanische Stadt Karthago und macht sie dem Erdboden gleich. Im selben Jahr erobert Rom Korinth und Griechenland.

200 — 150

150 v. Chr.

Baktrischer König

Menander, König des indogriechischen Reichs Baktrien (Afghanistan), konvertiert zum Buddhismus. Seine Herrschaft ist eine Zeit des Wohlstands, aber nach seinem Tod 131 v. Chr. bricht das Reich zusammen. Sakas (Skythen) dringen aus Zentralasien in das Gebiet ein.

200 v. Chr.–800 n. Chr. REISEN IM PAZIFIK

Polynesische Siedler segelten von den Inseln Fidschi und Tonga aus weit über den Pazifik. Beim Navigieren half ihnen ihr Wissen über Sterne, Strömungen und Flugrouten der Vögel. 300 n. Chr. erreichten sie Rapa Nui (Osterinsel) und 800 n. Chr. Hawaii.

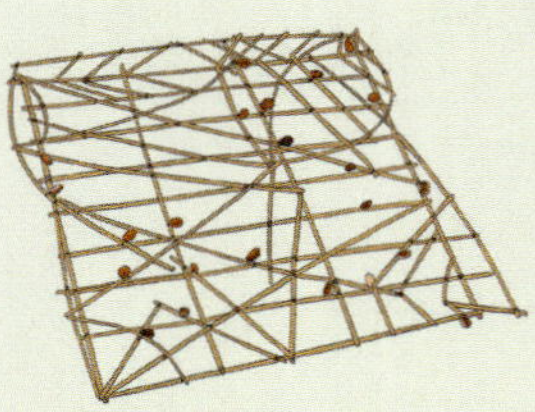

Stäbe und Muscheln
Auf den Seekarten der Polynesier stellten Stäbe die Strömungen dar und Muscheln die Inseln.

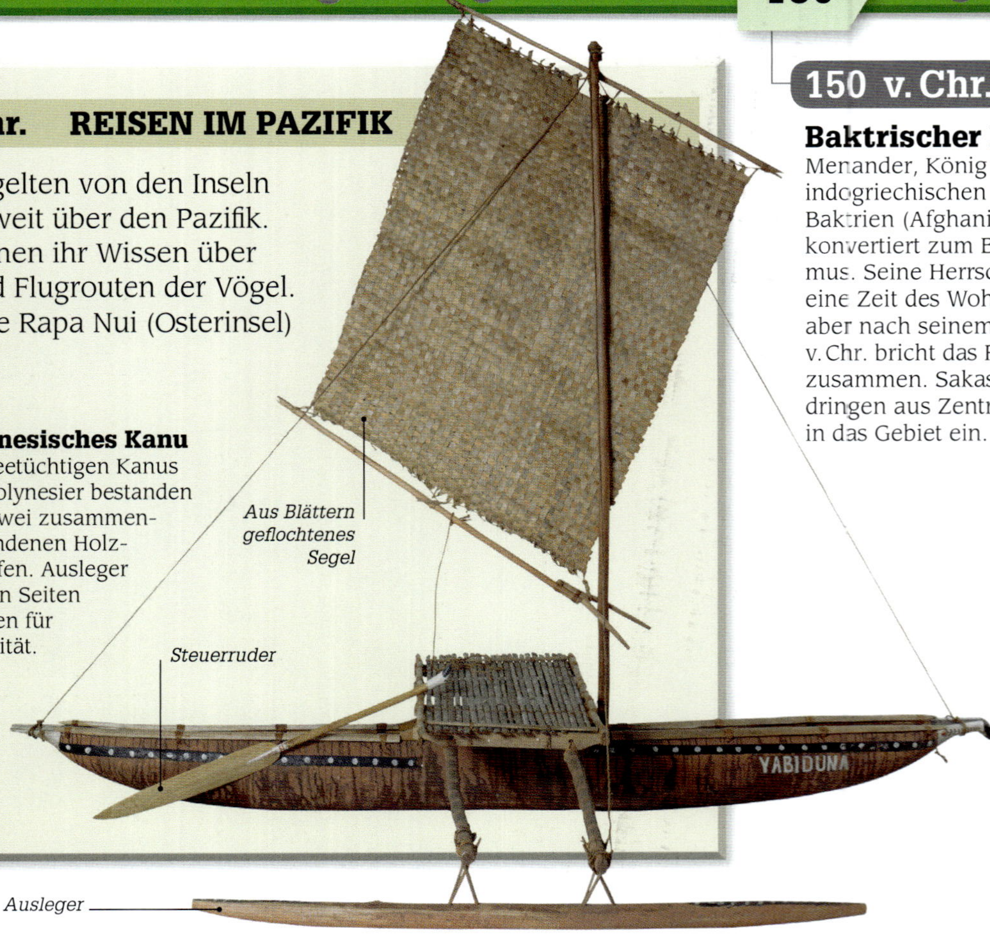

Polynesisches Kanu
Die seetüchtigen Kanus der Polynesier bestanden aus zwei zusammengebundenen Holzrümpfen. Ausleger an den Seiten sorgten für Stabilität.

Die Hopewell-Indianer bauten Sonnenblumen an, um deren essbare Samen zu ernten.

Kupferkrähe
Diese Vogelskulptur stammt von den Hopewell-Indianern, die von 200 v. Chr.–500 n. Chr. in Nordamerika lebten. Sie bauten zeremonielle Hügel und stellten Dinge aus Kupfer her.

110 v. Chr.

Die Seidenstraße

Auf der Seidenstraße, dem Handelsweg, der von Zentralasien bis zum Mittelmeer führt, herrscht viel Betrieb. Auf ihr wird v.a. mit Seide gehandelt, deren Herstellung nur die Chinesen kennen und die in Rom sehr begehrt ist.

100

121 v. Chr.

Han-Kaiser

Kaiser Wudi verjagt die Hsiung-Nu, ein Nomadenvolk, das von der Mongolei aus in China eingedrungen war. Wudi ist der siebte Kaiser der Han-Dynastie, die 202 v. Chr. an die Macht gekommen war. Er baut die Macht des Kaisers zu Lasten des Adels aus und erklärt den Konfuzianismus zur Staatsreligion.

Die Seidenmalerei (17. Jh.) zeigt Kaiser Wudi, der einen konfuzianischen Gelehrten begrüßt.

105–101 v. Chr. ROMS NEUES HEER

Roms endlose Eroberungskriege verursachten Probleme: Nur Bürger, die Land besaßen, durften im Heer kämpfen, doch dadurch waren sie oft sehr lange von zu Hause weg. Der ehrgeizige Feldherr und Politiker Gaius Marius öffnete das Heer für alle Bürger. So wurde es zu einer professionellen, disziplinierten Streitmacht, die in Nordafrika und Norditalien siegreich kämpfte.

Ausrüstung
Marius erwartete von seinen Soldaten, dass sie ihre Ausrüstung selbst trugen und ihr eigenes Essen kochten. Die Ausrüstung wog bis zu 40 kg.

> ***„[Gaius Marius] wetteiferte mit den gemeinen Soldaten um Genügsamkeit und Ausdauer, was ihm viel Achtung bei ihnen eintrug.“***
>
> **Der griechische Historiker Plutarch (46–120 n. Chr.) in seinen *Parallelbiografien***

Wudi schickte einen Kundschafter, der ihm Pferde aus Zentralasien bringen sollte.

100 ▸ 1 v. Chr.

Römisches Reich
S. 68–69

100–44 v. Chr. JULIUS CÄSAR

Julius Cäsar war ein ehrgeiziger Politiker, der während des Bürgerkriegs an die Macht kam. Nachdem er Gallien erobert hatte, kehrte er zurück nach Rom, besiegte seinen Erzfeind Pompeius und ernannte sich selbst zum Diktator, ein Amt, das ihm außergewöhnliche Macht verlieh.

Unter Cäsars Kontrolle
Als Diktator führte Cäsar viele Neuerungen ein. Der Julianische Kalender wurde nach ihm benannt. 44 v. Chr. wurde er Diktator auf Lebenszeit. Seine Gegner befürchteten, dass er plante, sich selbst zum König von Rom zu ernennen.

Cäsars Ermordung
Eine Gruppe von etwa 60 Senatoren verschwor sich gegen Cäsar. Am 15. März (einem Feiertag, der die Iden des März genannt wurde) wurde er im Senat in aller Öffentlichkeit erstochen.

DATEN & FAKTEN

61 *Cäsar wird römischer Statthalter in Spanien.*

59 *Er wird Konsul.*

58 *Beginn des sechsjährigen Feldzugs in Gallien*

55 *Die Eroberung Britanniens misslingt.*

49 *Rückkehr nach Italien, Kampf gegen Pompeius*

44 *Cäsars Ermordung, nachdem er sich zum Diktator ernannt hat*

73 v. Chr.

Sklavenaufstand
Spartakus, ein entflohener Gladiator, startet einen Sklavenaufstand in der Nähe von Neapel in Süditalien. Mehr als 70 000 Sklaven unterstützen ihn. Die Rebellen streifen zwei Jahre lang durch Italien, bis sie von einer römischen Armee, angeführt von Crassus, aufgehalten werden. Etwa 6000 Rebellen werden als Warnung für die anderen gekreuzigt.

100 • 80

100 v. Chr.

Hügelfestung
Die Kelten (Gallier) erbauen in Nordwesteuropa und Südbritannien große Hügelsiedlungen, umgeben von Gräben und Palisaden. Diese Festungen dienen als Stammeshauptstädte und werden von Tausenden von Menschen bewohnt. Die Römer nennen sie *oppida* (Städte).

Opfergabe
Dieser Bronzeschild, der bei London im Fluss Themse gefunden wurde, war vielleicht eine Opfergabe für einen keltischen Flussgott.

Das Reich Silla
König Pak Hyokkose soll 56 v. Chr. das koreanische Reich Silla gegründet haben. Der Legende nach schlüpfte er aus einem großen roten Ei, das ein fliegendes Pferd zur Erde brachte.

53 v. Chr. besiegten 9000 parthische Bogenschützen in der Schlacht von Carrhae (Türkei) ein Heer aus 40 000 römischen Soldaten.

52 v. Chr.

Der letzte Gallier

Der gallische Heerführer Vercingetorix ergibt sich Julius Cäsar nach dessen Sieg bei Alesia, einer Hügelfestung im Osten Frankreichs. Cäsar lässt ihn öffentlich durch Rom führen und danach erdrosseln. Dies ist das Ende der Kriege in Gallien.

Zum Zeichen seiner Niederlage legt Vercingetorix seine Waffen vor Cäsar nieder.

„Vercingetorix ritt herbei … und machte vor Cäsar halt.“

Der griechische Historiker Plutarch über die Kapitulation

27 v. Chr.

Erster römischer Kaiser

Oktavian wird der Titel „Augustus“ verliehen, der ihn zum Kaiser macht. Als Cäsars Adoptivneffe übernimmt er die Herrschaft über das Römische Reich, nachdem er den Krieg gegen Cäsars Mörder gewonnen und seinen früheren Verbündeten Marc Anton besiegt hat.

60 | 40 | 20 | 1

69–30 v. Chr. KLEOPATRA

Kleopatra (regierte 51–30 v. Chr.) war die letzte ptolemäische Herrscherin in Ägypten. Sie teilte sich die Macht zuerst mit ihrem Bruder Ptolemäus XIII., den sie aber später stürzte. Nach ihrem Tod wurde Ägypten eine römische Provinz.

Ägyptische Schönheit
Kleopatra hatte Affären mit Cäsar, der sie gegen ihren Bruder unterstützte, und mit Marc Anton, einem römischen Feldherrn. Marc Antons und Kleopatras politische Feinde fürchteten, das Paar könnte eine neue, mächtige Dynastie gründen.

Tod durch Gift
Als Kleopatra von Marc Antons Tod erfuhr, tötete sie sich selbst durch den Biss einer Schlange.

4 v. Chr.

Die Geburt Jesu

Viele Historiker glauben, dass Jesus Christus in diesem Jahr geboren wurde. Der Stern von Bethlehem, der im Matthäus-Evangelium beschrieben wird, war vermutlich ein sichtbarer Komet am Nachthimmel.

Die Geburt Jesu auf einem Gemälde aus dem 15. Jh.

Das Römische Reich

Das Römische Reich wuchs zuerst nur langsam: Es dauerte 500 Jahre, bis die kleine Stadt Rom über ganz Italien herrschte. Im 1. Jh. n. Chr. reichten die Grenzen Roms von Spanien im Westen bis Syrien im Osten. Das riesige Reich mit über 60 Mio. Einwohnern war in Provinzen unterteilt und wurde mithilfe des Militärs regiert.

Die römische Welt
Das rote Gebiet zeigt das Römische Reich im Jahr 118 n. Chr. zur Zeit von Kaiser Hadrian. Das Reich war in 45 Provinzen eingeteilt, die jeweils von einem Statthalter verwaltet wurden.

Die Feinde Roms

Samniten
Die Samniten lebten in den Bergen Süditaliens. Das kämpferische Volk trug im 3. und 4. Jh. v. Chr. drei große Kriege gegen die Römer aus.

Karthager
Die Karthager waren im 3. Jh. v. Chr. Roms größte Feinde. Ihr Reich, das damals Nordafrika, Spanien, Korsika, Sardinien und fast ganz Sizilien umfasste, blockierte Roms Ausdehnung im Mittelmeerraum.

Parther
Die Parther, die seit dem 3. Jh. v. Chr. Persien regierten, waren eine Bedrohung im Osten. Die Römer verziehen ihnen die demütigende Niederlage bei Carrhae (Türkei) 53 v. Chr. nie.

Kimbern und Teutonen
Die beiden germanischen Volksstämme bedrohten im 2. Jh. v. Chr. Norditalien. 105 v. Chr. besiegten die Kimbern zwei römische Heere bei Arasuio (Orange, Frankreich).

Markomannen
Der germanische Volksstamm von nördlich der Donau fiel im 2. Jh. n. Chr. in römisches Gebiet ein. Erst nach einem langen Krieg gelang es Kaiser Marc Aurel, die Markomannen zu vertreiben.

Oberhaupt Roms
Im ganzen Reich wurden genormte Münzen verwendet. Sie trugen den Kopf des Kaisers, der gerade an der Macht war.

Brillante Ingenieure
Mit diesem eindrucksvollen Aquädukt wurde Trinkwasser über den Fluss Gard zur Stadt Nemausus (Nîmes) in Südfrankreich transportiert. Die Römer waren hervorragende Ingenieure. Ein Netz aus gepflasterten Straßen verband die Städte im ganzen Reich.

Chronik

753 v. Chr.
Die Stadt Rom soll von den Zwillingen Romulus und Remus gegründet worden sein.

509 v. Chr.
Die Bewohner Roms stürzen ihren König Tarquinius und gründen eine Republik.

209 v. Chr.
Rom siegt über seine Nachbarn und wird zur vorherrschenden Macht in Italien.

Soldaten in Schildkrötenformation

27 v. Chr.
Oktavian regiert als erster römischer Kaiser unter dem Namen Augustus.

Berühmte Feldherren

Scipio Africanus
Im Zweiten Punischen Krieg gegen die Karthager besiegte Scipio Hannibal in der Schlacht von Zama (202 v. Chr.).

Pompeius
Der berühmte Feldherr kämpfte im 1. Jh. v. Chr. erfolgreich im Osten und in Spanien. 67 v. Chr. siegte er über die Piraten, die im Mittelmeer Händler bedrohten.

Trajan
Der gebürtige Spanier Trajan wurde 98 n. Chr. römischer Kaiser. Er eroberte Dakien (Rumänien) und Teile Mesopotamiens. Seine Siege sind auf der Trajanssäule in Rom verewigt.

Die römische Gesellschaft

Zur Zeit von Augustus (regierte 27 v. Chr.–14 n. Chr.) besaß nur ein Zehntel der römischen Bevölkerung Bürgerrechte. Frauen und Sklaven waren davon ausgeschlossen. Der Platz in der Gesellschaft hing vom Stand ab – ob man Patrizier (Adliger) oder Plebejer (normaler Bürger) war –, aber auch vom Reichtum.

Passend gekleidet
Nur Bürger durften eine Toga tragen. Der rote Streifen zeigt, dass der Mann ein Senator ist. Seine Frau trägt *stola* (Kleid) und *palla* (Umhang).

Soldat und Gefangener
Kriegsgefangene wurden meist als Sklaven verkauft. Sie wurden Gladiatoren, die in der Arena kämpften, oder Ruderer auf den Galeeren.

Ehemalige Sklaven
Viele Arbeiter in Rom waren ehemalige Sklaven, die von ihren Herren freigelassen wurden. Die Kinder der ehemaligen Sklaven wurden automatisch römische Bürger.

Römische Götter

Die Römer hatten Hunderte von Göttern, passend zu jeder Lebenssituation. Hier sind ein paar der wichtigsten:

- ★ **Jupiter, höchster Gott**
- ★ **Juno, höchste Göttin**
- ★ **Mars, Gott des Krieges**
- ★ **Venus, Göttin der Liebe**
- ★ **Neptun, Gott des Meeres**
- ★ **Apollo, Gott der Künste**
- ★ **Diana, Göttin der Jagd und des Mondes**
- ★ **Minerva, Göttin der Weisheit**
- ★ **Vulcanus, Schmied der Götter**
- ★ **Vesta, Göttin des Herdes**

Neptun in seinem Streitwagen

12–9 v. Chr.
Augustus' Stiefsohn Drusus unternimmt mehrere Feldzüge gegen die Germanen und erobert Gebiete östlich des Rheins.

117
Dank Trajans Eroberungen im Osten hat das Römische Reich seine größte Ausdehnung erreicht.

Römische Kriegsgaleere

212
Kaiser Caracalla gewährt allen freien Männern im Reich römische Bürgerrechte.

476
Germanen erobern das Weströmische Reich. Das Oströmische Reich (Byzanz) währt bis 1453.

1 ▸ 100 n. Chr.

Im Jahr 1 n. Chr. ist Rom mit 1 Mio. Einwohnern die größte Stadt der Welt.

63 v. Chr.–14 n. Chr. KAISER AUGUSTUS

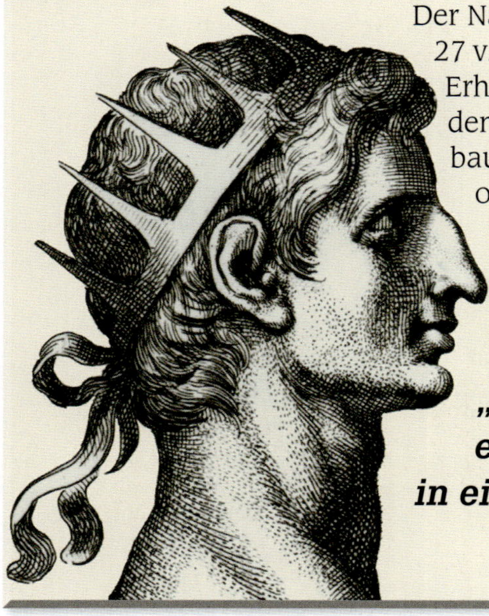

Der Name Augustus, den Oktavian 27 v. Chr. annahm, bedeutet „der Erhabene". Augustus beendete den Bürgerkrieg. Außerdem baute er Rom wieder auf und organisierte Verwaltung und Militär neu. Als er mit 75 Jahren starb, bestieg sein Stiefsohn Tiberius den Thron.

„Ich wandelte Rom von einer Stadt aus Ziegeln in eine Stadt aus Marmor."

Kaiser Augustus

Körperpflege
Die Römer bauten im ganzen Reich beheizte Bäder. Statt mit Seife reinigten sie ihre Haut mit Olivenöl, das sie mit einem *strigilis* (gebogener Schaber aus Metall) entfernten.

Flasche mit Olivenöl

***Strigilis* aus Metall**

43

Aufbruch nach Britannien

Kaiser Claudius schickt 40 000 Soldaten zur Eroberung Britanniens (Großbritannien) aus. Sie brauchen dazu 40 Jahre, wobei Schottland sich nie völlig ergibt.

1 20 40

9

Varusschlacht

In der Varusschlacht (auch: Schlacht im Teutoburger Wald) gewinnen die vereinten Germanenstämme unter Führung des Cheruskerfürsten Arminius und halten den römischen Vormarsch auf.

Hochhaus
Dieses Modell eines mehrstöckigen Hauses stammt aus dem Grab eines chinesischen Adligen zur Zeit der Han-Dynastie. Ganz unten ist der Stall, in der Mitte die Wohnräume. Ganz oben befindet sich ein Wachturm.

um 33–300 CHRISTENTUM

Um 33 n. Chr. wurde Jesus Christus, ein charismatischer jüdischer Religionsführer, in Jerusalem hingerichtet. Seine Anhänger hielten ihn für den Sohn Gottes. Sie begründeten eine neue Religion, das Christentum, die sich in vielen Teilen des Reichs verbreitete. Christen wurden verfolgt, weil sie sich weigerten, den römischen Göttern zu opfern.

Jesus Christus
Vier der ersten Anhänger Jesu – Matthäus, Markus, Lukas und Johannes – schrieben einige Jahrzehnte nach Jesu Tod sein Leben und seine Lehren in vier Büchern, den Evangelien, auf.

Die Festung Masada im heutigen Israel

64 n. Chr. stand Rom in Flammen. Kaiser Nero beschuldigte die Christen, aber er soll das Feuer selbst gelegt haben, um sich einen neuen Palast bauen zu können.

66

Jüdische Revolte

In der römischen Provinz Judäa bricht ein jüdischer Aufstand aus. Vespasian (ab 69 n. Chr. Kaiser) und sein Sohn Titus schlagen ihn nieder und zerstören dabei den Tempel in Jerusalem. Die jüdischen Widerstandskämpfer ziehen sich auf die Festung Masada zurück, die 73 n. Chr. an die Römer fällt.

80

Feierliche Eröffnung

Nach achtjähriger Bauzeit lässt Kaiser Titus zur Eröffnung des prächtigen Kolosseums in Rom 100 Tage lang Gladiatoren- und Tierkämpfe aufführen.

60 — 80 — 100

79

Vulkanausbruch

Ein plötzlicher Ausbruch des Vulkans Vesuv in Italien begräbt die römischen Städte Pompeji und Herculaneum unter dicken Ascheschichten. Tausende Menschen sterben in brennenden Gaswolken.

100

Pyramidenbau

Im mexikanischen Teotihuacán beginnt die Arbeit an der riesigen Sonnenpyramide. Nach ihrer Fertigstellung 100 Jahre später ist sie 63 m hoch.

Paulus

Wie Jesus selbst waren die ersten Christen Juden. Der Jude und römische Bürger Paulus wurde Christ, nachdem ihm auf einer Reise nach Damaskus ein strahlendes Licht erschien. Auf seinen Reisen im östlichen Mittelmeerraum und durch Briefe versuchte er, die christlichen Lehren auch unter den Nicht-Juden zu verbreiten. Er wurde wahrscheinlich um 67 n. Chr. in Rom hingerichtet.

Auf der Straße nach Damaskus wird Paulus von einem himmlischen Licht geblendet.

Vulkanasche und -schutt prasseln auf die Menschen von Pompeji herab.

59 n. Chr., POMPEJI, ITALIEN

Zoff in Pompeji

59 n. Chr. strömten Besucher aus Nuceria zu einem Gladiatorenwettkampf ins Amphitheater der Nachbarstadt Pompeji. Es kam zum Kampf zwischen rivalisierenden Anhängern, in dessen Verlauf viele Menschen starben. Kaiser Nero ließ den Vorfall vom Senat untersuchen. Danach schickte er die Verursacher des Streits in die Verbannung und ließ das Amphitheater für zehn Jahre schließen. Das muss für die Pompejianer eine harte Strafe gewesen sein, denn wie die Römer liebten sie Gladiatorenkämpfe über alles.

„Aus kleinen Reibereien entstand ein ernster Kampf. Erst folgten Steinwürfe, dann wurden die Schwerter gezogen. Die Bewohner von Pompeji, wo die Veranstaltung stattfand, siegten."

Der römische Historiker Tacitus beschreibt die Massenschlägerei in den *Annalen* (um 116 n. Chr.).

Diese Wandmalerei in einem Haus in Pompeji zeigt die randalierenden Fans von 59 n. Chr.

100 ▸ 200

Moche-Maske
Diese Maske aus Kupfer und Gold haben die Moche hergestellt. Das kriegerische Volk lebte zwischen 100 und 200 im Norden von Peru. Es stellte auch Töpferwaren her und verarbeitete Gold.

122

Hadrians Wall

Kaiser Hadrian befiehlt den Bau eines steinernen Walls, um Britanniens Norden vor den Angriffen der keltischen Stämme aus Schottland zu schützen. Es dauert zwei Jahre, eine 122 km lange Mauer zu errichten. Ein Großteil davon ist heute noch erhalten.

130

Kuschan-Reich

Unter König Kanischka erstreckt sich das Kuschan-Reich von Afghanistan bis Nordindien. Die Kuschana profitieren von der Kontrolle über die Seidenstraße, dem alten Handelsweg zwischen China und dem Mittelmeer.

Skulptur eines Kuschan-Prinzen

100 | 120 | 140

105 DIE ERFINDUNG DES PAPIERS

Der chinesische Hofbeamte Cai Lun soll 105 n. Chr. das Papier erfunden haben. Tatsächlich wurde Papier aber schon vorher in China hergestellt. Cai Lun schrieb lediglich auf, wie es hergestellt wurde. Papier wurde zum Schreiben und zum Einwickeln verwendet. Die Chinesen hatten sogar schon Toilettenpapier.

Papierherstellung
Papier wurde aus Pflanzenfasern hergestellt. Auf diesem Stich aus dem 19. Jh. wird Bambus weichgeklopft und in Wasser eingeweicht.

Stangentusche
Tinte wurde aus Ruß und Bindemittel hergestellt und zu kleinen Stangen gepresst. Um damit schreiben zu können, musste sie auf einem Stein angerieben und mit Wasser vermischt werden. Geschrieben wurde mit Pinseln wie diesem.

121–180 MARC AUREL

Der römische Kaiser Marc Aurel war sehr friedliebend, musste jedoch ständig Krieg führen. Zunächst gegen die Parther an der Ostgrenze, dann gegen die Markomannen, Germanen von nördlich der Donau. Bei seinem Tod hinterließ er ein wohlgeordnetes Reich.

DATEN & FAKTEN

161 *Marc Aurel wird Kaiser. Zuerst regiert er gemeinsam mit seinem Adoptivbruder Lucius Verus.*

166 *Sieg über die Parther*

179 *Marc Aurel besiegt die Markomannen bei Vindobona (Wien).*

180 *Marc Aurel stirbt und sein Sohn Commodus wird Kaiser.*

Philosoph und Kaiser
Marc Aurel beschäftigte sich viel mit Philosophie. Seine Gedanken über das Leben hielt er in dem Buch *Meditationen* fest.

Nachfolger
Marcs Sohn Commodus interessierte sich nicht für Politik. Er nahm lieber an den Kämpfen im Kolosseum teil, wo er an einem Tag 100 Löwen erschlagen haben soll.

160 180 200

184

Aufstand der Gelben Turbane

Etwa 400 000 Rebellen mit gelben Turbanen erheben sich in China. Ihr Aufstand wird niedergeschlagen, aber die Autorität des Han-Kaisers ist so geschwächt, dass der Kriegsherr Cao Cao der wahre Machthaber wird.

192

Das Champa-Reich

In Vietnam blüht das Champa-Reich. Die Cham sind Seefahrer, die mit Indien Handel treiben und dem Hinduismus anhängen. Sie beherrschen fast ganz Vietnam und kämpfen häufig gegen die Chinesen.

200

Stadt der Maya

Die Stadt Tikál im tropischen Regenwald von Guatemala gewinnt an Macht. Sie wächst zu einer der größten Maya-Städte heran, in der zu ihrer Blütezeit bis zu 100 000 Menschen leben.

„Ich betrüge lieber andere, als selbst betrogen zu werden."

Cao Cao

Maya S. 88–89

Ruine eines Hindutempels in der Champa-Stadt My Son

200 ▸ 300

Grabfund aus der Zeit der Drei Reiche

Der Gott Ahura Mazda hält den Ring der Königsmacht.

220

Der letzte Han

Die Han-Dynastie bricht zusammen und China zerfällt während der Zeit der Drei Reiche in mehrere Staaten. 280 wird es unter der westlichen Jin-Dynastie wieder vereint.

224

Sturz des Königs

Ardaschir I. stürzt den parthischen Kaiser Artabanus V. von Persien und gründet die Sassaniden-Dynastie. Auf einem Relief an einem Felsen in Naqsh-e-Rustam im Iran ist eine symbolische Szene zu sehen, in der Ardaschir von dem persischen Gott Ahura Mazda zum König gemacht wird.

Maya S. 88–89

200 • • • 220 • • • • 240 •

100–600 TEOTIHUACÁN

Teotihuacán in Mexiko war die größte Stadt im alten Amerika. Sie wurde zwischen 100 und 250 erbaut und nahm eine Fläche von über 30 km² ein. Ihre Bewohner trieben ausgedehnten Handel, sodass ihr Einfluss bis nach Guatemala reichte. Die Stadt erlebte um 500 ihre Blütezeit und 100 Jahre später ihren Niedergang.

Stadt der Götter
Teotihuacán wurde an einem Ort erbaut, der den Göttern geweiht war. Diese Ansicht zeigt die Straße der Toten von der Mondpyramide aus. Links ist die Sonnenpyramide, eine der größten Pyramiden der Welt.

Göttermaske
Diese eindrucksvolle Steinmaske wurde wahrscheinlich für eine Götterstatue hergestellt. Sie ist mit Türkisen, Obsidian und Korallen verziert, die Augen sind aus Perlmutt.

Zwischen 235 und 284 gab es 25 römische Kaiser.

Zeremonielle Bronzeglocke aus Japan (3. Jh.)

250

Japanisches Reich

In der Region Yamato auf der japanischen Insel Honshu entsteht ein Königreich. Seine Herrscher dehnen ihre Macht im Lauf der nächsten zwei Jahrhunderte über fast ganz Japan aus.

260

Reichskrise

Das Römische Reich stürzt in eine Krise, als Kaiser Valerian vom Sassaniden-König Schapur I. gefangen genommen wird. Die Nordostgrenzen werden ständig von Barbaren (Nicht-Römern) bedroht, im Westen hat sich ein gallisches Sonderreich gegründet.

Römisches Reich S. 68–69

Herr von Sipán
Dieses kunstvolle Ornament ist einer von vielen kostbaren Gegenständen, die im Grab eines Moche-Königs in Sipán in Nordperu gefunden wurden. Sein Sarg wurde auf die Zeit um 290 datiert.

260 280 300

269

Kriegerkönigin

Zenobia, die Königin von Palmyra, einer reichen Stadt in Syrien, nutzt Roms Schwäche aus und gründet ein eigenes Reich in Syrien und Ägypten. 272 wird sie jedoch von Kaiser Aurelian besiegt und als Gefangene nach Rom gebracht, wo sie bald darauf stirbt.

Ein Porträt von Königin Zenobia (19. Jh.)

Die vier römischen Tetrarchen (gemeinsame Herrscher mit dem Rang eines Kaisers)

285

Reich in zwei Hälften

Diokletian, ein weiser Herrscher, teilt das riesige Römische Reich in zwei Hälften. Er behält nur den Osten und ernennt Maximilian zum Herrscher über den Westen. 293 erhält jeder Kaiser noch einen Mit-Regenten, sodass eine Tetrarchie (Vierer-Herrschaft) entsteht.

„Ihre Augen waren schwarz und feurig ... und ihre Schönheit unglaublich.“

Beschreibung von Zenobia in der *Historia Augusta*

„Wie sie am Hals ihres Vaters hing! Wie sie ihre Ammen, ihre Tutoren, ihre Lehrer liebte! Wie eifrig und intelligent sie las ... "

Der Autor Plinius beschreibt Minicia Minata, die Tochter eines Freunds (106 n. Chr.)

KINDER IM ALTEN ROM

Ein römisches Mädchen

Acht Tage nach der Geburt legte man ein römisches Mädchen in die Arme des Vaters. Wenn er es nicht annahm, wurde es zum Sterben ausgesetzt. Das passierte manchmal auch Jungen, vor allem wenn sie schwächlich waren. Für gewöhnlich war jedoch die Geburt eines Kindes ein freudiges Ereignis, zu dem die Eltern ihre Haustür mit Girlanden schmückten.

Die ersten Jahre

Mit acht Tagen gab es eine Namenszeremonie für das Mädchen. Sein Vater legte ihm einen Anhänger namens *bulla* um den Hals, den es trug, bis es heiratete. Bis zum Alter von zwei Jahren wurde das Baby in Tücher gewickelt und – wenn es aus der Oberschicht kam – von Sklaven versorgt.

Schule und Erziehung

Wie ihre Brüder besuchten wohlhabende Mädchen von sieben bis elf Jahre die Schule, wo sie lesen, schreiben und rechnen lernten. Danach brachten ihnen ihre Mütter bei, wie man einen Haushalt führt. Die Töchter von Sklaven mussten schon von klein auf arbeiten.

Spaß und Spiel

Römische Kinder waren zwar wie kleine Erwachsene angezogen, aber sie durften mit Bällen, Reifen, Kreiseln, Holzspielzeug, Murmeln und Würfeln spielen. Die Mädchen hatten Puppen. Einige durften auch ein Haustier haben, etwa einen Hund, einen Hasen oder eine Gans.

Abschied vom Elternhaus

Am Abend vor seiner Hochzeit opferte ein Mädchen ihre Lieblingspuppe den Hausgöttern zum Zeichen, dass es nun erwachsen war. Mädchen heirateten im Durchschnitt mit 15 Jahren, sie durften aber schon ab 12 Jahren heiraten. Als Ehefrauen bekamen sie Kinder, führten den Haushalt und beaufsichtigten die Sklaven. Sie durften Eigentum besitzen und viele waren erfolgreiche Geschäftsfrauen.

Goldenes Medaillon
Trug ein Kind ein solches Medaillon, hieß das, dass es nicht als Sklave geboren war. Außerdem sollte es vor bösen Geistern schützen.

„Meine Tochter steht meinem Herzen sehr nahe … Denn was kann die Natur uns Entzückenderes und Kostbareres schenken als unsere Töchter?“

Der römische Politiker Cicero (um 70 v. Chr.)

Wertvolle Puppe
Diese Puppe aus Holz fand man im Grab eines römischen Mädchens namens Crepereia Tryphena. Dass man ihr die Puppe mit ins Grab legte, deutet darauf hin, dass das Mädchen schon in jungen Jahren starb.

„Zu Lebzeiten hatte ich viel Spaß und wurde von allen geliebt. Eigentlich hatte ich eher das Gesicht eines kleinen Jungen als das eines Mädchens … von angenehmem, edlem Aussehen, mit rotem Haar, das oben kurz und hinten lang war …“

Aus einem Grabstein für ein fünfjähriges römisches Mädchen (1. Jh. n. Chr.)

Mädchen mit Griffel
Ein Mädchen legt den Griffel (Stift) an die Lippen, während es überlegt, was es auf die Wachstafel schreiben soll. Diese Wandmalerei aus dem 1. Jh. stammt aus Pompeji in Italien.

300 ▸ 400

272–337 KONSTANTIN DER GROSSE

Konstantin I. wurde 306 Kaiser des Westreichs und musste sofort Kriege gegen seine Feinde und Mit-Kaiser führen. Er war der Ansicht, dass der Gott der Christen ihm 312 bei seinem Sieg gegen Maxentius um die römische Herrschaft geholfen hatte. Im Jahr darauf verkündeten er und sein Mit-Kaiser Licinius das Edikt von Mailand, das im ganzen Reich Religionsfreiheit gewährte. Für die Christen ging damit die schwere Zeit der Verfolgung zu Ende.

Alleinherrscher
Nachdem Konstantin Licinius aus dem Weg geräumt hatte, wurde er 324 zum Alleinherrscher im gesamten Reich. Er förderte das Christentum und ließ überall Kirchen bauen. Dennoch ließ er sich erst kurz vor seinem Tod offiziell als Christ taufen.

DATEN & FAKTEN

306 *Konstantin wird zum Kaiser ausgerufen.*

312 *Er gewinnt die Schlacht an der Milvischen Brücke.*

313 *Konstantin beendet die Verfolgung der Christen.*

324 *Er gründet Konstantinopel als rivalisierende Hauptstadt zu Rom.*

337 *Er lässt sich auf dem Sterbebett taufen.*

Konstantinopel
Konstantin gründete die Stadt Konstantinopel (heute Istanbul) als neue Hauptstadt des Oströmischen Reichs. Auf dieser mittelalterlichen Karte sind einige ihrer Kirchen und Monumente zu sehen.

„In diesem Zeichen siege!“

Konstantin, der vor der Schlacht an der Milvischen Brücke ein Kreuz am Himmel gesehen haben soll

Buddhakopf aus Gupta (Indien)

320

Indischer Herrscher

Chandragupta I. wird König eines kleinen Staats im Norden Indiens. Durch viele Eroberungen erschafft er das riesige Gupta-Reich, das Indien 200 Jahre lang beherrscht.

317

China zerfällt

Der Norden Chinas wird von Nomaden überrannt und in 16 Reiche aufgeteilt. Den Süden des Landes regiert die Östliche Jin-Dynastie (317–420) von Nanjing aus.

300 ▸ 320

Machtwechsel in Tikál
379 wurde Yax Nuun Ayiin aus Teotihuacán Herrscher der Maya-Stadt Tikál. Diese Figur eines Gotts, der einen Menschenkopf hält, fand man in seinem Grab.

Obelisk in Aksum (Äthiopien)

Ein frühchristliches Paar

391

Theodosius I.

Nachdem Theodosius I. das Christentum im Römischen Reich zur Staatsreligion ernannt hat, verbietet er 391 heidnische Opfer und lässt viele heidnische Tempel zerstören.

Die letzten Olympischen Spiele der Antike fanden 393 in Olympia statt.

340

Christlicher König

König Ezana von Aksum (heute Äthiopien) wird von dem syrischen Missionar Frumentius zum Christentum bekehrt. Das Grab des Königs markieren Granitobelisken. Dieser hier ist 24 m hoch.

361

Rückkehr der Götter

Nach dem Tod von Konstantin I. bricht ein Bürgerkrieg aus. Sein Neffe Julian, der 361 Kaiser wird, möchte das Heidentum wieder einführen. Er stirbt jedoch zwei Jahre später im Kampf gegen die Perser.

340 · 360 · 380 · 400

376–395 ANGRIFF DER BARBAREN

Als die Hunnen, ein Nomadenvolk aus Zentralasien, in Osteuropa einwanderten, gerieten die germanischen Stämme am Rand des Römischen Reichs in Panik. 376 lehnte Kaiser Valens die Bitte der Goten ab, sich im Reich ansiedeln zu dürfen. Sie betraten das Reich trotzdem und erhielten Land auf dem Balkan. 395 griff Alarich mit seinen Goten Rom an.

Schweres Eisenblatt

Kampfwaffen
Die gotischen Franken schleuderten eine Wurfaxt dem Feind entgegen.

Gotenkrieger
Die Goten teilten sich später in zwei Gruppen auf. Die Visigoten (Westgoten) fielen in Gallien ein und gründeten ein Reich in Spanien. Die Ostrogoten (Ostgoten) gründeten ein Reich in Italien.

Germanenstämme
Für die Römer waren alle Völker außerhalb des Reichs „Barbaren“. Die Germanen lebten nördlich und östlich vom Römischen Reich.

- **Goten** zogen von Skandinavien aus nach Süden bis zum Schwarzen Meer.
- **Franken** siedelten sich am Niederrhein in Norddeutschland an.
- **Vandalen** gründeten schließlich ein Reich in Nordafrika.
- **Jüten, Angeln und Sachsen** fielen von Dänemark und Norddeutschland aus in England ein.

400 ▸ 500

Ein Scramasax, das einschneidige Messer der Angeln und Sachsen

Lederscheide

407

Römischer Abzug

Konstantin III., der als Feldherr in Britannien Dienst tut, erklärt sich zum römischen Kaiser. Er zieht mit den restlichen römischen Truppen, die noch in Britannien sind, nach Gallien ab. Nach 450 beginnen Angeln, Sachsen und Jüten aus Dänemark in Süd- und Ostbritannien einzuwandern.

410–453 ATTILA DER HUNNE

Attila war der Anführer der Hunnen, eines kriegerischen Nomadenvolks aus Zentralasien, das sich im heutigen Ungarn niedergelassen hatte. Die Hunnen zerstörten alles, was ihnen in den Weg kam, und sorgten bei den Römern für Angst und Schrecken.

Störenfried
Attila trug den Beinamen „Geißel Gottes", weil er ständig Ärger machte. Seine längliche Kopfform kam daher, dass die Hunnen ihren Babys die Köpfe mit Bandagen einschnürten.

DATEN & FAKTEN

433 *Attila wird Anführer der Hunnen.*

441 *Er beginnt, das Oströmische Reich zu überfallen.*

451 *Attila wird in der Schlacht von Châlons besiegt.*

453 *Er stirbt in seiner Hochzeitsnacht an Nasenbluten.*

400 — 420 — 440

406

Über den Rhein

Am letzten Tag des Jahres überquert eine Horde Germanen den zugefrorenen Rhein und fällt in Gallien ein. Sie zieht eine Spur der Verwüstung durchs Land, bis sie die Pyrenäen erreicht.

410

Plünderung Roms

Alarich, der Anführer der Westgoten, erobert Rom. Er bietet an, die Stadt zu verschonen, wenn er dafür Gold und Silber erhält. Als ihm das verweigert wird, plündern seine Truppen die Stadt. 455 plündern die Vandalen aus Nordafrika Rom noch einmal.

425

Japanische Grabhügel

Die japanischen Yamato-Herrscher bauen große, schlüssellochförmige Grabhügel (*kofun*). Der größte ist der Daisen-kofun von Kaiser Nintoku. Japan unterhält in dieser Zeit enge Beziehungen zu China und Korea.

Alarich reitet in Rom ein.

Tierische Wächter
Wenn Yamato-Herrscher bestattet wurden, stellte man große Tierfiguren aus Ton als Wächter in und vor den Grabhügeln auf. Sie hatten die Gestalt von Wildschweinen, Pferden und Hühnern und wurden *haniwa* genannt.

Wilde Krieger
Jahr für Jahr überfielen die Hunnen das Oströmische Reich und entzogen ihm Männer und Ressourcen, um sich zu verteidigen. Sie waren hervorragende Reiter, die ihre Feinde im vollen Galopp mit Speeren und Pfeilen beschossen. 451 fiel Attila in Gallien ein, wurde aber von einer Armee aus Römern und Goten in der Schlacht bei Châlons besiegt und musste wieder abziehen.

„… die besten Reiter ritten im Kreis herum … und zählten in Gesängen seine Taten auf.“

Der römische Historiker Priscus von Panium beschreibt das Begräbnis von Attila dem Hunnen.

Theoderich auf einer Goldmünze

460 480 500

476

Rom fällt

Italien untersteht als einziger Teil des Weströmischen Reichs noch einem Kaiser, einem Knaben namens Romulus Augustulus. Odoaker, ein germanischer Offizier in römischen Diensten, stürzt ihn und macht sich selbst zum König. Nach 500 Jahren endet der westliche Teil des Römischen Reichs. Das östliche Reich (Byzanz) mit seiner Hauptstadt Konstantinopel währt noch bis 1453.

Römisches Reich S. 68–69

493

Ostgoten an der Macht

Theoderich, der Anführer der Ostgoten, nimmt nach einem dreijährigen Feldzug gegen Italien den Platz von König Odoaker ein. Er pflegt römische Bräuche, doch seine Hauptstadt wird Ravenna an der Adria.

500

Stadt in Afrika

Djenne-Djeno am Fluss Niger im heutigen Mali ist die erste Stadt in Westafrika südlich der Sahara. Seine Bewohner sind Bauern. Sie errichten Häuser aus Lehmziegeln und wissen, wie man Eisen verarbeitet.

400–650 DIE NAZCA-LINIEN

Die Bewohner der Nazca-Wüste im südlichen Peru schufen riesige Bilder von Vögeln, Tieren und geometrischen Formen auf dem Boden. Dazu entfernten sie das rötliche, lockere Geröll, bis der weiße Untergrund zum Vorschein kam. Die Bilder sind nur von Hügeln oder aus der Luft erkennbar und niemand weiß, warum sie geschaffen wurden.

Wüstenspinne
Im trockenen, windarmen Wüstenklima blieben die geheimnisvollen Linien erhalten. Dieses Foto einer 46 m langen Spinne wurde vom Flugzeug aus aufgenommen.

500–1450 Geheimnisvolles Mittelalter

Das Ende des Römischen Reichs stürzte Europa in eine Krise, aber im Jahr 1000 waren neue, mächtige Reiche im Zeichen des Christentums entstanden und der Handel florierte. Die Geburt des Islam zog die Gründung eines Arabischen Reichs nach sich, das sich von Spanien und Nordafrika bis nach Indien erstreckte. China war dem Westen technologisch gesehen weit voraus, aber die Invasionen der Mongolen und die Pest brachten sowohl Asien als auch Europa Tod und Zerstörung. In Amerika erblühten große Kulturen wie die Azteken und die Inka.

500 ▸ 600

507

Sieg der Franken

Chlodwig, König der Franken, besiegt die Westgoten in der Schlacht von Vouillé und drängt sie nach Spanien zurück. Auf diesem Bild aus dem 15. Jh. kniet der besiegte westgotische König Alarich vor Chlodwig nieder.

Ein Mosaikporträt von Justinian

Schmuck
Diese schöne Brosche in Form eines Adlers gehörte einer ostgotischen Adligen, vielleicht einer Prinzessin. Das Ostgotenreich widerstand Justinians Armeen 20 Jahre und wurde erst 553 erobert.

532

Aufruhr in Konstantinopel

Der byzantinische Kaiser Justinian ist durch einen Aufstand in Konstantinopel in Gefahr, seinen Thron zu verlieren. Doch der Aufstand wird niedergeschlagen und die 30 000 Rebellen werden getötet. Zwei Jahre später wird Justinians Position sogar gestärkt, als sein General Belisarius Nordafrika von den Vandalen zurückerobert.

500 | 520 | 540

Kinder im Mittelalter
S. 104–105

Der hl. Benedikt auf einer Plakette (13. Jh.)

529

Leben im Kloster

Benedikt gründet am Monte Cassino in Italien ein Kloster. Er legt fest, wie Mönche leben und sich den Tag in Gebet und Arbeit einteilen sollen. Im Mittelalter entstehen überall in Europa Klöster, die den Lehren des heiligen Benedikts folgen.

542

Die Pest

In der Stadt Konstantinopel bricht die tödliche Pest aus. Zwei Jahre davor hatte sie in Ägypten gewütet und war wahrscheinlich durch Ratten auf Schiffen in den Mittelmeerraum gelangt. Die hohe Zahl an Todesopfern schwächt das Reich und besonders das Militär, das durch Justinians Feldzüge in Nordafrika sowieso schon stark belastet ist.

Der Historiker Procopius berichtet, dass auf dem Höhepunkt der Pest in Konstantinopel etwa 10 000 Menschen pro Tag starben.

Seide aus Konstantinopel (9. Jh.)

553

Das Geheimnis der Seide

Mit der Ankunft der ersten Seidenraupen entsteht in Konstantinopel eine Seidenindustrie. Die Raupen sollen von zwei Mönchen in hohlen Stöcken eingeschmuggelt worden sein. Zuvor musste Seide kostspielig importiert werden, weil China das Geheimnis ihrer Herstellung nicht preisgab.

570

Mohammeds Geburt

Der Prophet Mohammed wird in Mekka (im heutigen Saudi-Arabien) geboren. Er wird mit sieben Jahren Waise und wächst bei seinem Onkel Abu Talib auf. Zu dieser Zeit beten die Völker Arabiens noch zu vielen verschiedenen Göttern.

Welt des Islam
S. 96–97

593

Buddhistischer Prinz

Prinz Shotoku, einer von Japans großen Heldenfiguren, vertritt als Regent seine Tante, Kaiserin Suiko. Als gläubiger Buddhist sorgt er für die Ausbreitung des Buddhismus und macht ihn zur Staatsreligion. In seinen Schriften legt er außerdem die Prinzipien fest, nach denen die japanische Gesellschaft regiert werden soll.

560 — 580 — 600

Boote auf dem Kaiserkanal, dargestellt auf einer Seidenmalerei

581

China wieder vereint

Kaiser Wendi, der Gründer der Sui-Dynastie, macht sich zum Alleinherrscher von China und eint das Land nach drei Jahrhunderten der Teilung und Instabilität. Unter seinem Nachfolger, Kaiser Yangdi, beginnt die Arbeit an dem 2000 km langen Kaiserkanal, der den Süden mit dem Norden des Landes verbinden soll. Noch heute ist er das größte Kanalnetz der Welt.

597

Augustins Mission

Nach einer Begegnung mit angelsächsischen Sklaven auf einem Markt schickt Papst Gregor I. den römischen Geistlichen Augustin nach Britannien, um die Angelsachsen zum Christentum zu bekehren. Dieser tauft König Ethelbert von Kent, dessen Frau bereits Christin ist, und gründet in Canterbury eine Kirche.

„Keine Angeln, sondern Engel.“

Papst Gregor I. beim Anblick blonder Angelsachsen auf einem Sklavenmarkt

Die Maya

Die Maya lebten in den Wäldern Zentralamerikas in Städten mit 5000 bis 15 000 Einwohnern. Die Städte wurden von „Gottkönigen" regiert, die ständig Krieg gegeneinander führten. Die Maya hatten das fortschrittlichste Schriftsystem im alten Amerika mit Symbolen, die man Glyphen nennt. Ab 300 errichteten die Maya Steinbauwerke zu Ehren ihrer Gottkönige. Nach 800 verfielen viele Maya-Städte, wahrscheinlich wegen Hungersnöten.

Maya-Ruinen

Die Maya schufen große Steinbauten ohne Metallwerkzeug und ohne Transport auf Rädern. Es sind Ruinen an 40 Orten bekannt.

Uxmal
Ein Zwerg soll die Pyramide des Zauberers an einem Tag gebaut haben. Tatsächlich dauerte ihr Bau aber 400 Jahre.

Palenque
Diese Stadt in Nordmexiko lag im Dschungel, bis sie um 1920 restauriert wurde. Der Sonnentempel ist gut erhalten.

Chichen Itzá
Hier steht eine eindrucksvolle 78 m hohe Stufenpyramide. Auf jeder Seite führt eine Treppe zum Tempel des Kukulkan hinauf.

Tempel des Kukulkan

Adliger Maya
Jede Maya-Stadt wurde von einer adligen Familie regiert. Die Adligen verwendeten viel Zeit auf ihr Äußeres. Diese Tonfigur zeigt einen prächtig gekleideten Adligen mit schwerer Perlenkette, Ohrringen und einem Kopfschmuck mit Federn.

„Es gab weder Menschen noch Tiere, Vögel, Fische, Krabben, Bäume, Steine, Höhlen, Schluchten, Gräser oder Wälder. Es gab nur den Himmel."

Aus der Schöpfungsgeschichte der Maya

Chronik

250
In der zentralen Tiefebene von Guatemala entwickelt sich die Maya-Kultur. Sie bauen prächtige Tempel und führen Buch über ihre Könige.

450
Tikál in Guatemala ist jetzt die größte und bedeutendste Maya-Stadt. Ihre Rivalin ist Calakmul, mit der sie ständig Krieg führt.

750
Höhepunkt der Kriege zwischen den Maya-Städten

800
Der Niedergang der Maya-Städte in den zentralen Tiefebenen setzt ein.

869
Die Bautätigkeiten in Tikál enden. Die Stadt erlebt ihre letzten Tage.

Das Aderlassritual der Maya

Blutopfer

Die Maya glaubten, dass ihre Herrscher mithilfe von Aderlassritualen mit ihren Ahnen und den Göttern kommunizierten. Die Rituale standen meist in Verbindung mit Feierlichkeiten zu bestimmten Kalenderfesten.

★ Die Maya glaubten, dass ihre Götter Menschenopfer verlangten. Ein Grund für Kriege waren deshalb auch die vielen Gefangenen, die man den Göttern opfern konnte.

★ Auch die Könige führten schmerzhafte Rituale an sich selbst durch.

★ Männer, Frauen und Kinder wurden gleichermaßen geopfert.

Götter der Maya

Die Maya verehrten Hunderte von Göttern. Einige davon waren gut, andere böse. Maya-Götter konnten zwischen Menschen- und Tiergestalt wechseln.

Ah Bolon Tzacab
Dieser Gott des Ackerbaus mit blattförmiger Nase war für königliche Macht und Blutopfer zuständig. Königsszepter hatten oft die Form dieses Gotts.

Ah K'in
Der Sonnengott, der auch für Dürre und Krankheit zuständig war, wurde auch Kinich Ahau genannt. Er wurde oft mit Hakennase dargestellt.

Buluc Chabtan
Er war der Gott des Krieges, der Gewalt und des plötzlichen Todes (auch Menschenopfer). Er trug eine schwarze Linie auf der Wange.

Chaac
Der Regengott Chaac wurde oft mit Schuppen, Klauen und einer Schnauze dargestellt. Er trug eine Schlange als Symbol für den Blitz.

Ah Puch
Als Gott des Todes und der Unterwelt wurde Puch oft als Skelett oder verwesender Leichnam dargestellt.

Weitere Kulturen

Olmeken (1500–400 v. Chr.)
lebten an der mexikanischen Golfküste und schufen riesige Steinköpfe.

Teotihuacaner (200 v. Chr.–700 n. Chr.)
Geheimnisvolles Volk aus Nordmexiko, das die größte Stadt des alten Amerikas baute.

Zapoteken (1500 v. Chr.–700 n. Chr.)
Zentrum des Zapoteken-Reichs war Monte Albán im Oaxaca-Tal in Südmexiko.

Mixteken (900–1400)
erstarkten nach dem Niedergang der Zapoteken und übernahmen Monte Albán.

Tolteken (900–1187)
Das kriegerische Volk aus Nordmexiko eroberte 987 Chichen Itzá und herrschte dort über 200 Jahre.

Azteken (1325–1521)
wanderten im 12. Jh. nach Mexiko ein und waren das letzte große Kulturvolk des alten Mexikos.

Aztekischer Adliger

Alltag

Die Maya webten schöne Stoffe und waren auch im Töpfern und Schnitzen sehr geschickt. Die untere Gesellschaftsschicht bestand aus Sklaven und Bauern. Darüber standen die Krieger und ganz oben die Priester und Herrscher.

Figur einer webenden Frau

987
Die Tolteken übernehmen Chichen Itzá und herrschen dort bis 1224.

1527–1546
Die Spanier unternehmen drei Feldzüge, um die Maya auf der Halbinsel Yucatán zu unterwerfen.

1697
Der letzte Außenposten der Maya, Tayasal am See Petén Itzá, fällt an die Spanier.

600 ▸ 700

Mohammeds Nachfolger, die ersten vier Kalifen

618

Übernahme der Tang

Li Yuan, der Regent des letzten Kindkaisers Sui, lässt diesen ermorden und besteigt selbst als Gaozu den Thron. Er ist der erste Kaiser der Tang-Dynastie. 626 zwingt Gaozus Sohn Taizong seinen Vater zum Abdanken. Mit Taizong beginnen Chinas goldene Jahre.

Chinas goldene Jahre S. 92–93

606

Indisches Reich

Harscha, der König eines kleinen indischen Staates, eint ganz Nordindien. Literatur und Kultur blühen, aber sein Reich zerfällt nach seinem Tod im Jahr 647.

637

Arabische Siege

Nach Mohammeds Tod 632 gehen die Araber, im Islam vereint, auf Eroberungsfeldzug. 637 erobern sie Jerusalem und Damaskus und bald darauf das Persische Reich. Als Nächstes fallen ihnen Syrien, Palästina und Ägypten in die Hände. 698 kontrollieren sie ganz Nordafrika.

600 — 620 — 640

610

Griechisch statt Latein

Herakleios wird Kaiser von Byzanz und regiert bis 641. Er wehrt einen drohenden Einfall der Perser ab. Wie die meisten Menschen im Osten spricht er Griechisch statt Latein und macht es daher zur offiziellen Staatssprache.

Herakleios zu Pferde

610–629 DIE GEBURT DES ISLAM

Mohammed war Kaufmann im südarabischen Mekka, bevor er beschloss, sein Leben zu ändern. 610, im Alter von etwa 40 Jahren, empfing er eine Reihe göttlicher Offenbarungen und begann die Botschaft zu predigen, dass es nur einen Gott – Allah – gebe. Seine Prophezeiungen stehen im Koran, der für die Muslime das Wort Gottes ist. Die neue Religion – der Islam – bedeutet, sich Gott zu unterwerfen.

Mekka und Medina

Die Bewohner von Mekka wendeten sich gegen Mohammed, sodass er 622 nach Medina floh. Diese Reise ist der Beginn der islamischen Zeitrechnung. 629 kehrte er nach Mekka zurück. Heute sind beide Städte für die Muslime heilige Orte.

Medina (links) und Mekka (rechts) in einer Illustration aus dem 12. Jh.

Königlicher Helm
Dies ist die Nachbildung eines Helms, der wahrscheinlich einem angelsächsischen König gehörte. Er wurde um 625 in Sutton Hoo (im Osten Englands) mit dem Helm und anderen Schätzen in einem Schiff bestattet.

673

Geheimwaffe

Als arabische Schiffe Konstantinopel erreichen, setzen die Byzantiner ihre Geheimwaffe ein, das Griechische Feuer. Mit dieser Art Flammenwerfer setzen sie die Schiffe der Araber in Brand, sodass diese sich schließlich geschlagen zurückziehen.

Griechisches Feuer im Einsatz

„[Kallinikos] hatte ein Seefeuer erfunden, das die arabischen Schiffe mit der Mannschaft in Brand steckte."

Der byzantinische Historiker Theophanes (um 810)

690

Kaiserin Wu

Wu Zetian wird Chinas einzige Kaiserin. Sie regiert von 690–705, aber eigentlich war sie schon während der Regierungszeiten ihres Gemahls Gaozong (649–683) und ihres Sohns die wahre Machthaberin.

660 — 680 — 700

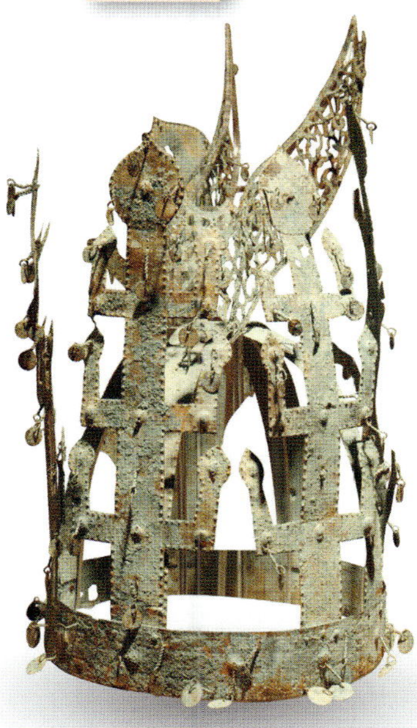

Krone aus Silla

668

Erfolg durch Gold

Silla erobert die benachbarten Reiche Paekche und Koguryo und übernimmt in Korea die Alleinherrschaft. Silla ist durch Gold reich geworden. Seine Herrscher und Herrscherinnen werden mit prächtigem Goldschmuck bestattet.

683

Kriegerkönig

Pakal ist Herrscher und lebender Gott der Maya-Stadt Palenque. Als er nach 68-jähriger Herrschaft mit 80 Jahren stirbt, hinterlässt er Palenque als mächtige Stadt mit Palästen und Tempeln. Einer davon, der Tempel der Inschriften, ist sein Grab.

Grabmaske von König Pakal aus Jade

700

Ende einer Stadt

Teotihuacán in Mexiko, eine der größten Städte im alten Amerika, wird aufgegeben. Dürren, Missernten und Hungersnöte haben die Stadt geschwächt und sie für feindliche Eindringlinge zur leichten Beute gemacht.

Maya
S. 88–89

Chinas goldene Jahre

Zwei Dynastien, die Tang (618–907) und die Song (960–1279), beherrschten das mittelalterliche China und bescherten ihm eine Zeit großer kultureller und technologischer Fortschritte. Die Tang-Zeit wird oft als Chinas goldenes Zeitalter bezeichnet, in dem sich Chinas Einfluss bis nach Zentralasien ausbreitete. Nach einer Phase des Zerfalls brachte die Song-Dynastie erneut Stabilität, bis das Reich an die Mongolen fiel.

Vier Tang-Kaiser

Gaozu
Der erste Tang-Kaiser Gaozu hieß Li Yuan. Er stürzte 618 den letzten Kaiser der Sui-Dynastie, wurde aber 626 von seinem eigenen Sohn zum Abdanken gezwungen.

Taizong
Li Shimin nannte sich als Kaiser Taizong. Er war einer der größten Kaiser Chinas, denn seine Reformen brachten dem Land Wohlstand und Stabilität. Er starb 649.

Gaozong
Gaozong (regierte 649–683) war ein schwacher Herrscher, der die Staatsgeschäfte seiner Frau Wu Zetian überließ. Später nahm sie selbst den Titel „Kaiser" (*huangdi*) an.

Xuanzong
Mit 43 Jahren Regierungszeit (712–756) war Xuangzong der am längsten herrschende Tang-Kaiser. Kunst und Kultur blühten und die Tang-Dynastie war auf ihrem Höhepunkt.

Kurviges Kamel
Das baktrische Kamel war das wichtigste Transportmittel auf der Seidenstraße. Kamelkarawanen brachten Glas, Jade, Kristall und Baumwolle nach China und lieferten dafür Seide, Tee, Papier und Keramik ins Ausland. In der Tang-Zeit legte man Adligen und Hofbeamten oft etwa 50 cm große Tonfiguren von Kamelen und Pferden ins Grab.

Palastkonzert
Elegante Damen am Tang-Hof trinken Tee, während sie Musik machen oder ihr zuhören. Ein kleiner Hund liegt unter dem Tisch. Dieses Bild malte ein unbekannter Tang-Künstler auf Seide.

Chronik

618
Li Yuan erhebt sich gegen den Sui-Kaiser und gründet die Tang-Dynastie.

Li Yuan zu Pferde

659
Die Tang expandieren nach Zentralasien und machen die Seidenstraße für Reisende sicherer.

751
Die Araber besiegen eine chinesische Armee beim Fluss Talas (Kirgisistan).

755–763
Ein Aufstand unter General An Lushan schwächt die Tang-Herrschaft.

907
Auf die Tang folgt in China die Zeit der „Fünf Dynastien", in der das Land in mehrere Reiche zerfällt.

Tang-Hauptstadt
Die Handelsstadt Chang'an (Xi'an) zieht Kaufleute aus ganz Asien an. Sie hat etwa 2 Mio. Einwohner, doch heute ist nur noch wenig von ihr übrig.

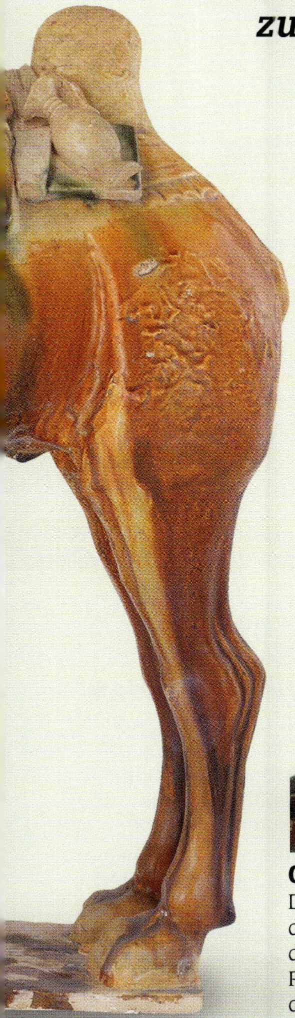

„Vor meinem Bett liegt das Mondlicht so hell wie Frost auf dem Boden. Ich sehe nach oben zum hellen Mond, ich senke den Kopf und denke an die Heimat."

„Nachtgedanken" von Li Bai (701–762), einem bedeutenden Dichter der Tang-Zeit

Chinesische Pagode
Die Eisenpagode von Kaifeng wurde 1049 von den Song erbaut. Ihren Namen verdankt sie der Eisenfarbe ihrer glasierten Ziegelsteine. Pagoden sind Bauwerke des Buddhismus, der in China weit verbreitet war.

Ein Standardspiel enthielt 30 Karten.

Traditionelle chinesische Spielkarten

Karten aus dünner, biegsamer Pappe

Erfindungen

Druckstock (um 650)
Text wird in einen Holzblock geschnitten. Dann taucht man ihn in Tinte und presst ihn auf Papier.

Mechanische Uhr (725)
Die erste Uhr mit einer mechanischen Vorrichtung, die akkurat die Zeit angibt, wird gebaut.

Papiergeld (um 800)
Papiergeld nannte man auch „fliegendes Geld", weil es so leicht war, dass der Wind es wegwehte.

Porzellan (900)
Porzellan ist eine sehr harte, feine weiße Keramik. Die Kunst seiner Herstellung beherrschen die Chinesen.

Magnetischer Kompass
Ab ewa 1040 verwendet man an Land magnetisierte Eisennadeln, um den Norden zu orten, ab etwa 1120 auf See.

Spielkarten
Die Damen am Tang-Hof vergnügen sich mit einem Kartenspiel namens „Blattspiel".

960
Song Taizu, Gründer der Song-Dynastie, eint China und bringt dem Land Stabilität zurück.

1127
Die Song-Dynastie zieht nach Süden, als die nomadischen Jurchen Nordchina überrennen.

1234
Mongolische Armeen erobern Nordchina und greifen die Song im Süden an.

Mongolischer Krieger

1279
Die Mongolen haben ganz China erobert, der letzte Song-Kaiser ertrinkt im Kampf.

700 ▸ 800

Evangelienbuch
Das Pergament für diese wunderschön illustrierte Handschrift, die der Mönch Eadfrith um 715 im Kloster Lindisfarne im Nordosten Englands anfertigte, wurde aus etwa 130 Kalbshäuten hergestellt.

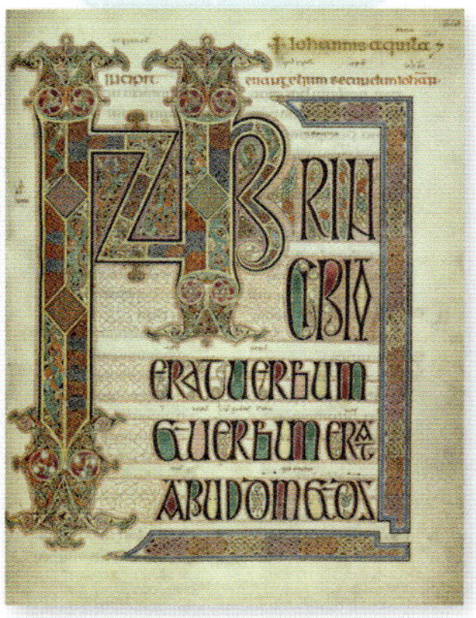

732

Die Schlacht von Tours

Eine muslimische Armee rückt aus Spanien bis nach Tours in der Mitte Frankreichs vor. Dort wird sie von den Franken unter Karl Matell besiegt. Dieser begründet die Karolinger-Dynastie der fränkischen Könige.

Karl Martell

731

Englischer Historiker

Beda, ein Mönch aus Jarrow im Norden Englands, schreibt die *Kirchengeschichte des englischen Volkes*. Er ist ein herausragender Gelehrter und gilt als „Vater der englischen Geschichte".

750

Anden-Stadt

Tiwanaku, eine Stadt auf der Hochebene des heutigen Boliviens, erlebt ihre Blütezeit. Das Volk der Tiwanaku baut steinerne Monumente und legt Terrassen an den Hängen für den Ackerbau an.

700 ▸ 720 ▸ 740 ▸ 760

711

Muslime in Spanien

Tariq ibn Ziyad, ein Berber aus Nordafrika, landet mit einem großen muslimischen Heer in Gibraltar. Innerhalb eines Jahres hat er bis auf das kleine Reich Asturien im Nordwesten ganz Spanien erobert.

Der Name Gibraltar kommt vom arabischen *Djebel al-Tariq* (Berg des Tariq).

Abu al-Abbas wird zum Kalifen ernannt.

750

Die Abbasiden

Abu al-Abbas, Kopf eines Klans, der von Mohammeds Onkel abstammt, stürzt die Umayyaden-Kalifen, die seit 661 das Islamische Reich regiert haben. Nur einer, Abd ar-Rahman, entkommt. Er flieht nach Spanien und gründet ein Emirat (Fürstenprovinz) in Cordoba. Die neuen Abbasiden-Kalifen besiegen 751 die chinesische Armee in der Schlacht am Talas in der Nähe von Samarkand (Usbekistan).

Welt des Islam
S. 96–97

Die byzantinische Kaiserin Irene

797

Mutter gegen Sohn

Kaiserin Irene, die 790 vom byzantinischen Hof verbannt worden war, weil ihr Sohn Konstantin VI. die Macht für sich allein beanspruchte, kehrte 792 als Mitregentin wieder zurück. In einer Verschwörung mit Bischöfen und Höflingen lässt sie 797 ihren Sohn blenden und erklärt sich selbst zur Kaiserin.

793

Überfall der Wikinger

Die Wikinger, Krieger aus Skandinavien, überfallen das Kloster Lindisfarne im Nordosten Englands. Der erste überlieferte Wikingerangriff kommt ohne Vorwarnung und löst große Besorgnis aus.

780 800

786

Kultur-Kalif

Harun al-Raschid wird der fünfte Abbasiden-Kalif. Seine Hauptstadt Bagdad wird zu einem Zentrum der Bildung. Er lässt sogar antike griechische und römische Texte ins Arabische übersetzen. Einige Geschichten aus *Tausendundeiner Nacht* handeln von ihm.

Diese goldene, juwelenverzierte Karaffe sandte Harun als Geschenk an Karl den Großen.

748–814 KARL DER GROSSE

Karl der Große, der Enkel Karl Martells, wurde 771 Herrscher über das Frankenreich (weite Teile West-, Mittel- und Südeuropas) und gilt als der bedeutendste fränkische König. Nach 30 Jahren fortwährender Feldzüge gegen die Lombarden in Norditalien und die Sachsen in Norddeutschland hatte sich die Größe seines Reichs verdoppelt. Obwohl er sich sehr für Bildung einsetzte, lernte er selbst niemals lesen.

Kaiserkrönung
Am Weihnachtstag des Jahres 800 krönte Papst Leo III. Karl in einer noch nie da gewesenen Zeremonie in Rom zum Kaiser. Karl war seit 400 Jahren der erste Kaiser im Westen.

DATEN & FAKTEN

774 *Karl der Große unterwirft die Lombarden in Norditalien.*

778 *Seine Armee wird in der Schlacht von Roncesvalles in Spanien besiegt.*

804 *Der Krieg gegen die Sachsen endet.*

814 *Karl stirbt in seinem Palast in der Kaiserpfalz Aachen.*

> ***„Er übte sich ständig im Reiten und Jagen, wie es für einen Franken natürlich war."***
>
> **Der fränkische Historiker Einhard (um 830)**

Legendärer Held
Diese mittelalterliche Illustration zeigt Karl den Großen und seine Ritter im Kampf gegen die Muslime in Spanien. Einer der Ritter war der Held des „Rolandslieds", eines damals sehr beliebten Gedichts.

Die Welt des Islam

Im 7. Jh. zogen arabische Armeen aus, um ein riesiges Reich zu erobern, das sich von Spanien bis tief nach Zentralasien erstreckte. Im Gepäck hatten sie die islamische Religion, die den Lehren Mohammeds folgte. Von den byzantinischen und persischen Völkern, die sie besiegten, übernahmen die Araber Stilrichtungen in Kunst und Architektur und entwickelten diese weiter, ebenso Ackerbaumethoden. Islamische Gelehrte befassten sich mit Mathematik, Medizin und Philosophie.

Dynastien

Umayyaden
Sie waren die erste Kalifen-Dynastie mit erblichem Titel. Sie führten die *ummah* (islamische Gemeinde) ab 661 an.

Abbasiden
Diese Dynastie regierte das muslimische Reich von 750–1256. Nach 900 fielen jedoch viele Gebiete ab.

Fatimiden
Sie schufen ein unabhängiges Reich in Ägypten und Nordafrika, das von 908–1171 währte.

Almoraviden
Diese Berber-Dynastie aus Nordafrika gründete im 11. Jh. ein islamisches Reich, zu dem auch das muslimische Spanien gehörte.

Der Felsendom

Der Felsendom in Jerusalem aus dem Jahr 691 ist eines der ältesten noch existierenden islamischen Bauwerke. Der Baustil ist eindeutig von der byzantinischen Architektur beeinflusst, aber er weist auch deutliche islamische Merkmale auf.

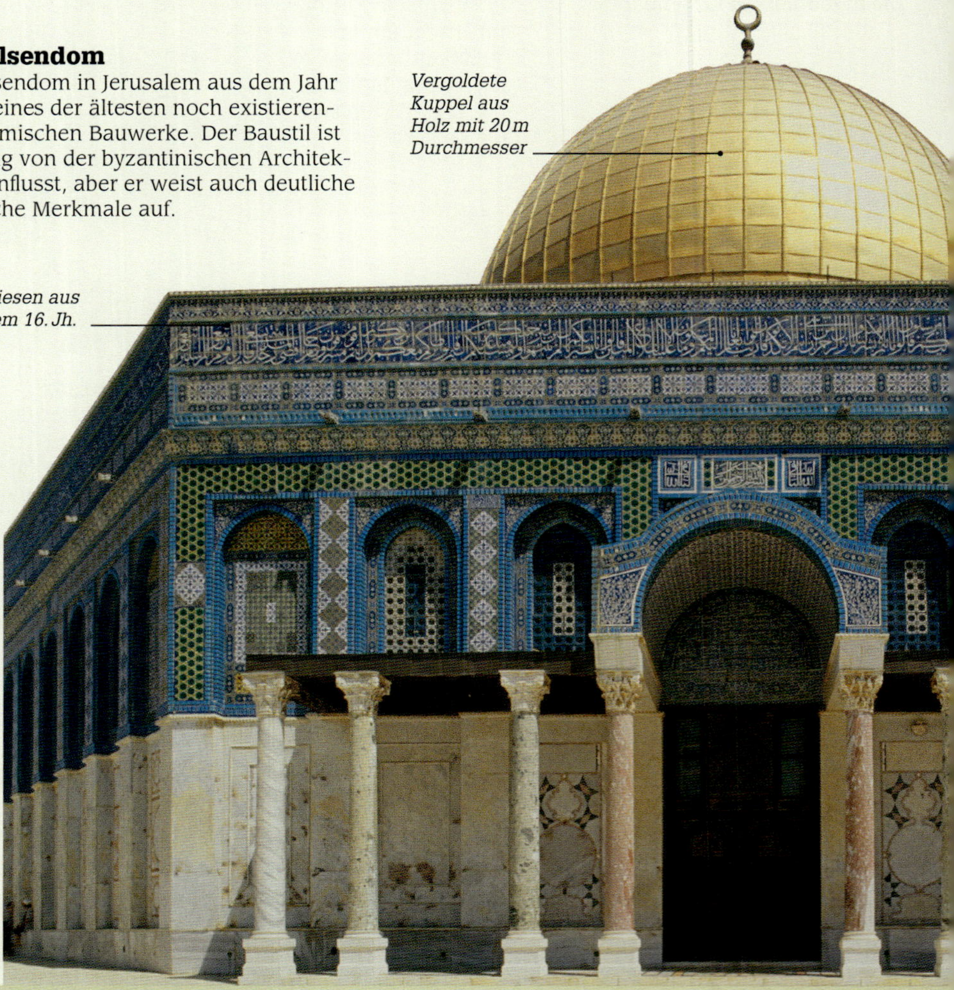

Der Koran

Für Muslime enthält der Koran die unfehlbare Niederschrift der Worte Gottes, die Mohammed vom Engel Dschibril (Gabriel) eingegeben wurden. Der Koran besteht aus 114 Kapiteln (*Suren*).

Chronik

622
Mohammed flieht von Mekka nach Medina (im heutigen Saudi-Arabien). Dies ist der Beginn der islamischen Zeitrechnung.

632
Nach Mohammeds Tod wird sein Schwiegervater Abu Bakr Kalif (islamischer Herrscher). Er ist der erste der vier „rechtgeleiteten" Kalifen.

638
Die Araber erobern Jerusalem. In den folgenden 60 Jahren überrennen sie auch Syrien, Palästina, Persien, Ägypten und Nordafrika.

644
Auf Befehl von Kalif Uthman entsteht eine Standardversion des Koran, die an jede muslimische Provinz geschickt wird.

661
Ali, der vierte Kalif, wird ermordet. Mu'awiya wird der erste Kalif der Umayyaden-Dynastie.

Astrolabium aus dem fatimidischen Ägypten

Arabische Erfindungen

■ Zahlen
Arabische Zahlen werden heute fast weltweit verwendet. Sie basieren auf dem indischen Zahlensystem, das die arabischen Gelehrten für einfacher hielten als das römische.

■ Astrolabium
Dieses Gerät zur Messung der Position von Sonne und Sternen wurde von arabischen Astronomen erfunden. Damit ließ sich bestimmen, wo Mekka liegt.

■ Schach
Das Schachspiel stammt aus Indien. Die Araber lernten es von den Persern und brachten es nach Spanien, von wo aus es sich in ganz Europa verbreitete.

■ Kaffee
Arabische Sufis (Mystiker) tranken Kaffee, um sich für ihre nächtlichen Gebete wach zu halten. Im 17. Jh. verbreitete sich das schwarze Getränk über die Türken auch in Europa.

Muslime beim Schachspiel (um 1238)

Fünf Säulen des Islam

Jeder Muslim muss in seinem Leben fünf Pflichten erfüllen, die man die „Fünf Säulen des Islam" nennt:

Schahada (Glaubensbekenntnis): „Es gibt keinen Gott außer Allah und Mohammed ist der Gesandte Gottes."

Salat (Gebet): Fünfmal täglich in Richtung Mekka beten.

Zakat (Armensteuer): Eine Abgabe leisten, mit denen Armen geholfen wird.

Saum (Fasten): Im Monat Ramadan von Sonnenauf- bis Sonnenuntergang nichts essen und trinken.

Hadsch (Pilgerfahrt): Mindestens einmal im Leben nach Mekka fahren.

Islamische Gelehrte

Ibn Sina (980–1037)
Im Westen als Avicenna bekannt, verfasste Ibn Sina viele Werke über alle Wissensgebiete, darunter Mathematik, Astronomie, Philosophie und Medizin.

Ibn Ruschd (1126–1198)
Ibn Ruschd (Averroës) war ein großer Denker. Seine Werke über Platon und Aristoteles, ins Lateinische übersetzt, belebten das Interesse an antiker Philosophie neu.

Al-Dschazari (1136–1206)
Der Erfinder und Ingenieur Al-Dschazari beschrieb in seinem *Buch des Wissens von sinnreichen mechanischen Vorrichtungen* über 100 außergewöhnliche Maschinen.

Mechanisches Boot, erfunden von Al-Dschazari

680
Der Islam teilt sich in zwei religiöse Gruppen: die Sunniten, die Abu Bakr als Führer akzeptieren, und die Schiiten, die nur den Lehren Mohammeds folgen.

711
Ein muslimisches Heer unter Führung von Tariq ibn Ziyad fällt von Nordafrika aus in Spanien ein und beendet die Herrschaft der Westgoten.

750
Die Abbasiden beenden das Umayyaden-Kalifat. Der erste Abbasiden-Kalif Abu al-Abbas verlegt die Hauptstadt von Damaskus nach Bagdad.

Abbasiden-Moschee in Samarra

970
Die Seldschuken aus Zentralasien treten zum Islam über und wandern in Persien (heute Iran) ein.

1055
Der seldschukische Sultan Tughrul ergreift in Bagdad die Macht und übernimmt die Kontrolle über das Arabische Reich.

800 ▸ 900

802

Khmer-König

Jayavarman II. gründet in Kambodscha das Khmer-Reich und nennt sich selbst „König der Welt“. Die Khmer beherrschen diesen Teil Südostasiens etwa 500 Jahre lang.

843

Vertrag von Verdun

Das Reich von Karl dem Großen wird unter seinen drei Enkeln aufgeteilt. Karl der Kahle erhält Westfranken (Frankreich), Ludwig Ostfranken (Deutschland) und Lothar die mittlere Region Lothringen, die von den Niederlanden bis Norditalien reicht.

Das Reich von Karl dem Großen zerfällt in drei Teile.

850

Schießpulver

Die Chinesen erfinden das Schießpulver, eine explosive Mischung aus Schwefel, Kohle und Salpeter. Sie schießen damit brennende Pfeile aus Rohren ab. Erst 500 Jahre später taucht Schießpulver auch in Europa auf.

800 ▸ 820 ▸ 840 ▸ 860

825 DER TEMPEL VON BOROBUDUR

Der Tempel von Borobudur auf der indonesischen Insel Java ist das größte buddhistische Bauwerk der Welt. Es wurde um 825 von der Sailendra-Dynastie errichtet, die ursprünglich aus Kalinga in Ostindien stammt. Der Tempel hat drei Terrassen. Jeder Stupa (kuppelförmiger Schrein) enthält eine sitzende Buddhastatue. Insgesamt sind es 504 Buddhastatuen.

850

Wikingeralarm

In ihren Langschiffen segeln die Wikinger die Atlantikküste entlang und die Flüsse hinauf, um Städte und Klöster anzugreifen. Ihre Händler siedeln in Dublin (Irland) und ihre Kriegergruppen überwintern in England und Frankreich. In den nächsten zehn Jahren nehmen ihre Angriffe noch zu.

858

Japan

Fujiwara Yoshifusa wird der Regent seines Enkels, des Kindkaisers Seiwa. Sein Fujiwara-Klan ist nun in Japan die dominierende Macht.

Wikinger S. 100–101

Langschiff der Wikinger

Mönchsbrüder
Kyrill und Methodius bekehrten die Slawen zum Christentum. Sie erfanden eine Schrift, um die Bibel auf Slawisch zu schreiben. Noch heute werden einige slawische Sprachen in kyrillischer Schrift geschrieben.

Die Kopie eines buddhistischen Textes, des *Diamant-Sutra* von 868, gilt als ältestes, noch existierendes gedrucktes Buch der Welt.

880 — 900

869

Tikáls Ende
In Tikál wird das letzte Gebäude errichtet. Etwa 50 Jahre später wird die Stadt aufgegeben. Dies ist das Ende der Maya-Kultur im Flachland von Guatemala.

882

Schwedische Wikinger
Der Rus-Häuptling Oleg wird Herrscher von Kiew am Fluss Dnjepr. Die Rus sind schwedische Wikinger, die als Händler die Flüsse Russlands bis zum Schwarzen Meer befahren. Einige gelangen sogar nach Konstantinopel und dienen dem Kaiser als Leibwache.

Wikinger tragen ihr Boot zwischen zwei Flüssen übers Land.

849–899 ALFRED DER GROSSE

Alfred wurde zu einer Zeit König von Wessex, dem damals größten angelsächsischen Reich in England, als dänische Wikinger versuchten, dort einzufallen. Es gelang ihm, sie aufzuhalten, indem er ihnen ganz einfach erlaubte, sich im Norden und Osten Englands anzusiedeln.

„Er war ein großer Krieger und in allen Schlachten siegreich."

Der walisische Mönch Asser über Alfred (893)

Weiser Herrscher
Alfred ließ zur Verteidigung von Wessex Festungen bauen. Der gebildete Herrscher stellte auch Gesetze auf und gründete Schulen.

Legenden über Alfred
Über Alfred gibt es viele Geschichten. So soll er als Sänger verkleidet das Lager der Dänen ausspioniert haben. In einer anderen findet er Schutz bei einer Bäuerin, die ihn bittet, auf ihre Kuchen im Ofen aufzupassen, doch sie verbrennen.

DATEN & FAKTEN

871 *Alfred wird König von Wessex.*

877 *Angriff der Dänen*

878 *Sieg über die Dänen bei Edington*

um 888 *Alfred und der dänische Anführer Guthrum teilen England unter sich auf.*

Juwel
Die Inschrift auf diesem kleinen Schmuckstück aus Gold und Kristall lautet: „Alfred ließ mich herstellen."

Die Wikinger

Die Wikinger – heidnische Piraten aus Dänemark, Norwegen und Schweden – fielen um 790 in Europa ein und verbreiteten Schrecken, wo immer sie auftauchten. Im Lauf der folgenden zwei Jahrhunderte siedelten sich viele von ihnen in den Gebieten an, die sie in Britannien, Irland und Frankreich eroberten. Andere überquerten den Atlantik und ließen sich in Island und Grönland nieder. Einige Wikinger fuhren die großen Flüsse Russlands hinab, um in Arabien oder Byzanz Handel zu treiben oder um dort sesshaft zu werden.

Berühmte Wikinger

Guthrum
Der Däne Guthrum war der Herrscher von Danelag (Ostengland). Er schlug um 870 viele Schlachten gegen König Alfred den Großen in Wessex (Südwestengland).

Erik der Rote
Erik überredete 985 eine Gruppe Isländer dazu, nach Grönland zu segeln und dort eine Kolonie zu gründen, die über 450 Jahre lang existierte.

Harald der Harte
Harald III. von Norwegen reiste als junger Mann nach Konstantinopel. Er wurde 1066 im Kampf um den englischen Thron gegen König Harold getötet.

Guthrum grüßt Harald I. von Norwegen.

Bauern und Banditen

Die Wikinger waren nicht nur Plünderer, sondern auch Bauern. Die Frauen kümmerten sich um Vieh und Hof, wenn ihre Männer auf Raubzug gingen.

Kleidung der Männer
Die Männer der Wikinger trugen weite, wollene Hosen und einen Umhang, der an der Schulter befestigt war. Sie setzten im Kampf Helme auf, aber diese hatten niemals Hörner.

Kleidung der Frauen
Die Frauen der Wikinger trugen eine Haube aus Leinen und eine lange Tunika, ebenfalls aus Leinen. An der Tunika war mit Broschen eine Schürze befestigt.

Langschiffe
Wikingerschiffe wurden aus Holzplanken gebaut, die sich überlappten und zusammengenagelt wurden. Sie besaßen Ruder und ein Segel, wahrscheinlich aus Wollstoff.

> ***„Nie sah ich Leute von schönerem Körperbau. Sie sind hoch wie Dattelpalmen, blond und rot … Jeder hat eine Axt, ein Schwert und ein Messer, die er ständig bei sich trägt."***
>
> **Ibn Fadlan, ein arabischer Reisender im 10. Jh., über Wikingerhändler, denen er an der Wolga begegnete**

Chronik

793
Wikinger greifen ohne Vorwarnung ein Kloster in Lindisfarne an der Nordostküste von England an.

841
Norwegische Wikinger gründen in einer sumpfigen Gegend von Irland einen Handelsposten, der später zur Stadt Dublin wird.

Wikingerschiff

862
Schwedische Wikinger, die entlang der russischen Flüsse Handel treiben, gründen die Stadt Nowgorod.

866
Wikinger erobern die Stadt York in Nordengland. Sie nennen sie Jorvik und machen sie zur Hauptstadt ihres Reichs.

Schöner Schmuck
Eine hochrangige Wikingerin aus dem schwedischen Gotland mag diese Brosche aus Gold und Silber getragen haben. Die Wikinger stellten wunderschöne Schmuckstücke her.

Nordische Götter
Die Wikinger waren Germanenvölker, deshalb stammten ihre Gottheiten aus der nordeuropäischen Mythologie.

Odin Der Kriegsgott ritt ein achtbeiniges Pferd. Er sammelte die gefallenen Krieger auf, um sie in sein Heim Walhalla zu bringen.

Thor Der Gott des Himmels und des Donners trug einen Hammer namens *Mjolnir*, mit dem er Drachen und Dämonen abwehrte.

Balder Der Sohn von Odin und Frigg trug den Beinamen „der Schöne“. Sein blinder Bruder Hödur tötete ihn mit einem Mistelzweig.

Loki war ein frecher Gestaltwandler und bereitete den anderen Göttern ständig Probleme. So verleitete er Hödur dazu, Balder zu töten.

Heimdall besitzt das *Gjallarhorn*, ein sehr lautes Horn, das er blasen wird, wenn *Ragnarok*, das Ende der Welt, gekommen ist.

Ferne Siedlungen

Orkney- und Shetland-Inseln
Diese Inseln an der Nordküste Schottlands wurden im 9. Jh. von norwegischen Wikingerbauern besiedelt.

Färöer-Inseln
Um 825 landeten Wikinger aus Norwegen auf diesen Inseln im Nordatlantik. Sie nannten sie *Faereyjar* (Schafinseln).

Island
Siedler aus Norwegen erreichten Island um 870. Innerhalb von 60 Jahren war die Bevölkerung dort auf 20 000 gestiegen.

Grönland
Unter Erik dem Roten siedelten sich Isländer 986 dort an. Damals war das Klima noch warm genug, um Getreide anzubauen.

Neufundland
Leif Eriksson stieß westlich von Grönland auf ein Land, das er Vinland nannte. Vermutlich war es Neufundland in Kanada.

Rekonstruierte Wikingerhäuser in Neufundland

Wikingerspiele
Die Wikinger liebten Brettspiele wie *Hnefatafl* (Königstafel), später wurde auch das Schachspiel populär.

Schachfigur aus Walross-Elfenbein

885
Ein großes Wikingerheer belagert monatelang Paris (Frankreich) und schwächt damit das Westfränkische Reich.

960
König Harald Blauzahn von Dänemark konvertiert als erster Wikinger zum Christentum.

Wikingerkrieger

1014
Der dänische König Sven Gabelbart erobert England. Sein Sohn Knut herrscht sowohl über England als auch über Dänemark.

1450
Die Wikingersiedlungen in Grönland werden aufgegeben, weil das Klima immer rauer und kälter geworden ist.

900 ▸ 1000

Kojotenkopf
Dieser prächtige Kopfschmuck aus Perlmutt hat die Gestalt eines toltekischen Kojotengotts. Die Hauptstadt der kriegerischen Tolteken war Tula in Mexiko. Sie wurde um 900 gegründet.

Die Große Moschee in Cordoba

929

Kalif von Cordoba

Abd ar-Rahman III., Emir von Cordoba in Spanien und Nachfahre der Umayyaden, nimmt den Titel eines Kalifen an. Er eint Al-Andalus (muslimische Teile Spaniens) unter seiner Herrschaft, hält den Vormarsch der Christen im Norden auf und erweitert die Große Moschee in Cordoba.

900 — 920 — 940

911

Die Normandie

Karl III., König der Westfranken, gibt dem Wikingerhäuptling Rollo Land an der Seine-Mündung, unter der Bedingung, dass dieser seine Überfälle einstellt und Christ wird. Das Gebiet wird als Normandie bekannt: das Land der Nordmänner.

Wikinger
S. 100–101

930

Erstes Parlament

Die Wikinger auf Island halten ihr erstes *Althing* ab – eine Versammlung im Freien, an der jeder teilnehmen darf. Das *Althing* gilt als ältestes Parlament der Welt.

Ahnenwache
Figuren mit großen Köpfen, wahrscheinlich Ahnenstatuen, halten in einer Reihe auf der Osterinsel Wache. Diese sogenannten *moai* wurden von polynesischen Siedlern errichtet, die im 10. Jh. auf die Osterinsel kamen.

Nach 991 bezahlten die Engländer die dänischen Wikinger dafür, dass sie sie in Ruhe ließen. Diesen jährlichen Tribut nannte man Danegeld.

960

Dänemark konvertiert
Nachdem sich König Harald Blauzahn zum Christentum bekannt hat, wird ganz Dänemark das erste christliche Wikingerreich. Harald baut Straßen, Brücken und Festungen in Dänemark.

962

Deutscher Kaiser
Der deutsche König Otto I. wird in Rom zum Kaiser des Heiligen Römischen Reichs gekrönt. Er nimmt damit die Idee eines Westreichs wie unter Karl dem Großen wieder auf.

Otto wird von der Jungfrau Maria gekrönt (in Wahrheit krönte ihn Papst Johannes XII.).

960 · 980 · 1000

985

Auf nach Grönland!
Der Wikinger Erik der Rote überredet isländische Siedler, mit ihm nach Grönland zu segeln. Die Wikingerkolonie auf Grönland besteht bis etwa 1450.

988

Wladimirs Taufe
Prinz Wladimir von Kiew heiratet die Schwester des byzantinischen Kaisers Basileios II. Dafür muss er den griechisch-orthodoxen Glauben annehmen. Seine Taufe entscheidet über Russlands zukünftige Religion.

960

China wieder vereint
60 Jahre Chaos nach dem Fall der Tang-Dynastie enden mit der Machtergreifung von General Zhao Kuangyin. Er regiert als Taizu und erster Kaiser der Song-Dynastie. Die Hauptstadt der Song ist Kaifeng im Norden Chinas.

Chinas goldene Jahre S. 92–93

Wladimirs Taufe

Leben als Mönch

Tonsur für Anfänger
Ein junger Mönch erhält eine Tonsur, das heißt, sein Kopf wird oben rasiert. Damit ist er offiziell in den Mönchsorden aufgenommen.

Der christliche Glaube spielte im Mittelalter eine große Rolle. Deshalb wollten viele Eltern, dass ihre Kinder einer religiösen Berufung folgen. Knaben wurden ins Kloster geschickt, Mädchen in einen Konvent. Sie erhielten dort nicht nur kirchliche Lehren, sondern lernten auch lesen und schreiben auf Lateinisch, der Sprache der Kirche und der Staatsverwaltung. Später entstanden Klosterschulen, in denen Jungen auf öffentliche Ämter vorbereitet wurden.

Eintritt ins Kloster

Mit etwa zehn Jahren kamen Jungen ins Kloster. Manchmal schwörten die Eltern die kirchlichen Eide, wenn ihre Kinder dafür noch zu klein waren. Der erste Eid war Gehorsam gegenüber dem Abt (Klostervorsteher). Die Jungen erhielten die gleiche Kleidung wie die älteren Mönche: eine einfache Wolltunika und Sandalen.

Täglicher Gottesdienst

In den Klöstern herrschte ein strenger Tagesablauf aus Studium, Arbeit und dazwischen achtmal Beten. Das erste Gebet fand um Mitternacht statt, das letzte um neun Uhr abends. Für die Jungen muss das sehr anstrengend gewesen sein.

Handschriften kopieren

Da es den Buchdruck noch nicht gab, mussten alle Bücher mit der Hand abgeschrieben werden. Die älteren Mönche halfen den Jungen dabei, religiöse Texte zu kopieren. Sie verbrachten Stunden damit, Evangelien, Psalme und theologische Werke abzuschreiben. Ihre Arbeit war ein Dienst zu Ehren und zum Ruhme Gottes.

Weichen für die Zukunft

Nach den Jahren des Lernens entschied sich die Zukunft der Jungen. Die meisten blieben im Kloster und wurden Mönche. Andere wurden Beamte oder Angestellte im Dienst der Kirche.

tur: dies annorum nostrorum in ipsis
septuaginta annis
Si autem in potentatibus octaginta
anni et amplius eorum labor et dolor:
Quoniam supervenit mansuetudo: et
corripiemur
Quis novit potestatem ire tue: et pre
timore tuo dinumerare
Dexteram tuam sic notam fac: et eru
ditos corde in sapientia
Convertere domine usquequo: et de
precabilis esto super servos tuos
Repleti sumus mane misericordia tu
a: et exultavimus et delectati sumus in

Illustrierte Handschriften
Texte wurden auf feines Pergament aus Kalbs-, Ziegen- oder Schafshaut geschrieben und mit schönen Bildern (Illustrationen) verziert.

Muschelschalen als Gefäße zum Anrühren der Farben

Farbpigmente werden mit Wasser zu Tinte verrührt.

„Knaben sollen vom Lob des himmlischen Königs erfüllt sein und nicht Fuchslöcher ausgraben oder die Spur fliehender Hasen verfolgen. Wer in der Jugend nicht lernt, wird im Alter nicht lehren.“

Alkuin von York (735–804) an die Mönche von Jarrow in England

Im Skriptorium
Dieser junge Mönch schreibt einen Text im Skriptorium (Schreibraum) ab. Er benutzt dazu einen Griffel aus Schilf und einen feinen Pinsel.

„Seit dem Alter von sieben Jahren verbringe ich mein Leben in diesem Kloster, wo ich all meine Mühen auf das Studium der Schriften verwende.“

Der englische Mönch und Historiker Beda Venerabilis (673–735)

1000 ▸ 1100

„Wahre Dinge erscheinen in der Dunkelheit nicht wahrer als Träume."

Aus *Die Geschichte vom Prinzen Genji* von Murasaki Shikibu

Pueblo Bonito, ein Bauwerk der Anasazi, besaß über 650 Räume.

1000

Hoch hinaus

Das Volk der Anasazi in New Mexico lebt in *Pueblos* (Dörfern), die wie Wohnanlagen entworfen sind und oft mehrstöckige Gebäude enthalten. Das Baumaterial sind Adobe (luftgetrocknete Lehmziegel).

1021

Hofgeschichte

Prinzessin Murasaki Shikibu schreibt den ersten großen Roman der Welt: *Die Geschichte vom Prinzen Genji* erzählt von Liebe und Intrigen am kaiserlichen Heian-Hof und enthält über 400 Figuren, darunter auch den Helden, Prinz Genji.

Murasaki Shikibu

1000 — 1020 — 1040

1002

Vinland

Leif Eriksson, der Sohn von Erik dem Roten, segelt von Grönland aus nach Westen und stößt dort vermutlich auf Neufundland. Er nennt es Vinland, was „Land des Weins" oder „Weideland" bedeutet haben kann. Er ist wahrscheinlich der erste Europäer in Amerika.

Statue von Leif Eriksson

1016

Dänenherrscher

Der Däne Knut wird nach seinem Sieg über König Edmund „Eisenseite" König von England. Danach besteigt er auch den Thron von Dänemark und regiert die nächsten 20 Jahre lang beide Länder.

1044

Königreich in Birma

Prinz Anawrahta wird König von Bagan, einem mächtigen buddhistischen Reich am Fluss Irrawaddy in Birma. Er baut die goldene Shwezigon-Pagode, in der sich der Zahn Buddhas befinden soll.

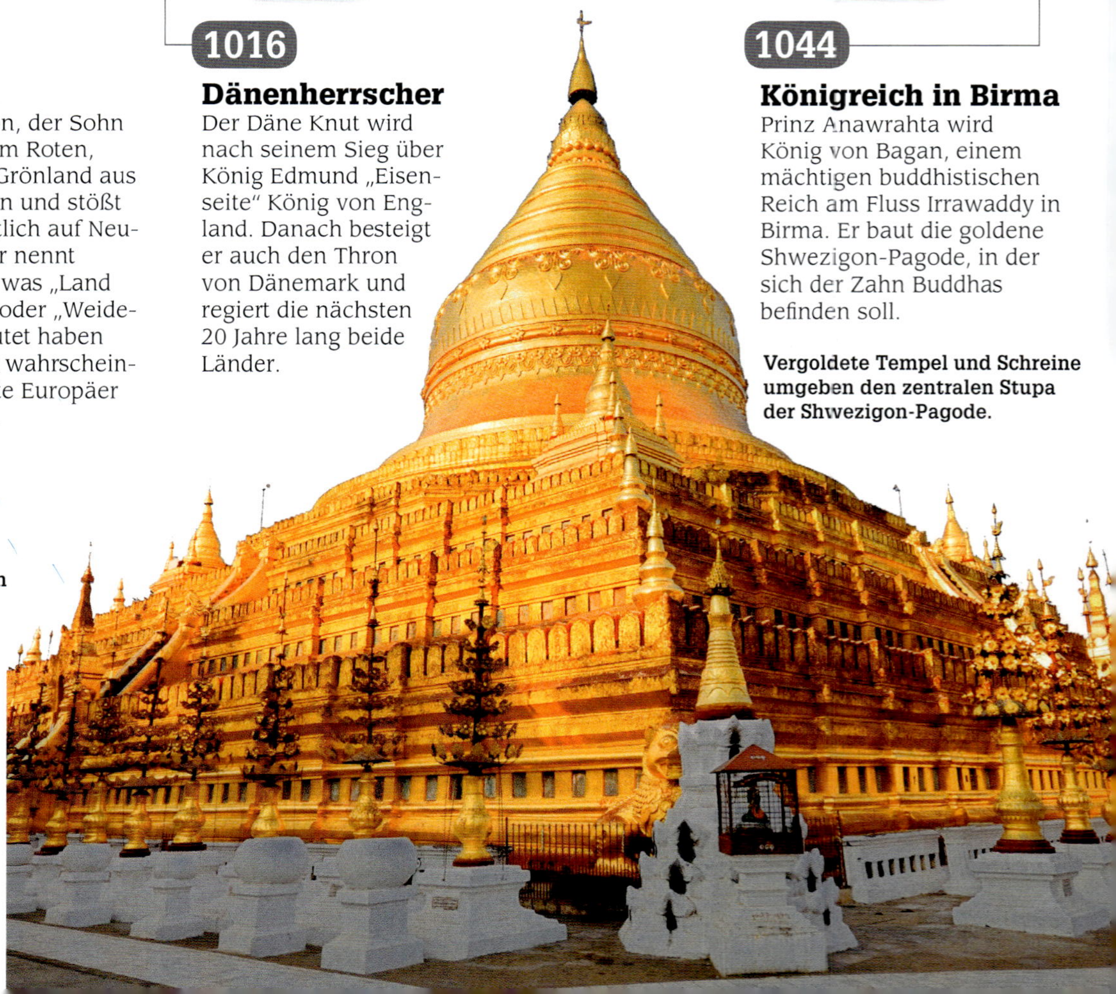

Vergoldete Tempel und Schreine umgeben den zentralen Stupa der Shwezigon-Pagode.

Wikinger S. 100–101

Krönungsmantel der normannischen Könige von Sizilien

Chinesische Uhr
Der chinesische Staatsmann Su Song baut eine 12 m hohe Uhr, die mit Wasser betrieben wird. Sie gibt nicht nur die Zeit an, sondern dient auch astronomischen Berechnungen.

Moderne Nachbildung von Su Songs Uhr

1053

Normannen in Italien

Im 11. Jh. kommen mehrere landlose Ritter aus der Normandie nach Italien, um dort ihr Glück zu suchen. Einer von ihnen, Robert Guiscard, schafft sich in Süditalien ein kleines Reich, nachdem er die Schlacht von Civitate gegen den Papst gewonnen hat. Zwischen 1061 und 1091 erobern die Normannen die italienische Insel Sizilien.

1077

Investiturstreit

Der deutsche König Heinrich IV. befindet sich im Streit mit Papst Gregor VII. Heinrich wird mit dem Bann belegt, weil er Bischöfe und Äbte im Reich selbst einsetzen möchte. Mit seinem Gang nach Canossa unterwirft sich Heinrich dem Papst.

Kreuzzüge S. 110–111

1095

Erster Kreuzzug

Papst Urban II. fordert alle Ritter in Westeuropa auf, Jerusalem von den Muslimen zu befreien. Tausende folgen seinem Aufruf, getrieben von religiösem Eifer und der Aussicht auf Beute.

1060 — 1080 — 1100

1066–1087 DIE NORMANNEN EROBERN ENGLAND

1066 eroberte William, der Herzog der Normandie (in Nordfrankreich), durch seinen Sieg über Harold II. England. Er stellte das ganze Land unter normannische Herrschaft und teilte es unter seinen Baronen auf, die überall Burgen errichteten. 1086 wurde das *Domesday Book* erstellt, eine Liste von Williams Besitztümern in England.

Harold II.
Harold wurde am 6. Januar 1066 König von England; Edward der Bekenner war ohne Thronerben gestorben.

William I.
William behauptete, Edward hätte ihm den Thron versprochen. Er wurde als William der Eroberer bekannt.

Entscheidende Schlacht
Der Teppich von Bayeux entstand um 1080. Er erzählt die Geschichte von Williams Sieg in der Schlacht von Hastings am 14. Oktober 1066, bei der Harold im Kampf fiel.

1100 ▸ 1200

Angkor Wat

Eingelegter Türkis

Sicán-Messer
Dieses rituelle goldene Messer aus dem 9.–11. Jh., auch *tumi* genannt, fand man im Grab eines Sicán-Herrschers in Peru.

1113

Tempelberg

Khmer-König Suryavarman II. lässt in Kambodscha den Tempel von Angkor Wat errichten. Als größtes religiöses Bauwerk der Welt soll er dem heiligen Hindu-Berg Meru ähneln.

1127

Süd-Song

Als Nomaden in Nordchina einfallen und die Song-Hauptstadt Kaifeng belagern, gelingt Prinz Gaozong die Flucht. Er gründet später die südliche Song-Dynastie.

Chinas goldene Jahre
S. 92–93

1100 · 1120 · 1140

1137–1193 SALADIN

Saladin (Arabisch: Salah ad-Din) war ein großer muslimischer Krieger. Er kämpfte zunächst für den syrischen Herrscher Nur ad-Din. Nachdem er die Fatimiden-Dynastie entmachtet hatte, nutzte er Ägypten als Ausgangsbasis für Angriffe auf das Kreuzfahrerreich Jerusalem.

Gnädiger Herrscher
Saladin war bekannt dafür, dass er seine Feinde großzügig behandelte. Als der englische König Richard I. sein Pferd verlor, schickte er ihm ein neues.

DATEN & FAKTEN

1152 *Saladin dient im Heer von Nur ad-Din.*

1171 *Saladin entthront die Fatimiden und wird Sultan von Ägypten.*

1187 *Saladin erobert Jerusalem nach 88 Jahren von den Kreuzfahrern zurück.*

1192 *Saladin und Richard von England schließen einen Friedensvertrag.*

Jerusalems Fall
Im Juli 1187 besiegte Saladins Armee die Kreuzfahrer bei sengender Hitze in der Schlacht von Hattin. Saladin eroberte danach Jerusalem, was den Papst dazu veranlasste, den Dritten Kreuzzug zu starten.

„Seine Macht war offenkundig, seine Autorität überragend."

Saladins Sekretär Imad al-Din (um 1200)

1150

Cahokia

Die Stadt Cahokia im Mississippi-Tal in Nordamerika zählt etwa 30 000 Einwohner. Ihr Zentrum ist ein hoher Erdhügel, auf dem ein Tempel oder Palast aus Holz steht. Er ist jedoch nur einer von über 100 Hügeln in Cahokia.

Aibak betritt Delhi.

1192

Erster Shogun

Minamoto Yoritomo nimmt den Titel eines Shogun (oberster General) an. Damit ist er der höchste Führer in Japan, der Kaiser ist nur noch eine Marionette.

1175

Muslime in Indien

Mohammed von Ghur, ein Emir (Prinz) aus Afghanistan, gründet in Nordindien ein großes muslimisches Reich. Es zerfällt nach seinem Tod 1206, aber sein General Qutb-ud-Din Aibak gründet das erste Sultanat von Delhi.

1160 — 1180 — 1200

1158

Lehrstuhl

Die Universität von Bologna (Italien) wird gegründet, ihre Anfänge gehen schon auf das Jahr 1088 zurück. In Paris gibt es ebenfalls seit 1150 eine Universität, in Oxford ab 1167. Sie entstanden aus Domschulen, in denen die Studenten zu Füßen der Lehrer saßen.

1155

Kaiserkrönung

Der Staufer Friedrich I. (auch Barbarossa genannt) wird Kaiser des Heiligen Römischen Reichs. Er ist einer der bekanntesten deutschen Herrscher. Während seiner Regierungszeit (1155–1190) schafft er es, das in mehrere Teile zerfallene Reich wieder zu einen.

Friedrich I. Barbarossa, Kyffhäuser-Denkmal in Thüringen

Die Kreuzzüge

Nach einem Hilferuf des byzantinischen Kaisers forderte Papst Urban II. 1095 alle christlichen Ritter Europas dazu auf, nach Jerusalem zu reisen und die Stadt aus den Händen der Muslime zu befreien. Dies war der erste von mehreren Kreuzzügen. Diese Kriege wurden im Lauf der folgenden Jahrhunderte zwischen Christen und Muslimen um Jerusalem ausgetragen, einem Ort, der beiden Religionen heilig war.

Kreuzritterburg
Die Kreuzfahrer bauten riesige Festungen, um ihre Armeen unterzubringen und die Pilgerwege zu sichern. Der Krak des Chevaliers (Festung der Ritter) in Syrien beherbergte bis zu 2000 Ritter, die das umliegende Land kontrollierten und muslimische Gebiete überfielen.

Mönchskrieger

Manche Kreuzfahrer legten religiöse Gelübde ab.

Malteserritter
Auch bekannt als Johanniterorden, der sich zunächst um kranke Pilger kümmerte und später auch bewaffneten Begleitschutz anbot.

Tempelritter
Die Templer trugen im Kampf einen weißen Umhang mit rotem Kreuz. Der Orden wurde reich, weil die Menschen den Rittern Land und Geld gaben.

Deutscher Orden
Nach dem Fall der Kreuzfahrerstaaten begann der Deutsche Ritterorden die Heiden im Baltikum zu bekehren.

Kulturschock
Die Kreuzfahrer nannten alle Muslime „Sarazenen". Für die Araber waren die Kreuzfahrer „Barbaren". Sie nannten sie *Franj* (Franken), weil viele von ihnen aus Frankreich kamen.

Ein Kreuzritter und ein Muslim im Turnierkampf auf einem Gemälde (14. Jh.)

Chronik

1095
Papst Urban II. ruft zum Ersten Kreuzzug (1095–1099) auf. Die Kreuzfahrer erobern Jerusalem und gründen im Mittleren Osten vier Staaten: Edessa, Antiochien, Jerusalem und Tripolis.

1144
Edessa in Syrien fällt an Zengi. Der Zweite Kreuzzug (1145–1149) des französischen Geistlichen Bernhard von Clairvaux zur Rückeroberung Edessas schlägt fehl.

1187
Saladin besiegt die Kreuzfahrer in der Schlacht von Hattin. Den folgenden Dritten Kreuzzug (1189–1192) gewinnen die Muslime.

Saladin

1204
Der Vierte Kreuzzug (1202–1204) erreicht Jerusalem nie. Die Kreuzfahrer erobern und plündern stattdessen Konstantinopel.

1217
Im Fünften Kreuzzug (1217–1221) wird zwar Jerusalem nicht erobert, aber dafür der muslimische Staat Ägypten.

Venedig um 1270

Westen trifft Osten

Die Kreuzfahrer lernten viel von der arabischen Kultur. Sie entdeckten Nahrung wie Datteln, Feigen, Ingwer und Zucker. Schiffe in Genua und Venedig brachten Pilger und Soldaten in den Mittleren Osten und kehrten beladen mit Baumwolle, Gewürzen oder Seide zurück.

„Das Gemetzel war so groß, dass unsere Männer bis zu den Knöcheln im Blut des Feindes standen."

Ein Augenzeuge über den Kampf um Jerusalem (1099)

Berühmte Personen

Peter der Eremit
Der französische Mönch Peter führte vor dem Ersten Kreuzzug ein Heer Bauern nach Konstantinopel.

Friedrich I. Barbarossa
Der deutsche Kaiser führte den Dritten Kreuzzug an. Als Barbarossa 1190 im Fluss Saleph (heutige Türkei) ertrank, kehrten die deutschen Kreuzfahrer heim.

Zengi
Der türkische Verwalter von Nordsyrien machte sich im Kampf gegen die Kreuzfahrerstaaten einen Namen.

König Richard I.
Der englische König trug den Beinamen Löwenherz, weil er im Dritten Kreuzzug so tapfer kämpfte.

Saladin
Der große muslimische Führer eroberte 1187 Jerusalem zurück, befahl seinen Männern aber, nicht zu plündern und zu töten.

Peter der Eremit

In der Heimat

Die Frauen der Kreuzfahrer mussten sich um den Besitz ihrer Männer kümmern, während diese weg waren. Tausende kehrten nie mehr zurück.

Statue eines Kreuzfahrers und seiner Frau

1229
Kaiser Friedrich II. gewinnt Jerusalem im Sechsten Kreuzzug (1228–1229) durch einen Vertrag mit dem Sultan von Ägypten zurück.

1248
Unter Führung von Ludwig IX. von Frankreich richtet sich der Siebte Kreuzzug (1248–1254) wieder gegen Ägypten, doch er misslingt.

1270
Ludwig IX. und sein Sohn Johann Tristan sterben bei dem kurzen Achten Kreuzzug (1270) in Tunis (Nordafrika) am Fieber.

1291
Muslime erobern die Hafenstadt Akkon, die letzte Kreuzfahrerfestung im Mittleren Osten. Die Europäer verlieren das Interesse und die Kreuzzüge enden.

1185, JAPAN

Dieser Holzdruck (19. Jh.) zeigt Taira Tomomori und einen ertrunkenen Gefolgsmann (Diener) am Meeresgrund.

Krieg der Samurai

Am 24. März 1185 trugen zwei Samurai-Klans, die Taira und die Minamoto, eine Seeschlacht bei Dan-no-Ura in der japanischen Inland-See aus. Es kam dabei zu heftigen Mann-zu-Mann-Gefechten. Taira Tomomori und andere Taira-Führer wählten den Freitod, anstatt sich zu ergeben: Sie sprangen über Bord und ertranken. Es heißt, die Geister der ertrunkenen Krieger leben in den Krebsen der Bucht weiter. Die Seeschlacht beendete den fünfjährigen Gempei-Krieg. Der siegreiche Klanführer Minamoto Yoritomo wurde 1192 Shogun (oberster General) von Japan.

„Dann [ließ] Hoichi [die Laute erklingen] wie das Knarren der Ruder und das Rauschen der Schiffe, das Schwirren und Zischen der Pfeile, das Schreien und Trampeln der Männer, das Krachen von Stahl auf Helme."

Hoichi, ein Balladensänger, erzählt die Geschichte der Schlacht von Dan-no-Ura in *Geschichten von den Heike.*

1200 ▸ 1300

Mongolenkrieger S. 118–119

Papst Innozenz III.

1206

Mongolenführer

Temüdschin, ein Klanführer aus der mongolischen Steppe, gelingt es, alle mongolischen Stämme unter seine Führung zu bringen. Er nimmt den Titel Dschingis Khan (Großherrscher) an und beginnt seinen ersten Feldzug zur Eroberung Asiens.

1209

Krieg den Ketzern

Papst Innozenz III. beginnt einen Kreuzzug gegen die Albigenser. So wird eine religiöse Gruppe in Südfrankreich genannt, deren Ansichten der Kirche missfallen. König Philipp II. von Frankreich nutzt den Feldzug, um seine Macht im Süden zu stärken. Tausende sterben während der unerbittlichen Verfolgung im Anschluss an den Kreuzzug.

1215

Magna Carta

In England zwingt ein Aufstand des Adels König Johann Ohneland, die Magna Carta zu unterzeichnen. In diesem Dokument, das für die Geschichte der Menschenrechte sehr wichtig ist, wird bestätigt, dass der König nicht über dem Gesetz steht. Widerstand gegen die Königsmacht führt 1265 zur Gründung des ersten englischen Parlaments.

Siegel von König Johann

1200 · 1220 · 1240

1204

Kreuzfahrer auf Abwegen

Der Vierte Kreuzzug erreicht Jerusalem nie. Aus Geldmangel reisen die Kreuzfahrer nach Konstantinopel, wo sie ein Anwärter auf den Thron dafür bezahlen will, wenn sie ihm bei der Machtergreifung helfen. Sie plündern die Stadt und gründen das „Lateinische Kaiserreich".

1212

Spanischer Sieg

Ein Heer unter der Führung der Könige von Aragon und Kastilien besiegt die Muslime bei Las Navas de Tolosa. Dies ist der Wendepunkt im Kampf zwischen Christen und Muslimen in Spanien. 1248 ist ein Großteil Spaniens wieder in christlicher Hand.

1242

Auf Eis

Alexander Newski, der Prinz von Nowgorod in Russland, besiegt die Deutschritter (ein Orden) in einer Schlacht auf einem zugefrorenen See im heutigen Estland.

Die Kreuzfahrer greifen Konstantinopel an.

Kreuzzüge S. 110–111

Fensterrose

Dieses wunderschöne Rosettenfenster ist eines von dreien in der Kirche von Chartres (Frankreich). Die Kirche wurde 1194–1250 im gotischen Stil erbaut, der im 13. Jh. in Europa überall verbreitet war.

Salomons Nachfolger regierten Äthiopien über 700 Jahre.

Ein Fresko in der Marienkirche von Lalibela, erbaut unter Yekuno Amlak

1270

Salomons Erben

Yekuno Amlak wird Kaiser von Äthiopien. Er gehört zur Salomonischen Dynastie von Aksum, die sich als Nachfahren des biblischen Königs Salomon und der Königin von Saba bezeichnen.

1271

Reisegeschichten

Der venezianische Kaufmann Marco Polo macht sich auf den Weg nach Asien. Er ist 25 Jahre lang unterwegs. Nach seiner Rückkehr schreibt er ein Buch über seine Reisen und gewährt damit den Europäern einen Einblick in das bisher unbekannte Asien.

„Ich habe nicht einmal die Hälfte von dem erzählt, was ich gesehen habe.“

Marco Polo

Marco Polo am Hof des mongolischen Kaisers Kublai Khan

1260 – 1280 – 1300

1270–1450 GROSS-SIMBABWE

Groß-Simbabwe war die Hauptstadt eines Reichs in Südafrika, das durch den Handel mit Gold und Elfenbein reich geworden war. Der Herrscher lebte in einem Palast hinter Mauern, die bis zu 11 m hoch waren. Das heutige Simbabwe lieh sich seinen Namen von diesem eindrucksvollen historischen Ort.

Die äußere Mauer von Groß-Simbabwe bestand aus über 900 000 Steinblöcken.

Bäckerjunge
Hier zeigt ein Bäckermeister, wie man Brot bäckt. Die meisten Lehrlinge waren Jungen, aber auch Mädchen konnten Bäckerinnen, Schneiderinnen und Schuhmacherinnen werden.

„Ich gebe [meinen Sohn], damit er das Handwerk erlernt … Er soll in Eurem Haus leben und ab dem Osterfest die folgenden vier Jahre für Euch arbeiten … Mein Sohn wird die vereinbarte Arbeit gewissenhaft und zuverlässig verrichten."

Lehrlingsvertrag, geschlossen in Marseilles, Frankreich (um 1250)

KINDER IM MITTELALTER

Junge Lehrlinge

Mit den Städten entwickelten sich im mittelalterlichen Europa auch Handwerk und Beruf. Viele Jugendliche gingen bei einem erfahrenen Meister in die Lehre, um innerhalb eines festgelegten Zeitraums, meistens fünf bis zehn Jahre, in einem Beruf ausgebildet zu werden.

Werkstatt
Die Ausbildung fand in der Werkstatt des Meisters statt. Hier sieht man Goldschmiede bei der Arbeit.

Ausbildungsplatz
Eltern versuchten, ihr Kind bei einem möglichst guten Meister unterzubringen. Besonders beliebt waren Goldschmiede, Steinmetzen, Zimmermänner, Weinhändler und Apotheker. Die meisten Lehrlinge waren Jungen zwischen 10 und 15 Jahren. Ihre Eltern mussten für die Ausbildung bezahlen. Lehrling und Meister wurden per Gesetz aneinander gebunden.

Gildenschwur
Für jeden Beruf gab es eine Gilde oder eine Zunft. Sie sorgte für Einhaltung der Standards, bot Mitgliedern Schutz und legte außer den Preisen auch die Regeln der Lehrzeit fest. Die Lehrlinge mussten in einer feierlichen Zeremonie, bei der die Gildenmeister anwesend waren, einen Schwur leisten.

„Recht und ehrlich sollst du deinem Meister als Lehrling dienen. Du sollst deinen Vorgesetzten und allen Mitgliedern [der Gilde] in Amtstracht gehorchen."

Gildenschwur eines Lehrlings

Lehrjahre
Die meisten Lehrlinge entwickelten eine starke Bindung zu ihrem Meister. Sie lebten in seinem Haus, aßen mit der Familie und trugen Kleider, die der Meister ihnen gab. Die meiste Zeit verbrachten sie in der Werkstatt. Sie mussten hart arbeiten, sonst wurden sie vom Meister entlassen und ihren Eltern wurde eine Geldstrafe auferlegt.

Wanderjahre
Nach der Ausbildung wurden die Lehrlinge „Wandergesellen". Sie lebten nicht mehr beim Meister, sondern reisten umher, knüpften Kontakte und sammelten Erfahrung. Danach konnten sie selbst Meister werden und ein Geschäft eröffnen.

Handwerkszeug
Lehrlinge mussten lernen, mit Werkzeugen umzugehen. Manche waren gefährlich, aber Ausprobieren war der beste Weg, um mit ihnen vertraut zu werden.

Steinmetzmeißel (oben) und Schustermesser

„[Er] soll lehren und anleiten … und ihm Nahrung und Kleidung, Schuhe und alle wichtigen Dinge gewähren, wie es andere Kaufleute tun …"

Vertrag zwischen einem Pfeilmacher und seinem Lehrling

Vom Lehrling zum Bürgermeister
Die Geschichte von Dick Whittington basiert auf wahren Begebenheiten. Da Richard Whittington (1354–1423) keine Aussicht hatte, Land zu erben, ging er nach London und machte dort eine Lehre bei einem Tuchhändler. Er war so erfolgreich, dass er am Ende Bügermeister von London wurde.

Mongolenkrieger

Im 13. Jh. terrorisierten berittene Mongolenkrieger aus den Steppen Nordostasiens die umliegenden Länder. Ihr Führer war Dschingis Khan, der die Mongolenstämme einte und zu den fähigsten Kriegsmaschinen machte, die die Welt je gesehen hatte. Sie brauchten nur 50 Jahre, um ein riesiges Reich zu schaffen, das sich vom Pazifik bis Osteuropa erstreckte.

Kriegerwaffen
Mongolische Krieger trugen Pfeil und Bogen, eine Kampfaxt, ein Krummschwert und eine Lanze. Die beiden Dolche oben gehörten einem Elitekämpfer.

Belagerung einer Stadt
Dschingis Khan belagert eine chinesische Stadt. Die Mongolen hatten diese Taktik von den Chinesen gelernt. Sie griffen die Städte mit Belagerungsmaschinen an, etwa mit riesigen Katapulten, mit denen sie Feuerbomben über die Stadtmauer schleuderten.

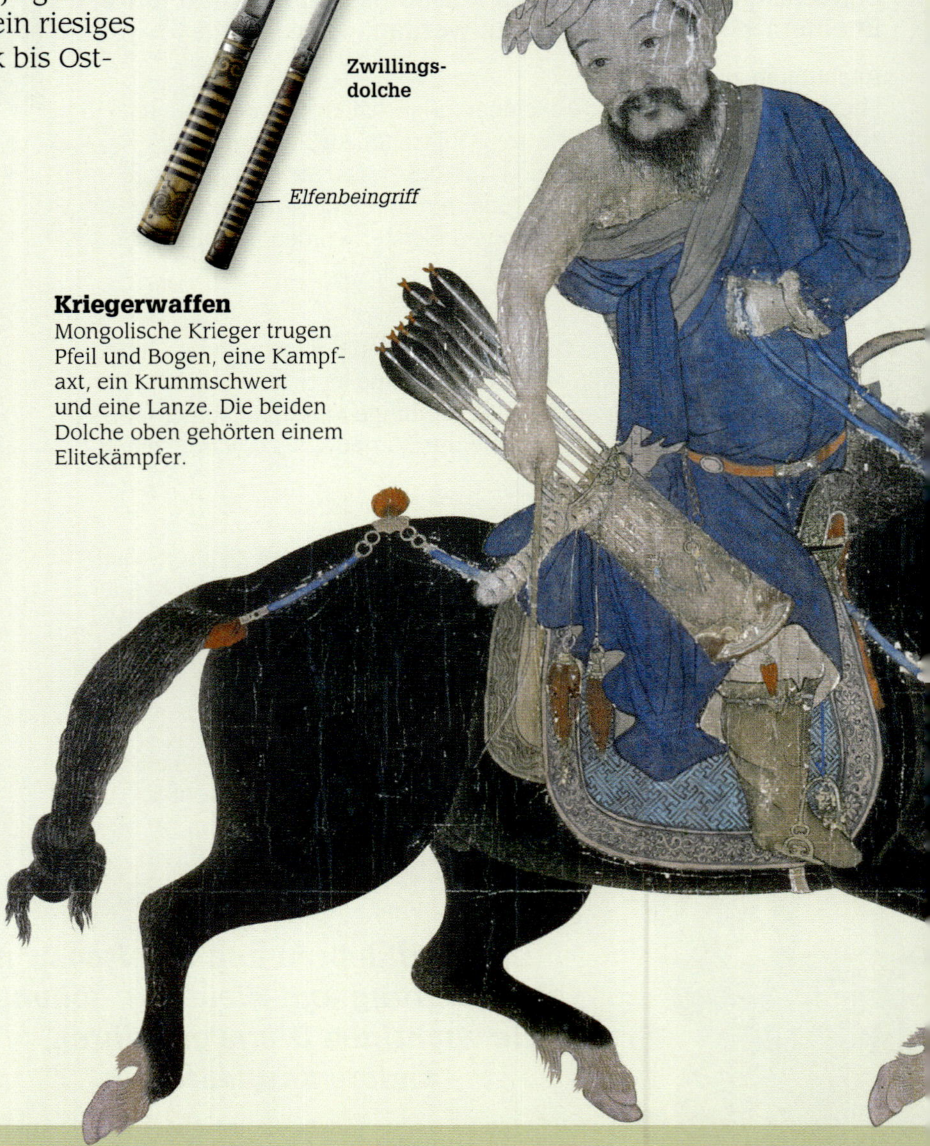

Chronik

1206
Der mutige Anführer Temüdschin erhält den Titel Dschingis Khan (Großherrscher), nachdem er die mongolischen Stämme geeint hat.

1215
Dschingis Khan belagert mit seinem Heer die Jin-Hauptstadt Yanjing (Peking) in Nordchina.

Keule eines hochrangigen Kriegers

1219
Dschingis Khan erobert Persien in einem Feldzug, der wegen seiner Brutalität in die Geschichte eingeht.

1241
Die Mongolen zerschlagen ein ungarisches Heer in der Schlacht bei Liegnitz (Polen).

Die Khanate

Nach Dschings Khans Tod wurde sein Reich unter seinen Söhnen in Khanate aufgeteilt. Der Khan (Herrscher) eines Khanats unterstand dem Großkhan, aber die westlichen Khanate fielen bald ab.

- ★ **Khanat von Kiptschak (Goldene Horde) – Russland**
- ★ **Khanat von Tschagatai – Zentralasien**
- ★ **Khanat von Ilchane – Persien**
- ★ **Khanat des Großkhans – Östliche Steppen und China**

Die Karte zeigt Dadu (Peking), die Hauptstadt des Großkhans.

Die Großkhane

Ögedei Khan

Der dritte Sohn von Dschingis Khan war der Nachfolger seines Vaters und zweiter Großkhan des Mongolenreichs. Er regierte von 1229–1241 und setzte die Erweiterung des Reichs im Osten fort.

Güyük Khan

Ögedeis ältester Sohn Güyük herrschte nur kurz, von 1246–1248. Seine Thronbesteigung in Karakorum ärgerte seinen Cousin Batu, der Russland erobert hatte und selbst Großkhan werden wollte.

Möngke Khan

Möngke, der Enkel von Dschingis, war der letzte Großkhan, der von Karakorum aus regierte (1251–1259). Er eroberte Irak und Syrien.

Kublai Khan

Kublai war ein weiterer Enkel von Dschingis. Er regierte ab 1260 und erweiterte das Reich in China. Dort gründete er die Yuan-Dynastie und machte Dadu (Peking) zur Hauptstadt.

Kublai Khan

„Es ist einfach, die Welt vom Rücken eines Pferds aus zu erobern.“

Dschingis Khan

Furchtlose Reiter
Die mongolischen Reiter schossen vom sicheren Pferderücken aus einen Pfeilhagel auf den Feind ab. Eine andere Taktik war, einen Rückzug vorzutäuschen und den Gegner dann aus dem Hinterhalt anzugreifen.

Immer in Bewegung
Die Mongolen waren nomadische Hirten und Händler, die mit ihren Pferden, Kamelen, Schafen und Ziegen umherzogen. Sie lebten in *gers* oder Jurten, runden Zelten aus Filz, die sich schnell auf- und abbauen ließen. Die Jurte von Dschingis Khan war 9 m breit und mit Seidenstoffen ausgekleidet.

1258
Die Mongolen töten während der Belagerung der Abbasiden-Hauptstadt Bagdad über 200 000 Gefangene.

1260
Ein muslimisches Mamlukenheer besiegt die Mongolen in der Schlacht von Ain Djalut in der Jesreel-Ebene im heutigen Israel.

1271
Kublai Khan ernennt sich selbst zum Kaiser von China und gründet die Yuan-Dynastie.

1281
Ein Sturm (*kamikaze* für „göttlicher Wind“) zerstört Kublai Khans Flotte und bewahrt Japan vor einer Invasion der Mongolen.

Mongolischer Bogen

1300 ▸ 1400

Die Pest, die in China ihren Anfang nahm, tötete in Asien 73 Mio. Menschen.

1347

Die Pest

Die Beulenpest wütet in Europa und tötet innerhalb von vier Jahren 45% der Bevölkerung. Die Opfer leiden an starken Schwellungen und inneren Blutungen. Die Menschen halten die Pest für eine Strafe Gottes und versuchen alles, um seine Gnade zu erlangen.

Eine Büßerprozession bittet Gott um Vergebung.

1314

Sieg der Schotten

Robert Bruce, König von Schottland, besiegt das Heer des englischen Königs Edward II. in der Schlacht von Bannockburn. Sein Sieg setzt den Versuchen Englands, Schottland zu erobern, ein Ende. Robert soll einer Spinne beim Weben ihres Netzes zugesehen und daraus die Erkenntnis gewonnen haben, dass auch er durch Beharrlichkeit zum Ziel kommen werde.

1300 · 1320 · 1340

1324

Feuer frei!

Die Mongolen und Araber haben aus China das Schießpulver nach Europa gebracht. Zum ersten Mal werden Kanonen bei der Belagerung von Metz (Ostfrankreich) eingesetzt. Das Schießpulver gibt dem Krieg ein völlig neues Gesicht.

1356

Reichsverfassung

Die Goldene Bulle, die wichtigste Gesetzessammlung des Heiligen Römischen Reichs, regelt die Nachfolge auf dem Kaiserthron. Der römisch-deutsche König wird Kaiser, ohne dass die Zustimmung des Papstes notwendig ist. Die Goldene Bulle ist bis 1806 gültig.

Angriff mit Kanonen auf die Stadt Afrique in Tunesien (1390)

1325

Schönes Timbuktu

Mansa Musa I., Herrscher des Mali-Reichs in Westafrika, pilgert nach Mekka. Unter Mansa Musa wird die Mali-Stadt Timbuktu ein bedeutendes islamisches Zentrum für Wissenschaft und Kultur.

Mansa Musa auf seinem Thron

1300–1400 ZEITALTER DER LITERATUR

Im 14. Jh. blühte die Literatur vor allem in Italien. Der größte Autor seiner Zeit war der Dichter Dante Alighieri, der die *Göttliche Komödie* schrieb. Auch seine Zeitgenossen Petrarca und Giovanni Boccaccio waren berühmt. Boccaccios Geschichtensammlung, *Das Dekameron*, beeinflusste den englischen Dichter Chauffrey Chaucer, der die *Canterbury Tales* schrieb.

Dantes episches Gedicht
Dante hält eine Ausgabe seiner *Göttlichen Komödie*, die er zwischen 1307 und 1321 schrieb. Sie handelt von einer Gedankenreise durch Hölle, Fegefeuer (wo tote Sünder Buße tun) und Himmel.

„Die ihr eintretet, lasst alle Hoffnung fahren.“

Inschrift über dem Höllentor in Dantes *Göttlicher Komödie*

Pilgergeschichten
In den *Canterbury Tales* hielt Chaucer Geschichten fest, die ihm von Pilgern auf dem Weg zum Schrein des hl. Thomas in Canterbury erzählt wurden.

1360 · 1380 · 1400

1368

Der brillante Ming

General Zhu Yuanzhang entmachtet die unbeliebte mongolische Yuan-Dynastie. Er macht sich selbst zum Kaiser und gründet als Hongwu die Ming-Dynastie (1368–1644). Ming heißt auf Chinesisch „brillant“.

Sultan Murad starb in der Schlacht im Kosovo.

1389

Schlacht im Kosovo

Die osmanischen Türken besiegen die Serben in der Schlacht auf dem Amselfeld, dabei fallen sowohl Sultan Murad I. als auch der serbische Anführer Prinz Lazar im Kampf. In weniger als einem Jahrhundert ist es den Osmanen gelungen, den Balkan unter ihre Kontrolle zu bringen.

Osmanisches Reich
S. 142–143

Palast der Päpste
1309 verlegte der französische Papst Klemens V. den Papstsitz von Rom nach Avignon in Südfrankreich. Sieben Päpste wohnten bis 1378 im Papstpalast von Avignon.

1415, FRANKREICH

Auf dem rutschigen Boden werden den Franzosen ihre schwere Rüstungen zum Verhängnis.

Die Schlacht von Azincourt

1337 war der Hundertjährige Krieg zwischen Frankreich und England ausgebrochen. Dem englischen König Henry V. gelang es am 25. Oktober 1415, bei Azincourt (Nordfrankreich) ein viel größeres französisches Heer zu besiegen. Auf dem schlammigen Boden konnten sich die Franzosen in schwerer Rüstung nur schlecht wehren. Nach diesem Sieg eroberte Henry die Normandie. 1420 heiratete er sogar Catherine de Valois, die Tochter des französischen Königs Karl VI.

„Die Engländer ... warfen ihre Bögen weg, kämpften munter mit Schwertern, Beilen, Hämmern und Hippen und töteten alles um sich herum.“

Der französische Historiker Enguerrand de Monstrelet in seiner *Chronik* (um 1450)

1400 ▸ 1450

Zheng Hes Flotte bestand aus 250 Schiffen und 28 000 Männern.

1370–1405 TIMUR DER LAHME

Timur Lenk (auch Tamerlan genannt) war ein Kriegsführer aus Samarkand in Zentralasien. In den 20 Jahren seiner Schreckensherrschaft eroberte er Persien, zerstörte fast das Osmanische Reich und tötete Tausende von Menschen in Delhi und Bagdad. Als er 1405 starb, war er gerade unterwegs in Richtung China.

Türme aus Schädeln
Timur ließ die Schädel seiner Opfer zu Pyramiden aufschichten. Doch trotz seiner Grausamkeit war er ein gläubiger Muslim. In seiner Hauptstadt Samarkand baute er viele schöne Moscheen und andere Gebäude.

Eines von Zheng Hes Schiffen

1422

Chinesischer Entdecker

Der chinesische Admiral Zheng He bringt von seinen Reisen nach Ostafrika als Geschenk für den Ming-Kaiser Giraffen mit. Zwischen 1405 und 1433 unternimmt er mit seiner riesigen Flotte sieben Expeditionen und bereist 30 Länder.

1400 — 1410 — 1420

1406

Die Verbotene Stadt

Der Ming-Kaiser Yongle beginnt in Peking mit dem Bau der Verbotenen Stadt, einem riesigen Palast mit 1000 Gebäuden. Da er von einem Graben und einer hohen Mauer umgeben ist, nennt man ihn „Verbotene Stadt". Nur der Kaiser, sein Hofstaat und Diener dürfen ihn ohne Erlaubnis betreten.

Einer der Pfeiltürme, die an jeder Ecke der Verbotenen Stadt stehen

1410

Langer Kampf

Die Schlacht bei Tannenberg ist eine der größten in der Geschichte des Mittelalters. Ein riesiges Heer unter König Ladislaus Jagiello II. von Polen und Litauen besiegt die Deutschritter, einen religiösen Ritterorden, der die baltische Region kontrolliert.

1415–1453

1415 war der Krieg zwischen England und Frankreich, der seit 1337 währte, so gut wie beendet. Doch dann schürte ihn der englische König Henry V. wieder an, indem er in Frankreich einfiel und einen spektakulären Sieg in der Schlacht bei Azincourt errang.

Kriegsgrund
Der englische König Henry V. erhob Anspruch auf den französischen Thron.

„Ich wurde von Gott und den Engeln geschickt und ich werde euch aus unserem Land Frankreich jagen."

Johanna von Orleans zu den Engländern

Zeit der Entdecker S. 136–137

Johanna in ihrer Rüstung

1431

Junge Heldin

Das Bauernmädchen Johanna von Orleans überredet den Sohn des französischen Königs, sich gegen die Engländer zur Wehr zu setzen. Sie wird verhaftet und der Ketzerei angeklagt, weil sie behauptet, dass ihr Heilige in Visionen erschienen sind. Man verurteilt sie zum Tod auf dem Scheiterhaufen.

1434

Reisen nach Afrika

Im Auftrag von Heinrich dem Seefahrer umrundet der portugiesische Seemann Gil Eanes Kap Bojador, ein gefährliches Riff in Westafrika. Die Portugiesen haben einen robusten Schiffstyp, die Karavelle, entwickelt, mit dem sie lange Seereisen unternehmen können.

1430 — 1440 — 1450

1438

Inka-Herrscher

Hoch in den Anden von Peru wird Pachacutec Herrscher der Inka. Er schafft ein Reich, das sich über 4000 km weit von Ecuador bis Zentralchile erstreckt.

1446

Koreanisches Alphabet

Hangul, ein Alphabet mit 14 Grundkonsonanten und 10 Grundvokalen, wird auf Befehl von König Sejong in Korea eingeführt.

DER HUNDERTJÄHRIGE KRIEG

Kriegsende

Die Franzosen belagern das von den Engländern besetzte Cherbourg. Nach dem Tod von Henry V. 1422 besetzte England Nordfrankreich. Johanna von Orleans (franz.: Jeanne d'Arc) schürte den Widerstand und die Engländer wurden 1453 aus Frankreich vertrieben.

Aztekenmesser

In Zentralmexiko waren die kriegerischen Azteken an der Macht. Sie schnitten ihren Opfern die Herzen mit Messern wie diesem heraus. Das Messer besteht aus Obsidian, einem sehr harten Stein.

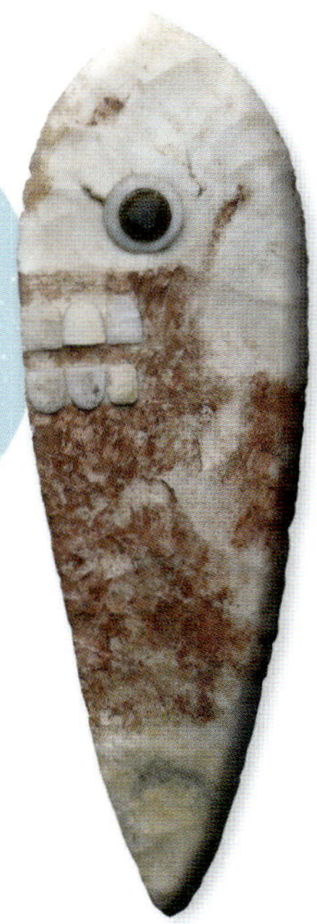

Azteken und Inka S. 126–127

Azteken und Inka

Azteken und Inka waren die letzten großen Kulturvölker des alten Amerikas. Die Azteken siedelten in der Ebene von Mexiko und errichteten ein großes Reich, indem sie mit den Nachbarländern Krieg führten. Hoch im Andengebirge schufen die Inka ihr eigenes Reich, das sich von Ecuador bis Chile erstreckte. Beide Völker wurden jedoch im 16. Jh. von den Spaniern ausgelöscht.

Tenochtitlán
Die Aztekenhauptstadt Tenochtitlán stand auf einer Insel im See Texcoco. Im Zentrum befand sich der Große Tempel, umgeben von Palästen, Kriegerschulen und Schreinen. Außerhalb der Stadt lagen *chinampas* – schwimmende Farmen.

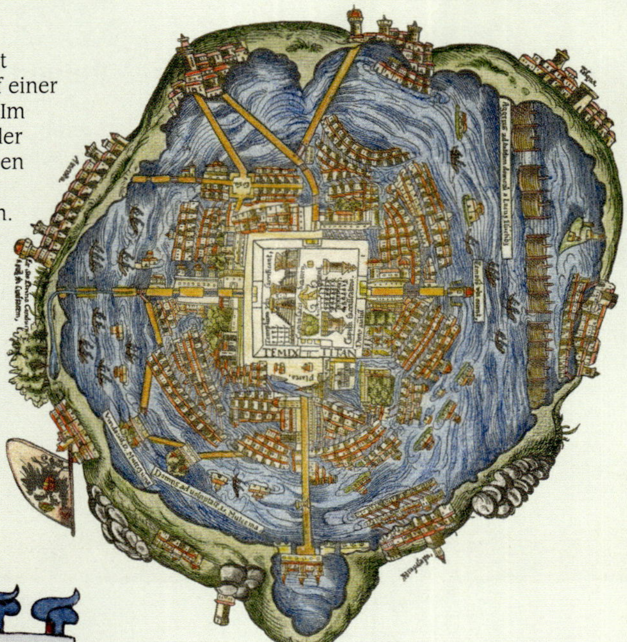

Karte von Tenochtitlán aus dem 16. Jh. Heute steht an dieser Stelle Mexiko-Stadt.

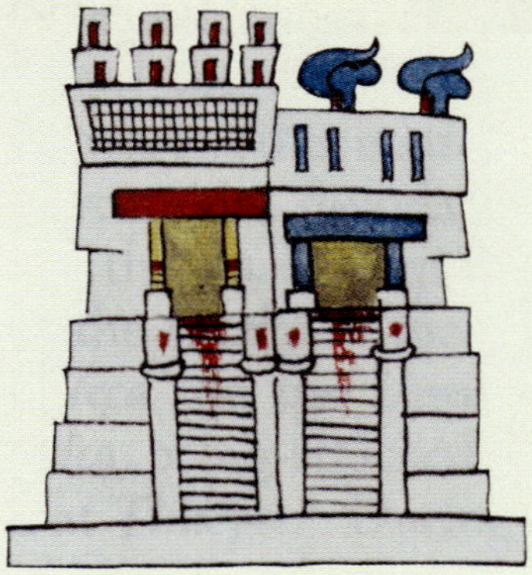

Der blutbefleckte Aztekentempel von Tenochtitlán

Religiöse Opfer
Sowohl die Azteken als auch die Inka brachten ihren Göttern Menschen- und Tieropfer dar. Priester führten an Feiertagen oder in schweren Zeiten heilige Zeremonien in Tempeln oder auf Berggipfeln durch.

Adlerkrieger
Der Adler war für die Azteken das Symbol für Mut. Diese lebensgroße Figur stellt einen Adlerkrieger dar. Die Aztekengesellschaft war von tapferen Kriegern abhängig, die den Göttern dienten.

„Wir sahen … Städte und Dörfer auf dem Wasser … es war wie Zauberei.“

Der Konquistador Bernal Díaz de Castillo beim Anblick der aztekischen Hauptstadt (1519)

Chronik

1325
Der Legende nach wurde Tenochtitlán an der Stelle gegründet, an der ein Adler auf einem Kaktus mit einer Schlange in seinem Schnabel kämpfte.

1428
Das Azteken-Reich dehnt sich unter der Herrschaft des vierten Herrschers Itzcóatl aus. Nach seinem Tod gelangt Moctezuma I. an die Macht.

Aztekisches Symbol für den Alligator-Tag des Monats

1438
Unter Pachacutec, dem neunten Führer des Inka-Staats Cusco, beginnt das Inka-Reich zu expandieren.

1470
Der Inka-Herrscher Tupac Inca Yupanqui erobert den großen Stadtstaat Chimú (heute Trujillo in Peru).

Inkagold
Die Andenvölker waren geschickt in der Metallbearbeitung. Sie hielten Gold für den Schweiß der Götter. Diese goldene Mumienmaske stammt von einem Chimú-Handwerker. Nach dem Fall des Chimú-Reichs brachten die Inka Chimú-Handwerker in ihre Hauptstadt Cusco.

Ackerbau

Viele Nahrungsmittel, die wir heute überall auf der Welt genießen, wurden zuerst von den Azteken und Inka kultiviert:

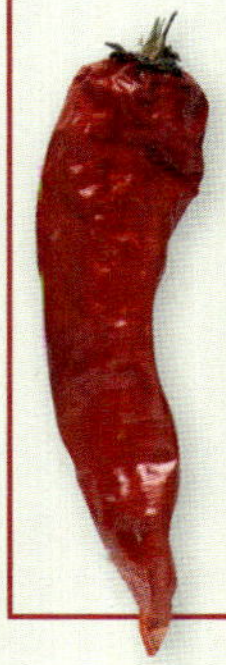

- ★ **Mais**
- ★ **Kartoffeln**
- ★ **Tomaten**
- ★ **Quinoa (Getreide)**
- ★ **Kakao/Schokolade**
- ★ **Kürbis**
- ★ **Chili**

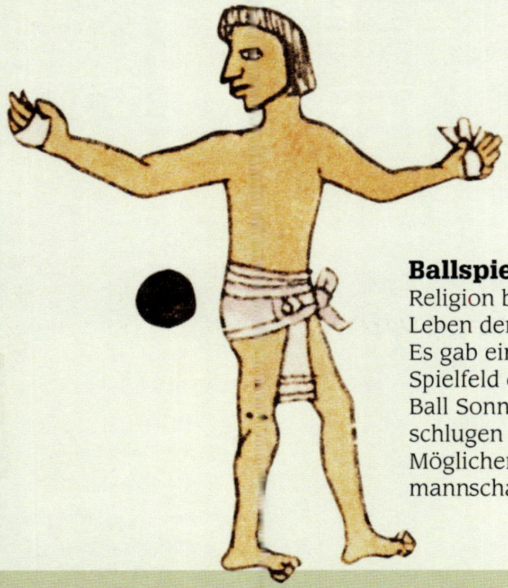

Ballspiele
Religion beeinflusste das gesamte Leben der Azteken, auch den Sport. Es gab ein Ballspiel, bei dem das Spielfeld die Welt darstellte und der Ball Sonne und Mond. Die Spieler schlugen den Ball mit der Hüfte. Möglicherweise wurde die Verlierermannschaft manchmal geopfert.

Das Inka-Reich

Das Straßennetz im Inka-Reich war 20 000 km lang. Viele der Straßen waren gepflastert.

Über tiefe Felsschluchten spannten die Inka Hängebrücken aus gewebtem Schilf.

Läufer brachten Botschaften zu Fuß von Ort zu Ort. Sie verwendeten *quipu* – Bündel aus geknoteten Woll- und Baumwollfäden. Informationen wurden durch die Länge der Fäden und die Positionen der Knoten dargestellt und weitergegeben.

Die Inka kannten keine Wagen auf Rädern. Zum Transport schwerer Waren nahmen sie Lamas und Alpakas.

Die Inka bauten in regelmäßigen Abständen Hütten, in denen Reisende sich ausruhen und übernachten konnten.

Inka-Ruinen von Machu Picchu (Peru)

1502
Moctezuma II., der letzte Azteken-Herrscher, besteigt den Thron. Zu dieser Zeit ist das Azteken-Reich am mächtigsten.

Aztekisches Symbol für den Regen-Tag des Monats

1519
Unter Führung von Hernán Cortés landet ein spanisches Heer an der Ostküste Mexikos. Zwei Jahre später besiegt es die Azteken.

1525
Ein fünfjähriger Bürgerkrieg bricht aus, als die Brüder Huáscar und Atahualpa um das Inka-Reich streiten. Es wird dadurch sehr geschwächt.

1532
Der spanische Konquistador Francisco Pizarro fällt mit einem Heer von 180 Soldaten in Peru ein und tötet den Inka-König Atahualpa.

1450–1750
Zeit der Entdeckungen

Zwischen 1450 und 1750 entdeckten Europäer neue Seewege und sie betraten unbekannte Länder. Schätze aus der Neuen Welt sowie der einträgliche Handel mit Gewürzen machten sie reich, aber religiöse Aufstände spalteten den europäischen Kontinent. Je größer die Reiche wurden, desto schwerer wurden auch die Konflikte zwischen ihnen. In Asien entstanden mächtige muslimische Staaten. Während der Renaissance standen in Europa Bildung und Kunst im Vordergrund und althergebrachte Vorstellungen wurden hinterfragt.

1450 ▸ 1475

Konstantinopel fällt an Mehmed II.

1453

Konstantinopel fällt
Das 1000 Jahre alte Byzantinische Reich, das von den Römern gegründet wurde, endet, als die Kanonen des osmanischen Sultans, Mehmeds II., die Mauern der Hauptstadt Konstantinopel zum Einsturz bringen.

Osmanisches Reich S. 142–143

1456

Fürst Dracula
Vlad III., auch bekannt als „der Pfähler", wird Fürst der Walachei (im heutigen Rumänien). Seinen Beinamen erhält er, weil er seine Gegner auf spitze Pfähle spießen lässt. Er ist das Vorbild für die Legende des Vampirfürsten Dracula.

1450 • • • • 1455 • • • • 1460 • •

1450

Siegreiche Stadt
In Vijayanagara (Stadt des Sieges), der Hauptstadt eines Hindu-Reichs in Südindien, leben mit 500 000 Einwohnern doppelt so viele Menschen wie in jeder europäischen Stadt dieser Zeit. Ein Besucher schreibt: „Sie ist unvergleichlich."

Der Virupaksha-Tempel in der Stadt Vijayanagara ist dem Hindu-Gott Shiva geweiht.

1455 DIE DRUCKPRESSE

Johannes Gutenberg druckte 1455 das erste Buch in Europa auf einer Presse mit beweglichen Lettern (Buchstaben, die man immer wieder benutzen konnte). Seine Erfindung ermöglichte viel mehr Menschen den Zugang zu Büchern, die nun in großen Mengen in den Landessprachen, aber auch in Latein oder Griechisch gedruckt wurden.

Demonstration der Presse
Gutenberg (oben) war zwar der erste Europäer, der bewegliche Lettern benutzte, aber die Chinesen hatten eine ähnliche Technik schon im 11. Jh. erfunden.

Die Bibel
Das erste von Gutenberg produzierte Buch war eine lateinische Ausgabe der Bibel. Er druckte davon 185 Exemplare. Zuvor wurden Bücher von Hand abgeschrieben, was sehr teuer und zeitaufwendig war.

1469 VEREINTES SPANIEN

1469 heiratete Isabella, die Thronerbin von Kastilien, Ferdinand, den Thronerben von Aragon. Gemeinsam regierten sie ihre vereinten Reiche nach Jahren des Bürgerkriegs und brachten ihnen Stabilität und Frieden. Isabella starb 1504, Ferdinand 1516. Auch danach blieben die spanischen Reiche vereint.

Katholische Regenten
Isabella und Ferdinand waren fromme Christen. Der Papst verlieh ihnen 1496 den Titel „Katholische Majestäten“.

Spanische Reiche
Kastilien war zwar größer, aber Aragon erstreckte sich über die spanischen Grenzen hinaus. 1492 wurde der letzte muslimische Staat in Europa (Granada) erobert, 1515 Navarra.

Durch den langen Griff ließ sich das Schwert mit zwei Händen halten.

Samurai-Schwert
Schwerter wie dieses *Katana* aus dem 15. Jh. wurden in Japan während des elfjährigen Onin-Kriegs benutzt. Er brach 1467 aus, als darüber gestritten wurde, wer Ashikaga Yoshimasa als Shogun (oberster General) nachfolgen sollte.

Die Schwertscheide wurde über der Rüstung getragen.

Die Klinge war meist etwa 70 cm lang.

1465 · 1470 · 1475

1465 Gold und Macht

Sonni Ali, Herrscher des Songhai-Reichs in Westafrika, erschafft das größte Herrschaftsgebiet, das Afrika je hatte. Er erobert Timbuktu in Mali, um den Handel mit Gold und Salz unter seine Kontrolle zu bringen.

1469 Reicher Herr

Lorenzo de' Medici, genannt „der Prächtige“, übernimmt in Italien die Herrschaft über Florenz. Dank der Reichtümer der Bankiers-Familie Medici wird Florenz bald zur unangefochtenen Hauptstadt der Renaissance.

1471 Inka-Eroberer

Tupac Yupanqui wird der zehnte Herrscher des Inka-Reichs. Er erobert das peruanische Reich Chimú, den letzten großen Gegenspieler der Inka, und lässt dessen Goldhandwerker in die Inka-Stadt Cusco verschleppen.

Das Grab von Askla Mohammed I., dem Nachfolger von Sonni Ali, in Gao (Mali)

Renaissance S. 132–133

Azteken und Inka S. 126–127

Die Renaissance

Anfang des 15. Jh. arbeiteten Künstler und Architekten in einem Stil, der sich an der griechischen und römischen Antike orientierte. Sie waren Teil einer kulturellen Strömung, die man „Renaissance" (Wiedergeburt) nennt und die von regem Interesse an Politik, Philosophie und Wissenschaft geprägt war.

Kunst aus Stein
Dieses Meisterwerk der Bildhauerei, die *Pietà*, zeigt Maria mit dem Leichnam ihres Sohnes Jesus auf dem Schoß. Ihr Schöpfer, der Bildhauer Michelangelo Buonarotti, sagte einmal, dass jeder Steinblock eine Statue in sich trage, und es sei Aufgabe des Bildhauers, sie zum Vorschein zu bringen. Michelangelo entwarf größtenteils auch den Petersdom in Rom, in dem seine *Pietà* heute steht.

Michelangelos *Pietà*

„Der Künstler sieht, was andere nur erahnen."

Leonardo da Vinci

Genie der Renaissance
Leonardo da Vinci, der berühmteste Künstler der Renaissance, hat dieses Selbstporträt im Alter von 60 Jahren gemalt. Er war auch Erfinder, Wissenschaftler und Ingenieur. Seine Notizbücher – insgesamt 13 000 Seiten – sind voll mit Studien zum menschlichen Körper und mit Ideen für Erfindungen. Er schrieb oft in seitenverkehrter Spiegelschrift, die man nur lesen kann, wenn man sie vor einen Spiegel hält.

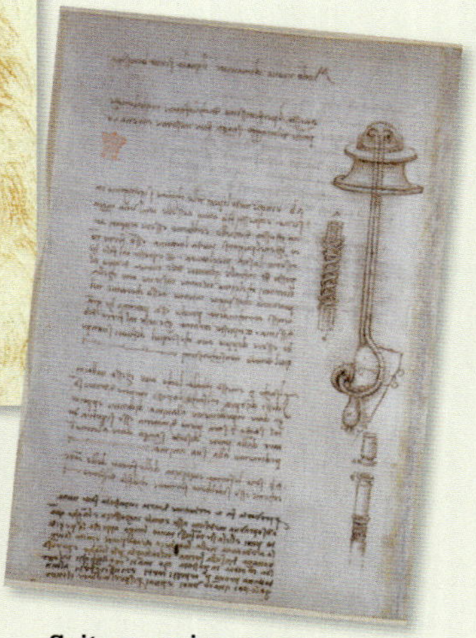

Seite aus einem von da Vincis Notizbüchern

Chronik

1415
Der Architekt Filippo Brunelleschi entdeckt die Zentralperspektive: Er stellt fest, dass gezeichnete Linien, die an einer bestimmten Stelle im Bild zusammenlaufen, den Eindruck von Räumlichkeit erwecken.

1486
Der florentinische Künstler Sandro Botticelli malt *Die Geburt der Venus* im Auftrag der Familie Medici.

1498
Leonardo da Vinci malt das Wandbild *Das letzte Abendmahl* für ein Kloster in Mailand.

1503
Papst Julius II. bringt Künstler wie Michelangelo und Raffael nach Rom.

Papst Julius II.

Renaissance-Galerie

Cosimo de' Medici
Als Gründer der mächtigen Medici-Dynastie in Florenz war Cosimo eine Schlüsselfigur der frühen Renaissance. Er förderte Künstler wie Fra Angelico und Donatello.

Erasmus von Rotterdam
Der Holländer Erasmus war ein einflussreicher Gelehrter. Seine kritischen Studien der griechischen und römischen Autoren lösten in Nordeuropa neuen Wissensdurst aus.

Niccolò Machiavelli
Der Name des florentinischen Diplomaten steht für das Prinzip „Der Zweck heiligt die Mittel". Diese rücksichtslose politische Haltung beschrieb er auch in seinem Buch *Der Fürst*.

Die Renaissance in Europa
Die Renaissance blühte auch außerhalb Italiens, vor allem in Flandern und den Beneluxländern, die durch Handel mit Wolle reich geworden waren. *Die Arnolfini-Hochzeit* (oben) des flämischen Künstlers Jan van Eyck ist ein klassisches Gemälde der nordischen Renaissance.

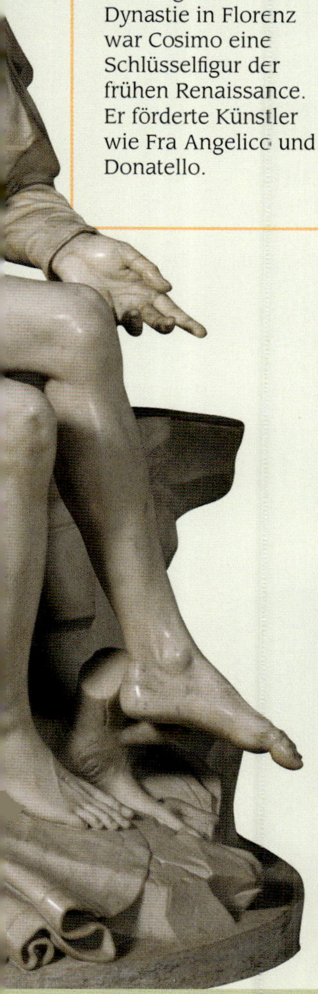

Architektonische Sensation
Die Kuppel des Doms von Florenz, von Filippo Brunelleschi 1436 entworfen und ausgeführt, beherrscht das Stadtbild. Brunelleschi ließ die Ziegelsteine auf bestimmte Weise anordnen, damit sich ihr Gewicht besser verteilte. So schuf er die größte freitragende Kuppel seit der Römerzeit in Westeuropa. Sie ist ein Triumph der Baukunst der Renaissance und noch heute die größte Ziegelsteinkuppel der Welt.

1504
Michelangelos Statue *David* wird im Palazzo Vecchio in Florenz aufgestellt.

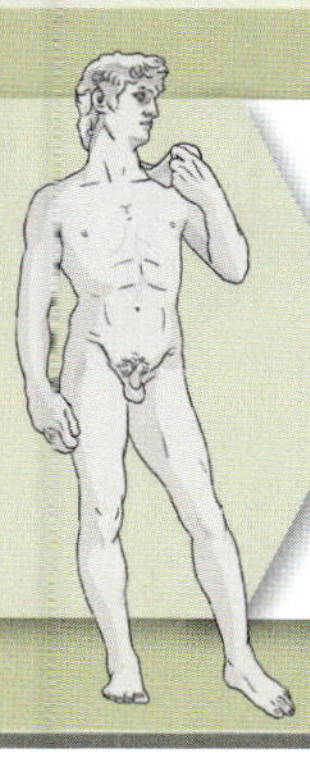

Michelangelos *David*

1506
Leonardo da Vinci stellt sein berühmtestes Gemälde, die *Mona Lisa,* fertig.

1509
Der Gelehrte Erasmus veröffentlicht *Lob der Torheit*, ein satirisches Werk, das sein berühmtestes Buch wird.

1543
Doktor Andreas Vesalius veröffentlicht das erste Anatomie-Buch über den menschlichen Körper.

1475 ▸ 1500

Der wütende Khan wird weggezerrt, als Iwan III. dessen Forderung ausschlägt.

1477

Landübergabe

Nach dem Tod von Karl dem Kühnen fällt das Herzogtum von Burgund an die französische Krone. Die riesigen Ländereien von Burgund (heute Belgien und die Niederlande) gelangen danach durch Heirat in den Besitz der österreichischen Habsburger-Dynastie.

1479

Die Fugger

Ulrich und Jakob Fugger aus Augsburg knüpfen Kontakte zur Familie de Medici in Rom. Die Händlerfamilie Fugger gehört vom 14. bis zum 16. Jh. zu den wirtschaftlich bedeutendsten Familien weltweit. Als Kreditgeber stand sie in Verbindung zum Papst und zu den Habsburgern.

1480

Russlands Aufstieg

Iwan III. weigert sich, dem Khan der Goldenen Horde (Nachfahren der Mongolen) den jährlichen Tribut zu zahlen. Er befreit das Land endgültig und legt den Grundstein für einen russischen Staat.

1485

Sieg der Tudor

Der Thronanwärter Henry Tudor besiegt und tötet Richard III. von England und wird König Henry VII. Er beendet damit den sogenannten Rosenkrieg, der zwischen zwei verfeindeten Adelsfamilien ausgetragen wurde.

1475 1480 1485

1478–1492 KATHOLISCHES SPANIEN

Ferdinand und Isabella wollten Spanien einigen, indem sie die Macht der katholischen Kirche stärkten. 1478 führten sie die Inquisition (Religionsgericht) ein, um die Ketzerei (Ideen, die der katholischen Lehre widersprechen) auszurotten. 1492 eroberten sie Granada, das letzte muslimische Reich auf der Iberischen Halbinsel. Sie befahlen allen Juden, die nicht katholisch werden wollten, Spanien zu verlassen.

Bücherverbrennung
Tomás de Torquemada (rechts) war das berüchtigte Oberhaupt der Inquisition. Er ließ alle Bücher verbrennen, die als ketzerisch galten, darunter den jüdischen Talmud (heilige Schrift) und Tausende arabischer Manuskripte.

Die Inquisition
Die Inquisition wurde vom Königshof damit beauftragt, Ketzer aufzuspüren (v. a. Juden und Muslime), die sich fälschlicherweise als Christen ausgaben. Sie berief sich auf Informanten und setzte Folter ein (oben), um Geständnisse zu erpressen.

GEBURT DER SIKH-RELIGION

Guru Nanak (1469–1539) aus dem heutigen Pakistan gründete die Sikh-Religion, nachdem er mit religiösen Führern in Tibet, Indien und Arabien diskutiert hatte. Die Sikhs glauben an einen einzigen Gott. Ihre Religion vereint Elemente aus Hinduismus und Islam.

Heilige Lehrer
Für die Sikhs war Guru Nanak (rechts) der erste von elf Gurus (Lehrern). Der elfte ist Guru Granth Sahib, die heilige Schrift der Sikh, die 1604 verfasst wurde.

Goldener Tempel
Die heilige Schrift befindet sich im Harmandir Sahib, besser bekannt als Goldener Tempel (links). Er steht in Amritsar im indischen Bundesstaat Pandschab.

Pfeffer aus Südindien

Muskat aus Indonesien

Gewürznelken aus Indonesien

1490 – 1495 – 1500

1492

Überquerung des Atlantiks

Christoph Kolumbus segelt von Spanien aus nach Westen, um einen Seeweg nach Asien zu finden. Er landet auf den Bahamas an einem Ort, den er San Salvador tauft.

1494

Vertrag von Tordesillas

Papst Alexander IV. unterzeichnet den Vertrag von Tordesillas, mit dem eine gedachte Linie mitten durch den Atlantik und das heutige Brasilien gezogen wird. Das Land westlich der Linie soll Spanien gehören, das Land östlich davon Portugal.

1497

Religiöser Wahn

Der italienische Mönch Girolamo Savonarola hält die Florentiner für gierige Sünder. Um die Vergebung Gottes zu erlangen, überredet er sie, ihre Wertsachen auf dem Marktplatz zu stapeln und anzuzünden. Das Ereignis geht als „Fegefeuer der Eitelkeiten" in die Geschichte ein.

1498

Gewürzstraße

Der portugiesische Entdecker Vasco da Gama nutzt auf seiner Reise von Europa in den Indischen Ozean die Winde im Südatlantik, um einen Seeweg zu den Reichtümern und Gewürzen Asiens zu finden.

Kolumbus segelte zwischen 1492 und 1504 viermal nach Amerika.

1368–1644 DIE CHINESISCHE MAUER

Unter den Ming-Herrschern, die von 1368–1644 regierten, wurde die Chinesische Mauer auf den heutigen Stand ausgebaut. Sie schützten sich damit vor Feinden aus dem Norden. Die ersten Mauern entstanden im 7. Jh. v. Chr.

Die Zeit der Entdecker

Das Zeitalter der Entdeckungen begann in Europa, als portugiesische Seeleute Anfang des 15. Jh. durch den Atlantik und um Afrika herum segelten, um einen direkten Seeweg nach Asien zu finden, wo es kostbare Gewürze und Edelsteine gab. Christoph Kolumbus suchte ebenfalls die Route nach Asien, als er 1492 Richtung Westen in See stach. Er landete in Amerika. Die Neue Welt eröffnete den Europäern neue Möglichkeiten für Handel und Landnahme.

Große Entdecker

Heinrich der Seefahrer
Als Sohn des portugiesischen Königs sandte er Schiffe zur Erkundung der afrikanischen Westküste aus.

Christoph Kolumbus
Obwohl er Italiener war, fuhr er für die spanische Krone zwischen 1492 und 1504 viermal nach Amerika. Er glaubte, Indien erreicht zu haben.

Ferdinand Magellan
Dieser portugiesische Kapitän segelte vom Atlantik in den Pazifik. Er starb, bevor seine Reise um die Welt vollendet war.

Jacques Cartier
Der französische Seefahrer erkundete den Sankt-Lorenz-Strom in Kanada und beanspruchte das Land für Frankreich.

„Ich und meine Kameraden leiden an einer Krankheit des Herzens, die nur mit Gold kuriert werden kann."

Hernán Cortés (1519)

Entdecker-Routen

Die Karte zeigt die Routen, auf denen die ersten Entdecker durch die Meere segelten.

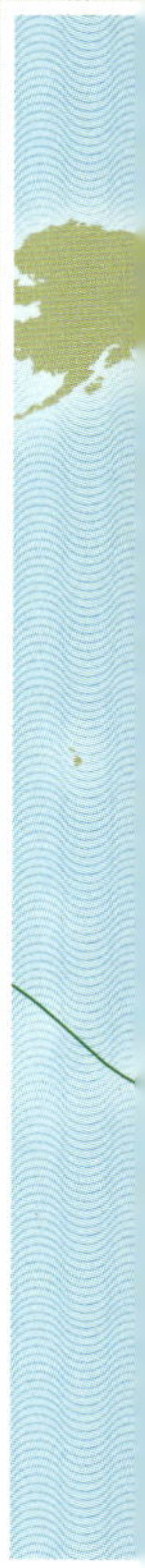

Christoph Kolumbus erreichte auf seiner ersten von vier Expeditionen die Bahamas.

Vasco da Gama umrundete auf dem Weg nach Indien als Erster Afrika.

John Cabot überquerte den Atlantik von England nach Neufundland.

Pedro Alvares Cabral entdeckte auf dem Weg nach Indien Brasilien.

Ferdinand Magellan und Juan del Cano Magellans Weltumrundung wurde von del Cano vollendet.

Jacques Cartier entdeckte auf seiner ersten Expedition den Sankt-Lorenz-Golf.

Die Konquistadoren
Nachdem Kolumbus in Amerika gelandet war, löschten spanische Konquistadoren (Soldaten und Abenteurer) innerhalb von 50 Jahren auf ihrer Suche nach Gold und aus missionarischem Eifer die altamerikanischen Kulturvölker aus. Hier sieht man den spanischen Konquistador Hernán Cortés mit dem Aztekenhäuptling Moctezuma II. aus Mexiko, dessen Reich Cortés überfiel und schließlich eroberte.

Chronik

1488
Der portugiesische Seefahrer Bartolomeu Dias umrundet das Kap der Guten Hoffnung in Südafrika.

1492
Kolumbus segelt von Spanien aus nach Westen und entdeckt Amerika.

Eines von Kolumbus' Schiffen

1498
Vasco da Gama fährt über den Indischen Ozean nach Calicut an der indischen Malabarküste.

1500
Pedro Alvares Cabral entdeckt auf dem Weg nach Indien Brasilien.

Amerigos Land

Der Italiener Amerigo Vespucci war Oberster Marinebeauftragter von Spanien. Alle Kapitäne mussten ihm detailliert von ihren Reisen berichten. Aus diesen Informationen fertigte Vespucci Karten von der Neuen Welt an, sodass die Seeleute das Land bald als „Amerigos Land“ oder „Amerika“ bezeichneten.

Austausch

Das Aufeinandertreffen der Alten und der Neuen Welt hatte für beide Seiten gute und schlechte Auswirkungen.

In die Neue Welt gebracht

★ **Krankheiten** Pocken, Grippe, Masern, Röteln, Typhus

★ **Afrikanische Sklaven** Zwischen 1500 und 1880 bis zu 12 Mio. Sklaven

★ **Technologien** Transportmittel auf Rädern, Waffen und Werkzeuge aus Eisen und Stahl

★ **Sprachen und Religion** Spanisch, Portugiesisch, Französisch, Englisch; Christentum

★ **Tiere** Pferde, Rinder, Schafe, Schweine, Hühner, Ratten

★ **Nahrung** Zuckerrohr, Bananen, Reis, Weizen, Hafer, Gerste, Zwiebeln

Aus der Neuen Welt mitgenommen

★ **Gold und Silber** wurden in riesigen Mengen abtransportiert.

★ **Nahrung** Mais, Kartoffeln, Süßkartoffeln, Kürbis, Tomaten, Paprika, Chili, Ananas, Erdnüsse, Schokolade

★ **Tiere** Truthahn, Meerschweinchen, Moschusente

1507
Der Name Amerika erscheint zum ersten Mal auf einer Karte des Kartografen Martin Waldseemüller.

1512
Die Portugiesen landen auf den Gewürzinseln (Molukken) in Indonesien.

1522
Magellan umrundet Kap Hoorn und gelangt so vom Atlantik in den Pazifik.

1535
Jacques Cartier segelt den Sankt-Lorenz-Strom bis zu der Stelle hinab, an der heute Montreal liegt.

1580
Francis Drake beendet seine dreijährige Weltumrundung.

1500 ▸ 1525

Die Decke der Sixtinischen Kapelle

1500

Brasilien in Sicht

Der portugiesische Seefahrer Pedro Alvares Cabral entdeckt als erster Europäer auf der Fahrt nach Indien zufällig Brasilien. Er hatte sich vor der Küste Afrikas günstige Winde zunutze gemacht und war von dort aus über den Atlantik gesegelt. Er nimmt das neue Land für Portugal in Besitz.

Cabral landet am Porto Jeguro in Brasilien.

Renaissance S. 132–133

1508

Sixtinische Kapelle

Der italienische Künstler Michelangelo beginnt im Auftrag von Papst Julius II., die Decke der Sixtinischen Kapelle in Rom (oben) zu bemalen. Er braucht für dieses Meisterwerk der Renaissance mit über 400 lebensgroßen Figuren vier Jahre.

1500 — 1505 — 1510

1501

Aufstieg der Safawiden

Im Iran ruft sich Ismail I. zum Schah (König) aus. Seinem Eroberungszug durch das Land setzen die Osmanen erst 1514 in der Schlacht bei Tschaldiran ein Ende. Die Safawiden-Dynastie herrscht bis 1722.

Osmanen und Safawiden prallen bei Tschaldiran aufeinander.

1517–1529 DIE REFORMATION

Die Reformation war ein religiöser Aufstand gegen die katholische Kirche. Sie begann in Deutschland mit Martin Luther, einem Mönch und Universitätsprofessor, der das Ende der Korruption (Bestechung) in der Kirche forderte. Seine Reformideen verbreiteten sich schnell, stießen aber beim Papst und beim katholischen Kaiser Karl V. auf Widerstand. Es kam zu einer Spaltung des Christentums in Protestanten und Katholiken.

Öffentlicher Protest
1517 nagelte Luther aus Protest gegen die katholische Kirche 95 Thesen (Behauptungen) an die Tür der Kirche von Wittenberg. 1521 wurde er auf dem Wormser Reichstag von Kaiser Karl V. der Ketzerei für schuldig befunden und aus der katholischen Kirche ausgeschlossen.

1519–1522 WELTUMSEGELUNG

1519 stach der portugiesische Kapitän Ferdinand Magellan unter spanischer Flagge Richtung Westen in See, um einen Weg zu den Gewürzinseln im Pazifik zu finden. Im November 1520 umrundete er die Südspitze von Südamerika und gelangte so in den Pazifischen Ozean.

Seetüchtige Schiffe
Magellans Mannschaft bestand aus 270 Matrosen. Sein Flaggschiff, die *Trinidad*, war eine robuste Karavelle. Die anderen vier Schiffe waren große Handelsschiffe (Karacken), in denen der Proviant für die lange Reise lagerte.

Portugiesische Karavelle

Magellans Tod
Im April 1521 wurde Magellan bei einem Streit mit philippinischen Inselbewohnern getötet. 16 Monate später kehrte nur eines seiner Schiffe nach Spanien zurück. Die 18 Überlebenden hatten die Welt komplett umrundet.

1515 — 1520 — 1525

Luthers Zimmer in der Wartburg

Bibelstudium
Nach dem Wormser Reichstag musste sich Luther verstecken. Er lebte ein Jahr lang heimlich auf der Wartburg, wo er das Neue Testament ins Deutsche übersetzte und damit auch dem gewöhnlichen Volk näherbrachte.

Wege der Reformation
Als sich die Reformationsbewegung ausbreitete, ging sie verschiedene Wege. Ulrich Zwingli (rechts) war ein einflussreicher Schweizer Reformator, der die meisten, aber nicht alle Überzeugungen Luthers teilte. Zwingli wurde 1531 von Schweizer Katholiken getötet.

1519

Habsburger Kaiser

Nach dem Tod seines Großvaters, Maximilian I., wird Karl I. von Spanien mit 19 Jahren zum Kaiser des Heiligen Römischen Reichs gekrönt, das das heutige Deutschland und umliegende Gebiete umfasst. Er nimmt den Namen Karl V. an.

1519

Spanische Sitten

Der Spanier Hernán Cortés landet mit 600 Mann in Mexiko. Er wird vom Aztekenhäuptling Moctezuma II. freundlich in Tenochtitlán empfangen. Doch Cortés lässt ihn gefangen nehmen und die Stadt 1522 zerstören.

Moctezumas Kopfschmuck aus Federn

1526
Babur der Tiger
Babur, der behauptet, ein Nachkomme des mongolischen Kriegsherrn Dschingis Khan zu sein, erobert einen Großteil Nordindiens. Er ist Gründer des indischen Mogul-Reichs. Sein Name bedeutet auf Arabisch „Tiger".

1527
Plünderung Roms
Die Truppen von Kaiser Karl V. haben seit Monaten keinen Sold erhalten. Sie fangen an, in Rom die Paläste und Kirchen zu plündern. Der Papst muss sogar durch einen Geheimgang aus dem Vatikan fliehen.

1532–1533 SPANIER EROBERN PERU
Ein spanisches Heer aus 188 Mann landete 1532 unter Führung von Francisco Pizarro in Peru. In weniger als einem Jahr eroberten sie das Inka-Reich mit 5 Mio. Einwohnern. Mit Steinwaffen und Rüstungen aus gefütterter Baumwolle waren sie für die Europäer keine ernst zu nehmenden Gegner.

Francisco Pizarro
Der spanische Konquistador Francisco Pizarro traf erstmals 1524 auf die Inka. Er holte sich aber zuerst die Erlaubnis des spanischen Königs für eine Militärexpedition nach Peru.

Wortbruch
1533 nahm Pizarro den letzten Inka-König Atahualpa gefangen. Er versprach, dessen Leben für ein Zimmer voll Gold zu verschonen, doch dann ließ er ihn töten, bevor das ganze Gold herbeigeschafft worden war.

Kleine Goldfigur der Inka

1525 · 1530 · 1535

1526
Siegreicher Süleyman
Sultan Süleyman der Prächtige dehnt die osmanische Herrschaft bis weit nach Europa hinein aus, indem er den König von Ungarn in der Schlacht bei Móhacs (unten) besiegt und einen Großteil des Landes erobert.

Osmanisches Reich S. 142–143

Das osmanische Heer besiegt die Ungarn in der Schlacht bei Móhacs.

1534
Königliche Ehen
Die Ehe des englischen Königs Henry VIII. mit Katharina von Aragon hat keinen Thronerben hervorgebracht. Daher bittet der König den Papst, die Scheidung zu genehmigen, damit er Anna Boleyn heiraten kann. Als der Papst sich weigert, bricht der König mit der katholischen Kirche, gründet die Kirche von England und macht sich selbst zu deren Oberhaupt. Er heiratet Anna, lässt sie jedoch später enthaupten. Nach ihr hat er noch vier weitere Ehefrauen.

Henry VIII. und seine sechs Frauen

Inka-Festung
Um 1450 bauten die Inka die Stadt Machu Picchu hoch oben in den Anden. Der Ort ist so abgelegen, dass ihn die Spanier auf ihrem Eroberungszug durch Peru nicht entdeckten.

Kopernikus' Ansicht der Erdumlaufbahn mit der Sonne in der Mitte

1545

Silberberg

Die Spanier entdecken die weltgrößte Silberquelle in Potosi (Bolivien). Mit den riesigen Mengen an Silber, die von dort nach Europa gebracht werden, bezahlen die Spanier ihre Kriege.

1545

Gegenreformation

Papst Paul III. beruft das Konzil von Trient ein. Er will Wege finden, der protestantischen Reformation entgegenzutreten. Nach 25 Versammlungen (1545–1563) wird eine Gegenreformation gegründet, um die Menschen zum katholischen Glauben zurückzuführen.

1543

Sonne und Erde

Der Astronom Nikolaus Kopernikus veröffentlicht ein Buch, das die Erde und andere Planeten auf ihrer Bahn um die Sonne zeigt. Das widerspricht der kirchlichen Lehre, die die Erde als Zentrum des Universums sieht. Kopernikus' Ideen läuten eine wissenschaftliche Revolution ein.

1540 — 1545 — 1550

1530–1584 IWAN IV.

1547 wurde der 16-jährige Iwan IV. zum Zar von ganz Russland gekrönt. Zunächst erweiterte er die Reichsgrenzen und brachte dem Land Gesetzesreformen, doch nach dem Tod seiner Frau 1560 veränderte sich sein Charakter. Er wurde misstrauisch und gewalttätig. So ging er schließlich als „Iwan der Schreckliche" in die Geschichte ein.

Schreckensherrschaft
Die späten Herrschaftsjahre Iwans IV. waren von Krieg, Schrecken und Hungersnöten geprägt. Er war überzeugt, dass sich der Adel gegen ihn verschworen hatte, und terrorisierte ihn mit seiner Privatarmee, genannt „Iwans Hunde".

Basiliuskathedrale
Moskaus berühmtes Wahrzeichen, die Basiliuskathedrale, wurde 1552 von Iwan IV. zum Gedenken an seinen Sieg über die Tataren (Kasan) in Auftrag gegeben.

Osmanisches Reich

Die osmanische Dynastie erhielt ihren Namen von Osman I., einem türkischen *ghazi* (muslimischer Krieger). Er gründete um 1300 in Anatolien (in der heutigen Türkei) einen kleinen Staat. Im 14. Jh. begannen die Osmanen, ihr Herrschaftsgebiet auszuweiten. Mit der Eroberung Konstantinopels 1453 endete das Byzantinische Reich und es entstand das Osmanische Reich. Seine Blütezeit erlebte es im 16. Jh., als die Osmanen 1529 beinahe sogar Wien in Österreich erobert hätten. Erst 1922 endete das Reich.

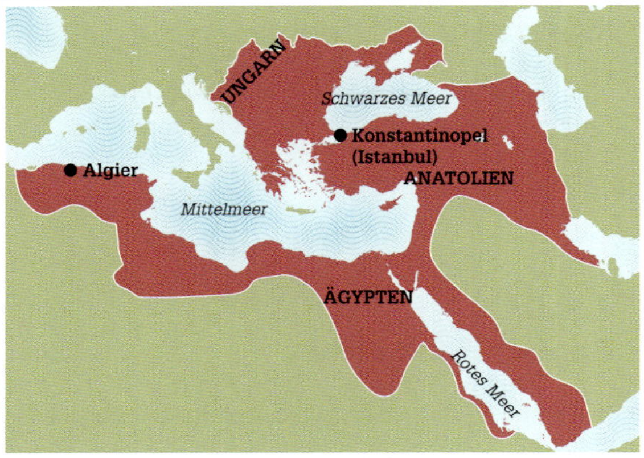

Großmacht
Das Osmanische Reich war im 16. Jh. auf dem Höhepunkt seiner Macht. Es erstreckte sich von Ungarn bis zum Arabischen Golf und von der Krim bis nach Algier. Seine Seeflotte beherrschte das Schwarze Meer, das Mittelmeer und das Rote Meer. Die eroberungsfreudigen Osmanen waren eine ständige Bedrohung für Osteuropa und das Safawiden-Reich (Iran).

Empfang bei Hof
Dieses Gemälde des Italieners Gentile Bellini zeigt den Empfang der venezianischen Botschafter am osmanischen Hof in Damaskus (Syrien). Bellini lebte zwei Jahre auf Einladung von Sultan Mehmed II. als Kulturbotschafter und Maler in Konstantinopel (heute Istanbul). Der Sultan hatte nichts dagegen, dass sich auch Juden und Christen in Konstantinopel niederließen.

Chronik

1300
Osman I., der Vater der Osmanen-Dynastie, gründet einen kleinen Staat in Anatolien (Türkei) an der Grenze zum Byzantinischen Reich.

1366
Edirne, das früher die byzantinische Stadt Adrianopel war, wird die Hauptstadt der Osmanen.

1389
Die Osmanen besiegen die Serben in der Schlacht auf dem Amselfeld und dringen weiter in den Balkan vor. Dadurch schrumpft das Byzantinische Reich auf ein Gebiet rund um Konstantinopel.

1453
Mehmed II. erobert Konstantinopel (heute Istanbul) nach einer dreimonatigen Belagerung. Das ist das Ende des Byzantinischen Reichs.

Selimiye-Moschee in Edirne

Mächtige Sultane

Mehmed II. „der Eroberer“ (1444–1446 und 1451–1481)
Der große Militärführer Mehmed unternahm 25 Feldzüge gegen Byzanz (Konstantinopel), Griechenland, Albanien und die Länder um das Schwarze Meer.

Selim I. „der Grimmige“ (1512–1520)
Selim ermordete alle männlichen Verwandten, um auf den Thron zu gelangen. Er vergrößerte das Reich im Nahen Osten und wurde 1517 Kalif (islamischer Herrscher).

Süleyman I. „der Prächtige“ (1520–1566)
Unter Süleymans Herrschaft war das Osmanenreich am größten. Er sprach fünf Sprachen, schrieb Gedichte und bescherte dem Reich goldene Zeiten.

„Ich, der Sultan der Sultane, der Herrscher der Herrscher, der Schatten Gottes auf Erden, Sultan und Kaiser des Weißen Meeres [Mittelmeer] und des Schwarzen Meeres ...“

Sultan Süleyman I. an König Franz I. von Frankreich (1526)

Kuppeln und Minarette
Die Blaue Moschee von 1616 (oben) in Istanbul ist nach der Farbe der Fliesen benannt, mit denen sie innen verkleidet ist. Die Kuppel ist eine Kopie der benachbarten byzantinischen Kirche Hagia Sophia (Heilige Weisheit) von 537, die von Mehmed in eine Moschee umgewandelt wurde. Ihre sechs Minarette (Türme) sind jedoch im osmanischen Stil erbaut.

Osmanische Keramik
Im Osmanenreich blühte die Kunst. In Iznik, einer Stadt in Westanatolien, wurde Keramik mit Arabesken (geschwungene Linien) und Blumenmustern in Blau, Grün und Rot hergestellt. Moscheen und Paläste des Sultans wurden mit riesigen Mengen an glasierten Fliesen verkleidet.

1514
Selim I. besiegt die Safawiden in der Schlacht bei Tschaldiran im nördlichen Iran und übernimmt im Nahen Osten die Kontrolle.

1529
Süleyman I. zieht mit einem riesigen Heer vor die österreichische Hauptstadt Wien, muss die Belagerung aber nach einem Monat aufgeben.

Admiral Barbarossa

1538
Unter dem Kommando von Admiral Barbarossa, einem ehemaligen Piraten, beherrscht die osmanische Flotte das Mittelmeer.

1566
Süleyman I. stirbt während eines Feldzugs gegen Ungarn mit 76 Jahren in seinem Zelt. Die Osmanen dringen nicht mehr weiter nach Europa vor.

1550 ▸ 1575

Über 850 000 Menschen kamen am 23. Januar 1555 bei einem Erdbeben in der Provinz Shaanxi im Nordwesten von China ums Leben.

Fossil
1565 veröffentlichte der Schweizer Naturforscher Konrad Gessner ein Buch, in dem er Fossilien und Minerale in 15 Klassen einteilte. Er beschrieb darin zum ersten Mal u.a. Ammoniten (links), im Meer lebende Kopffüßer, die bereits ausgestorben waren.

1555

Frieden von Augsburg
Zwischen den katholischen und protestantischen Fürsten Deutschlands wird ein Vertrag geschlossen, nach dem jeder Landesfürst über die Religion seines Volkes frei bestimmen kann. Der Kaiser des Heiligen Römischen Reichs, Karl V., weigert sich, den Verhandlungen beizuwohnen, und lässt sich von seinem Bruder Ferdinand vertreten.

1558

Königin von England
Elizabeth I. wird nach dem Tod ihrer katholischen Halbschwester Maria I. Königin und führt den anglikanischen (protestantischen) Glauben wieder in England ein. Sie heiratet nie, sondern widmet ihr ganzes Leben dem Regieren ihres Landes.

1550 — 1555 — 1560

1542–1605 AKBAR DER GROSSE

Akbar war der Enkel von Babur und der dritte Mogulkaiser von Indien. Er folgte 1556 schon mit 13 Jahren seinem Vater Humayun auf den Thron. Während seiner 50-jährigen Herrschaft schuf er ein riesiges Reich, das sich über ganz Nordindien erstreckte.

Toleranter Herrscher
Akbar war Muslim, aber seine hinduistischen Untertanen durften weiterhin ihre Götter anbeten. Er diskutierte gern mit Vertretern anderer Religionen wie Hinduismus, Zoroastrismus (die persische Religion) und Christentum.

Tigerjagd
Diese Miniaturmalerei zeigt Akbar auf Tigerjagd, einer der liebsten Zeitvertreibe der Mogulkaiser. Akbar war ein großer Förderer der Künste, besonders der Miniaturmalerei.

1566 NIEDERLANDE-AUFSTAND

Philipp II. von Spanien war auch König der Niederlande. Als dort Calvinisten (Anhänger des Protestanten Johannes Calvin) katholische Kirchen plünderten, sandte er spanische Truppen, deren brutales Vorgehen in den Niederlanden einen Aufstand auslöste.

Unabhängige Niederlande
1572 war aus dem Aufstand ein Krieg geworden. Wilhelm von Oranien führte die Niederländer an. 1648 gewährte Spanien dem Land endlich Unabhängigkeit.

Katholischer Monarch
Die hohen Steuern, die Philipp II. seinen niederländischen Untertanen aufbrummte, sorgten bei diesen für Unmut. Spanien war durch seine Kriege arm geworden, die Niederländer lebten durch den Gewürzhandel gut.

1572
Blutnacht in Paris

Am 24. August, dem Namenstag des heiligen Bartholomäus, werden auf Befehl von König Karl IX. und seiner Mutter Katharina von Medici in Paris 3000 Hugenotten (französische Protestanten) getötet, viele weitere Tausend im restlichen Frankreich.

Das Hugenotten-Massaker von Paris

1565 — 1570 — 1575

1568
Japanischer Führer

Oda Nobunaga, das Oberhaupt des Oda-Klans, erobert Kyoto und eint ganz Japan unter seiner Herrschaft. Seine Armee ist mit Musketen ausgerüstet, die von den Portugiesen in Japan eingeführt wurden.

1570
Erster Atlas

Der Kartograf Abraham Ortelius aus Antwerpen (Belgien) veröffentlicht den ersten Atlas und nennt ihn *Theater der Welt*. Er enthält 70 Karten und ist ein großer Erfolg.

1571
Schlacht bei Lepanto

Eine christliche Flotte unter dem Kommando von Don Juan de Austria besiegt bei Lepanto an der Westküste Griechenlands eine osmanische Flotte. Diese Niederlage hält die Osmanen davon ab, die Kontrolle über das ganze Mittelmeer zu übernehmen.

Oda Nobunaga

„Ohne Zerstörung gibt es keine Schöpfung … und keine Veränderung."

Oda Nobunaga

Die Schlacht bei Lepanto

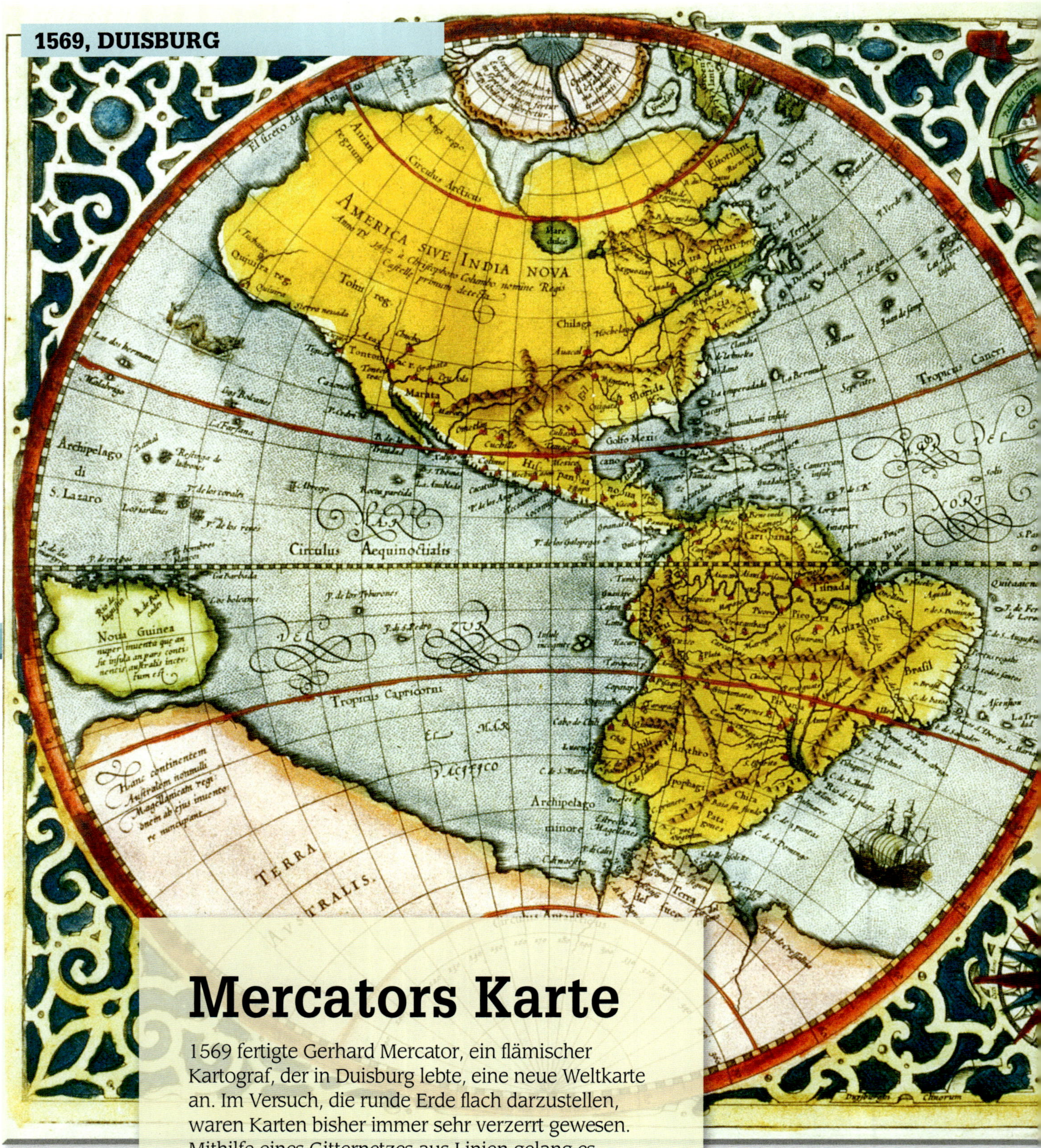

Mercators Karte

1569 fertigte Gerhard Mercator, ein flämischer Kartograf, der in Duisburg lebte, eine neue Weltkarte an. Im Versuch, die runde Erde flach darzustellen, waren Karten bisher immer sehr verzerrt gewesen. Mithilfe eines Gitternetzes aus Linien gelang es Mercator, die Erdkugel auf ein flaches Stück Papier zu übertragen. So konnten Seefahrer ihren Kurs viel genauer berechnen. Trotzdem wurde die Karte lange Zeit kaum benutzt.

Die Weltkarte des Rumold Mercator von 1587 – gezeichnet nach der Karte seines Vaters Gerhard von 1569

„Wir haben die Breitengrade zu den Polen hin immer mehr verlängert.“

Gerhard Mercator

Religionskriege in Europa

Die Reformation spaltete Europa in zwei religiöse Lager. Die Anhänger von Martin Luther und Johannes Calvin waren die stärksten protestantischen Gegner der katholischen Kirche. Die Menschen erhoben sich, um für Glaubensfreiheit zu kämpfen, und der europäische Kontinent wurde 140 Jahre lang von Religionskriegen erschüttert.

Reaktion der Katholiken
Papst Paul III. (oben) rief die Gegenreformation ins Leben und organisierte die katholische Kirche um. Unterdessen bemühte sich der katholische Kaiser Karl V., der Spanien und das Heilige Römische Reich (Österreich, Deutschland, Niederlande) regierte, um einen militärischen Sieg über die Protestanten.

Veränderte Kriegsführung
1620 besiegten deutsch-katholische Streitkräfte die protestantischen Böhmen (im heutigen Tschechien) in der Schlacht am Weißen Berg, dem ersten großen Konflikt im Dreißigjährigen Krieg. Die Kriegsführung veränderte sich in dieser Zeit extrem, die Heere wurden größer, professioneller und organisierter.

Religionskriege

- **Deutscher Bauernkrieg (1524–1525)** Der Volksaufstand wurde durch die Reformation ausgelöst.
- **Schmalkaldischer Krieg (1546–1547)** Ein Krieg zwischen einer Allianz aus deutsch-protestantischen Fürsten und den kaiserlichen Streitkräften von Karl V.
- **Französischer Religionskrieg (1562–1598)** Der Bürgerkrieg zwischen Protestanten und Katholiken endete damit, dass König Heinrich IV. Katholik wurde.
- **Achtzigjähriger Krieg (1568–1648)** Die protestantischen Niederländer kämpften 80 Jahre lang für ihre Unabhängigkeit vom katholischen Spanien.
- **Dreißigjähriger Krieg (1618–1648)** Dieser Krieg zwischen Protestanten und Katholiken wurde größtenteils in Deutschland ausgetragen, obwohl fast alle europäischen Staaten auch darin verwickelt waren.

Chronik

1521
Kaiser Karl V. erklärt Martin Luther auf dem Wormser Reichstag zum Ketzer und löst damit religiöse Konflikte aus.

Karl V.

1534
Ignatius Loyola, ein spanischer Adliger und ehemaliger Soldat, gründet den Jesuitenorden, einen katholischen Lehrorden.

1545
Papst Paul III. beruft das Konzil von Trient ein, um in der katholischen Kirche über Reformen zu beraten.

1555
Durch den Frieden von Augsburg können deutsche Fürsten die Religion ihrer Untertanen frei bestimmen. Die Anhänger von Johannes Calvin bleiben davon jedoch ausgenommen.

Diese Kanone aus Bronze setzten die Schweden ein, als sie 1630 in den Dreißigjährigen Krieg eingriffen.

Dreißigjähriger Krieg
Dieser Krieg zwischen deutschen Protestanten und Katholiken eskalierte, als sich Dänemark, England und Schweden aufseiten der Protestanten einmischten. Später kämpfte das katholische Frankreich gegen die deutschen Katholiken. Die Religion spielte längst keine Rolle mehr. Es ging um politische und wirtschaftliche Macht.

„Der Krieg ist eine der Plagen, mit denen Gott die Menschheit straft."

Kardinal Richelieu, erster Minister Frankreichs (1624–1642)

Führende Köpfe

Gustav II. Adolf
Auch als „Löwe des Nordens" bekannt. Das Eingreifen dieses schwedischen protestantischen Königs in den Dreißigjährigen Krieg verschärfte den Konflikt.

Katharina von Medici
Die Mutter des französischen Königs war sehr einflussreich. Man glaubt, dass sie den französischen Religionskrieg auslöste.

Albrecht von Wallenstein
Der tschechische Protestant war im Dreißigjährigen Krieg der Militärführer des Heiligen Römischen Reichs und seiner Verbündeten.

Westfälischer Friede
Der Dreißigjährige Krieg wurde durch einen Vertrag, den sogenannten Westfälischen Frieden, beendet. 109 Gesandte des Kaisers des Heiligen Römischen Reichs, der Könige von Frankreich, Spanien und Schweden, Führer der holländischen Republik und viele deutsche Fürsten unterzeichneten ihn nach vierjährigen Verhandlungen.

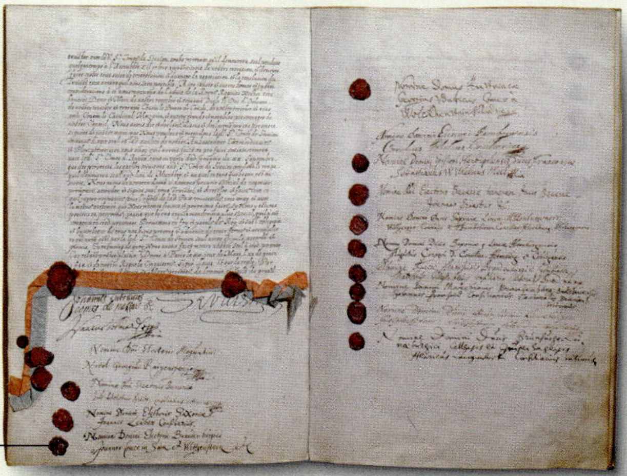

Siegel von einem der 109 Gesandten

1576

Spanische Truppen massakrieren in einer der schlimmsten Gräueltaten des Achtzigjährigen Kriegs 7000 Menschen in Antwerpen (Spanische Niederlande).

1618

Katholische Beamte werden von Protestanten in Prag aus dem Fenster geworfen. Der Fenstersturz löst den Dreißigjährigen Krieg aus.

1632

Gustav II. Adolf von Schweden wird nach seinem Eingreifen in den Dreißigjährigen Krieg in der Schlacht von Lützen getötet.

1648

Der Dreißigjährige Krieg endet. Spanien erkennt die Unabhängigkeit der Niederlande als Teil des Westfälischen Friedensvertrags an.

Protestanten packen den katholischen Beamten.

1575 ▸ 1600

Der erste Vergnügungspark der Welt, Dyrehavsbakken in Dänemark, eröffnete 1583 und existiert noch heute.

1564–1616 WILLIAM SHAKESPEARE

William Shakespeare gilt als der größte englische Dramatiker. Er schrieb mindestens 37 Theaterstücke, die in mehr als 80 Sprachen übersetzt wurden, darunter *Hamlet*, *Romeo und Julia* sowie *Macbeth*.

Seltenes Bild
Dieses Porträt aus einer der ersten Ausgaben von Shakespeares Stücken ist eines von nur zwei bekannten Bildern des Autors.

Das Globe Theatre
Die Londoner strömten ins Globe Theatre, um dort Shakespeares Stücke zu sehen. Es hatte kein Dach und stand am Ufer der Themse. 1997 wurde ein Nachbau des Theaters (oben) eröffnet.

1587

Maria Stuart

Die katholische Königin Maria von Schottland befindet sich in England im Exil. Ihre Cousine Elizabeth I. von England lässt sie enthaupten, denn sie fürchtet, Maria könne eine Verschwörung anzetteln und die katholische Kirche in England wieder einführen.

1575 — 1580 — 1585

1580

Krise in Portugal

Als der König von Portugal ohne Erben stirbt, lässt Philipp II. von Spanien – einer von mehreren Anwärtern auf den Thron – Portugal von seinen Truppen besetzen und sich selbst zum König krönen. Die Zwangsverbindung von Spanien und Portugal hält bis 1640. In dieser Zeit schwindet Portugals Wohlstand.

1582

Neuer Kalender

Papst Gregor XIII. führt einen genaueren Kalender ein, den er nach sich selbst gregorianischen Kalender nennt. Zuerst verwenden ihn nur katholische Länder, aber heute ist er in der ganzen Welt verbreitet.

Süße Schokolade
1585 waren Kakaobohnen, die Basis der Schokolade, zum ersten Mal in Europa im Handel erhältlich. In der Neuen Welt tranken die Menschen schon seit Jahrhunderten Kakao.

Kakaobohnen aus den Tropenwäldern Südamerikas

1585

Erste Siedlung

Der Engländer Sir Water Raleigh gründet eine Kolonie in Roanoke (North Carolina, USA). Er nennt sie zu Ehren der unverheirateten Königin Elizabeth I. Virginia (engl. für „Jungfrau“). 1590 wird die Kolonie, wahrscheinlich wegen der Angriffe von Indianern, wieder aufgegeben.

Die Ankunft der englischen Schiffe in Virginia

1588

Untergang der spanischen Armada

Philipp II. von Spanien schickt eine Flotte, die *Armada*, aus 130 Schiffen aus. Sie soll sowohl England angreifen als auch den niederländischen Aufstand niederschlagen. Die Mission scheitert jedoch an ungünstigen Winden und der Gegenwehr der Engländer. Nur 67 Schiffe kehren am Ende nach Spanien zurück.

Englische Schiffe treffen auf die spanische Flotte.

1598

Edikt von Nantes

König Heinrich IV. von Frankreich unterzeichnet das Edikt von Nantes, indem er den französischen Protestanten gestattet, ihre Religion auszuüben. Er war selbst früher Protestant, wechselte aber 1593 zum katholischen Glauben, um seinen Thron zu sichern und den französischen Religionskriegen ein Ende zu bereiten.

1590

Vereintes Japan

General Toyotomi Hideyoshi beendet den Zwist, der Japan seit den Onin-Kriegen spaltet. Er besiegt den Hojo-Klan und eint ganz Japan unter seiner Herrschaft, ohne jedoch den Titel Shogun (oberster General) anzunehmen.

Religionskriege in Europa S. 148–149

1590 1595 1600

1598 NEUE SAFAWIDEN-HAUPTSTADT

Schah Abbas I., der größte Herrscher der Safawiden-Dynastie im Iran, verlegte die Hauptstadt nach Isfahan. Er verwandelte die Stadt in eine der schönsten der Welt, schmückte sie mit Moscheen, Schulen, Bädern, Gärten, Palästen, einem großen Basar und machte sie zu einem Zentrum der Künste.

Schah Abbas I.
Abbas, der 1587 mit 16 Jahren Schah wurde, rettete das Safawiden-Reich, indem er von Osmanen und Usbeken besetzte Gebiete zurückeroberte.

Imam-Moschee
Die Imam-Moschee, eine von drei Moscheen, die Schah Abbas rund um den *maidan* (zentraler Platz) von Isfahan bauen ließ, soll aus 18 Mio. Steinen und 475 000 Fliesen bestehen.

1600 ▸ 1625

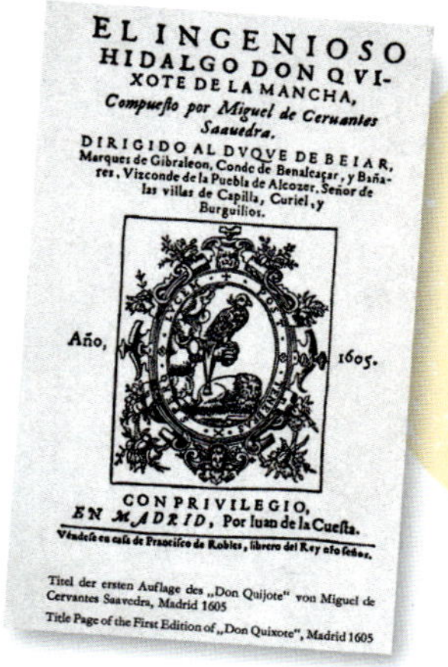
EL INGENIOSO
HIDALGO DON QVI-
XOTE DE LA MANCHA,
Compuesto por Miguel de Ceruantes Saauedra.
DIRIGIDO AL DVQVE DE BEIAR,
Marques de Gibraleon, Conde de Benalcaçar, y Bañares, Vizconde de la Puebla de Alcozer, Señor de las villas de Capilla, Curiel, y Burguillos.
Año, 1605.
CON PRIVILEGIO,
EN MADRID, Por Iuan de la Cuesta.
Véndese en casa de Francisco de Robles, librero del Rey nro señor.

Titel der ersten Auflage des „Don Quijote" von Miguel de Cervantes Saavedra, Madrid 1605
Title Page of the First Edition of „Don Quixote", Madrid 1605

Don Quijote

1605 wurde der erste europäische Roman, *Don Quijote*, veröffentlicht. Der spanische Autor Miguel de Cervantes erzählt darin die lustigen Abenteuer des Ritters Don Quijote und seines Knappen Sancho Pansa.

Edo-Zeit
S. 156–157

1600

Handelsrivalen

England gründet für den Handel mit Asien die Ostindien-Kompanie. Zwei Jahre später gründen auch die Holländer eine Ostindien-Kompanie. Die ständigen Feindseligkeiten zwischen den beiden löst erbitterte Handelskriege aus.

1603

Shogun-Herrschaft

Tokugawa Ieyasu wird Shogun (oberster General) von Japan und verlegt die Hauptstadt nach Edo (Tokio). Die Tokugawa-Shogune beherrschen Japan 250 Jahre lang.

1603

Vereintes Königreich

König James VI. von Schottland wird James I. von England. 1605 planen katholische Verschwörer, das englische Parlamentsgebäude zu sprengen und den protestantischen König zu ermorden. Ihr Plan wird aufgedeckt. Das berühmteste Mitglied der Gruppe ist Guy Fawkes.

Guy Fawkes

1612

Sklavenhandel

Die Anzahl der Sklaven, die von Afrika nach Brasilien gebracht werden, steigt auf 10 000 pro Jahr. Die meisten von ihnen werden an die spanischen Kolonien verkauft. Sie arbeiten dort in Minen und auf Plantagen, deren Erträge nach Europa geschickt werden.

1612

Blauer Dunst

Zum ersten Mal wird Tabak auf einer Plantage in Virginia (USA) angebaut. Der englische König James I. schreibt ein Buch über das schändliche Laster des Rauchens.

1600 · 1605 · 1610

1572–1610 BLICK INS UNIVERSUM

Die Beobachtungen des italienischen Gelehrten Galileo Galilei erschütterten den Glauben, die Erde sei das Zentrum des Sonnensystems, um das alle Planeten und auch die Sonne kreisen. Auch andere Gelehrte dieser Zeit bewiesen, dass Kopernikus einst mit seiner Behauptung, die Sonne sei das Zentrum des Universums, recht hatte.

Galileos Teleskop

Galileo baute sich selbst ein Teleskop (unten), um damit die Effekte des Sonnenlichts auf die Planeten zu studieren. Er sah, wie die drei Jupitermonde ihre Position veränderten, und schloss daraus, dass sie nicht um die Erde kreisen.

Planetenbewegung

Der deutsche Astronom Johannes Kepler lieferte den mathematischen Beweis für Kopernikus' Theorie. Er zeigte, dass die Planeten auf elliptischen Bahnen (Orbits) um die Sonne kreisen.

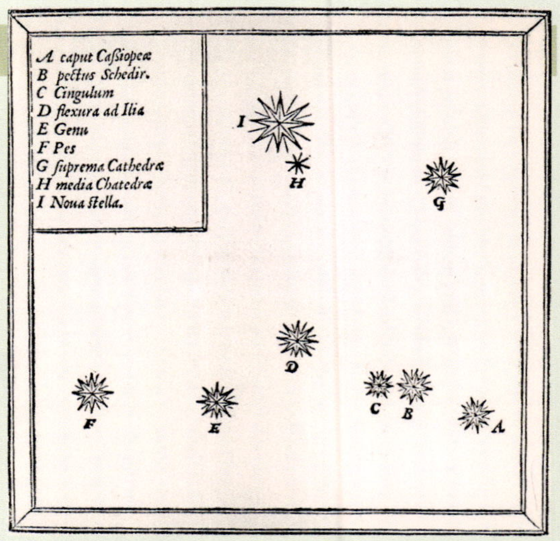

Neuer Stern

1572 entdeckte der dänische Astronom Tycho Brahe einen besonders hellen Stern im Sternbild Kassiopeia (auf der Karte markiert). Er wird heute als „Supernova" bezeichnet.

Tycho Brahe verlor 1566 in einem Duell einen Teil seiner Nase und musste für den Rest seines Lebens eine Metallprothese tragen.

1620 PILGERVÄTER IN AMERIKA

Die *Mayflower* landete mit etwa 102 puritanischen Pilgervätern aus England in Cape Cod in Massachussetts (USA). Sie wollten eine Kolonie gründen, in der sie ihre Religion frei ausüben konnten. Da sie erst Ende November dort ankamen, starb über die Hälfte von ihnen während des Winters.

Über den Atlantik
Die *Mayflower* legte vollgepackt mit Passagieren und Vorräten für die neue Siedlung von Plymouth in England ab. Die stürmische Überfahrt dauerte 66 Tage.

Erntedankfest
Im ersten Frühling zeigten Indianer den Siedlern, wie man Mais anbaut. Es heißt, die Pilgerväter feierten ihr erstes Erntedankfest zusammen mit den Ureinwohnern.

1614

Indianerfrau

Die Indianerin Pocahontas (oben) heiratet John Rolfe, einen Siedler aus Jamestown in Virginia. Sie soll das Leben von John Smith, dem Gründer der Kolonie, gerettet haben. Sie begleitet Rolfe nach England, wo sie 1617 stirbt.

1615 **1620** **1625**

1613

Erster Romanow

Michail Romanow, ein 16-jähriger *bojar* (Adliger), besteigt den russischen Thron als Michael I. und beendet damit einen langen Bürgerkrieg. Er hat so viel Angst vor der Aufgabe als Zar, dass er in Tränen ausbricht. Russland blüht jedoch unter seiner Herrschaft auf. Er ist der Gründer der Romanow-Dynastie, die Russland bis 1917 regiert.

Diesen juwelenverzierten Reichsapfel hielt Michael bei seiner Krönung.

1618

Religiöse Revolte

Ferdinand, König von Böhmen (Tschechien) und zukünftiger Kaiser des Heiligen Römischen Reichs, versucht seinen protestantischen Untertanen den Katholizismus aufzuzwingen. Als Antwort darauf stürzen sie in Prag zwei seiner Hofbeamten aus dem Fenster. Diese Tat löst den Dreißigjährigen Krieg aus, eine der verheerendsten Epochen der europäischen Geschichte.

Religionskriege in Europa S. 148–149

Die Beamten werden im Prager Schloss aus dem Fenster geworfen.

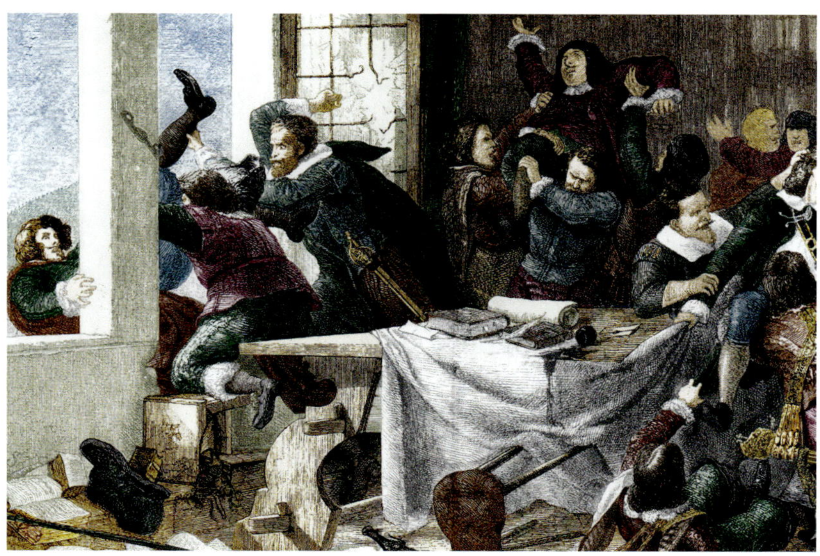

Galilei vor dem Gericht der römischen Inquisition

Galileis Prozess

1633 stand der italienische Astronom Galileo Galilei vor dem Inquisitionsgericht in Rom. Er war angeklagt, gegen die Lehren der Kirche verstoßen zu haben. Galilei war nämlich der Meinung, dass die Erde nicht das Zentrum des Universums ist, sondern mit anderen Planeten um die Sonne kreist. Aus Angst vor der Todesstrafe sagte Galilei öffentlich aus, dass die Erde still stehe. Danach soll er jedoch leise gemurmelt haben: „Und sie bewegt sich doch." Er verbrachte den Rest seines Lebens zu Hause unter Arrest.

„Ich glaube nicht, dass derselbe Gott, der uns Sinne, Vernunft und Verstand gab, uns ihren Gebrauch verbieten wollte."

Galileo Galilei in einem Brief von 1615

Japan in der Edo-Zeit

1603 verlegte der erste Tokugawa-Shogun Ieyasu die japanische Hauptstadt nach Edo, das heutige Tokio. Damit begann eine Zeit politischer und sozialer Stabilität, die 250 Jahre dauerte. Die Shogune (oberste Generäle) übten strenge Kontrolle über die *daimyo* (Feudalherren) aus. In der Edo-Zeit blühten Kunst und Kultur, aber zugleich schottete sich Japan auch vom Rest der Welt ab.

Edo-Gesellschaft

Die Feudalhierarchie der Edo-Gesellschaft war sehr streng. Es war unmöglich, von einer Klasse in eine andere zu gelangen. Der Kaiser war das Staatsoberhaupt. Er war von Hofadligen umgeben. Die wahre Macht besaßen aber die Shogune, die die 200 *daimyo* und den Rest der Bevölkerung kontrollierten. Handwerker und Kaufleute lebten in den Städten, die Bauern auf dem Land. Unterhaltungskünstler, Bettler und Bestatter waren gesellschaftliche Außenseiter.

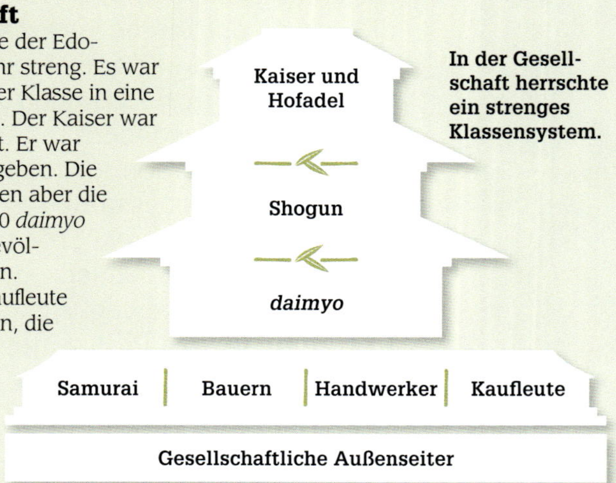

In der Gesellschaft herrschte ein strenges Klassensystem.

Fließende Welt

Die Reichen in den Städten der Edo-Zeit pflegten einen Lebensstil, den sie *ukiyo* (fließende Welt) nannten. Sie liebten Kultur und ließen sich von Musikern, Sumo-Ringern, Schauspielern und Geishas (professionelle Unterhaltungskünstlerinnen; rechts) unterhalten.

Samurai

Die Kriegerklasse der Samurai trug Helme wie diesen. Sie durften auch als Einzige Schwerter (*daisho*) tragen. Sie waren ihrem *daimyo* gegenüber völlig loyal und lebten nach einem Ehrenkodex, dem *bushido* oder „Weg des Kriegers". Da es in der Edo-Zeit keine Kriege gab, wurden viele von ihnen Gelehrte oder hochrangige Verwaltungsbeamte für ihren *daimyo*.

Ehrenkodex

Der Samurai soll:

★ einfach leben
★ ehrlich sein
★ seine Eltern respektvoll und freundlich behandeln
★ mit Schwert und Bogen umgehen können
★ sich körperlich fit halten
★ dem *daimyo* gegenüber bedingungslos loyal sein
★ lieber *seppuku* (rituellen Selbstmord) begehen als ehrlos vom Schlachtfeld zu fliehen oder gefangen genommen zu werden.

Chronik

1600
Tokugawa Ieyasu gewinnt die Schlacht von Sekigahara und übernimmt die Macht in Japan. Damit endet nach 50 Jahren die kriegerische Zeit der Streitenden Reiche.

1603
Der Kaiser verleiht Tokugawa Ieyasu den Titel eines Shogun. Ieyasu macht das kleine Fischerdorf Edo (Tokio) zu seiner Hauptstadt.

1609
Die Holländer gründen einen Handelsposten in Hirado, Nagasaki. Außerhalb des Hafens dürfen sie jedoch keinen Handel treiben.

1612
Ieyasu verhängt einen Bann über japanische Christen. Sie müssen fliehen oder sterben. Der Bann wird 1657 wieder gelockert.

1615
Die Tokugawa zerstören die Osaka-Hochburg des Toyotomi-Klans, des letzten mächtigen Gegners des neuen Regimes.

Tokugawa Ieyasu
Tokugawa Ieyasu wurde 1543 geboren und stieg zur Zeit der Klan-Kriege im 16. Jh. zum *daimyo* auf. Im Lauf von 43 Jahren schlug er 90 Schlachten. Nach der Schlacht von Sekigahara erlangte er die Macht über Japan und wurde drei Jahre später Shogun.

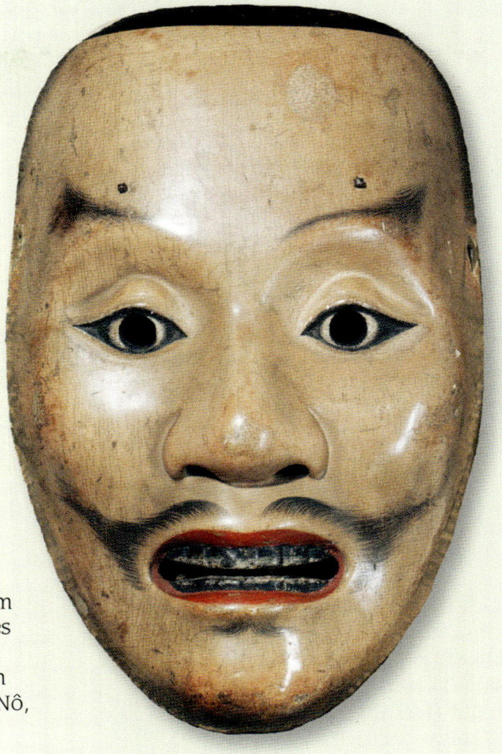

Maske einer Nô-Figur (Samurai)

Theater
Das traditionelle Nô-Theater, bei dem die Schauspieler kunstvolle Masken trugen, gab es in Japan schon seit dem 14. Jh. In der Edo-Zeit kam das Kabuki, eine Art komisches Tanztheater, in Mode. Zuerst wurden alle Rollen von Frauen gespielt, doch bald, wie beim Nô, nur noch von Männern.

„Wenn du deinen Feind kennen willst, musst du zuerst sein Freund werden."

Tokugawa Ieyasu

Edo-Kunst

In der friedlichen Edo-Zeit blühten Kunst und Kultur in Japan. Dichter, Maler und Handwerker schufen Werke von großer Schönheit, die heutzutage in aller Welt hoch geschätzt werden.

Imari
Ab Mitte des 17. Jh. wurde in Japan exquisites Porzellan, sogenanntes *imari*, hergestellt. Es war bunt und oft mit Gold verziert.

Netsuke
Die Männer trugen persönliche Dinge in kleinen Behältern, die sie mit *netsuke*, kleinen, schön geschnitzten Figuren, an ihren Gewändern befestigten.

Inro
Die Behälter, die mit *netsuke* befestigt wurden, hießen *inro*. Es waren mehrteilige Lackdosen, die von Schnüren gehalten wurden.

1635
Der Shogun kontrolliert die *daimyo*, indem er sie dazu verpflichtet, mehrere Monate im Jahr in Edo zu leben.

1637
Über 40 000 christliche Bauern werden während des Shimabara-Aufstands von den Truppen des Shogunats getötet.

1639
Alle Westeuropäer außer den Holländern dürfen Japan nicht mehr betreten. Die Holländer werden auf eine kleine Insel vor Nagasaki verbannt.

1688
Beginn der Genroku-Jahre, der schönsten Zeit der Edo-Epoche, als Kunst und Unterhaltung in den Städten blühen.

Geisha

1868
Nachdem Japan wieder für Ausländer geöffnet wird, tritt der letzte Tokugawa-Shogun zurück. Das ist das Ende der Edo-Zeit.

1625 ▸ 1650

Tulpenwahn
Tulpen aus Asien kamen in den Niederlanden groß in Mode. Der Preis für Tulpenzwiebeln stieg ins Unermessliche und stürzte dann plötzlich ab. Käufer, die ihr Haus verpfändet hatten, um Tulpenzwiebeln zu kaufen, verloren ihr gesamtes Hab und Gut.

EXERCITATIO
ANATOMICA DE
MOTV CORDIS ET SANGVINIS IN ANIMALIBVS,
GVILIELMI HARVEI ANGLI,
Medici Regii, & Professoris Anatomiæ in Collegio Medicorum Londinensi.
FRANCOFVRTI,
Sumptibus GVILIELMI FITZERI.
ANNO M. DC. XXVIII.

Der höchste Preis für eine einzige Tulpenzwiebel lag 1637 bei 5500 Gulden. Das Jahresgehalt eines Handwerkers waren etwa 250 Gulden.

1628

Blutkreislauf
Nach Jahren der Forschung veröffentlicht der englische Arzt und Anatom William Harvey ein Werk, das zeigt, wie das Herz das Blut durch den Körper pumpt – ein wichtiger Durchbruch in der Geschichte der Medizin.

Religionskriege in Europa
S. 148–149

1631

Sieg der Schweden
Schwedens König Gustav II. Adolf greift auf protestantischer Seite in den Dreißigjährigen Krieg ein. 1631 erringt er in der Schlacht bei Breitenfeld einen großen Sieg über die kaiserliche Armee. Ein Jahr später fällt er in der Schlacht bei Lützen.

1625 | **1630** | **1635**

1626

Neu-Amsterdam
Der holländische Seefahrer Peter Minuit kauft den Indianern die Insel Manhattan für 64 Gulden ab und tauft sie Neu-Amsterdam. Als die Engländer die Insel 1664 übernehmen, nennen sie sie New York.

1637

Großer Denker
Der französische Philosoph René Descartes (1596–1650) veröffentlicht sein einflussreiches Werk *Abhandlung über die Methode*. Descartes' Ausgangspunkt ist, an allem zu zweifeln, selbst an seiner eigenen Existenz. Da er aber fähig ist zu zweifeln, schließt er daraus, dass er existieren muss.

„Ich denke, also bin ich."
René Descartes

Minuit tauscht Waren gegen die Insel Manhattan ein.

René Descartes

Edo-Zeit
S. 156–157

1639 Japanische Isolation

Die Tokugawa-Shogune in Japan sind so fremdenfeindlich, dass sie Christen verbannen und den Handel mit Ausländern einschränken. Von 1639–1853 bricht Japan alle Kontakte zum Rest der Welt ab. Japaner dürfen nicht mehr ins Ausland reisen und Ausländer lediglich eine kleine Insel vor Nagasaki betreten.

1616–1642 DIE HOLLÄNDER IM PAZIFIK

1616 segelte eine holländische Expedition an der Südspitze Südamerikas vorbei vom Atlantik in den Pazifik. Sie nannten die Spitze Kap Hoorn. Als erste Europäer erkundeten sie außerdem den Pazifik von ihrer javanischen Handelsbasis in Batavia (Djakarta) aus. Sie hofften, einen Kontinent voller Reichtümer zu entdecken.

Die Reise von Abel Tasman
1642 segelte der holländische Seefahrer Abel Tasman weiter nach Süden als je ein Mensch zuvor. Er verpasste die Küste Australiens, stieß jedoch auf eine Insel, die nach ihm Tasmanien genannt wurde. Er sichtete auch eine Küste, die er nach der holländischen Provinz Neuseeland taufte.

Terra Australis
Europäische Karten gingen davon aus, dass es im Süden einen großen Kontinent gab, der als Terra Australis (grün dargestellt) bezeichnet wurde. Die Holländer entdeckten ihn im 17. Jh., hielten ihn jedoch für zu öde, um Terra Australis zu sein, und nannten ihn Neu-Holland.

1640 · 1645 · 1650

1642 Bürgerkrieg

In England verschlechtern sich die Beziehungen zwischen König Charles I. und dem Parlament so sehr, dass ein Bürgerkrieg ausbricht. Nach ersten Erfolgen werden die Königstreuen besiegt. 1649 wird Charles wegen Hochverrats angeklagt und hingerichtet. England wird unter Oliver Cromwell zur Republik.

1644 Das Ende der Ming

Die Ming-Dynastie endet, als Mandschu-Stämme aus dem Norden in China einfallen. Sie krönen den sechsjährigen Shunzhi zum ersten Kaiser der Qing-Dynastie.

Qing-China
S. 166–167

1648 Der Krieg ist aus

Nach vierjährigen Verhandlungen beendet der Westfälische Friedensvertrag den Dreißigjährigen Krieg. Fast ein Drittel der deutschen Bevölkerung ist entweder an den Kriegsfolgen oder an Seuchen gestorben.

König Charles I. wird vor dem Whitehall-Palast enthauptet.

Petersdom
Die große Basilika St. Peter in Rom wurde 1626 nach 120 Jahren Bauzeit fertiggestellt. Die Bauarbeiten hatten 1506 begonnen. Der Platz davor, ein Meisterwerk barocker Stadtarchitektur, wurde 1667 fertig.

Die Kuppel des Petersdoms misst 42,34 m im Durchmesser.

Das Mogul-Reich

Das Mogul-Reich wurde von Babur, einem muslimischen Nachfahren des Mongolen-Kaisers Dschingis Khan, in Indien gegründet. In dieser Zeit entstanden einige der schönsten Monumente des Landes. Seine Blütezeit erlebte es unter den Kaisern Akbar, Jahangir, Shah Jahan und Aurangzeb zwischen 1556 und 1707. Nach Aurangzebs Tod zerfiel das Reich, doch es hinterließ ein reiches Erbe an prächtiger Architektur und islamischer Kunst.

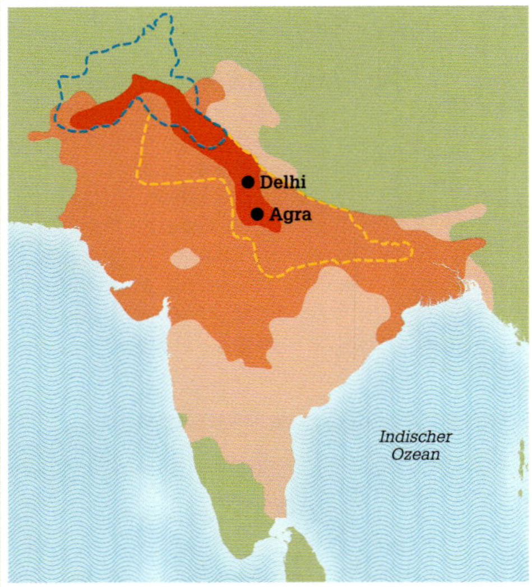

Ausdehnung des Reichs
Als Babur das Mogul-Reich gründete, war es nur ein kleines Gebiet in Nordindien. Er eroberte mehr Land, aber das ging während der Herrschaft seines Sohns Humayun wieder verloren. Humayuns Sohn Akbar gelang es, das Reich zu vergrößern. Seine größte Ausdehnung erreichte es unter Akbars Urenkel Aurangzeb.

- Baburs Land
- Baburs Eroberungen
- Akbars Land
- Akbars Eroberungen
- Aurangzebs Eroberungen

Tadsch Mahal
Die Mogule borgten sich Ideen der osmanischen, persischen, islamischen und indischen Architektur und schufen daraus ihren eigenen Stil. Das vielleicht schönste Beispiel für Mogul-Architektur ist das Tadsch Mahal in Agra. Shah Jahan ließ es als Grabmal für seine Frau Mumtaz Mahal erbauen, die bei der Geburt ihres vierzehnten Kindes starb.

Tadsch Mahal

- Der Bau begann 1632 und dauerte über 20 Jahre.
- Mehr als 20 000 Arbeiter waren mit dem Bau beschäftigt.
- 1000 Elefanten schleppten Steine zur Baustelle.
- Das Gebäude ist absolut symmetrisch.
- Der Marmor ist mit Edel- und Halbedelsteinen wie Jade, Türkis und Saphir eingelegt.

Chronik

1526
Babur marschiert nach Nordindien und besiegt den Sultan von Delhi in der Schlacht bei Panipat. Danach gründet er das Mogul-Reich.

1540
Baburs Sohn Humayun muss für 17 Jahre ins Exil, weil eine feindliche Dynastie die Macht ergreift. Er erhält den Thron 1555 zurück, gibt ihn aber an seinen Sohn Akbar weiter.

1571
Akbar baut bei Agra in Uttar Pradesh seine neue Hauptstadt Fatehpur Sikri. Unter Akbar dehnt sich das Reich enorm aus.

Gebäude in Fatehpur Sikri

1613
Kaiser Jahangir erlaubt der britischen Ostindien-Kompanie, in Surat an der indischen Westküste eine Fabrik oder ein Lagerhaus zu errichten.

Mogul-Stoffe
Das Mogul-Reich war berühmt für seine prachtvoll gefärbten und bedruckten Stoffe, die in Europa sehr begehrt waren. Einige indische Wörter für Stoffe oder Kleidung (wie „Pyjama") fanden Eingang in die deutsche Sprache.

Kaiserhof und Regierung
Die Moguln konnten deshalb den indischen Subkontinent regieren, weil sie ehemals unabhängigen Fürsten Posten in der Regierung anboten. Der Hof des Kaisers war sehr prächtig. Der Herrscher selbst saß auf einem Pfauenthron.

Akbar sitzt auf dem Pfauenthron.

Mogul-Kaiser

Babur (1526–1530)
Babur liebte Gärten und die Jagd. Er gründete das Reich 1526 nach seinem Sieg über den Herrscher Nordindiens.

Jahangir (1605–1627)
Jahangir galt als großer Kaiser, aber die wahre Machthaberin war seine Ehefrau Nur Jahan.

Shah Jahan (1627–1658)
Seiner Leidenschaft für Prachtbauten verdankt Indien einige seiner schönsten Monumente.

Elefant in Rüstung
Das Mogul-Reich wurde durch siegreiche Schlachten erweitert und in seiner Macht bestätigt. Das Heer verfügte über Elefanten, die dazu ausgebildet waren, die feindlichen Soldaten anzugreifen und niederzutrampeln. Sie waren durch eine Rüstung geschützt, die es fast unmöglich machte, sie anzugreifen. Bei manchen waren sogar Schwerter oder Keulen an den Rüssel gebunden.

1632
Shah Jahan beginnt in Agra zum Andenken an seine Frau das Tadsch Mahal zu bauen. Das Mogul-Reich ist auf dem Höhepunkt seiner Macht.

Shah Jahans Frau Mumtaz Mahal

1707
Der letzte große Mogul-Kaiser Aurangzeb stirbt. Das Reich wird von Aufständen erschüttert und beginnt rasch zu zerfallen.

1739
Der persische Herrscher Nadir Shah erobert Delhi und stiehlt den Pfauenthron. Er zieht sich zwar wieder zurück, aber die Macht des Mogul-Reichs ist erloschen.

1857
Der letzte Mogul-Kaiser Bahadur Shah II. wird von den Briten abgesetzt, weil er den indischen Aufstand unterstützt hat.

1650 ▸ 1675

1654

Schwedische Wechsel

Königin Christina von Schweden dankt ab und wird Katholikin. Schweden erreicht unter ihrem Cousin und Nachfolger Karl X. Gustav und nach erfolgreichen Kriegen gegen Dänemark und Polen-Litauen seine größte Ausdehnung.

Schweden unter Karl X. Gustav

Kaffeehäuser

Kaffee, der durch den Handel mit dem Osmanischen Reich nach Europa gelangt war, kam in Wien, Paris und London in Mode. Überall öffneten Kaffeehäuser, in denen Männer den ganzen Tag über Geschäft und Politik diskutierten.

Kaffeebohnen

König Charles II.

1658

Mogul-Morde

Aurangzeb, der letzte große Mogul-Herrscher, ernennt sich zum Kaiser, nachdem er seinen Vater Shah Jahan hat gefangen nehmen lassen. Er beseitigt auch seine drei Brüder. Zwei werden enthauptet, den dritten lässt er ermorden.

1660

Zurück zur Monarchie

Nach Oliver Cromwells Tod 1658 herrscht in England Chaos. 1660 kehrt der Sohn von Charles I. aus dem Exil zurück und wird König Charles II. Als Erstes lässt er alle Männer hinrichten, die das Todesurteil für seinen Vater unterzeichnet hatten.

1650 1655 1660

1652

Kapstadt

Holländische Siedler erreichen die Küste Südafrikas und gründen dort eine Versorgungsstation für Handelsschiffe auf dem Weg von und nach Ostindien. Zu dem Zeitpunkt lebt dort das Volk der Khoikhoi, die Schafe und Rinder züchten. Aus dem holländischen Außenposten wird später Kapstadt.

1638–1715 LUDWIG XIV.

Ludwig XIV. wurde 1643 schon mit vier Jahren König von Frankreich. Nach dem Tod seines ersten Ministers Kardinal Mazarin nahm er die Regierungsgeschäfte 1661 allein in die Hand. Ludwig war ein Freund der Künste, er reformierte das Rechtssystem und vergrößerte den Einfluss Frankreichs auf Europa und die Neue Welt. Er regierte 72 Jahre lang.

Der Sonnenkönig

Ludwig XIV. erhielt den Beinamen *le Roi Soleil* (der Sonnenkönig), nachdem er in jungen Jahren in einem Ballett als Sonnengott Apoll aufgetreten war. Durch zahllose Kriege machte er Frankreich zur führenden Nation, aber auch arm.

Das Schloss von Versailles

Luwig ließ in Versailles, außerhalb von Paris, ein riesiges Schloss bauen. Es war verschwenderisch ausgestaltet, mit einem Spiegelsaal (oben) als zentraler Galerie. Ludwig wollte, dass alle Adligen dort lebten, damit er sie im Auge behalten konnte.

1665–1676 LEBEN UNTER DEM MIKROSKOP

Wissenschaftler experimentierten damals mit Linsen. 1665 veröffentlichte der Engländer Robert Hooke die erstaunlichen Beobachtungen, die er mit seinem Mikroskop machte, in einem Buch namens *Micrographia*. Der Holländer Antonie van Leeuwenhoek stellte Linsen mit 250-facher Vergrößerung her. Damit sah er als Erster Bakterien, die er „animalcula" nannte.

Verbundmikroskope
Verbundmikroskope haben mehr als eine Linse. Hooke verbesserte sie, indem er das Licht einer Öllampe durch eine durchsichtige Wasserflasche leitete, um damit die Objekte zu beleuchten.

Nachbau von Hookes Mikroskop

Überlebensgroß
In *Micrographia* zeigte Hooke große, detaillierte Zeichnungen der winzigen Objekte, die er unter dem Mikroskop gesehen hatte, wie z. B. Flöhe.

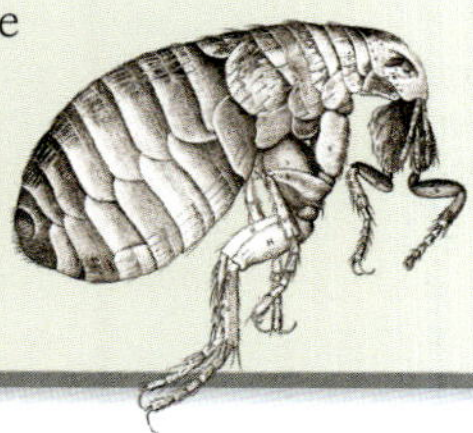

1674
Hindu-König
1674 wird der Kriegsführer Shivaji aus Maharashtra im Westen Indiens, ganz im Stil und der Tradition eines Hindu-Königs gekrönt. Er gründet den Staat Maratha, der zum Rivalen des Mogul-Reichs wird.

1665 1670 1675

1663
Immerwährender Reichstag
Im Heiligen Römischen Reich (Deutschland und umliegende Gebiete) stellt die Habsburger-Dynastie den Kaiser. Doch er darf nicht allein regieren: Kurfürsten, Erzbischöfe und Reichsstädte haben ein Mitbestimmungsrecht. Sie treffen sich in Regensburg zum Reichstag – bis 1806.

1666
London in Flammen
Drei Tage lang wütet in London ein Feuer. Fast alle Gebäude innerhalb der alten Stadtmauer werden zerstört. Ein weiterer Schicksalsschlag, nur ein Jahr nachdem die Pest 100 000 Todesopfer gefordert hatte.

Über 88 Kirchen, darunter auch die St.-Pauls-Kathedrale, wurden bei dem Feuer in London zerstört.

Die Londoner bringen sich mit Booten über die Themse vor dem Großen Feuer in Sicherheit.

1675 ▸ 1700

„Auf jede Reaktion erfolgt eine Gegenreaktion."

Isaac Newton

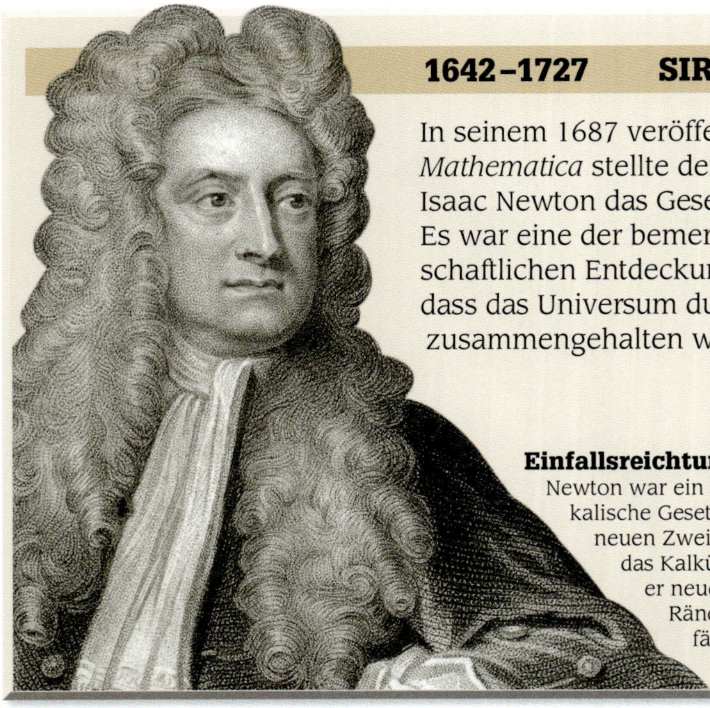

1642–1727 SIR ISAAC NEWTON

In seinem 1687 veröffentlichten Werk *Principia Mathematica* stellte der englische Physiker Isaac Newton das Gesetz der Schwerkraft auf. Es war eine der bemerkenswertesten wissenschaftlichen Entdeckungen, denn es erklärte, dass das Universum durch die Schwerkraft zusammengehalten wird.

Einfallsreichtum
Newton war ein Genie, das viele physikalische Gesetze aufstellte und einen neuen Zweig der Mathematik erfand, das Kalkül. Außerdem entwickelte er neue Münzen mit gekerbten Rändern, die schwieriger zu fälschen waren.

Die Lehre vom Licht
Dieses Teleskop ist ein Nachbau des Teleskops, das Newton 1670 anfertigte. Er verwendete konkave Spiegel anstatt Linsen, um das Licht einzufangen und zu bündeln. Newton fand auch heraus, dass weißes Licht aus allen Farben des Spektrums besteht.

1675 — 1680 — 1685

Armer Dodo
Der Dodo war ein großer, flugunfähiger Vogel, der nur auf der Insel Mauritius vorkam. Durch eingeschleppte Tiere (Ratten, Schweine und Affen) wurde er bis 1690 völlig ausgerottet.

1683

Belagerung von Wien

Ein osmanisches Heer belagert Wien, wird jedoch von einem Heer des polnischen Königs Johann Sobieski vertrieben. Diese Niederlage markiert das Ende der osmanischen Expansionsbestrebungen. 1697 werden die Osmanen aus ganz Mitteleuropa verjagt.

1685

Flucht der Hugenotten

Als Ludwig XIV. das Edikt von Nantes, das Religionsfreiheit gewährt, widerruft, fliehen Tausende von Hugenotten aus Frankreich. Viele davon sind gute Handwerker, die sich in England, Holland und Preußen niederlassen.

Osmanische Truppen belagern Wien.

1688

Pfälzischer Erbfolgekrieg

Ein Heer Ludwigs XIV. fällt ins Rheinland ein und löst damit einen Krieg aus, der neun Jahre andauert. Alle europäischen Mächte gehen schließlich gemeinsam gegen Frankreich vor und zwingen Ludwig, Eroberungen aufzugeben, die er schon früher in Ost- und Nordfrankreich gemacht hat.

1688

Revolution in England

Die katholikenfreundliche Politik von James II. von England verärgert seine protestantischen Untertanen. Sie bitten Wilhelm III. von Oranien (rechts), der mit James' Tochter verheiratet ist, um militärische Unterstützung. James muss schließlich das Land verlassen. Wilhelm III. und seine Frau Maria II. werden das neue Königspaar von England.

1697

August der Starke

Der sächsische Kurfürst Friedrich August I., genannt der Starke, wird unter dem Namen August II. auch König von Polen. Wie Ludwig der XIV. von Frankreich ist er ein absolutistischer Herrscher, der sich allmächtig fühlt und seine Macht durch Prunk und Luxus demonstriert.

1694

Rechenmaschine

Der deutsche Mathematiker Gottfried Wilhelm Leibniz baut eine mechanische Rechenmaschine, die mithilfe einer Staffelwalze betrieben wird. Sie ist die erste Maschine, die addieren, subtrahieren, multiplizieren und dividieren kann. Dennoch werden davon nur drei Geräte gebaut.

Moderner Nachbau des Staffelwalzen-Rechners

1690 — 1695 — 1700

1690

Vertrag von Nertschinsk

Um 1650 hat sich das russische Reich bis zum Amur an der Grenze zu China ausgedehnt. 1690 schließt China einen Vertrag mit Russland, in dem es die gemeinsame Grenze anerkennt. Russland darf sich nicht mehr weiter ausdehnen, erhält aber die Erlaubnis, Handelskarawanen nach Peking zu schicken.

1692

Hexenjagd in Salem

In der kleinen Stadt Salem in Massachusetts (USA) bricht eine Massenhysterie aus, als einige junge Frauen behaupten, vom Teufel besessen zu sein. Drei Frauen werden der Hexerei angeklagt und erhängt. Die Hexenprozesse enden im Mai 1693, nachdem weitere 18 Frauen und ein Mann zum Tod verurteilt worden sind.

Kurfürst Friedrich Wilhelm brachte 20 000 Hugenotten dazu, sich in Preußen niederzulassen, indem er ihnen Sonderrechte einräumte.

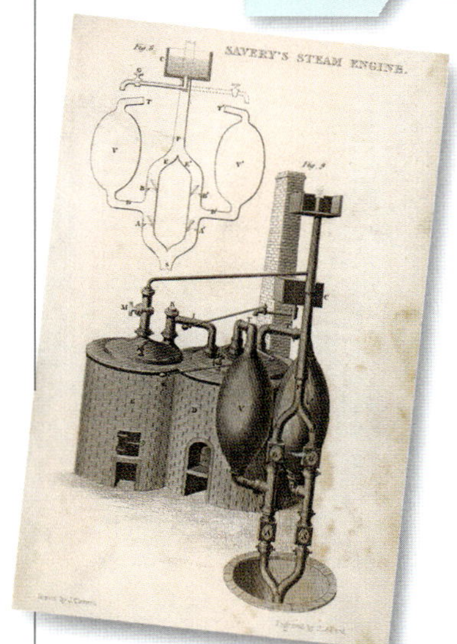

Die erste kommerziell erfolgreiche Dampfmaschine

1698

Volldampf voraus

Der englische Ingenieur Thomas Savery lässt sich eine Dampfmaschine patentieren, mit der Wasser aus Minen gepumpt werden soll. Wegen der Explosionsgefahr kann sie unter der Erde nicht eingesetzt werden, findet aber bei der Wasserversorgung der Städte Verwendung.

Qing-China

1644 wurde die chinesische Ming-Dynastie durch einen Aufstand gestürzt, der zu einem Einfall der Mandschuren aus dem Norden führte. Die Mandschuren brachten ihre eigene Sprache und Kultur nach China mit. Sie arbeiteten jedoch mit den Han-Chinesen zusammen und schufen ein stabiles Reich, das sich unter ihrer Herrschaft verdreifachte. Ende des 18. Jh. war China der reichste Staat der Welt.

Der Kaiser
Die Qing-Kaiser waren sehr an der Wirtschaft und Regierung ihres Reichs interessiert. Im Gegensatz zu den Ming-Kaisern, die vor ihnen regiert hatten, unternahmen sie ausgedehnte Touren durch die chinesischen Provinzen, fern von der Verbotenen Stadt in Peking. Dabei ließen sie sich von Hofbeamten, die mit ihnen reisten, über die Staatsgeschäfte auf dem Laufenden halten.

Drei große Kaiser

Die Qing-Dynastie währte bis zum Beginn des 18. Jh. Ihre Blütezeit erlebte sie unter drei Kaisern zwischen 1661 und 1796.

Kangxi (1661–1722)
Kangxi wurde schon mit sieben Jahren Kaiser. Seine Herrschaft, die 61 Jahre dauerte, war eine Zeit der Expansion und des Wohlstands.

Yongzheng (1722–1735)
Nach Kangxis Tod kam sein vierter Sohn auf den Thron. Yongzheng war ein starker Herrscher, der die Korruption bekämpfte und die Regierung reformierte.

Qianlong (1735–1796)
Qianlong war nicht nur ein guter Militärführer, sondern auch Maler und Dichter. Er regierte 61 Jahre lang und gab seinen Thron drei Jahre vor seinem Tod mit 88 Jahren auf.

Jadeschnitzerei
Der Wohlstand im Reich ließ Kunst und Handwerk blühen. Neben den traditionellen Künsten wie der Jadeschnitzerei (rechts) entwickelten sich auch neue Techniken wie Glasherstellung und Porträtmalerei.

Chronik

1616
Der Klan-Führer Nurhaci eint das Volk der Mandschuren (aus der heutigen Mandschurei im Nordosten Chinas) und gründet die Qing-Dynastie.

1644
Die Qing erobern Peking und stürzen die Ming-Dynastie, die China seit 1368 regiert.

1645
Alle männlichen Han-Chinesen müssen als Zeichen der Unterwerfung unter die Mandschuren einen Zopf tragen.

Chinese mit Zopf

1673
Drei Ming-Generäle lösen eine Rebellion in Südchina aus, die acht Jahre anhält.

Der kaiserliche Hofstaat um Kangxi in der Stadt Kiang-Han (1699)

China und der Silberhandel

Im 18. Jh. war China so groß, dass es alles selbst herstellen konnte, bis auf Silber, das es für Münzen benötigte. Damals waren die spanischen Kolonien Mexiko und Peru die größten Silberlieferanten. Sie brachten das Silber auf Schiffen nach Kanton (Guangzhou) in Südchina und tauschten es dort gegen Seide, Porzellan und Tee ein, die in Europa heiß begehrt waren.

Der Hafen von Kanton zur Kaiserzeit

„Behalte dein Haar und verliere deinen Kopf, oder behalte deinen Kopf und schneide dein Haar.“

Spruch der Qing über das Haareschneiden

Frisur und Füße

Die Qing zwangen den Han-Chinesen ein paar ihrer eigenen Vorstellungen auf, ließen aber andere Traditionen bestehen.

★ Jeder Han-Chinese musste sich das Haar am Vorderkopf abrasieren und am Hinterkopf einen langen Zopf tragen. Tausende Männer wurden getötet, weil sie sich diesem Befehl widersetzten.

★ Seit Jahrhunderten wurden den chinesischen Mädchen von klein auf die Füße eingebunden, weil man kleine Füße schöner fand. Das war sehr schmerzhaft und erschwerte das Laufen. Die Qing hielten diesen Brauch für barbarisch, verboten ihn jedoch nicht.

Schuhe für eingebundene Füße aus der späten Qing-Dynastie

Die größte Büchersammlung

Qianlong wollte die größte Bibliothek in der Geschichte Chinas erschaffen.

★ Die Arbeit an den Büchern dauerte von 1773 bis 1782. 361 Gelehrte und 3825 Schreiber waren beteiligt.

★ Jedes chinesische Zeichen wurde von Hand geschrieben.

★ Die Bibliothek hieß *Siku Quanshu* (Die vier Schätze des Kaisers).

★ 3641 Werke wurden kopiert. Sie wurden zu 36381 Bänden gebunden, die 79000 Kapitel und 2,3 Mio. Seiten besaßen.

1683

Die Qing erobern die Insel Taiwan. Damit erhält Kaiser Kangxi die Macht über ganz China.

1722

Yongzheng übernimmt nach Kangxis Tod und einem Machtkampf mit seinen Brüdern den Thron.

1724

Das Qing-Reich verleibt sich einen Teil Tibets ein und bringt die tibetische Kultur an den Kaiserhof.

Buddhastatue

1757

Ausländische Kaufleute dürfen sich nur noch in 13 Handelsposten im Hafen von Kanton aufhalten.

1796

Kaiser Qianlong dankt ab und stirbt kurz darauf. Das Reich beginnt zu zerfallen.

1700 ▸ 1725

1701
Sämaschine
Der englische Bauer Jethro Tull erfindet eine Sämaschine, mit der Samen in geraden Reihen ausgesät wird. So geht viel weniger Samen verloren als durch das Aussäen von Hand.

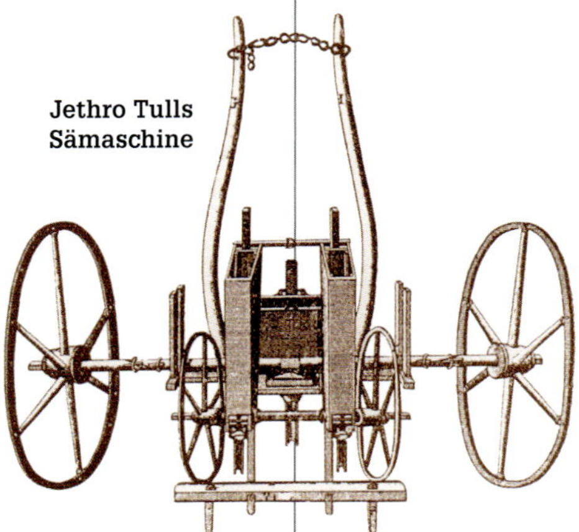

Jethro Tulls Sämaschine

1710
Prächtiges Porzellan
In Meißen, nahe bei Dresden in Sachsen, wird schönes Porzellan hergestellt (links). Zur Freude des sächsischen Kurfürsten August des Starken ist endlich das chinesische Geheimnis der Porzellanherstellung gelüftet. Meißner Porzellan wird in ganz Europa begehrt.

Sklavenhandel S. 200–201

1709
Russischer Sieg
Zar Peter besiegt die Schweden in der Schlacht bei Poltawa. Damit endet der Plan des Schweden Karl XII. in Russland einzufallen. Der Sieg bestätigt Russland als osteuropäische Macht.

1713
Menschenhandel
Der Vertrag, der den spanischen Erbfolgekrieg beendet, gewährt England das Recht, afrikanische Sklaven in die spanischen Kolonien zu liefern. So entsteht ein Handelsdreieck zwischen England, Afrika und der Karibik.

1700 — 1705 — 1710 — 1715

1701
Spanischer Erbfolgekrieg
Philipp von Bourbon, der Sohn Ludwigs XIV. von Frankreich, wird 1700 zum Erben des spanischen Throns ernannt. Ein Jahr später bricht ein Krieg aus, der 14 Jahre dauert, weil das übrige Europa, v.a. Österreich und England, das verhindern will.

Die Schlacht bei Blenheim (1704) bescherte den Franzosen eine schwere Niederlage.

1707
Aurangzebs Tod
Nach 49-jähriger Herrschaft stirbt der Mogul-Kaiser Aurangzeb im Alter von 88 Jahren. Er hat das Mogul-Reich weit in den Süden Indiens ausgedehnt, doch nach seinem Tod beginnt es zu zerfallen.

1716
Spanier in Texas
Die Spanier versuchen verstärkt, sich im Osten von Texas (USA) zu etablieren, um die Ausdehnung der Franzosen von Louisiana aus nach Westen aufzuhalten. Das französische Gebiet, das den Namen Neufrankreich trägt, erstreckt sich zu dieser Zeit von der Hudson Bay im Norden bis zum Golf von Mexiko im Süden. Den Spaniern gelingt es jedoch, ein *presidio* (befestigte Garnison) in San Antonio zu errichten.

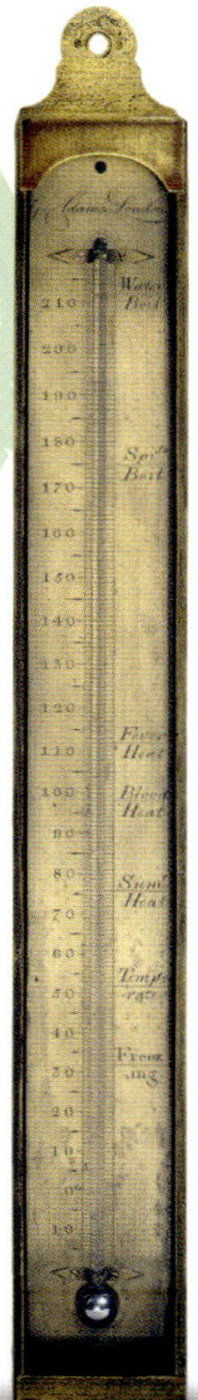

Thermometer
Der deutsche Physiker Daniel Gabriel Fahrenheit erfand 1714 ein Quecksilber-Thermometer mit einer genormten Skala. Dieses alte Exemplar besitzt eine Skala, die von –13 bis +217 Grad Fahrenheit (–25 bis +102 °C) reicht.

1722

Osterinsel
Der holländische Entdecker Jacob Roggeveen stößt im Pazifik zufällig auf eine Insel. Weil gerade Ostern ist, nennt er sie Osterinsel. Auf Rapa Nui, wie die Inselbewohner sagen, gibt es keine Bäume mehr und nur noch 2000 Bewohner. Erosion, Kriege und Nahrungsknappheit haben fast die ganze polynesische Bevölkerung ausgelöscht.

1720

1725

Geigenbauer
Zwischen 1700 und 1725 baute der Italiener Antonio Stradivari Geigen von überragender Qualität, die für ihren einzigartigen Klang weltberühmt wurden. Heute existieren noch 600 dieser „Stradivaris“, die inzwischen unschätzbar wertvoll sind.

1716–1726 DIE PIRATENZEIT

Die spanischen Schatzschiffe in der Karibik waren schon immer das Ziel von Piraten. Anfang des 18. Jh. waren die spanischen Häfen nur schlecht verteidigt und die Piraten verstärkten ihre Angriffe. Es gab damals mindestens 2400 Piraten, die Schiffe und Häfen überfielen und überall für Angst und Schrecken sorgten.

Gold-dublonen

Golddublonen
Die Spanier prägten mit dem Gold und Silber aus der Neuen Welt Gold- und Silberdublonen, die bevorzugte Beute der Piraten. Eine Golddublone war für einen Matrosen der Lohn für sieben Wochen Arbeit. Silberdublonen waren weniger wertvoll.

Blackbeard
Der englische Pirat Blackbeard (links) soll sich qualmende Lunten unter den Hut geschoben haben, um seine Gegner zu erschrecken. Er terrorisierte die Karibik zwei Jahre lang, ehe er 1718 im Nahkampf auf dem Deck seines Schiffs getötet wurde. Sein echter Name war Edward Teach.

Piratinnen
Nicht alle Piraten waren Männer. Die Irin Anne Bonny (rechts) gehörte 1718 zur Crew des Piratenkapitäns Calico Jack. Sie war eine ausgezeichnete Piratin und soll sich wie ein Mann gekleidet, gekämpft und geflucht haben.

Blackbeard kaperte als Pirat 40 Schiffe.

Russlands Aufstieg

Im 17. Jh. breiteten sich russische Siedlungen an den großen sibirischen Flüssen vom Uralgebirge nach Osten aus. 1639 erreichten die Russen den Pazifik. Der Handel mit Pelzen sorgte für Wohlstand, doch im Vergleich zum restlichen Europa war Russland schwach und rückständig. Erst Peter der Große, der 1682 Zar (Kaiser) wurde, konnte Russland in einen modernen Staat verwandeln.

Der große Modernisierer
Zunächst regierte Peter gemeinsam mit seinem Bruder Iwan V. 1696 wurde er Alleinherrscher und begann Russland zu modernisieren. Er reiste durch Europa und besuchte Preußen, Holland und England, um neue Technologien (v. a. im Schiffsbau) kennenzulernen. Zurück in Russland organisierte er das Militär neu und schuf eine starke Seeflotte.

„Ich baute Sankt Petersburg als Fenster, um das Licht Europas hereinzulassen.“

Peter der Große

Kinder spielen in den Straßen von Sankt Petersburg (Ende 18. Jh.)

Sankt Petersburg
Peter wurde in der russischen Hauptstadt Moskau geboren, doch er mochte die Stadt nie. Siege gegen die Schweden verhalfen ihm zu Landbesitz an der Ostsee nördlich von Moskau, wo er 1703 eine neue Stadt, Sankt Petersburg, gründete. Nach einer intensiven Bauperiode konnte er 1712 die Hauptstadt des Reichs schließlich von Moskau nach Sankt Petersburg verlegen.

Die Peter- und Paul-Kathedrale in Sankt Petersburg

Chronik

1632
Russische Pelzhändler gründen in Jakutsk in Sibirien, 4870 km östlich von Moskau, eine befestigte Siedlung.

1670
Stenka Rasin führt einen Kosaken- und Bauernaufstand in Südrussland an.

Stenka Rasin

1696
Peter der Große wird nach dem Tod seines kränklichen Bruders, Iwans V., Alleinherrscher.

1696
Peter der Große erobert die Festung Asow von den Osmanen, verliert sie jedoch 1711 wieder.

1703
Peter der Große gründet am Finnischen Meerbusen, einer Ostseebucht, Sankt Petersburg.

Große Herrscherinnen

Nach Peters Tod 1725 gab es in Russland vier Zarinnen. Es was für die damalige Zeit sehr ungewöhnlich, dass Frauen die Regentschaft innehatten.

Katharina I. (1725–1727)
Die zweite Frau und Witwe Peters des Großen stieg von der litauischen Bauerntochter zur Herrscherin über Russland auf.

Anna (1730–1740)
Die Nichte Peters des Großen brachte die meiste Zeit ihrer Herrschaft mit dem Kampf gegen die Osmanen zu.

Elisabeth (1741–1762)
Die Tochter Peters des Großen ließ in Sankt Petersburg eine wunderschöne Winterresidenz erbauen.

Katharina II. (die Große) (1762–1796)
Die deutsche Prinzessin wurde Russlands größte Herrscherin. Während ihrer langen Regierungszeit wurde Russland eine europäische Großmacht.

Russische Ikonen

Diese russische Ikone (Heiligenbild) aus der Zeit Katharinas der Großen zeigt die Jungfrau Maria mit dem Jesuskind. Die Motive veränderten sich jahrhundertelang kaum und wurden sehr verehrt. Durch die Reformen von Peter dem Großen wurde die russisch-orthodoxe Kirche verstaatlicht.

Weg mit den Bärten!

Die Bojaren, Russlands Erbadel, waren sehr stolz auf ihre Bärte. Im Zuge seiner Modernisierungsmaßnahmen zwang Peter der Große sie, europäische Kleidung zu tragen und den Bart zu rasieren oder eine Bartsteuer zu zahlen.

Peter schneidet den Bart eines Bojaren.

Kosaken

Die Kosaken waren Krieger und Abenteurer. Sie spielten in der russischen Geschichte eine große Rolle.

- Die Kosaken formierten sich ursprünglich in der Ukraine und in Südrussland zum Kampf gegen die Tataren.
- Die Kosaken waren unabhängig. Jede Gruppe wurde von einem gewählten *Ataman* angeführt.
- 1670–1671 führte der Kosake Stenka Rasin einen Aufstand gegen Russland an. Er wurde hingerichtet, gilt aber heute als Nationalheld.
- Die Kosaken wurden später als Soldaten zur Bewachung der Grenzen des russischen Reichs herangezogen.

1709
Peter der Große besiegt das schwedische Heer Karls XII. in der Schlacht bei Poltawa.

1718
Alexej, der Sohn Peters des Großen, wird des Verrats beschuldigt und auf Befehl seines Vaters hingerichtet.

1721
Der Frieden von Nystad beendet den Krieg mit Schweden und gewährt den Russen Land an der Ostsee.

1722
Peter der Große schafft die Bojaren ab. Wehrdienst und andere Staatsdienste werden ab sofort bezahlt.

1783
Katharina die Große nimmt die Krim-Region in Besitz und baut einen Hafen am Schwarzen Meer.

1725 ▸ 1750

Bering erlitt 1741 auf seiner zweiten Fahrt nach Alaska Schiffbruch.

1728

Nach Alaska

Der Däne Vitus Bering segelt unter russischer Flagge durch die Meerenge, die Sibirien von Alaska trennt. Sie wird heute nach ihm Beringstraße genannt. 1741 landet er auf verschiedenen Inseln vor Alaska. Er nimmt das gesamte Gebiet für Russland in Besitz.

1739

Delhi

Nader Shah, ein Militärführer, der den letzten Safawiden-Schah von Persien 1736 gestürzt hat, dringt in das Mogul-Reich ein und plündert Delhi in Indien. Er nimmt den Pfauenthron der Mogul-Kaiser und viele andere Schätze mit, wie den Kohinoor-Diamanten, der heute die Krone der englischen Königin schmückt.

1725 — 1730 — 1735 — 1740

1733

Fliegendes Schiffchen

Der Brite John Kay erfindet den Schnellschützen (Schiffchen) für Webstühle, durch den Weber schneller arbeiten können. Diese protestieren jedoch dagegen, weil sie Angst haben, arbeitslos zu werden.

1736

Entdeckung des Gummis

Der französische Entdecker Charles de la Condamine reist zum Amazonas (Südamerika) und sammelt dort Proben von der Milch eines Baums namens *Hevea brasiliensis*. Die Substanz erweist sich als nützlich, um Bleistiftstriche auszuradieren, und erhält den Namen Gummi.

1735

Kaiser Qianlong

Qianlong wird der sechste Kaiser von China. Obwohl er westliche Technologien schätzt, hat der Westen seiner Ansicht nach China nichts zu bieten. Seine Herrschaft ist mit 61 Jahren die längste in der Geschichte Chinas.

1735

Die Natur ordnen

Der schwedische Botaniker Carl Linnaeus veröffentlicht *Systema Naturae* (System der Natur), das erste von drei wichtigen Werken, in denen er Pflanzen und Tiere durch Einteilung in Klassen und Arten beschreibt.

Klassifikation von Fischen in *Systema Naturae*

Russland verkaufte Alaska 1867 für 7,2 Mio. Dollar an die Vereinigten Staaten von Amerika.

Planmäßige Zucht
Die Rasse des englischen Leicester-Schafs wurde von dem Landwirt Robert Bakewell systematisch gezüchtet. Er wollte eine Rasse hervorbringen, die mehr Fleisch gibt als die anderen.

1745 — 1750

1746

Die letzte Schlacht

Prinz Charles Edward Stuart (auch Bonnie Prince Charlie genannt), der Enkel des abgesetzten Königs James II., erhebt Anspruch auf den britischen Thron. Seine schottische Armee wird in der Schlacht bei Culloden (unten) von den Briten vernichtet.

1712–1786 FRIEDRICH DER GROSSE

1740 wurde Friedrich II. nach dem Tod seines Vaters König von Preußen. Kurz nach seiner Thronbesteigung eroberte er die österreichische Provinz Schlesien (heute aufgeteilt unter Polen, Deutschland und Tschechien). Friedrich der Große, wie er auch genannt wird, verwandelte das kleine preußische Reich in eine bedeutende europäische Großmacht.

Komplizierter Charakter

Friedrich regierte Preußen 46 Jahre lang. Er war ein militärisches Genie, liebte aber auch Literatur, Dichtung und Philosophie. Er komponierte Musik für Flöte und schrieb sich mit dem französischen Philosophen Voltaire Briefe. Friedrich führte Reformen ein, war aber trotzdem ein absolutistischer (unumschränkter) Herrscher.

Friedrich der Große im Kampf

Schlesienkriege

Friedrichs Einfall in Schlesien 1740 löste einen europaweiten Krieg aus, der auch Österreichischer Erbfolgekrieg genannt wird und der erst 1748 mit dem Friedensschluss in Aachen beigelegt wurde. Doch der Frieden währte nicht lange. 1756 fiel Friedrich in Sachsen ein, was zum Siebenjährigen Krieg (1756–1763) führte. Preußen, Großbritannien und Hannover kämpften gegen eine Allianz (Verbund) aus europäischen Staaten unter der Führung von Österreich, Frankreich und Russland. Dabei gelang es Friedrich mehrmals, eine Eroberung Preußens zu verhindern.

Preußische Gebiete

Brandenburg und Ostpreußen waren bei Friedrichs Thronbesteigung die beiden größten preußischen Gebiete. Friedrich fügte Ostfriesland und Schlesien hinzu. Den größten Gebietszuwachs erhielt Preußen jedoch nicht durch Kriege, sondern durch die Erste Teilung Polens (1772), durch die ihm Westpreußen zugesprochen wurde.

„Das kühnste und größte Unterfangen, das ein Prinz meines Hauses je unternommen hat."

Friedrich der Große über die Eroberung Schlesiens

Schiffsjungen

Seit den ersten Tagen der Segelschiffe bis ins 19. Jahrhundert konnte ein Knabe schon ab acht Jahren sein Glück auf See versuchen. Schiffsjungen stammten meist aus armen Familien. Sie wurden durch die Aussicht auf Reichtümer oder auf Entdeckungen angelockt. Zwei Schiffsjungen begleiteten Christoph Kolumbus auf seiner Fahrt in die Neue Welt. Schiffsjungen verrichteten die niedrigsten Arbeiten, aber wenn sie sich anstrengten, konnten sie Matrose oder sogar Offizier werden.

Alle Mann an Deck
Ein Kriegsschiff bereitet sich auf den Kampf vor. Man sieht einen kleinen Jungen eine Kanonenkugel schleppen. In Wirklichkeit wäre sie schon für einen Erwachsenen zu schwer.

Pulveraffe

Die kleinsten Schiffsjungen auf einem Kriegsschiff wurden „Pulveraffen" genannt. Sie mussten im Kampf den Nachschub an Schießpulver und Patronen aus dem Schiffsbauch holen. Weil sie so klein waren, wurden sie hinter der Reling vom Feind nicht entdeckt.

Kadetten

Nur die Söhne reicher Familien durften mit 12 bis 14 Jahren als Kadetten die Ausbildung zum Marineoffizier antreten. Sie lernten Karten zu lesen und Berechnungen für die Navigation des Schiffs anzustellen, aber auch, wie man Knoten knüpft. Daneben mussten sie einfache Arbeiten verrichten.

Vom Wal versenkt
1820 wurde der Walfänger Essex *von einem Pottwal versenkt. Der 14-jährige Schiffsjunge Thomas Nickerson gehörte zu den acht Überlebenden, die 90 Tage im Rettungsboot trieben.*

Strenge Disziplin

Für jeden an Bord herrschte strenge Disziplin. Sie war nötig, um die Sicherheit zu wahren und die raue Mannschaft in der Enge an Bord unter Kontrolle zu halten. Für kleinere Vergehen musste ein junger Matrose mehrere Stunden auf einem der Maste sitzen. Schwerere Vergehen wurden mit Schlägen bestraft.

Vom Schiffsjungen zum Admiral

Trotz der Gefahren und der harten Bedingungen bot eine Karriere auf See vielen Jungen Chancen, die sie an Land nicht hatten. Der Held der amerikanischen Revolution, John Paul Jones, z. B. begann mit 13 Jahren seinen Dienst als Schiffsjunge. Isaac Manley, der Schiffsjunge bei Kapitän Cooks erster Fahrt nach Australien, schaffte es sogar bis zum Admiral.

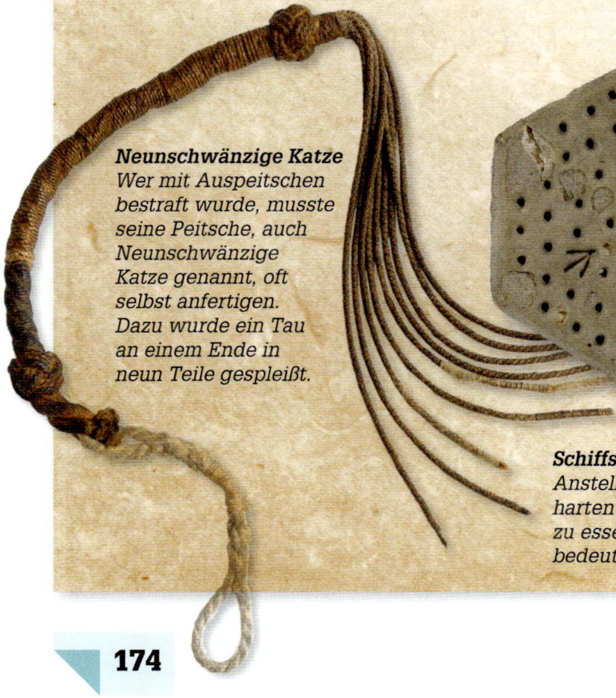

Neunschwänzige Katze
Wer mit Auspeitschen bestraft wurde, musste seine Peitsche, auch Neunschwänzige Katze genannt, oft selbst anfertigen. Dazu wurde ein Tau an einem Ende in neun Teile gespleißt.

Schiffszwieback
Anstelle von Brot gab es auf See nur harten Zwieback aus Mehl und Wasser zu essen. Der Pfeil auf dem Zwieback bedeutet, dass er aus Staatsbesitz stammt.

„Eines Morgens mussten alle Kadetten antreten … Vier von uns wurden nebeneinander an eine der Kanonen gebunden und mit der Neunschwänzigen Katze geschlagen … Manche erhielten sechs Schläge, andere sieben, ich nur drei."

Jeffrey Baron de Raigersfeld,
Das Leben eines Offiziers auf See
(um 1830)

„Ich hatte mich mit einem Jungen angefreundet…, der wie ich das Leben an Bord der **Condor** *als eine Form der Sklaverei empfand.“*

Daniel Weston Hall,
Fahrten in die Arktis: Die Abenteuer eines Jungen aus New Bedford (1861)

Schiffsjunge
Zu den Pflichten eines Schiffsjungen gehörte das Bedienen des Kapitäns und der Mannschaft, das Schrubben des Decks und das Säubern der Hühner- und Schweineställe an Bord. Dieser Junge ist besser angezogen als die andere Schiffsjungen. Die meisten trugen nur Hemd und Hose und keine Schuhe.

1750–1850
Zeit des Wandels

Von 1750 bis 1850 vollzog sich ein radikaler Wandel. Die Arbeitswelt verlagerte sich von den Feldern in die Fabriken, wo neue Techniken die industrielle Revolution antrieben. Die Menschen erklärten die Welt immer mehr mithilfe von Wissenschaft und Vernunft statt mit Religion und Aberglaube. Dieses neue Denken entzündete politische Revolutionen: Das Volk stand auf, um unterdrückerische Regierungen zu stürzen, sich von fremden Mächten zu befreien und ein neues Zeitalter einzuleiten, in dem ein größerer Teil der Bevölkerung mitbestimmen sollte, wer im Land regiert.

1750 ▸ 1760

1752
Blitzenergie
Der amerikanische Politiker und Forscher Benjamin Franklin lässt während eines Gewitters einen Drachen mit einem Metallschlüssel daran steigen. Funken am Schlüssel beweisen, dass Blitze eine Form von Elektrizität sind.

Franklin mit seinem Drachen bei Gewitter

Ein gewaltiger Tsunami folgte auf das Erdbeben von Lissabon.

1755
Erdbeben von Lissabon
Am Morgen des 1. November sucht ein Erdbeben der Stärke 8,5 Lissabon heim. Viele großartige Gebäude werden zerstört, Brände brechen aus und Rauch erfüllt die Luft. Von der Stadt bleiben nur Ruinen übrig und fast 40 000 Menschen verlieren ihr Leben.

„Ich versichere Euch, diese einst so reiche Stadt ist ein einziges Trümmerfeld …“

Ein Augenzeuge des Erdbebens von Lissabon

1750 – 1760

1751
Glänzend und dehnbar
Dem schwedischen Chemiker Axel Frederic von Cronstedt gelingt es erstmals, reines Nickel (ein silberweißes Schwermetall) zu gewinnen. Es eignet sich zur Verbesserung der Qualität von Stahl.

1754
Ein neues Gas
Der schottische Chemiker und Physiker Joseph Black weist nach, dass das Gas „fixe Luft“ in der Atmosphäre vorkommt und auch den ausgeatmeten menschlichen Atem bildet. Es besteht aus einem Teil Kohlenstoff und zwei Teilen Sauerstoff und wird Kohlendioxid genannt.

1758
Halleys Komet erscheint
Der Astronom Edmond Halley beweist, dass Kometen zum Sonnensystem gehören und die Sonne wie die Planeten umrunden. Er sagt die Wiederkehr eines bestimmten Kometen für 1758 voraus, was sich als richtig erweist. Heute trägt der Komet Halleys Namen. Er kehrt alle 76 Jahre wieder.

Chemischer Apparat zur Trennung von Gasen

1756–1763 DER SIEBENJÄHRIGE KRIEG

Als erster großer globaler Konflikt begann der Siebenjährige Krieg (auch Franzosen- und Indianerkrieg genannt) in Europa, als Preußen gegen Österreich und Russland um Gebietsansprüche kämpfte. England unterstützte Preußen, Frankreich hingegen Österreich. Weil England und Frankreich Kolonien in Übersee hatten und sie dort in Konkurrenz zueinander standen, weiteten sich die Kämpfe bis Nordamerika und Indien aus.

Friedrich der Große
König Friedrich II. war ein ehrgeiziger Feldherr und wollte Preußen in eine reiche europäische Großmacht wandeln. Trotz wechselnden Kriegsglücks und der Vernichtung von fast einem Drittel seiner Armee behielt Preußen seine Gebiete.

König Friedrich II. auf seinem Leibpferd Condé

Krieg in Indien
1756 kam es zum Krieg in Indien, als ein Verbündeter Frankreichs, der Nawab von Bengalen, den britischen Handelsposten Kalkutta (heute Kolkata) einnahm. Er soll 145 Gefangene in eine kleine Zelle gesteckt haben, wo sie fast alle wegen Hitze und Atemnot umkamen. Der Vorfall wurde „das Schwarze Loch von Kalkutta" genannt.

Britische Gefangene im „Schwarzen Loch von Kalkutta"

Britisches Weltreich
Der Krieg endete schließlich mit dem Pariser Frieden (1763). Frankreich musste seine Ländereien in Nordamerika und Stützpunkte in Teilen der Karibik abtreten, Spanien sein Territorium in Florida. Großbritannien war nun das größte Kolonialreich und Amerika großenteils britisch.

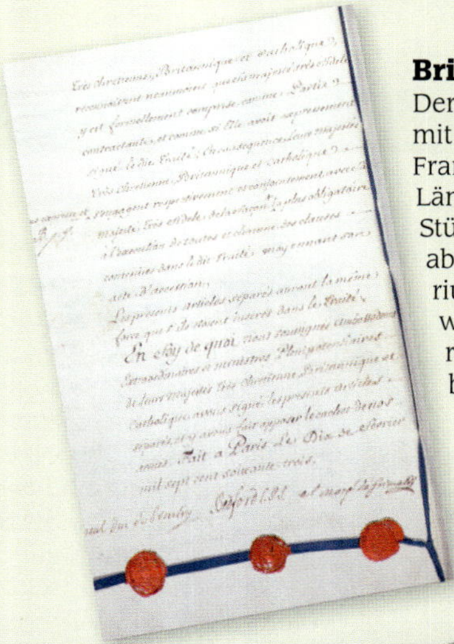

Der unterzeichnete Pariser Friedensvertrag

Schlacht bei Québec
Kriegsschauplatz in Nordamerika war großenteils Neufrankreich, das heutige Kanada. In den ersten Kriegsjahren hatte Frankreich die Oberhand. Das änderte sich 1759, als der britische General James Wolfe mit seiner Flotte überraschend in den Sankt-Lorenz-Strom vorstieß und die französische Festung Québec unter General Montcalm einnahm. Wolfe und Montcalm wurden tödlich verwundet.

1760 ▶ 1770

1760

Qing-Dynastie

Die Qing-Dynastie beginnt mit der Eroberung durch die Stämme der Mandschu aus Nordostasien. Qing-Kaiser vergrößern das Reich, als sie die Mongolei, Tibet, Taiwan und große Teile Westasiens einnehmen, die von Nomaden bewohnt sind.

Berittener Krieger

Mozart als Knabe am Klavier

1764

Mozart, das Wunderkind

Schon früh ist klar, dass der Österreicher Wolfgang Amadeus Mozart ein musikalisches Genie ist. 1764 komponiert er mit acht Jahren seine erste Sinfonie. Als er mit 35 Jahren stirbt, hinterlässt er über 600 Werke.

Philip Astleys Amphitheater in London

1768

Vater des Zirkus

Der Engländer Philip Astley hat als begnadeter Reiter im Siebenjährigen Krieg gekämpft. Danach eröffnet er die Reitschule Halfpenny Hatch in London, wo er seine Künste auf dem Pferd in einer Arena vorführt. Dank seines Erfolgs erweitert er sein Programm um Jongleure, Akrobaten und Musiker – der erste richtige Zirkus ist geboren.

1760

1762

Katharina die Große

In Russland übernimmt nach der Ermordung von Zar Peter III. seine Frau Katharina die Macht. Als Katharina II. dehnt sie die Grenzen des Zarenreichs aus und reformiert die Landwirtschaft und das Erziehungswesen.

Porträt von Katharina der Großen

1764

Zu viele Steuern

Um mehr Geld aus den amerikanischen Kolonien zu erhalten, führt England die Besteuerung von importiertem Zucker ein. 1765 folgen Steuern auf Druckerzeugnisse von Zeitungen bis zu Spielkarten. Mit diesen Steuern machen sich die britischen Kolonialherren in Amerika zunehmend unbeliebt.

Unabhängigkeitskrieg in Amerika S. 188–189

Zucker, für den Export zu Kegeln geformt

1767

Sodawasser

Der englische Chemiker Joseph Priestley, Mitentdecker des Sauerstoffs, erfindet das erste kohlensäurehaltige Sodawasser. Er hat in der Brauerei neben seinem Haus beobachtet, wie bei Gärprozessen Gas entsteht.

1762 erfand John Montagu, der 4. Earl of Sandwich, den heute so beliebten Imbiss aus zwei belegten Brotscheiben.

1728–1779 KAPITÄN COOK

Der Seefahrer James Cook entwickelte seine seemännischen Fertigkeiten in der königlichen Marine Englands. 1768 erteilte die Regierung Cook den Geheimauftrag, den legendären Südkontinent Terra Australis zu suchen. So unternahm Cook mit seinem Schiff *Endeavour* eine Reise in den Pazifik. Als erster Europäer erstellte er Karten von Hawaii, der Ostküste Australiens und der Küste Neuseelands.

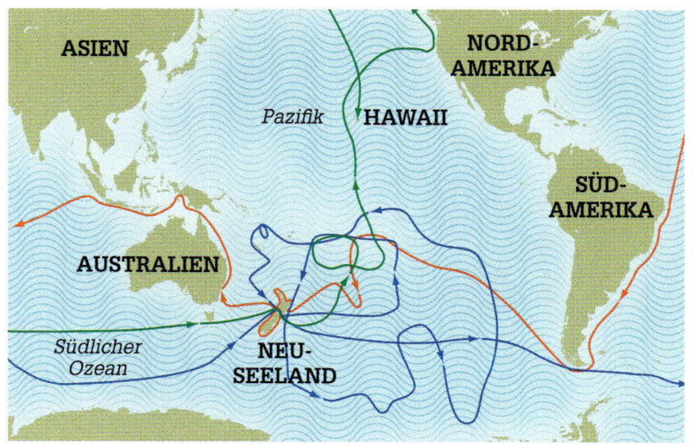

Drei Seereisen
Cook unternahm drei große Expeditionsfahrten im Pazifik. Seine erste Reise fand 1768 (rot), die zweite 1772 (blau) und die dritte 1776 (grün) statt.

Industrielle Revolution S. 182–183

Modell von Kapitän Cooks Schiff *Endeavour*

1770

1769

Industrielle Erfindungen

James Watts verbesserte Dampfmaschine wird patentiert und hergestellt – sie ist eine der wichtigsten Entwicklungen der industriellen Revolution. Neue Maschinen und die Nutzung der Dampfenergie erhöhen den Produktionsausstoß gewaltig.

Endeavour

Kapitän Cook entschied sich für sein erstes Schiff *Endeavour* wegen seiner starken Bauart. Mit 96 Mann, darunter auch der berühmte Botaniker Joseph Banks, stach es in See. Als die *Endeavour* nahe dem Großen Barriereriff vor Australien auf Grund lief, musste sie erheblich repariert werden.

Naturbeobachtungen

Während der Reparaturarbeiten suchten die Botaniker nach neuen Pflanzen- und Tierarten. In Australien entdeckte Joseph Banks tropische Vögel, fliegende Fische und atemberaubende Schmetterlinge und Pflanzen.

DATEN & FAKTEN

1763 *Cook segelt nach Neufundland und kartiert die Küste.*

1768 *Erste Reise: Cook nimmt Australien für England in Besitz.*

1772 *Zweite Reise: Cook überquert als erster Mensch den Südlichen Polarkreis.*

1776 *Dritte Reise: Cook begibt sich auf die Suche nach der Nordwestpassage.*

Auf der Reise der *Endeavour* entdeckte und gesammelte Exemplare: Hibiskusblätter und -blüten und einer der vielen Schmetterlinge

Die industrielle Revolution

Bis zur Mitte des 18. Jh. arbeiteten die Menschen meist auf dem Land. Doch das sollte sich mit den neuen Techniken ändern. Die Wirtschaft basierte nun mehr auf Herstellung von Gütern statt auf dem Ackerbau. Diese industrielle Revolution begann zuerst in England um 1750. Der Wandel vollzog sich bald auch im übrigen Europa und in den USA. Er veränderte die Gesellschaft, denn die Menschen zogen in Städte, um in den neuen Fabriken zu arbeiten.

Eisenhütte Coalbrookdale in England

Heimat der Industrie
Die industrielle Revolution hing von Rohstoffen wie Wasser, Eisen und Kohle ab und die gab es reichlich in England. Das Land hatte auch einen großen Markt für hergestellte Güter sowie Schiffe, um sie in alle Welt zu exportieren. Und viele reiche Menschen waren bereit, Geld in Unternehmen zu investieren, die große Profite versprachen.

Englische Produkte:
Die Massenproduktion in den Fabriken Englands überschwemmte den Weltmarkt mit maschinell erzeugten Gütern wie

- Textilien
- Keramik
- Metallwerkzeugen
- Maschinen
- Seife
- Zement

Wedgwood-Keramik

„Ich verkaufe hier, Sir, was die Welt haben möchte – Energie."

Matthew Boulton, britischer Ingenieur (1776)

Neue Fabriken bei Le Creusot in Frankreich (Mitte 19. Jh.)

Landschaft im Wandel
Der Bau von immer mehr Fabriken in Europa veränderte die Landschaft dramatisch. Siedlungen um die Fabriken entstanden, um die Arbeiter unterzubringen, und Rauch aus den Fabrikschornsteinen verpestete die Luft. Viele Menschen lebten – und starben – in Schmutz und Enge.

Chronik

1709
Mithilfe von Koks wird erstmals Eisen in Coalbrookdale in Nordengland erzeugt.

1712
Thomas Newcomen baut die erste Dampfmaschine, die Wasser pumpen kann.

1764
James Hargreaves erfindet die erste Garnspinnmaschine mit vielen Spindeln.

1771
Arkwrights Baumwollspinnerei führt die Massenproduktion ein.

1802
Das erste Fabrikgesetz in England regelt die Arbeitsbedingungen in Fabriken.

Im Bergwerk
Um 1800 benötigte die Industrie Kohle, um Dampfmaschinen anzutreiben und Eisen zu erzeugen. Die Kohle musste mühsam tief in der Erde abgebaut werden. Männer, Frauen und Kinder arbeiteten stundenlang in den Bergwerken. Dort unten lebende Pferde transportierten die Kohle durch den Schacht.

Watts' verbesserte Dampfmaschine konnte Wasser besser aus Bergwerken pumpen.

Große Ingenieure

Isambard Kingdom Brunel
Der englische Ingenieur Brunel baute die erste Eisenbahn, die in den 1840er-Jahren schneller als 96 km/h fuhr. Er baute auch Brücken und Dampfschiffe.

Abraham Darby
1709 erfand Darby eine Methode, mithilfe von Koks (verarbeiteter Kohle) Eisen billiger und in größeren Mengen als bisher mit Holzkohle zu erzeugen.

James Brindley
Als einer der bedeutendsten Ingenieure des 18. Jh. schuf Brindley den Bridgewater Canal, ein Musterbau für künftige Kanäle.

Isambard Kingdom Brunel (1806–1859)

Mit Volldampf voraus
Die Dampfmaschine wurde schon 1712 erfunden, arbeitete aber langsam und ruckartig und pumpte nur Wasser aus Bergwerken. 1776 perfektionierte der schottische Ingenieur Watts eine glatt und schnell laufende Maschine, die andere Maschinen antreiben konnte. Auf ihr basierten die Maschinen der ersten Dampfschiffe und Eisenbahnlokomotiven.

Rasches Reisen
Die erste öffentliche Eisenbahn wurde in England 1825 eröffnet und bald entstand ein umfassendes Netz. Die erste Eisenbahnfahrt in Deutschland fand zehn Jahre später zwischen Nürnberg und Fürth (6 km) statt. 1819 überquerte das amerikanische Schiff *Savannah* den Atlantik teilweise mit Dampfkraft und damit änderte sich auch der internationale Verkehr. Dies war der Beginn eines neuen Reisezeitalters.

1804
Der englische Bergbauingenieur Richard Trevithick stellt die erste Dampfeisenbahn vor.

1807
Der amerikanische Ingenieur Robert Fulton baut das erste Handelsdampfschiff der Welt.

Das amerikanische Dampfschiff *Savannah*

1825
Die Stockton & Darlington Railway Company betreibt den ersten Personenzug der Welt (oben).

„Na ja, da arbeiteten neben Erwachsenen auch Kinder in der Spinnerei, sie machten Verschiedenes … etwa die Karten auf die Spinnmaschinen stecken."

Letha Ann Sloan Osteen, Kinderarbeiterin in South Carolina (USA)

KINDER IM 18. JAHRHUNDERT

Die Arbeit in der Baumwollspinnerei

Kinder führten während der industriellen Revolution in Europa und in den USA ein ganz anderes Leben als heute. Der Schulunterricht war nicht Pflicht und kostete Geld und viele Familien konnten es sich nicht leisten, ihre Kinder zur Schule zu schicken. Sie gingen mit ihren Eltern arbeiten. Insbesondere Baumwollspinnereien beschäftigten viele Kinder. Mit ihren kleinen Händen gingen sie geschickt mit den Garnen um. Sie erhielten weniger Lohn als Erwachsene.

Mädchen als Spinnerinnen

In der Baumwollspinnerei gab es einen großen Spinnsaal mit langen Reihen von Maschinen. Hier wurde die Baumwolle zu Fäden gezogen und auf Spulen gewickelt. Mädchen fingen oft als Spinnerinnen an, da man sie für geduldiger hielt als Jungen.

Jungen als Abnehmer

Kleine Jungen arbeiteten in der Spinnerei als Abnehmer. Sie mussten volle Garnspulen durch leere ersetzen. Während sich die Spulen füllten, durften sie für kurze Zeit zum Spielen weggehen. Mit sieben konnten die Jungen als Abnehmer anfangen. Die Kleinsten mussten oft auf laufende Maschinen klettern, um an die Spulen zu gelangen.

Gefährliche Geräte

Die Spinnerei war für die kleinen Arbeiter ein rauer Arbeitsplatz. Häufig kam es zu Unfällen, da die Kinder unerfahren und leicht abzulenken waren. Die Geräte waren schwer und bewegten sich schnell – im Nu konnten sie Kleidung, Haare oder Finger eines Kindes erfassen.

Heißer Arbeitsplatz

Die von den Maschinen erzeugte drückende Hitze machte Kindern schwer zu schaffen. Manche Betriebsleiter ließen die Fenster ein wenig öffnen, doch am Tagesende waren alle Kinder erschöpft und gingen in schweißnasser Kleidung nach Hause.

Arbeiterfamilie
Als Mr. Young starb, hinterließ er seine Frau und elf Kinder. Zwei gingen weg und heirateten. Außer den Kleinsten arbeiteten alle Kinder in der Tifton Cotton Mill in Georgia (USA).

„Wir ließen uns vom Aufzugsseil bis zur Treibscheibe hochziehen und rutschten dann hinunter. Eines Tages schaute ich von oben in den Spinnsaal und da geriet meine Hand unter die Scheibe … sie wurde völlig zerquetscht.“

James Pharis, arbeitete schon mit acht Jahren in einer Spinnerei in North Carolina (USA)

Kehrer
Diese Jungen arbeiten in der Elk Cotton Mill in Tennessee (USA). Wenn sie keine Garnspulen abnehmen, kehren sie verstreute Baumwolle und Fusseln auf dem Boden zusammen.

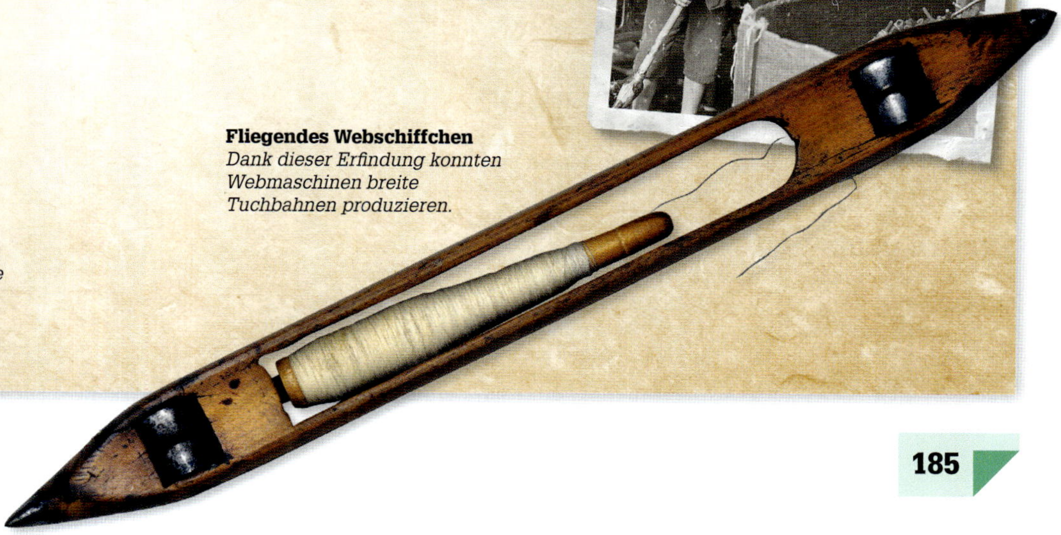

Fliegendes Webschiffchen
Dank dieser Erfindung konnten Webmaschinen breite Tuchbahnen produzieren.

Pause
Dieses Mädchen legt im Spinnsaal der Globe Cotton Mill in Georgia (USA) eine Arbeitspause ein. Kinder durften eine Auszeit nehmen und weniger strenge Aufseher erlaubten ihnen, draußen zu spielen.

1770 ▸ 1780

Arkwrights erste Wassermühle in Cromford in Derbyshire (England)

Die Menge sieht zu, wie 342 Kisten Tee in den Bostoner Hafen geworfen werden.

1771

Spinnen im großen Stil

Der englische Erfinder Richard Arkwright nutzt die Kraft fließenden Wassers, als er seine erste Spinnerei errichtet. Weil die Produktion rasch wächst, eröffnet er weitere Fabriken in England und Schottland.

1773

Boston Tea Party

Aus Protest gegen neue Gesetze auf Teeimporte durch die britische Regierung stürmen amerikanische Kolonisten Schiffe im Hafen von Boston und werfen die gesamte Teeladung ins Wasser. Der Vorfall wird als Boston Tea Party berühmt.

1775

Revolution in Amerika

Nach jahrelangen Spannungen beginnt der Amerikanische Unabhängigkeitskrieg 1775, als die amerikanischen Siedler sich gegen die britische Herrschaft vereinen. Die ersten Schlachten von Concord und Lexington gewinnen die Siedler.

1770

Die junge Königin Marie Antoinette wurde wegen ihrer Schönheit und Anmut bewundert.

1776

Dampfkraft

Der schottische Ingenieur James Watt verbessert die Dampfmaschine durch einen separaten Kondensator, der den Verlust von Dampf verhindert und so den Wirkungsgrad erhöht. Die neue Maschine versorgt Fabriken und Bergwerke mit Energie.

Nachbau von James Watts' Dampfmaschine aus dem 18. Jh.

Separater Zylinder, enthält Kondensator und Luftpumpe.

1770

Französische Heiratspolitik

Mit 15 Jahren muss der französische Thronfolger Louis-Auguste aus politischen Gründen die 14-jährige österreichische Erzherzogin Marie Antoinette heiraten. 1775 wird er zu König Ludwig XVI. gekrönt und erbt ein finanziell bankrottes Land.

1772 erfolgte die Erste polnische Teilung: Preußen, Russland und Österreich beanspruchten Gebiete Polens für sich.

Unabhängigkeitskrieg in Amerika S. 188–189

1779

Mord auf Hawaii
Auf seiner dritten Seereise beschließt der englische Seefahrer James Cook, nach Hawaii zurückzukehren. Wegen angeblicher Diebstähle durch Einheimische kommt es zum Streit, bei dem Cook und einige seiner Männer getötet werden.

1780

U-Boot
Die 1776 gebaute *Turtle*, das erste U-Boot, wurde im Amerikanischen Unabhängigkeitskrieg eingesetzt und bot Platz für einen Mann. Er sollte unter Wasser Minen an einem feindlichen Schiff anbringen, was aber misslang.

DIE AUFKLÄRUNG

Im 18. Jh. begannen die Menschen ihre auf Religion und Aberglaube gründenden Anschauungen zu verwerfen und selbstständiger zu denken. Die neuen Ideen von Philosophen und Forschern in ganz Europa beeinflussten Politik, Wirtschaft und Wissenschaft. Diese aufregende Bewegung wurde die Aufklärung oder das Zeitalter der Vernunft genannt.

Gefährliche Ideen
Eine Schlüsselgestalt der Aufklärung war der französische Philosoph Voltaire. Seine Ideen wie die Religionsfreiheit, die Redefreiheit und die Trennung von Kirche und Staat galten zu seiner Zeit als sehr gefährlich.

Taubenschwänzchen (*Macroglossum stellatarum*)

„*Wissenschaft ist organisiertes Wissen. Weisheit ist organisiertes Leben.*“

Immanuel Kant, deutscher Philosoph

Breitmaulige Purpurschnecken (*Purpura patula*)

Wissenschaftliche Namen
Der schwedische Botaniker Carl Linnaeus entwickelte ein allgemeines System zur Bezeichnung von Pflanzen und Tieren mit lateinischen Namen für Familie und Art. Das zweigliedrige (binomische) System ist noch heute gültig.

Das erste Lexikon
1751 gab der französische Philosoph und Autor Denis Diderot den ersten Band seiner Enzyklopädie der Wissenschaften, Künste und Gewerbe heraus. Es sollte alle Ideen der Aufklärung und Informationen über alle Berufe umfassen. Erst nach über 20 Jahren war das Werk abgeschlossen.

Eine Seite über das Handwerk des Perückenmachers

Unabhängigkeitskrieg in Nordamerika

In den 1760er-Jahren weigerten sich die britischen Siedler an der Ostküste Nordamerikas Steuern an England zu zahlen, da sie nicht im Parlament vertreten waren. Es kam zu Kämpfen. 1781 entstanden die Vereinigten Staaten von Amerika.

13 Kolonien
Die gegen die Briten aufbegehrenden Amerikaner lebten in 13 Kolonien, die zwischen 1607 und 1732 an der Ostküste gegründet wurden. Die 13 Sterne dieser amerikanischen Flagge (um 1860) stehen für diese Kolonien.

- Delaware
- Pennsylvania
- New Jersey
- Georgia
- Connecticut
- Massachusetts Bay
- Maryland
- South Carolina
- New Hampshire
- Virginia
- New York
- North Carolina
- Rhode Island

„Wir halten diese Wahrheiten für ausgemacht, dass alle Menschen gleich sind."

Unabhängigkeitserklärung (1776)

Unabhängigkeitserklärung
Nach der ersten großen Schlacht bei Bunker Hill im Juni 1775 erklärte der britische König George III. die Kolonisten zu Rebellen gegen das Mutterland. Die Amerikaner reagierten mit einer Unabhängigkeitserklärung, die am 4. Juli 1776 unterzeichnet wurde. Der erste Entwurf stammte von dem Anwalt Thomas Jefferson, dem späteren dritten Präsidenten der neu geschaffenen Vereinigten Staaten von Amerika.

Chronik

1764
Mit zwei Gesetzen besteuern die Briten die amerikanischen Kolonien gegen deren Willen.

1770
Fünf Kolonisten werden von britischen Soldaten bei Unruhen in Boston getötet (Massaker von Boston).

1773
Bei der Boston Tea Party werfen Kolonisten wertvolle Kisten Tee aus Protest gegen die Steuerpolitik in den Bostoner Hafen.

1775
Zu Kriegsbeginn siegen die Kolonisten in der Schlacht von Concord und verlieren dann bei Bunker Hill.

Rotröcke

Loyalisten

Wer gegen wen

In den frühen Schlachten kämpften britische Soldaten, Rotröcke genannt, gegen koloniale Milizen, Riflemen oder Minutemen genannt (weil sie nach kurzer Vorwarnung losschlugen). Einige Kolonisten, die zu den Briten hielten, hießen Loyalisten. Im Juni 1775 ernannte der neue Kontinentalkongress George Washington zum Oberbefehlshaber einer Armee, die aber erst später zusammengestellt wurde.

Riflemen

Minutemen

Kontinentalarmee

Muskete

Helden und Schurken

Paul Revere
Der amerikanische Revolutionsheld Paul Revere (1734–1818) warnte nach seinem berühmten „Mitternachtsritt" im April 1775 von Charlestown nach Lexington Patrioten vor einem britischen Angriff.

John Paul Jones
Der schottische Kapitän John Paul Jones (1747–1792) ließ sich in Amerika nieder und kämpfte für die Revolution. Mit seinem Schiff *Bonhomme Richard* brachte er britische Schiffe auf.

Benedict Arnold
Der amerikanische Kommandeur Benedict Arnold (1741–1801) verlor den Glauben an den Krieg und wechselte die Seiten. Wegen seiner Geheimverhandlungen mit den Briten galt er als Verräter.

Schlachten gegen die Briten

Die ersten Schüsse fielen am 19. April 1775 in Lexington und im nahen Concord wurden die Briten besiegt. Wochen später gewannen sie eine verlustreiche Schlacht bei Bunker Hill, doch unter dem Kommando von George Washington waren die Amerikaner besser aufgestellt. Nach der Niederlage der Briten in Saratoga 1777 traten die Franzosen an der Seite der Amerikaner in den Krieg ein. Im Anschluss an eine 18-tägige Belagerung von Yorktown in Virginia ergaben sich die Briten 1781.

Auf diesem Bild übergibt General Cornwallis Kommandeur Washington seinen Degen – in Wahrheit weigerte sich Cornwallis, Washington zu treffen.

1776
Am 4. Juli wird die Unabhängigkeitserklärung unterzeichnet.

1777
Die Amerikaner unter General Gates besiegen die Briten in Saratoga im Staat New York.

1778
Frankreich und später Spanien treten an der Seite Amerikas in den Krieg ein und bekämpfen die Briten an Land und auf See.

1781
Die Briten unter General Cornwallis ergeben sich amerikanischen und französischen Truppen in der Schlacht von Yorktown.

1783
Im Frieden von Paris erkennt England die USA als freie, souveräne und unabhängige Nation an.

1780 ▸ 1790

Wilhelm Herschels Riesenteleskop

Ein Feuer aus Stroh und Wolle füllte die Montgolfiere mit Heißluft.

1787

US-Verfassung

Nach dem Unabhängigkeitskrieg kommen Vertreter der 13 US-Staaten zusammen und verabschieden Gesetze, wie das Land geführt werden soll. Diese Verfassung schreibt u. a. die Wahl eines Präsidenten vor.

1781

Ein neuer Planet

Der deutsch-britische Astronom Wilhelm Herschel entdeckt Uranus, den ersten neuen Planeten seit der Antike. Herschel baut über 400 Teleskope, auch dieses mit einer Länge von 12 m (oben).

1783

Ballonbrüder

Im Juni führen die französischen Brüder Joseph und Étienne Montgolfier erstmals einen Heißluftballon öffentlich vor. Dieser Ballon ist am Boden festgebunden, doch im November unternehmen die Brüder den ersten bemannten freien Flug.

1785

Mechanischer Webstuhl

Der englische Geistliche Edmund Cartwright lässt seinen mit Dampf angetriebenen mechanischen Webstuhl patentieren. Dieser revolutioniert die Textilindustrie.

1780

1781

Toleranzpatent

Joseph II., Kaiser des Heiligen Römischen Reichs, hebt die Leibeigenschaft der Bauern auf. Er versteht sich als fortschrittlicher aufgeklärter Monarch, ist aber beim Volk trotzdem nicht sehr beliebt.

1783

Vulkan Laki

Giftgaswolken beim Ausbruch des Vulkans Laki vernichten Felder und Vieh und führen zu einer Hungersnot in Island. Es kommt zum weltweiten Temperatursturz und zu Ernteausfällen in Europa.

1784

Ostindien-Kompanie

1600 gründeten englische Kaufleute die Ostindien-Kompanie für den Handel mit Indien. Im Lauf der Zeit verlangten sie für ihre militärischen und verwaltenden Organisationen immer mehr Geld von der britischen Regierung. 1784 erlässt Premierminister William Pitt ein Gesetz, um die Kompanie durch einen neuen Aufsichtsrat besser zu kontrollieren.

1786

Besteigung des Mont Blanc

Der höchste Berg in Europa, der Mont Blanc in den Alpen, wird erstmals von zwei Franzosen bezwungen, Dr. Jacques Balmat und Michel-Gabriel Paccard. Sie klettern ohne Seile und Eispickel.

Islands Laki-Krater heute

Frühe Bergsteiger in den Alpen

1789

Erster US-Präsident

George Washington, der Oberbefehlshaber von Heer und Marine, wird zum ersten US-Präsidenten gewählt. Den Amtseid legt er in New York ab, der damaligen Hauptstadt. Die neue Regierung macht sich daran, staatliche Ämter und politische Praktiken auszugestalten.

1790

Französische Revolution S. 192–193

1789

Erstürmung der Bastille

In Paris stürmen zornige Bürger mit Waffengewalt das Gefängnis Bastille, ein Symbol der Monarchie, um Gefangene zu befreien.

Froschbeine

Um 1780 entdeckte der italienische Biologe Luigi Galvani, dass ein elektrischer Funke die Beinmuskeln toter Frösche zucken lässt. Mit seinen Experimenten bewies er die elektrische Natur des Nervensystems.

1787 wurde für befreite Sklaven aus britischen Kolonien eine Siedlung in Sierra Leone (Westafrika) errichtet.

1788 DIE KOLONISIERUNG VON AUSTRALIEN

1788 erreichten elf Schiffe der britischen „Ersten Flotte" die Botany Bay in Australien. An Bord waren 778 Sträflinge, für die eine Bleibe gesucht wurde, denn die Gefängnisse in England waren überbelegt. Auf der Suche nach Süßwasser landete die Flotte in Sydney Cove und gründete dort eine Kolonie.

Erste Australier

Die Ureinwohner Australiens (Aborigines) waren über 40 000 Jahre vor den Europäern da. Als Jäger und Sammler glaubten sie, ihr Land gehe aufs Schöpfungszeitalter der „Traumzeit" zurück. Zu Beginn der europäischen Kolonisierung lebten mindestens 300 000 Aborigines in Australien. Die Beziehungen zwischen beiden Völkern verschlechterten sich, als sich die Siedler im Land ausbreiteten.

Bumerangs wurden von den Aborigines zur Jagd verwendet.

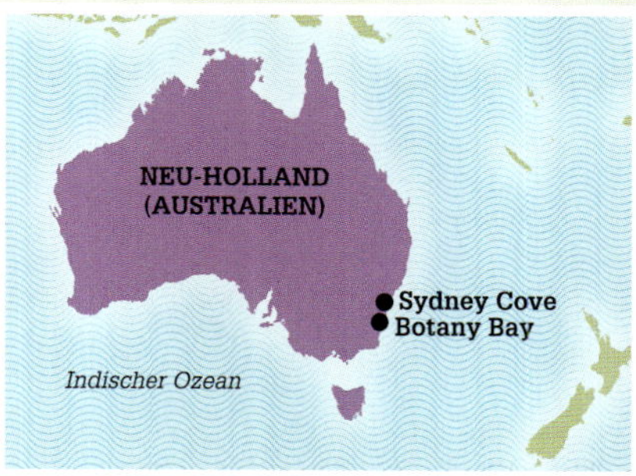

Neu-Holland

Australien liegt im Indischen Ozean. Als der holländische Entdecker Abel Tasman die Landmasse 1642 erstmals umsegelte, nannte er sie Neu-Holland.

Sydney Cove

Die Kolonisten ließen sich in Port Jackson nieder. Dort gab es alles, was sie brauchten: tiefes Wasser in Ufernähe, Schutz und Süßwasser. Kapitän Phillip nannte den Ort Sydney Cove, nach dem britischen Innenminister Lord Sydney. Heute befindet sich dort die Stadt Sydney. 60 Jahre später lebten bereits 60 000 Siedler in Australien.

Die Französische Revolution

1788 wurde Frankreich von König, Adel und Klerus (Kirche) regiert, die im Luxus lebten, während viele Untertanen hungerten. Nur fünf Jahre später waren König und Königin tot und das Land kontrollierten nun radikale Revolutionäre, die Monarchie, Adel und Kirche abschaffen wollten. Es begann eine neue Ära der politischen Freiheit und Demokratie.

Ballhausschwur
Als Ludwig XVI. 1774 König wurde, war Frankreich bankrott. Seine Reformversuche wurden blockiert und 1789 führte Brotknappheit zu Aufständen. Um Steuern zu erhöhen, berief Ludwig die Generalstände des Parlaments zur ersten Sitzung seit 1614 ein. Doch die Vertreter der Bürger, der Dritte Stand, erklärten, sie allein hätten das Recht, als „Nationalversammlung" zu gelten. Sie trafen sich im Juni in einer Ballsporthalle (oben) und schworen, Frankreich eine neue Verfassung zu geben.

„Freiheit, Gleichheit, Brüderlichkeit!"

Parole der Französischen Revolution

Erstürmung der Bastille
Am 14. Juli 1789 verursachte das Gerücht, der König wolle die Nationalversammlung ausschalten, einen Aufstand in Paris. Rund 600 Aufständische stürmten das Gefängnis Bastille, ein Symbol der Mächtigen. Sie befreiten die sieben Insassen und zerstörten die Festung. Die Revolution hatte begonnen.

Chronik

1789
Die Nationalversammlung wird gegründet und die Bastille gestürmt. Später gibt es Proteste in Versailles und Brotaufstände.

1790
Die Nationalversammlung schafft den Adel ab.

1791
König und Königin wollen aus Frankreich fliehen, werden aber gefangen und unter Bewachung gestellt.

1792
Mit der Guillotine werden erstmals Gefangene hingerichtet.

1793
König Ludwig XVI. wird guillotiniert. Die „Schreckensherrschaft" beginnt.

Bewaffnete Frauen ziehen nach Versailles.

Marsch nach Versailles
Im September kontrollierte die Nationalversammlung praktisch die Regierung, aber das Brot blieb dennoch knapp. Am 5. Oktober zogen rund 7000 bewaffnete Marktfrauen zum Königspalast in Versailles, verlangten Brot für ihre Familien und forderten den König auf, von Versailles nach Paris überzusiedeln.

Gruppierungen

Die Französische Revolution basierte auf dem Zorn armer, hungriger Menschen, die von reichen Aristokraten regiert wurden. Ermutigt wurden sie von radikalen Politikern, die die politische Macht des Adels und der Kirche zerschlagen wollten. Einige Gruppen hatten seltsame Namen:

Sansculotten
Der Name bedeutet „ohne Kniebundhosen", die sich die Arbeiter nicht leisten konnten.

Les Tricoteuses
Die Frauen, die strickend die Hinrichtungen verfolgten, wurden *Les Tricoteuses* (Strickerinnen) genannt.

Jakobiner
Die radikalen Jakobiner übernahmen die Regierung und begannen die Schreckensherrschaft.

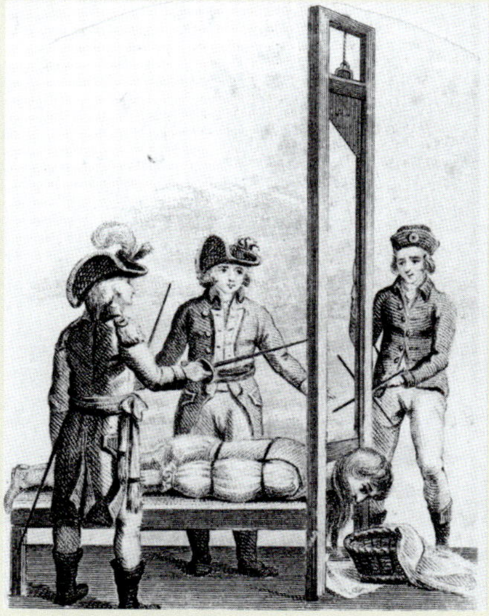

Schreckensherrschaft
Nach dem Tod des Königs leiteten die von Maximilien de Robespierre angeführten Radikalen eine rücksichtslose Kampagne gegen den Adel und andere „Feinde der Revolution" ein. Diese Zeit wird „Schreckensherrschaft" genannt. 18 000–40 000 Menschen wurden meist öffentlich unter der Guillotine (Fallbeil) hingerichtet.

Machtwechsel
1791 wollten Ludwig XVI. und Königin Marie Antoinette aus Frankreich fliehen. Doch sie wurden gefangen und nach Paris zurückgebracht, wo das Parlament die Macht übernommen hatte. Im Januar 1793 wurde Ludwig hingerichtet, Marie Antoinette neun Monate später.

Die königliche Kutsche wird gestellt.

Hinrichtungsmaschine
Ende 1789 verlangte ein Mitglied der Nationalversammlung, der Arzt Joseph-Ignace Guillotin, alle Hinrichtungen sollten möglichst rasch und schmerzfrei erfolgen. Ein menschliches Motiv – doch nach ihm wurde die Maschine benannt, die während der Schreckensherrschaft Tausende köpfte.

1794
Maximilien de Robespierre wird verhaftet und hingerichtet.

1795
Der Thronerbe Ludwig Karl stirbt im Gefängnis. Die Jakobiner werden vom weniger radikalen Direktorium abgelöst.

Eine blau-rote Kokarde war das Zeichen des Revolutionärs.

1799
Napoleon Bonaparte stürzt das Direktorium und ergreift als Erster Konsul die Macht.

1804
Napoleon Bonaparte krönt sich selbst zum Kaiser der Franzosen.

1790 ▸ 1800

Louverture kämpft gegen Franzosen.

1791

Sklavenrevolte auf Haiti

Beeinflusst von der Revolution in Frankreich, erheben sich Sklaven, die in der französischen Kolonie Haiti auf Plantagen arbeiten. Toussaint Louverture trägt als Anführer der Revolution dazu bei, dass ehemalige Sklaven den ersten unabhängigen Staat in Lateinamerika gründen.

Voltas Batterie
Nach jahrelangem Experimentieren baute der italienische Physiker Alessandro Volta mit der Voltaschen Säule die erste funktionierende Batterie. Er veröffentlichte seine Entdeckungen 1800. Die Einheit für elektrische Spannung heißt seitdem „Volt“.

Voltasche Säule

1796

Erste Schutzimpfung

Der englische Arzt Edward Jenner führt die erste Schutzimpfung durch. Dabei wird Patienten ein abgeschwächter Erreger gespritzt, um einer schweren Erkrankung vorzubeugen.

Frühes Impfbesteck

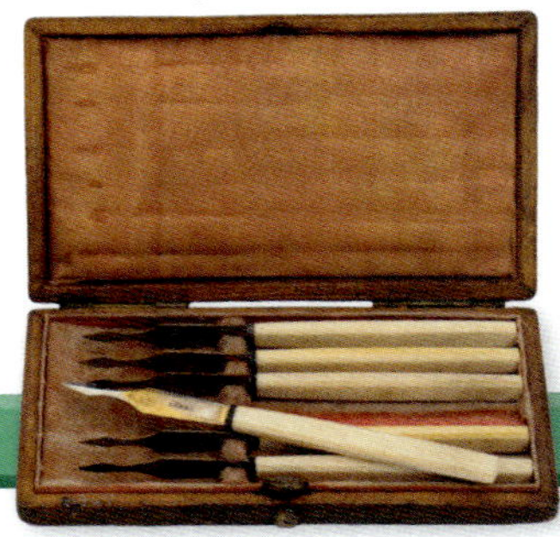

1790

1794

Weimarer Klassik

Ende des 18. Jh. besinnen sich deutsche Literaten wieder auf die Ideale der Antike. Zu den bedeutendsten Vertretern dieser Zeit, der sogenannten Weimarer Klassik, gehören Friedrich Schiller (1759–1805) und Johann Wolfgang von Goethe (1749–1832), die sich 1794 zum ersten Mal begegnen und enge Freunde werden. Sie wollen mit Literatur und Theaterstücken nicht nur unterhalten, sondern auch Werte, Tugenden und Menschlichkeit vermitteln.

Johann Wolfgang von Goethe und Friedrich Schiller

1793

Heilende Früchte

Als man entdeckt, dass die Seekrankheit Skorbut aus Mangel an Vitamin C entsteht, lässt die britische Admiralität Zitrusfrüchte auf Schiffen verteilen.

Zitronen beugen Skorbut vor.

1799

Stein von Rosette

Französische Soldaten graben in Ägypten einen Stein aus, auf dem ein Text in drei verschiedenen Sprachen gemeißelt steht: zweimal auf Ägyptisch (in Hieroglyphen und auf Demotisch) und einmal auf Altgriechisch. Experten können anhand des Steins von Rosette erstmals Hieroglyphen entziffern.

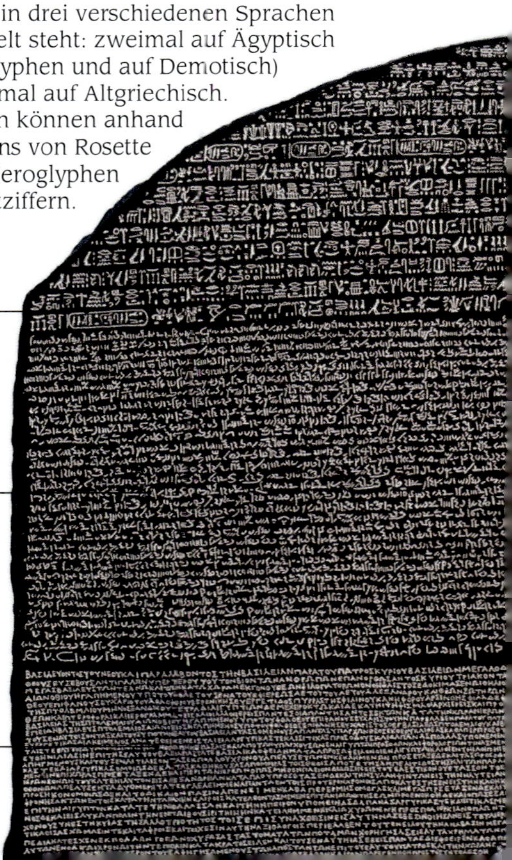

Napoleons Thron

1769–1821 NAPOLEON BONAPARTE

Der ehrgeizige Soldat Napoleon Bonaparte kam am Ende der Französischen Revolution an die Macht. Sein militärisches Genie trug ihm viele Siege ein und brachte große Teile Europas unter französische Kontrolle. Er führte auch den Code Napoléon ein, ein Gesetzbuch, das für alle Franzosen gleiche Rechte einräumte. Doch sein Ehrgeiz war sein Verderben – er wurde verbannt und starb im Exil.

DATEN & FAKTEN

1769 *Geboren auf Korsika*

1796 *Befehlshaber der französischen Armee in Italien*

1798 *Eroberung des osmanischen Ägyptens*

1799 *Selbsternennung zum Konsul nach einem Staatsstreich*

1804 *Kaiserkrönung*

1805 *Sieg bei Austerlitz*

1812 *Gescheiterter Feldzug gegen Russland*

1813 *Niederlage bei Leipzig*

1814 *Verbannung ins Exil*

1815 *Flucht nach Frankreich, Schlacht bei Waterloo*

1821 *Napoleon stirbt nach sechsjähriger Gefangenschaft auf St. Helena.*

Französisches Kaiserreich
Napoleon wurde 1804 in der Pariser Kathedrale Notre-Dame zum Kaiser gekrönt, womit die Republik endete. Als er die eroberten Gebiete in Italien und Teilen Deutschlands neu organisierte, bedeutete dies das Ende des Heiligen Römischen Reichs Deutscher Nation (1806).

Kriegsheld
Napoleon erweiterte sein Reich auch in West- und Mitteleuropa. Er führte die französische Armee u. a. bei der Eroberung Ägyptens. Doch die Besetzung Spaniens und der Feldzug gegen Russland waren sein Verhängnis: Er scheiterte und musste ins Exil.

1800

„Der Tod ist nichts, aber ein gescheitertes Leben ist jeden Tag sterben."

Napoleon Bonaparte (1814)

Schlacht bei Waterloo
Napoleon floh aus dem Exil nach Frankreich und führte erneut Krieg. Erst die Schlacht bei Waterloo nahe Brüssel im Jahr 1815, die zwischen Napoleons Armee und vereinten Truppen unter dem britischen Herzog von Wellington und dem preußischen Feldmarschall Blücher ausgetragen wurde, beendete die 26 Jahre dauernden Napoleonischen Kriege zwischen europäischen Mächten und Frankreich.

21. JANUAR 1793, FRANKREICH

„Mit Bedauern verkünde ich die schwerwiegende Wahrheit: Ludwig muss zugrunde gehen statt hunderttausend tugendhafte Bürger; Ludwig muss sterben, damit das Land leben kann.“

Maximilien de Robespierre beim Prozess gegen Ludwig XVI.

Ludwig XVI. wird auf dem Platz der Revolution hingerichtet.

Hinrichtung von Ludwig XVI.

An einem trüben Januarmorgen 1793 rollte eine grüne Kutsche durch die Straßen von Paris zum Platz der Revolution. Darin saß Ludwig XVI., König von Frankreich, wegen Hochverrats zum Tod verurteilt. Nach über 1000 Jahren Monarchie war Frankreich 1792 eine Republik geworden und eine neue Ära sollte beginnen. Unter den Augen von 20 000 jubelnden Menschen und Artilleriefeuer fiel das Fallbeil um 10.22 Uhr.

1800 ▸ 1810

1801

Vereinigung
Unter Premierminister William Pitt wird der „Act of Union" vom irischen und britischen Parlament verabschiedet. Das Gesetz schafft das Vereinigte Königreich; das irische Parlament wird abgeschafft und die Kirchen von Irland und England werden vereint.

Die Flagge des Vereinigten Königreichs

In diesem Jahrzehnt kontrollierte Spanien das heutige Mexiko, Mittelamerika und die westlichen USA.

1804

Dampflokomotiven
Der englische Ingenieur Richard Trevithick erfindet eine Dampfmaschine auf Rädern, die Lokomotive. Sie kann viel besser als Pferde schwere Lasten ziehen und soll auf Straßen fahren.

Eine der ersten Dampfloks von Trevithick

1800

1803 DER VERKAUF VON LOUISIANA

Um Frankreichs Finanzen aufzubessern, beschloss Napoleon, die Kolonie Louisiana an US-Präsident Thomas Jefferson zu verkaufen. Damit verdoppelte sich das Gebiet der Vereinigten Staaten, die nun den Mississippi und den Hafen von New Orleans kontrollierten.

Kolonie Louisiana
Die große Kolonie Louisiana umfasste das heutige Oklahoma, Nebraska, Kansas, Missouri und Iowa sowie Teile von neun anderen Staaten.

Einer von Lewis' und Clarks Männern flüchtet vor einem Bären auf einen Baum.

Taschenkompass von Lewis und Clark

Über Flüsse quer durchs Land
Unbekannten Gefahren trotzend, erkundeten die Forscher Lewis und Clark zwei Jahre lang die Kolonie Louisiana, um die beste Schiffshandelsroute zum Pazifik zu finden. Sie stießen auf Stämme von amerikanischen Ureinwohnern und erblickten bislang unbekannte Tiere, etwa neue Arten von Bibern.

DIE ROMANTIK

Die Romantik, eine Epoche der Kulturgeschichte, beeinflusste die Kunst, Literatur, Philosophie und Musik der Zeit. Die Künstler stellten die Vernunft der Aufklärung infrage und wollten Gefühl und Fantasie vermitteln, die sie oft in der Welt der Natur ansiedelten. Die bedeutendsten Vertreter der Romantik gab es in Deutschland und England.

Beethovens Musik
Der deutsche Komponist Ludwig van Beethoven (1770–1827) schrieb einige der berühmtesten Sinfonien und Klaviersonaten. Als er seine letzten Werke komponierte, war er nahezu taub.

Der Wanderer über dem Nebelmeer (1818)

Deutsche Landschaften
Caspar David Friedrich, ein deutscher Maler der Romantik, betonte in seinem Werk die Erhabenheit der Natur. Menschen zeigte er in seinen Bildern oft von hinten.

1806

Reichsende
Das Heilige Römische Reich Deutscher Nation war ein Zusammenschluss von Gebieten, die etwa das heutige Deutschland darstellen. Es existierte seit 962 und endet, als der letzte Kaiser, Franz II., 1806 abdankt. Nach den Kriegen gegen Napoleon war das Reich handlungsunfähig geworden.

1810

1805

Schlacht von Trafalgar
Fünf Stunden lang tobt die Schlacht von Trafalgar zwischen den Schiffen Frankreichs und Spaniens und der Marine Großbritanniens. Nach dem klaren Sieg der Briten stirbt deren Admiral Horatio Nelson an seinen Wunden.

Kriegsschiffe in der Schlacht von Trafalgar

Sklavenhandel S. 200–201

1807

Abschaffung des Sklavenhandels
Im 18. Jh. besaß England eine der größten Flotten von Sklavenschiffen. Doch 1807 wird der Sklavenhandel von dem britischen Parlamentsmitglied William Wilberforce beendet, der sich unermüdlich für die Abschaffung der Sklaverei eingesetzt hatte.

William Wilberforce (1759–1833)

1808

Spanischer Unabhängigkeitskrieg
In diesem sechsjährigen Krieg geht es um die Kontrolle über die Iberische Halbinsel. Spanier, Portugiesen und Briten kämpfen gegen die Franzosen unter Napoleon. Die Niederlage in der Schlacht von Vitoria 1813 trägt zu Napoleons Untergang bei und begründet den Ruhm des britischen Herzogs von Wellington.

„Sie mögen sie ignorieren wollen, aber Sie können nie wieder sagen, Sie hätten nichts davon gewusst."

William Wilberforce über die Sklaverei (1789)

Der Sklavenhandel

Seit Urzeiten werden Menschen gezwungen, als Sklaven zu arbeiten – unfrei und ohne Lohn. In der Antike waren viele Sklaven Kriegsgefangene oder Verbrecher. Aber seit dem 16. Jh. fielen dem einträglichen Sklavenhandel über 12 Mio. Afrikaner zum Opfer. Sie wurden entführt, an Händler verkauft und dann nach Amerika unter so entsetzlichen Bedingungen transportiert, dass viele unterwegs starben. Der Sklavenhandel wurde schließlich verboten, hinterließ aber ein bitteres Erbe.

Zwangsarbeit
Der atlantische Sklavenhandel beutete afrikanische Männer, Frauen und Kinder aus, die in Brasilien, auf den Inseln der Karibik und in Nordamerika (den heutigen USA) arbeiten mussten. Sie waren als Hilfskräfte auf den Plantagen, als Bergarbeiter und als Bedienstete tätig. Sie hatten keine Rechte, bekamen meist nur das Nötigste zum Leben und wurden brutal für jeden Ungehorsam bestraft.

„Ich hätte es früher aufhören müssen … Aber damals hatte ich keine Bedenken."

John Newton, erst Sklavenhändler, dann Sklavereigegner (1788)

Sklavenmarkt
Um 1780 wurden jährlich 80 000–100 000 versklavte Afrikaner zwangsweise nach Amerika transportiert. Wer die Seereise überstand, wurde versteigert und das legale Eigentum des Käufers. Die höchsten Preise erzielten die stärksten und gesündesten Sklaven. Familienangehörige wurden getrennt und sahen einander nie wieder.

Sklaven wurden in Ketten transportiert.

Chronik

1510
Spanische Händler bringen die ersten afrikanischen Sklaven nach Südamerika.

1672
Die britische Handelskompanie Royal African Company tauscht in Afrika Waren gegen Sklaven ein.

1780
Höhepunkt des atlantischen Sklavenhandels. Die meisten Sklavenhändler sind Briten.

1787
William Wilberforce startet in England eine Kampagne zur Abschaffung des Sklavenhandels.

1803
Dänemark schafft als erstes europäisches Land Sklaverei und Sklavenhandel ab.

Handelssystem

Sklavenschiffe fuhren von Häfen in Europa nach Westafrika, wo ihre Ladung – Eisen, Waffen, Wein und Textilien – gegen Sklaven eingetauscht wurde. Die Sklaven wurden über den Atlantik gebracht und an Grundbesitzer in der Karibik und in Nordamerika verkauft. Beladen mit Zucker, Kaffee und Tabak kehrten die Schiffe nach Europa zurück.

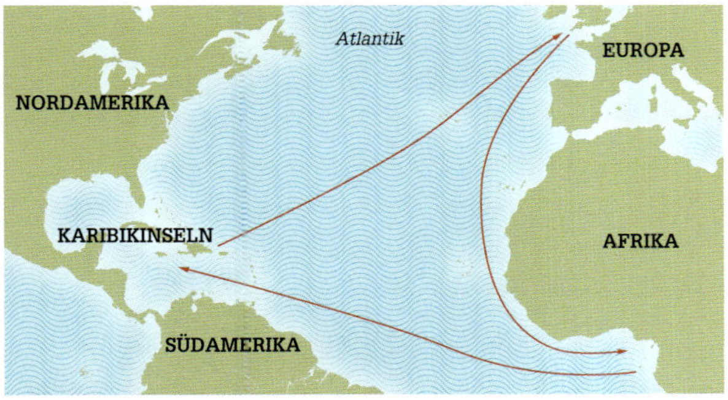

Dreieckshandel

Das Handelsmodell der von Europa über Afrika nach Amerika und zurück fahrenden Sklavenschiffe wurde Dreieckshandel genannt.

Sklaven wurden in Westafrika gekauft und auf Sklavenschiffe gebracht.

Baumwollfelder am Mississippi

Plantagen

Sklaven in Amerika und in der Karibik mussten auf Plantagen (großen Feldanbauflächen) arbeiten. Dank geringer Arbeitskosten machten die Besitzer mit ihnen große Gewinne.

Auf Plantagen wurde angebaut:

- Zucker
- Kakao
- Kaffee
- Baumwolle
- Tabak
- Reis

Inneres einer Kakaobohne

Kaffeebohnen

Abschaffung der Sklaverei

20 Jahre lang kämpften Politiker wie William Wilberforce in England, bis 1807 der Sklavenhandel verboten wurde. 1834 wurde die Sklaverei im ganzen britischen Weltreich abgeschafft, wie diese Gedenkmünze zeigt. In den USA dauerte es noch bis zum Ende des Bürgerkriegs 1865. 1888 wurde die Sklaverei in Brasilien verboten und damit in der gesamten westlichen Welt beendet.

Sklavenschiffe

Die Sklaven wurden unter Deck so eingepfercht, dass sie sich während der bis zu zehn Wochen dauernden Fahrt kaum bewegen konnten. Im 18. Jh. starben auf den Schiffen jährlich bis zu 10 000 Sklaven.

Ein Modell des Sklavenschiffs *Brookes* zeigt, wie eng die Sklaven an Bord untergebracht waren.

1807

England erklärt die Abschaffung des Sklavenhandels, aber nicht der Sklaverei an sich.

1825–1850

Trotz des Verbots des Sklavenhandels werden jährlich 70 000 Sklaven aus Afrika verschifft.

1833

Die American Anti-Slavery Society wird von Sklavereigegnern in den USA gegründet.

1860

In Nordamerika gibt es 4 Mio. Sklaven. Ihr wirtschaftlicher Wert wird auf 4 Mrd. Dollar geschätzt.

1865

Unter Präsident Abraham Lincoln wird die Sklaverei in den USA abgeschafft.

1810 ▸ 1820

Miguel Hidalgo auf einem Wandgemälde

1810

Zu den Waffen!

Der Priester Miguel Hidalgo ruft die Mexikaner zu einer Revolte gegen die spanischen Besetzer auf. Seine Rede, „Grito de Dolores“ (Schmerzensschrei) genannt, führt zum Mexikanischen Unabhängigkeitskrieg.

1811

Protest

Englische Textilarbeiter zerstören Webstühle, um gegen die neuen Maschinen zu protestieren, die ihre Arbeitsplätze entbehrlich machen.

1812

Grimms Märchen

Die Brüder Jacob und Wilhelm Grimm geben einen Band mit 86 Volksmärchen heraus. Er enthält u.a. *Hänsel und Gretel, Schneeweißchen und Rosenrot* und *Rapunzel*.

Schneeweißchen und Rosenrot

1813

Völkerschlacht bei Leipzig

In dieser größten Schlacht der europäischen Geschichte, mit 600 000 beteiligten Soldaten, verliert Napoleon die letzten deutschen Verbündeten. Der gemeinsame Sieg über die französische Fremdherrschaft lässt ein deutsches Nationalgefühl entstehen.

1814

Wiener Kongress

Nach dem endgültigen Sieg über Napoleon soll ein Kongress der europäischen Großmächte in Wien (Österreich) die Grenzen auf dem Kontinent wieder ordnen. U. a. entsteht 1815 der Deutsche Bund, ein lockerer Verbund deutscher Staaten.

1810

1810

Konservendose

Der englische Kaufmann Peter Durand lässt die Konservendose patentieren.

1811–1825 UNABHÄNGIGKEIT IN SÜDAMERIKA

Südamerika wurde zwischen 1811 und 1825 großenteils von Spanien und Portugal unabhängig. Vorreiter war Simón Bolívar in Kolumbien, Venezuela und Ecuador. Im Süden befreiten José de San Martín und Bernardo O'Higgins Argentinien und Chile. Brasilien erklärte sich 1822 von Portugal unabhängig.

Miranda und Bolívar unterzeichnen die Unabhängigkeitserklärung.

Der Befreier

Der Venezolaner Simón Bolívar führte den Kampf um Unabhängigkeit in Südamerika an und erhielt den Beinamen El Libertador. Er befreite u. a. Peru. Bolivien wurde zu seinen Ehren umbenannt.

Venezuela

1811 erklärte Venezuela unter Führung von Francisco de Miranda und Simón Bolívar seine Unabhängigkeit von Spanien.

Bürgerkrieg

Argentinien wurde 1816 unabhängig, doch dann kam es zum Bürgerkrieg zwischen Stadtbewohnern und Viehzüchtern der Provinzen, Gauchos genannt, die sich gegen die Regierung erhoben.

Humphry Davy testet seine Lampe.

1815

Grubenlampe

Der englische Chemiker Humphrey Davy erfindet eine Speziallampe für Kohlebergwerke. Nun kann es nicht mehr passieren, dass sich Gase in den Schächten entzünden und die Bergarbeiter gefährden.

1817

Laufmaschine

Der deutsche Erfinder Karl Drais stellt in Paris eine neue Maschine vor, die aus zwei Rädern an einem Holzrahmen besteht. Der Fahrer sitzt im Sattel, stößt sich mit den Füßen ab und lenkt mit dem Vorderrad.

Die Laufmaschine oder Draisine

1820

Argentinische Gauchos

1816

Erstes Stethoskop

Der französische Arzt René Laënnec erfindet das Stethoskop, als er mit einem Papierrohr den Schall des Herzschlags verstärkt. Ärzte können damit auch die Bewegung des Bluts durch das Herz nachvollziehen. Das Rohr bekommt später zwei Hörmuscheln.

Laënnec konnte mit seinem Stethoskoprohr den Herzschlag eines Patienten abhören.

1817

Fest auf der Wartburg

Auf der Wartburg in Thüringen versammeln sich Hunderte von Studenten, um gegen die deutsche Kleinstaaterei und Fürstenherrschaft im Deutschen Bund zu demonstrieren. Es ist die erste demokratisch-liberale Bewegung in Deutschland.

1818

Science-Fiction

Der Roman *Frankenstein*, den die Engländerin Mary Shelley auf einer Schweizreise schreibt, gilt als frühes Beispiel von Science-Fiction. Der überhebliche Chemiker Victor Frankenstein will in einem Experiment Leben erzeugen. Doch er erschafft ein Monster, das ihn auf ewig heimsucht.

1816 wurde „das Jahr ohne Sommer" genannt: Gas- und Staubwolken vom Ausbruch des indonesischen Vulkans Tambora sorgten weltweit für Starkregen, Schneefälle und Missernten.

1820 ▸ 1830

Die heutige Antarktis

1820

Ein neuer Kontinent

Der deutsch-baltische Seefahrer Fabian Gottlieb von Bellingshausen erblickt als Erster das Schelfeis, das den Kontinent Antarktis (Südpol) säumt. Aus den Rufen von Pinguinen schließt er, dass er sich Land nähert.

1820

1822

Abtretung Floridas

Florida stand unter spanischer Herrschaft, bis es 1819 nach der Tilgung einer Schuld Spaniens über 5 Mio. Dollar an die USA abgetreten wird. 1822 wird das Gebiet offiziell angegliedert, 1845 wird Florida der 27. US-Staat.

1822

Brasilien wird unabhängig

Als die portugiesische Königsfamilie 1808 vor Napoleon aus ihrem Land floh, segelte sie zu der portugiesischen Kolonie Brasilien. Während König João I. 1821 nach Portugal zurückkehrt, wird sein Sohn Pedro in Brasilien Kaiser Pedro I. Im darauffolgenden Jahr erklärt er die Unabhängigkeit Brasiliens.

ELEKTRIZITÄT

Die elektrische Energie hatte Forscher stets fasziniert und in der ersten Hälfte des 19. Jh. lernte man rasch, ihre Möglichkeiten zu erkennen. Nach der Entdeckung des Elektromagnetismus durch den dänischen Physiker Hans Christian Ørsted wies Michael Faraday 1821 die Erzeugung von Elektrizität durch Magnetismus nach.

Michael Faraday (1791–1867)

Michael Faraday

Michael Faraday, Sohn eines Schmieds im Norden Englands, genoss nur eine geringe Schulbildung. Da er jedoch ein sehr gutes Gespür für physikalische Phänomene hatte, wurde er einer der einflussreichsten Physiker seiner Zeit.

„Nichts ist zu wunderbar, um wahr zu sein, wenn es mit den Naturgesetzen übereinstimmt."

Michael Faraday, Tagebucheintrag vom 19. März 1849

Elektromotor

1821 begann Faraday mit seinen bedeutendsten Experimenten zu Elektrizität und Magnetismus. Er wies nach, dass ein elektrischer Strom erzeugt wird, wenn sich ein Magnet in einer Drahtspule bewegt. Damit hatte er den ersten Elektromotor der Welt erfunden.

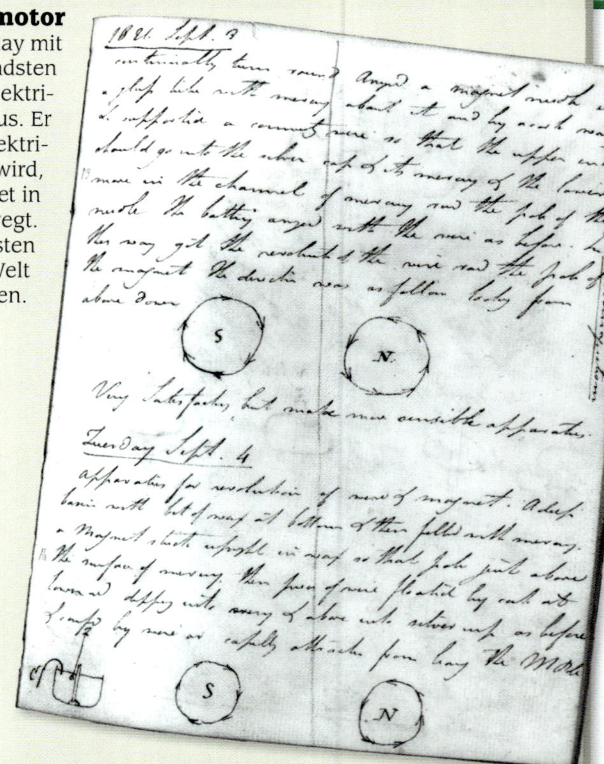

Faraday hielt Details seines Elektromotors in Notizen fest.

1824 erhielt Australien, das ehemalige Neu-Holland, seinen heutigen Namen.

Blick aus dem Fenster in Le Gras – die erste Fotografie der Welt

1826

Erste Fotografie

Von dem Franzosen Joseph Nicéphore Nièpce stammt das erste Foto der Welt. Es wurde acht Stunden belichtet und zeigt Gebäude und den Himmel. Nièpce nennt sein Verfahren Heliografie (nach *helios*, griechisch für „Sonne").

1829

Dampfender Sieger

Die erste Dampflokomotive ist die *Rocket* des Engländers George Stephenson. Sie wird berühmt als Sieger bei einem Wettbewerb der besten Lokomotiven. Tausende sehen zu, wie die *Rocket* eine Geschwindigkeit von 58 km/h erreicht und das Preisgeld von 500 Pfund gewinnt.

Stephensons *Rocket*

1830

1825

Dampfeisenbahn

Die Stockton & Darlington Railway in England ist die erste Dampfeisenbahn der Welt im Dauerbetrieb. Auf der 40 km langen Strecke wird Kohle nach Stockton befördert und dort auf Frachtschiffe verladen.

1825

Neue Wasserstraße

Der 1817 in den USA begonnene Erie-Kanal wird schließlich acht Jahre später eröffnet. Die befahrbare Wasserstraße zwischen den Großen Seen im Inland und dem Atlantik ist 584 km lang.

Mortons Sämaschine sorgte im Vergleich zur Handsaat für eine gleichmäßige Aussaat.

1828

Sämaschine

Jethro Tulls Sämaschine von 1701 wird von S. Morton verbessert. Nun können die Bauern die Aussaat unterschiedlichen Feldfrüchten und Bedingungen anpassen.

1829

Bücher für Blinde

Der als Kind erblindete Franzose Louis Braille erfindet ein Schriftsystem für Blinde. Sein Alphabet besteht aus erhabenen Punkten, die in Mustern angeordnet und durch Berühren lesbar sind. 1829 erklärt er in seinem ersten Buch, wie sein System funktioniert.

1829

Russisch-osmanischer Krieg

Das Osmanische Reich hat fast den gesamten Balkan fest in der Hand. Die Griechen sind die Ersten, die seit den 1820er-Jahren gegen die Osmanen (Türken) aufbegehrten und 1827 unabhängig wurden. Russland unterstützt diese und andere nationalistische Bewegungen auf dem Balkan, auch militärisch. Im Frieden von Adrianopel 1829 erhält das siegreiche Russland von den Osmanen die Donaumündung und freien Zugang zum Mittelmeer. Der Machtverfall des Osmanischen Reichs hat begonnen.

Heilkunde

Lange Zeit griff die Medizin auf traditionelle Heilmittel zurück, die manchmal nutzlos waren, und wenn sie wirkten, wusste man nicht, warum. Die ersten Ärzte wie Galenos von Pergamon (2. Jh.) gingen bereits systematisch vor, zur Wissenschaft wurde die Medizin im 16. Jh. Ärzte studierten den Körper, indem sie Leichen öffneten. Medizintechnische Erfindungen und mehr Hygiene veränderten im 19. Jh. die Heilkunde.

„Der Arzt der Zukunft wird seinen Patienten keine Medizin verabreichen, sondern auf Körperpflege, Ernährung sowie Ursache und Vorbeugung von Krankheiten schauen."

Thomas Edison, amerikanischer Erfinder

Neue Medizintechnik

Im 19. Jh. besaßen Ärzte und Chirurgen einen Satz von Skalpellen, Zangen, Sonden und kleinen Sägen. Doch dank rascher Fortschritte in der Medizintechnik wurden schon frühe Versionen von Geräten entwickelt, die noch heute in Gebrauch sind.

Falsche Zähne (1860)
Diese „Zähne" aus Porzellan und Elfenbein sitzen auf einem Metallgestell.

Zahnbohrer (1864)
Ein Aufziehmotor treibt diesen frühen Zahnbohrer etwa zwei Minuten lang an.

Kerze

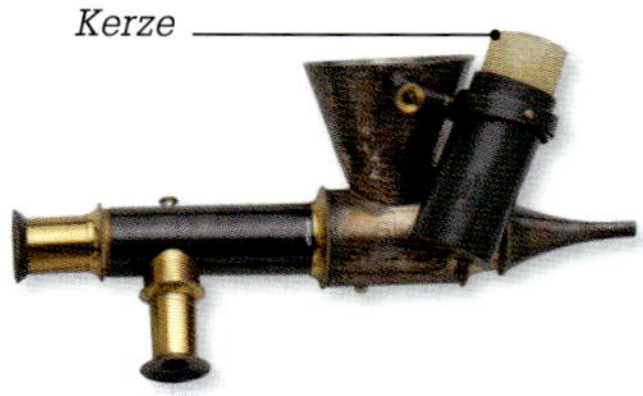

Endoskop (um 1880)
Damit betrachtete man im Licht einer Kerze das Innenohr des Patienten.

Thermometer (1865)
Das gerade Röhrchen wurde in den Mund, das abgewinkelte in die Achselhöhle gesteckt.

Spritzen (Ende 19. Jh.)
Schon vor Jahrhunderten erfundene Spritzen wurden im 19. Jh. perfektioniert.

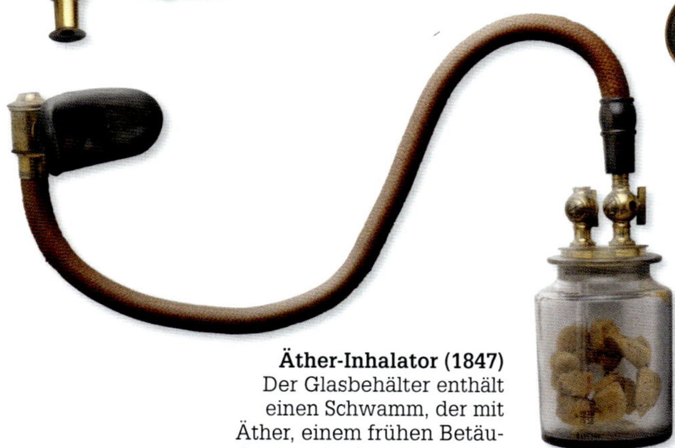

Äther-Inhalator (1847)
Der Glasbehälter enthält einen Schwamm, der mit Äther, einem frühen Betäubungsmittel, getränkt war.

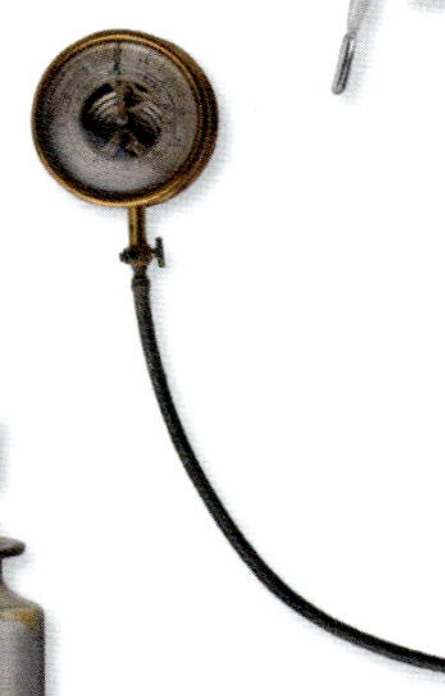

Blutdruckmesser (um 1880)
Die Anzeige erfasst den Druck in einem Blutgefäß (Arterie).

Chronik

1796

Edward Jenner entwickelt einen Pocken-Impfstoff aus den ähnlichen, aber weniger gefährlichen Kuhpocken. Es ist der erste sichere Impfstoff der Welt.

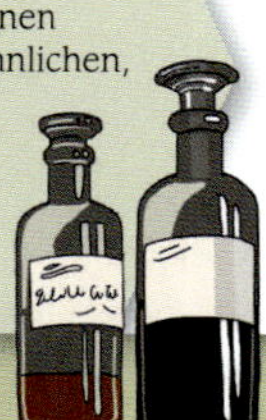

1810

Der deutsche Arzt Samuel Hahnemann (1755–1843) gibt sein erstes Hauptwerk über Homöopathie, eine alternative Heilkunde, heraus.

1816

Der Franzose René Laënnec erfindet das Stethoskop, mit dem Ärzte Herz und Lunge auf Geräusche abhören können, die auf eine Krankheit hindeuten.

1817

Die Cholera breitet sich von Indien in den übervölkerten europäischen Industriestädten aus. Bis 1824 fallen ihr Hunderttausende zum Opfer.

Krankenhaus im frühen 20. Jh.

Neue Krankenhäuser

Einst wurden in Krankenhäusern nur verwundete Soldaten oder Leprakranke aufgenommen. Im 19. Jh. entwickelten sie sich zu Behandlungszentren für alle Arten von Verletzungen und Krankheiten. Die Ausstattung war anfangs primitiv, doch sie verbesserte sich im Lauf der Zeit und mit zunehmender Hygiene wurde die Heilung immer effektiver.

Mikroskop (1826)

Unterm Mikroskop

Das erstmals 1830 in der Medizin eingesetzte Mikroskop war entscheidend für das Verständnis von Krankheiten. Ärzte konnten nun Gewebe durch Vergrößerung seiner Zellstrukturen auf Krebs untersuchen sowie Bakterien und andere winzige Organismen als Infektionsursachen ausfindig machen.

Persönlichkeiten

Edward Jenner

1796 entwickelte der englische Arzt Jenner (1749–1823) eine sichere Schutzimpfung zur Vorbeugung der Pocken. Dank dieser Methode wurden seit 1979 weltweit keine Pockenfälle mehr festgestellt.

Florence Nightingale

Während des Krimkriegs (1853–1856) reformierte die Krankenschwester Nightingale (1820–1910) die Lazarette und senkte damit die Sterberate. Sie führte die Krankenpflege als neuen Beruf ein.

Joseph Lister

Der englische Chirurg Lister (1827–1912) führte in der Chirurgie Antiseptika und sterile Geräte ein, wodurch Operationen viel sicherer wurden.

Louis Pasteur

Experimente mit verunreinigter Milch und anderen Flüssigkeiten überzeugten den französischen Forscher Pasteur (1822–1895), dass Krankheiten durch winzige Keime übertragen werden. Er entwickelte erste Impfstoffe gegen tödliche Krankheiten wie Milzbrand und Tollwut.

Louis Pasteur in seinem Labor

In nur 30 Sekunden amputierte der Chirurg Robert Liston ein menschliches Bein – ohne Betäubungsmittel.

1818

Der englische Arzt James Blundell führt die erste erfolgreiche Bluttransfusion durch. Mit einer Spritze überträgt er Blut von einem Spender auf den Patienten.

1822

Der französische Chemiker Louis Pasteur wird geboren. Seine Theorie der Übertragung von Krankheiten durch Keime ermöglicht die Entwicklung von Antiseptika und Antibiotika.

1846

Der US-Zahnarzt Henry Morgan führt den Einsatz von Äther als Betäubungsmittel öffentlich vor. Lange, komplizierte Operationen sind seitdem für die Patienten schmerzfrei.

1848

Der Wiener Frauenarzt Ignaz Semmelweis führt Hygieneregeln bei Geburten ein und senkt damit das Kindbettfieber in seiner Abteilung erheblich.

1830 ▸ 1840

AMERIKANISCHE UREINWOHNER

Als europäische Siedler nach Amerika kamen, lebten dort bereits seit über 11 000 Jahren Menschen, die Indianer. Man vermutet, dass sie eine Landbrücke von Sibirien nach Alaska überquerten und sich dann in den heutigen USA und in Kanada niederließen.

Lebensweise
Die Indianer lebten in verschiedenen Stämmen, die oft an einen bestimmten Lebensraum gebunden waren, mit eigener Kultur und Sprache. Sie waren meist Nomaden, jagten in den Wäldern und Prärien und behandelten die Natur mit Respekt.

Indianer auf Bisonjagd

Rituelle Maske der Kwakiutl-Indianer in British Columbia (Kanada)

Bisons
Die Indianer nutzten alle Teile des Bisons. Aus dem Fell wurden Kleider und Tipis (Zelte) gefertigt, aus den Knochen Werkzeuge und die Zähne wurden für rituelle Masken und Rasseln verwendet.

Pfad der Tränen
Um den Zug der Siedler nach Westen zu ermöglichen, verabschiedete die US-Regierung 1830 ein Gesetz, den „Indian Removal Act“. Nach diesem Gesetz wurden die Stämme in Reservate zwangsumgesiedelt, obwohl sie ihre spirituelle Heimat nicht verlassen wollten. Die Cherokee mussten fast 2000 km auf dem sogenannten Pfad der Tränen zurücklegen.

1830

1830

Letzter König von Frankreich
Karl X. wird während der Julirevolution zur Abdankung gezwungen. Sein Nachfolger ist Ludwig Philipp I., Herzog von Orléans. Als letzter König Frankreichs verbessert er die Position des Landes in Europa und führt demokratische Reformen ein.

Ludwig Philipp I.

1831

Unabhängiges Belgien
1814 hatte der Wiener Kongress Belgien mit Holland zum Königreich der Niederlande vereint. Ermutigt von der Julirevolution in Frankreich, erheben sich unzufriedene Belgier in Brüssel. 1831 wird Belgien unabhängig.

Griechische Flagge

1832

Griechische Revolution
Nach dem griechischen Unabhängigkeitskrieg löst sich Griechenland aus dem Osmanischen Reich. Als Freiheitsgarant wird der bayerische Prinz Otto König von Griechenland.

1832

Hambacher Fest
In Deutschland werden nach dem Vorbild Frankreichs demokratische Forderungen nach nationaler Einheit, Freiheit und Volkssouveränität erhoben.

1833

Kinderarbeit
Um die schlimmen Arbeitsbedingungen für Kinder in Fabriken zu verbessern, erlässt das englische Parlament Fabrikgesetze. Sie verbieten die Arbeit für Kinder unter neun Jahren.

Illustration eines Andersen-Märchens

1835

Märchen

Der dänische Dichter Hans Christian Andersen bringt seine erste Sammlung *Märchen, erzählt für Kinder* heraus. Sie enthält Märchen wie *Die Prinzessin auf der Erbse* und *Däumelinchen*.

1837

Bleibende Bilder

Der Franzose Louis Daguerre verbessert Joseph Nièpces Technik und schafft fotografische Bilder, die nicht so schnell verblassen.

1837

Königin Victoria

Die britische Thronerbin Prinzessin Victoria wird nach dem Tod ihres kinderlosen Onkels William IV. mit 18 Jahren Königin. Ein Jahr später, 1838, wird sie in der Londoner Abtei Westminster gekrönt.

Victorias Krönung

GROSSER TRECK IN SÜDAFRIKA

Seit 1835 waren holländische Siedler in der britischen Kapkolonie in Südafrika auf der Suche nach neuem Land. Der große Treck führte sie ins fruchtbare Hinterland des heutigen Südafrikas.

Zug der Planwagen
Die „Voortrekker" beluden Ochsenkarren mit Hausrat, Kleidern, Bettzeug, Möbeln und landwirtschaftlichem Gerät und gründeten zwei neue Staaten: den Oranje-Freistaat sowie Transvaal.

1840

1836

Schlacht von Alamo

US-Siedler in Texas hatten 1835 gegen die mexikanische Regierung rebelliert und den texanischen Unabhängigkeitskrieg eröffnet. 1836 verteidigen etwa 200 Texaner das Fort von Alamo gegen die Mexikaner. Die Belagerung endet mit der Einnahme Alamos. Später wird Texas doch unabhängig, aber 1846 beginnt ein neuer Krieg gegen Mexiko. Er endet 1848 und die USA verleiben sich Kalifornien, Arizona, Utah, Nevada und New Mexico ein.

1838

Große Fahrt

Als erstes Handelsdampfschiff überquert die *Great Western* den Atlantik. Gebaut hat dieses Schiff mit Eichenholzrumpf der englische Ingenieur Isambard Kingdom Brunel. Im April 1838 fährt es von Bristol in England nach New York in 15 Tagen und 12 Stunden.

1839

Opiumkriege

Weil sich England weigert, die Einfuhr der Droge Opium nach China zu stoppen, lässt ein chinesischer Sonderkommissar ein Lagerhaus und Schiffe in Kanton (China) zerstören. Dies löst den ersten Opiumkrieg zwischen England und China aus.

Opiummohn

1830 unternahm die erste amerikanische Dampflokomotive ein Wettrennen gegen ein Pferd. Die Lok führte, bis ein technischer Fehler sie ausbremste.

Verheißenes Land
Angelockt durch Plakate, die billiges Land versprachen, zogen zwischen 1839 und 1850 rund 55 000 Pioniere gen Westen.

KINDER IM 19. JAHRHUNDERT

Zug in den Westen

Mitte des 19. Jh. packten Tausende Familien im Osten von Nordamerika ihre Habe in Planwagen und zogen nach Westen. Vor ihnen lag eine Reise über 3200 km und das Versprechen auf Farmland oder gar Gold! Die meisten Pioniere fuhren in großen Gruppen und oft gab es mehr Kinder als Erwachsene. Eiserne Regeln hielten sie zusammen und jeder Tag war ein neues Abenteuer.

Früher Aufbruch

Der Tag begann um 4 Uhr – der Schuss einer Nachtwache weckte das Lager. Verschlafene Pioniere kamen aus ihren Planwagen und Zelten, um Feuer zu machen. Männer und größere Jungen trieben das Vieh und die Pferde zusammen, während Frauen und Kinder das Frühstück bereiteten. Dann musste alles in den Wagen verstaut werden.

Wagen los!

Um 7 Uhr erscholl ein Ruf und der Zug setzte sich in Bewegung. Die meisten Wagen wurden von starken, aber langsamen Ochsen gezogen und kamen mit etwa 3 km/h voran. Nur die kleinsten Kinder oder Kranke fuhren. Die anderen liefen, um die Wagen nicht zusätzlich zu belasten.

„Der Pfad war von Tiergerippen gesäumt … Wir fanden auch Menschenknochen neben kaputten und verlassenen Wagen.“

Luzena Stanley Wilson, Goldsucherin, über die Wüste, durch die sie mit ihrer Familie 1849 gen Westen reiste

Mittagsrast

Gegen Mittag gab es einen kurzen Halt, dann ging es weiter. Sie kamen nun langsamer voran und müde Kinder stolperten oft stumm vor sich hin. Am Spätnachmittag suchte ein Späher einen Lagerplatz. Er zog einen Kreis in den Staub und ließ die Wagen eine Wagenburg bilden.

Hindernisse
Auf der Reise drohten viele Gefahren, etwa wenn mit Tieren und schweren Wagen Flüsse durchquert werden mussten.

Lagerleben

Die Kinder hatten viele Pflichten wie Nähen, Melken, Wasser holen und getrockneten Bisondung fürs Feuer sammeln. Doch es blieb ihnen auch Zeit, mit Freunden Fangen oder Seilhüpfen und mit Reifen und Puppen zu spielen. Junge Leute plauderten und sangen miteinander, spielten die Fiedel und tanzten. Gegen 20 Uhr gingen die Pioniere schlafen und träumten von ihrer Zukunft: einer Farm in Kalifornien oder Oregon und einem neuen Leben mit ihrer Familie.

„Als wir anhielten, waren die Gesichter der Jungen über und über von Staub bedeckt. Man konnte gerade noch die Öffnungen erkennen, wo sich Augen, Nase und Mund befanden.“

Sarah Raymond, Reisetagebuch (1865)

Familienfoto
Eine Mutter auf der Reise gen Westen sitzt mit Kindern und Hund neben ihrem Planwagen.

„Pa verkaufte das kleine Haus. Er verkaufte die Kuh und das Kalb. Er befestigte Bögen am Wagen. Ma half ihm, Planen darüber zu spannen."

Laura Ingalls Wilder, amerikanische Autorin, über ihre Kindheit in einer Pionierfamilie

1840 ▸ 1850

1840

Erste Briefmarke

In England führt der Lehrer und Sozialreformer Rowland Hill die erste vorab bezahlte Briefmarke ein, die Penny Black. Bis dahin erstattete der Empfänger die Postgebühr und Briefe wurden oft zugestellt, aber nicht bezahlt.

Junger Bergarbeiter

1842

Bergbaugesetz

Aus Sorge darüber, dass Frauen und Kinder in Kohlebergwerken täglich bis zu zwölf Stunden arbeiteten, führt England ein Bergbaugesetz ein. Es verbietet die Arbeit unter Tage für Frauen und für Jungen unter zehn Jahren.

Industrielle Revolution
S. 182–183

1844

Morsealphabet

Der amerikanische Erfinder Samuel Morse beweist, dass sich Signale über einen Draht als Code aus Punkten und Strichen übertragen lassen. Die erste elektrisch verschlüsselte Nachricht über die Telegrafenleitung zwischen Washington und Baltimore lautet: „Was hat Gott bewirkt?“

Apparat zum Eintippen von Morsezeichen

1840

1842

Vertrag von Nanking

China verliert 1842 den Opiumkrieg gegen England und damit auch einen Teil seines Landes. Nach dem Vertrag von Nanking wird Hongkong für 99 Jahre an England verpachtet und die Häfen Kanton, Amoy, Fuzhou, Ningbo und Schanghai öffnen sich für den britischen Handel.

Vertrag auf Englisch (links) und Chinesisch (rechts)

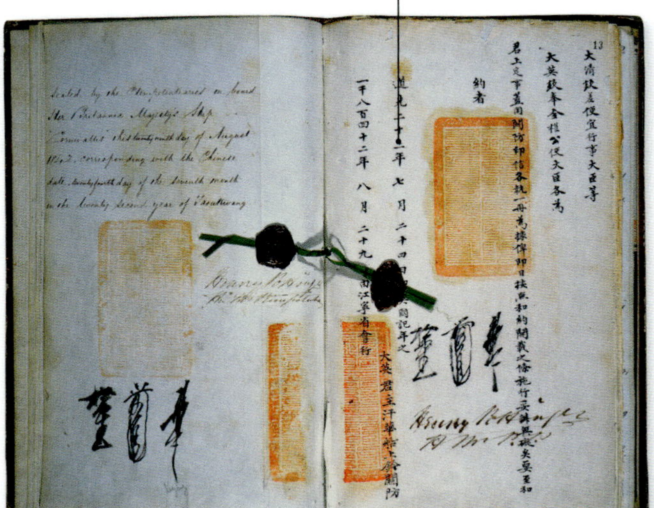

Der Vertrag von Nanking gab England die Kontrolle über Hongkong.

Oregon Trail

Nach 1840 durchquerten Familien in Pferdewagen aus dem Osten und der Mitte der USA das Land gen Westen, weil sie eine neue Heimat am Pazifik zu finden hofften. Der Oregon Trail war die erste Siedlerroute über die Rocky Mountains.

Typischer Planwagen, mit dem Pionierfamilien durch Amerika reisten

Irische Familien wollen auf Raddampfern nach England der Hungersnot entkommen.

Flagge von Liberia, der weiße Stern steht für Freiheit.

Saxofon
Der Belgier Adolphe Sax ließ sich 1846 sein neues Instrument, das Saxofon, patentieren, das er 1841 auf der Brüsseler Weltausstellung vorgeführt hatte.

1845

Hungersnot in Irland

Jahrelang war Irland auf Kartoffeln als Grundnahrungsmittel angewiesen. Im September 1845 verursacht die Kartoffelfäule eine verheerende Missernte. Zwischen 500 000 und 1,5 Mio. Iren verhungern, Millionen verlassen das Land.

1847

Unabhängigkeit für Liberia

Befreite Sklaven aus Amerika haben sich seit 1822 in Liberia (Land der Freien) niedergelassen. Unter britischem Druck gewährt Amerika dem Land die Unabhängigkeit – dies ist die erste demokratische Republik in der Geschichte Afrikas.

1848

Revolutionen in Europa

Der Wunsch nach politischem und sozialem Wandel führt zu Revolutionen in ganz Europa. Die Unruhen beginnen in Frankreich, wo der König abdanken muss, und breiten sich in Deutschland, Österreich und darüber hinaus aus.

1850

1846

Mormonensiedlung

Als die religiöse Gruppe der Mormonen aus ihrer Gemeinde in Illinois (USA) vertrieben wird und eine neue Heimat suchen muss, findet eine Vorhut unter Führung des Missionars Brigham Young einen idealen Ort in Salt Lake City. In den nächsten vier Jahren schließen sich fast 12 000 Mormonen der neuen Gemeinde an.

Mormonenführer Brigham Young

„Dies ist der rechte Ort. Fahrt hierher."

Brigham Young, fand am 24. Juli 1846 Salt Lake City

Goldsucher in Kalifornien

1848

Goldrausch

Arbeiter einer Sägemühle finden an einem Fluss in Kalifornien winzige Goldklumpen (Nuggets). Rasch verbreitet sich die Sensationsnachricht. Eine halbe Million Menschen aus aller Welt strömt herbei und hofft, schnell reich zu werden.

Straßenkämpfe in Berlin am 18./19. März 1848

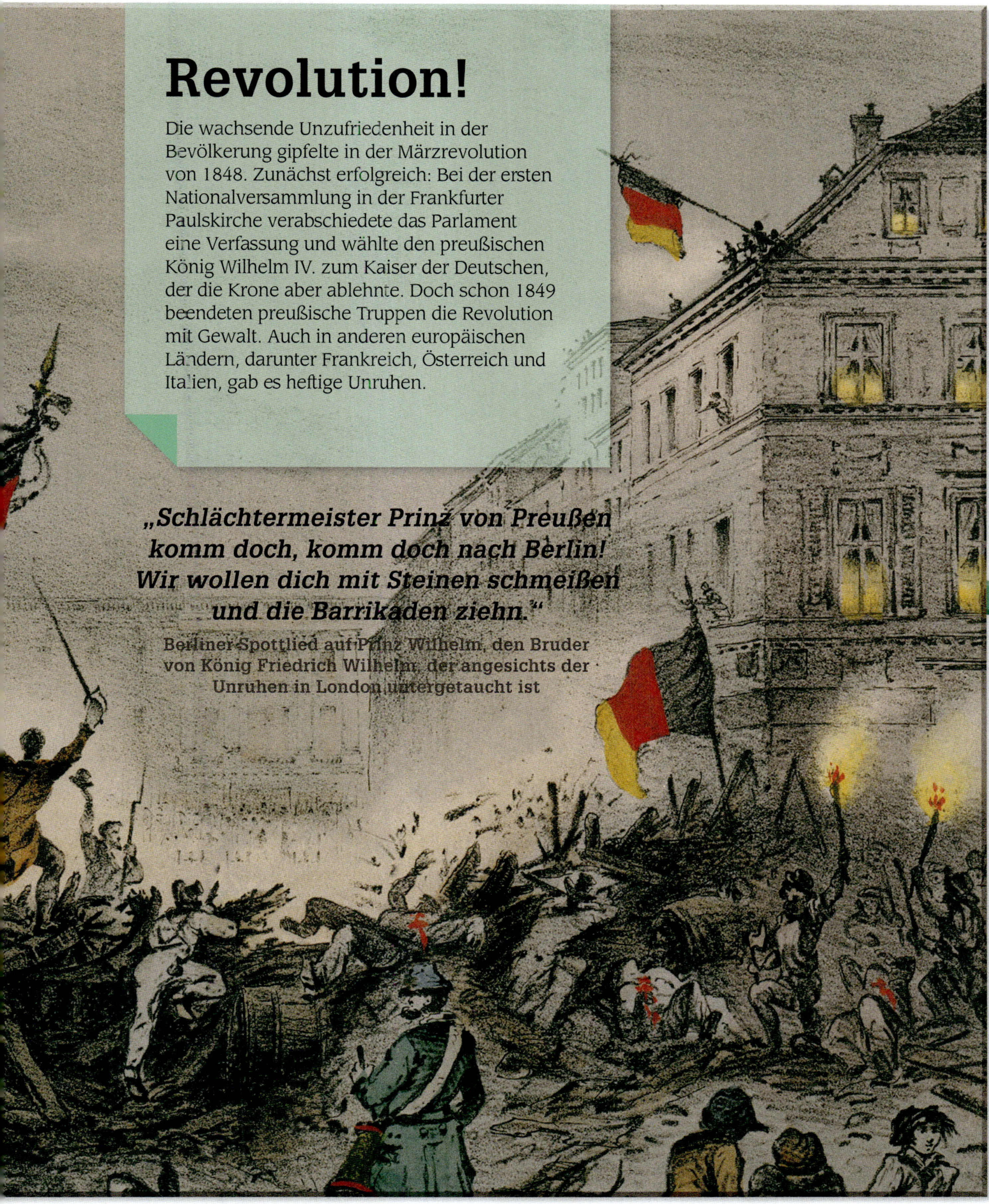

Revolution!

Die wachsende Unzufriedenheit in der Bevölkerung gipfelte in der Märzrevolution von 1848. Zunächst erfolgreich: Bei der ersten Nationalversammlung in der Frankfurter Paulskirche verabschiedete das Parlament eine Verfassung und wählte den preußischen König Wilhelm IV. zum Kaiser der Deutschen, der die Krone aber ablehnte. Doch schon 1849 beendeten preußische Truppen die Revolution mit Gewalt. Auch in anderen europäischen Ländern, darunter Frankreich, Österreich und Italien, gab es heftige Unruhen.

„Schlächtermeister Prinz von Preußen komm doch, komm doch nach Berlin! Wir wollen dich mit Steinen schmeißen und die Barrikaden ziehn.“

Berliner Spottlied auf Prinz Wilhelm, den Bruder von König Friedrich Wilhelm, der angesichts der Unruhen in London untergetaucht ist

1850–1945
Weltreiche und Weltkriege

Zwischen 1850 und 1945 wurden Entfernungen schneller und leichter überbrückt als je zuvor, denn die Entwicklung von Eisenbahn, Auto und Flugzeug brachte die Welt in Bewegung. Auch die Erfindung des Telefons, Radios und Fernsehens ließ die Menschen näher zusammenrücken. In dieser Zeit entstanden neue Nationalstaaten in Europa und riesige Gebiete in Amerika, Asien und Afrika wurden von europäischen Kolonialmächten vereinnahmt. Wachsende internationale Rivalitäten explodierten in zwei Weltkriegen mit Millionen Toten.

1850 ▸ 1860

Die Weltausstellung zog über 6 Mio. Besucher an – damals ein Rekord.

Der Kristallpalast bestand aus 293 655 Glasscheiben.

1851

Weltausstellung

Über 14 000 Aussteller aus aller Welt zeigen die neuesten technischen Errungenschaften auf der ersten Weltausstellung in London. Für diese Messe wird der Kristallpalast, ein riesiger Glasbau, errichtet.

1853

Japan öffnet sich

Seit dem 17. Jh. hatte sich Japan unter seinen Herrschern, dem Tokugawa-Shogunat, von der Außenwelt abgeschottet. 1853 kommen vier US-Kriegsschiffe unter dem Befehlshaber Matthew Perry nach Japan, um den Handel zu erzwingen. Nach kurzem Hinhalten unterzeichnen beide Nationen 1854 den Vertrag von Kanagawa, der den USA die Errichtung eines Stützpunkts und den Handel in Japan erlaubt.

1850

1850

Taiping-Aufstand

In China wenden sich die Menschen aus Protest gegen die unbeliebten Mandschu-Herrscher Ideen von außen zu. Vom Christentum beeinflusst, gründet der Rebell Hong Xiuquan das abtrünnige „Himmlische Reich" der Taiping. 14 Jahre herrscht Bürgerkrieg, der 20 Mio. Menschenleben fordert, dann erlangt die Regierung die Kontrolle zurück.

1853–1856 DER KRIMKRIEG

Krimkriegsorden

Im Krimkrieg stand Russland einer Allianz aus dem Osmanischen Reich, Sardinien, England und Frankreich gegenüber. Die Kämpfe, meist auf der Krim, endeten mit der Niederlage Russlands. Dies war der erste Konflikt, über den in Zeitungen auch mit Fotos berichtet wurde.

Attacke der Leichten Brigade

Ein missverstandener Befehl veranlasste die britische Kavallerie, eine Batterie russischer Kanonen anzugreifen. Als der sinnlose Angriff endete, waren über 150 Briten gefallen.

Ein verlustreicher Angriff

Florence Nightingale

Als „Dame mit der Lampe" verbesserte die Krankenschwester Florence Nightingale die Hygiene im Kriegslazarett und reduzierte damit die Ansteckungsgefahr und die Zahl der Toten erheblich. 1907 wurde ihr wegen ihrer Verdienste im Krimkrieg ein Orden verliehen.

Commodore Matthew Perry baut die Beziehungen zu Japan auf.

1809–1882 CHARLES DARWIN

Der englische Naturforscher Charles Darwin gilt wegen seiner bahnbrechenden Evolutionstheorien als einer der bedeutendsten Wissenschaftler überhaupt. Erst 20 Jahre nach seinen Entdeckungen in Südamerika veröffentlichte er sein berühmtes Buch *Über die Entstehung der Arten.*

Forschungsreise
Charles Darwin war Sohn einer kinderreichen Familie. Er studierte Naturwissenschaften und nahm dann an einer Forschungsreise zu den südamerikanischen Galápagosinseln teil. 1831 ging er an Bord der *Beagle* und erforschte fünf Jahre lang die Tiere und Pflanzen der Inseln.

Verschiedene Finkenschnäbel

Natürliche Auslese
Darwin stellte fest, dass es auf jeder Galápagosinsel gleiche Arten mit geringen Unterschieden gab – etwa Finken mit verschiedenen Schnäbeln – und dass Tiere mit den für die Umwelt am besten geeigneten Merkmalen überlebten. Diese Tiere vererbten ihre Merkmale dann an ihre Jungen und so entwickelten sich die Arten durch einen Prozess, den Darwin natürliche Auslese nannte.

1860

1857

Aufstand in Indien
Der Groll gegen die Engländer in Indien nimmt zu und schließlich begehren die einheimischen Soldaten der Ostindien-Kompanie, die Indien zu dieser Zeit beherrscht, nach der Einführung eines neuen Gewehrs auf (links). Dessen Patronen sind angeblich mit Schweine- und Rinderfett behandelt, was Muslime und Hindus empört, da diese tierischen Produkte gegen ihren Glauben verstoßen. Nach einem Jahr endet der Aufstand und England übernimmt die direkte Kontrolle über Britisch-Indien.

Verlegung von Kabeln im Atlantik

Der amerikanische Erfinder Elisha Otis baute den ersten Aufzug der Welt in New York (USA).

1858

Reformkrieg in Mexiko
Um 1850 gab es zwei politische Gruppen in Mexiko: Die Konservativen wollten die Regierung durch das Militär und die katholische Kirche kontrollieren, die Liberalen wollten die Macht dem Volk übertragen. Per Gesetz schränken die Liberalen die Macht von Kirche und Militär ein. Eine von den Konservativen angezettelte Rebellion wird von den Liberalen niedergeschlagen.

1858

Kommunikation über den Atlantik
Mit der Verlegung des ersten Telegrafenkabels im Atlantik beginnt ein neues Zeitalter der interkontinentalen Kommunikation. Doch das erste Kabel funktioniert nur wenige Wochen, dann bricht es. Ein zuverlässiges Ersatzkabel kann erst in der Mitte des nächsten Jahrzehnts verlegt werden.

1860 ▸ 1870

1861

Amerikanischer Bürgerkrieg

Der Norden und der Süden der USA sind in der Sklavereifrage gespalten. Es kommt zum Krieg zwischen den Nord- und Südstaaten. Nach vier Jahren und Millionen Toten siegt der Norden, die Sklaverei wird offiziell abgeschafft und Amerika ist wieder vereint.

Infanterietrommel aus dem Amerikanischen Bürgerkrieg

Amerikanischer Bürgerkrieg S. 222–223

Die Station Baker Street in London (1863)

1863

Erste U-Bahn

Die erste U-Bahn der Welt geht in London in Betrieb und verzeichnet am ersten Tag 30 000 Fahrgäste. Die Holzwaggons werden von Dampflokomotiven gezogen, die dicke Rauchwolken ausstoßen.

1860 — 1862 — 1864

1861

Ende der Leibeigenschaft

Im 19. Jh. sind 23 Mio. Russen Leibeigene, also Unfreie, die die Felder für reiche Landbesitzer bestellen. Zar Alexander II. will sein Land reformieren und beendet die Leibeigenschaft.

Zar Alexander II.

1863

Erster deutscher Arbeiterverein

Durch die industrielle Revolution ist eine neue soziale Klasse entstanden: die Arbeiterklasse. Arbeiter müssen oft unter schwierigen Bedingungen leben und arbeiten und so beginnen sich in der Mitte des 19. Jh. Arbeitervereine zu bilden, die für die Rechte der Arbeiter eintreten. Einer ihrer Anführer ist in Deutschland Ferdinand Lasalle (1825–1864). In Leipzig wird 1863 der „Allgemeine Deutsche Arbeiterverein" gegründet; Lasalle ist erster Präsident.

Paraguayische Truppen erleiden im Kampf hohe Verluste.

1865

Dreier-Allianz

In Südamerika führt Paraguay einen verheerenden Krieg gegen seine Nachbarn Uruguay, Brasilien und Argentinien. Das Land wird verwüstet und mehr als die Hälfte der Bevölkerung stirbt.

Karl Marx

1867
Marxismus
Der deutsche Philosoph und Sozialist Karl Marx (1818–1883) gibt den ersten Band seines Buchs *Das Kapital* heraus, es ist eine Kritik des Kapitalismus. Seine Theorien haben großen Einfluss auf die kommunistischen Regime des 20. Jh.

1868 MEIJI-RESTAURATION

Die militärischen Herrscher Japans – das Tokugawa-Shogunat – misstrauten noch immer anderen Nationen und wollten ihren Zustrom ins Land begrenzen. Japan öffnete sich der Außenwelt erst 1868 mit dem Sturz des Shogunats, das von dem 15-jährigen Kaiser (Tenno) Meiji abgelöst wurde.

Meiji als Reiter

Kaiser Meiji
Japan entwickelte sich zur Weltmacht unter Kaiser Meiji (1852–1912), der für einen radikalen politischen, sozialen und wirtschaftlichen Wandel sorgte. Er übernahm von anderen Nationen die besten Ideen und bewahrte zugleich die Kultur Japans.

Goldene Vase aus der Meiji-Zeit

Meiji-Kunst
Während der Zeit der Meiji („aufgeklärte Herrschaft") wurden Japans Wirtschaft modernisiert und der internationale Handel eröffnet. Die japanische Regierung förderte die Künste und Meiji-Kunstwerke wurden in Europa und den USA beliebt.

1866 1868 1870

1866
Deutscher Krieg
Preußen und Österreich führen Krieg um die Vorherrschaft über die deutschsprachigen Länder. Preußen geht als Sieger hervor, der Deutsche Bund (seit 1815) wird aufgelöst. In der Folge schließen sich mehrere deutsche Staaten mit Preußen zum Norddeutschen Bund zusammen.

1867
Gründung von Kanada
Die nordamerikanischen Provinzen Kanada, Nova Scotia und New Brunswick werden zur Gründung von Kanada, einem Herrschaftsgebiet Englands, zusammengefasst. Ottawa wird Hauptstadt des neuen Landes, in dem zu dieser Zeit über 3 Mio. Menschen leben.

Die Eröffnung des Sueskanals

1869
Transkontinentale Eisenbahn
Die Atlantikküste der USA wird erstmals mit der Pazifikküste durch den Bau der 2860 km langen First Transcontinental Railroad verbunden. Als Symbol der Fertigstellung der Strecke wird ein goldener Nagel in den letzten Gleisabschnitt getrieben.

1869
Sueskanal
Der Sueskanal in Ägypten wird 1869 eröffnet. Er beschleunigt den Seehandel zwischen Ost und West, da die Schiffe nicht mehr die mehrere tausend Kilometer lange, gefährliche Route um die Südspitze Afrikas nehmen müssen. Die neue, 164 km lange Wasserstraße zwischen dem Roten Meer und dem Mittelmeer verkürzt die Reise erheblich.

Deutsche Einigung S. 226–227

Der schwedische Forscher Alfred Nobel ließ 1867 das von ihm erfundene Dynamit patentieren.

Amerikanischer Bürgerkrieg

Seit 1860 herrschte Krieg in den USA. Es ging um die Frage der Sklaverei und die Rechte der Bundesstaaten. Die Nordstaaten, wo die Sklaverei längst verboten war, wollten die Sklaverei im ganzen Land abschaffen. Die Südstaaten hingegen waren beim Anbau von Baumwolle und Tabak auf afrikanische Sklaven angewiesen. Der blutige Kampf zerriss das Land. Am Ende wurde die Sklaverei endgültig abgeschafft.

Union gegen Konföderation

Der Amerikanische Bürgerkrieg kostete viele Menschenleben. Etwa 620 000 Amerikaner starben, mehr als in jedem anderen Konflikt der USA – die beiden Weltkriege eingeschlossen. Die Union der Nordstaaten stand der Konföderation der Südstaaten gegenüber.

Flagge der Union der Nordstaaten

- 23 Staaten hielten bei Kriegsbeginn zur Union. Weitere zwei, Nevada und West Virginia, schlossen sich später an.
- Bevölkerung: 22 Mio.
- Soldaten: 2,1 Mio.
- Zahl der Toten: 360 000
- Kriegskosten: 6,2 Mrd. $
- Monatssold der Soldaten: 13 $

Uniform der Union

Flagge der Konföderation der Südstaaten

- 7 Südstaaten trennten sich bei Kriegsbeginn von der Union. Weitere 4 Staaten erweiterten die Konföderation später auf 11.
- Bevölkerung: 9 Mio.
- Soldaten: 1,1 Mio.
- Zahl der Toten: 260 000
- Kriegskosten: 4 Mrd. $
- Monatssold der Soldaten: 11 $

Uniform der Konföderation

Schlacht von Gettysburg
Die Truppen von Union und Konföderation trafen während des Kriegs zahllose Male aufeinander. Eine Wende kam im Juli 1863, als die Union den Vormarsch des Südens bei Gettysburg (Pennsylvania) stoppte (unten). Auf beiden Seiten fielen etwa 51 000 Soldaten.

Chronik

1860
Im November wird Abraham Lincoln zum 16. Präsidenten der USA gewählt. In diesem Jahrzehnt herrscht Krieg im Land, da der Norden die Sklaverei abschaffen, der Süden sie behalten will.

1860
Im Dezember tritt South Dakota als erster Staat aus der Union aus. Bis Februar 1861 schließen sich sechs weitere Staaten der Konföderation an.

1861
Die ersten Schüsse fallen vor Fort Sumter in South Carolina, als Truppen des Südens auf Unionstruppen feuern.

1861
In der ersten Schlacht am Bull Run siegt die Konföderation, ebenso in der zweiten ein Jahr später.

1862
Die Schlacht am Antietam stoppt General Lees Vormarsch. An einem Tag werden so viele Amerikaner getötet oder verwundet wie nie zuvor

Afroamerikanische Soldaten
Etwa 180000 Afroamerikaner dienten in der Unionsarmee, das waren rund 10% der gesamten Truppe. Von ihnen fielen etwa 40000.

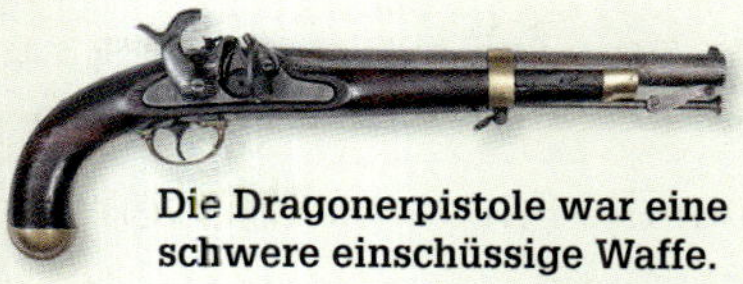

Die Dragonerpistole war eine schwere einschüssige Waffe.

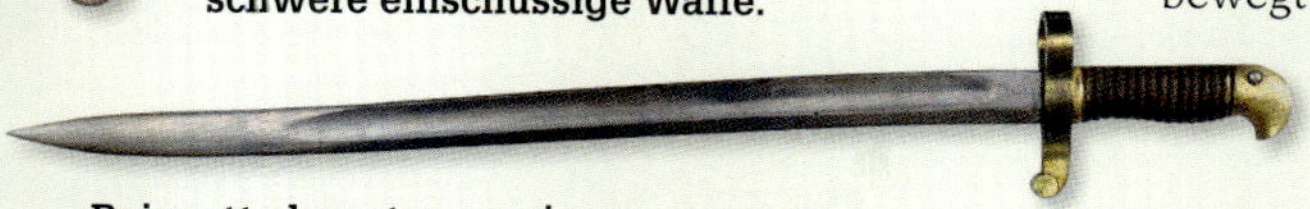

Bajonette konnten an einem Gewehr befestigt oder allein benutzt werden.

Neue Kriegsführung
Viele neue Techniken wurden in diesem Krieg eingesetzt und kamen meist der industriell höher entwickelten Union im Norden zugute. Mit der Eisenbahn konnten Truppen rasch bewegt werden, Telegrafenleitungen übermittelten Befehle sofort. Neue Waffen erhöhten die Zahl der Toten dramatisch.

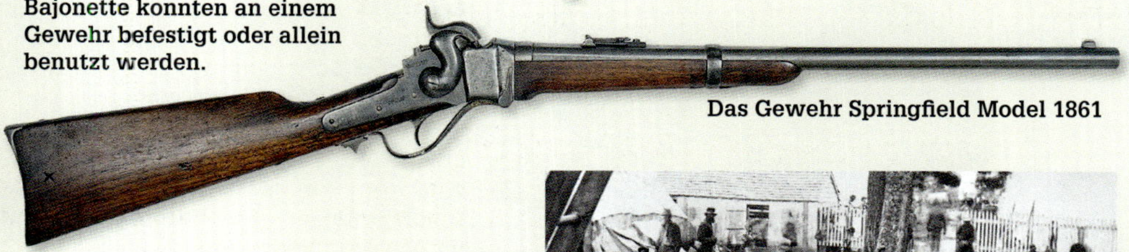

Das Gewehr Springfield Model 1861

Medizin auf dem Schlachtfeld
In diesem Krieg gab es neben militärischen auch medizinische Entwicklungen. Während die Männer kämpften, arbeiteten die Frauen erstmals als Krankenschwestern in beweglichen Feldlazaretten, in denen verwundete Soldaten versorgt wurden.

Persönlichkeiten

UNION

Abraham Lincoln
Die Wahl des Sklavereigegners Lincoln zum US-Präsidenten 1860 löste den Bürgerkrieg aus. Lincoln führte den Norden zum Sieg und erließ das Gesetz zur Befreiung der Sklaven.

Ulysses S. Grant
Grant führte die Unionsarmee seit 1862 und errang einige Siege über die Konföderierten. Nach dem Krieg war er zweimaliger US-Präsident.

KONFÖDERATION

Jefferson Davis
Der Präsident der Konföderation war weniger effektiv als Lincoln. Er wurde nicht vom Ausland unterstützt und hatte keine Strategie, den Vormarsch des Nordens zu stoppen.

Robert E. Lee
Lee war ein so angesehener Berufssoldat, dass er sogar zum Kommandeur der Unionsarmee ernannt werden sollte. Doch er blieb dem Süden treu ergeben.

1862
Bei der Seeschlacht von Hampton Roads widersteht die Blockade des Nordens den Konföderierten.

1863
Am 1. Januar erklärt Lincoln mit der Emanzipations-Proklamation alle Sklaven der Konföderation für frei.

Bei Gettysburg gefundene Granate

1863
Einen Monat nach der Schlacht von Gettysburg gelobt Lincoln in seiner berühmten Rede weiterzukämpfen.

1864
Die Unionsarmee marschiert durch konföderiertes Gebiet von Atlanta bis Savannah und zerstört Städte, Eisenbahnen und Nachschub.

1865
Die Union besetzt Richmond, die konföderierte Hauptstadt von Virginia. Lee ergibt sich Grant. Der Bürgerkrieg ist vorbei.

1870 ▸ 1880

König Viktor Emanuel II. hoch zu Pferd

1871

Geeint

Nach drei Kriegen und politischen Schachzügen hat Otto von Bismarck sein Ziel eines geeinten Deutschlands (ohne Österreich) erreicht. In Italien wird Rom von den französischen Besatzern befreit und unter König Viktor Emanuel II. im darauffolgenden Jahr die Hauptstadt eines neuen geeinten Italiens.

1874

Britische Goldküste

Das Volk der Aschanti herrscht über ein großes Gebiet von Westafrika. Im Ersten und Zweiten Aschanti-Krieg (um 1825 und 1863/64) wehrten die Aschanti die Briten ab, doch nach dem Dritten Aschanti-Krieg kontrolliert England fast das gesamte Gebiet. Die Goldküste (das heutige Ghana) wird ein Teil des britischen Weltreichs.

1870 — 1872 — 1874

1870

Deutsch-Französischer Krieg

Nachdem die Preußen wenige Jahre zuvor Österreich besiegt haben, provozieren sie unter Kanzler Otto von Bismarck Frankreich zum Krieg. Sie überrollen es in einer Reihe von Schlachten, stürzen Napoleon III. und marschieren 1871 als Sieger in Paris ein.

Deutsche Einigung
S. 226–227

Preußische Kavallerie greift die französische Armee an.

Hunderte fallen in der Schlacht am Little Bighorn.

Erstes Wimbledonturnier
Um 1870 wurde ein neues Ballspiel in England beliebt und bald Tennis genannt. 1877 fand in Wimbledon, einem Londoner Stadtteil, die erste offizielle Meisterschaft statt. Es ist bis heute das wichtigste Tennisturnier der Welt.

Ein Holzrahmen und dicke Saiten waren typisch für den Tennisschläger im 19. Jh.

1873 entdeckte der deutsche Archäologe Heinrich Schliemann die Ruinen des antiken Troja.

1876

Schlacht am Little Bighorn

Indianer der Sioux und Cheyenne greifen amerikanische Truppen unter Generalmajor Custer an – eine seltene Umkehrung für die USA in den anhaltenden amerikanisch-indianischen Kriegen, die viele Indianer aus ihren Stammesgebieten vertreiben.

1878

Zweiter Anglo-Afghanischer Krieg

Englische Truppen marschieren in Afghanistan ein, um zu verhindern, dass Russland dort Einfluss erlangt und die Vormachtstellung über Zentralasien gewinnt. Nach der Niederlage 1880 ist Afghanistan gezwungen, die Kontrolle über seine Außenpolitik an England abzugeben.

1876 — **1878** — **1880**

1876

Die Zeit des Porfiriats

General Porfirio Díaz stürzt den Präsidenten von Mexiko und regiert das Land bis 1911 als Diktator. Diese Zeit des Porfiriats erlebt ein gewaltiges Wirtschaftswachstum und eine industrielle Modernisierung. Doch der rücksichtslose Díaz wird auch zunehmend unbeliebt und schließlich nach über 30 Jahren an der Macht gestürzt.

1878

Frieden von San Stefano

Nach dem Russisch-Osmanischen Krieg 1877–1878 verliert das geschwächte Osmanische Reich die Kontrolle über einige Balkanstaaten, die es jahrhundertelang beherrscht hat. Im Frieden von San Stefano 1878 werden Serbien, Rumänien und Montenegro die volle Unabhängigkeit, Bulgarien nur eine begrenzte gewährt.

Leutnant Melvill schlägt sich zu Pferd durch die Reihen der Zulu.

1879

Zulukrieg

In der Schlacht bei Rorke's Drift im Zululand in Südafrika wehren nur 130 Briten den Angriff von über 4000 Zulukriegern ab. Diese Schlacht findet während des Zulukriegs statt, in dem England seine kolonialen Interessen in Südafrika durch die Eroberung von Zulugebieten ausweitet.

Das Box-Telefon, ein frühes Telefonmodell von Bell, hatte eine trompetenförmige Sprechmuschel.

Erfindung des Telefons
Alexander Graham Bell ließ 1876 sein Telefon am selben Tag patentieren, an dem der Amerikaner Elisha Gray das seine patentieren lassen wollte. Gray kam zu spät. Bells Patent ist eines der bedeutendsten aller Zeiten.

Deutsche und italienische Einigung

Die Karte Europas musste im 19. Jh. ständig neu gezeichnet werden, da alte Reiche zerfielen und neue Mächte entstanden. 1850 existierten die Länder Deutschland und Italien noch nicht. Vielmehr gab es zahlreiche deutsch- und italienischsprachige Kleinstaaten mit Fürsten an der Spitze, die verschiedene Staatenbunde und Königreiche bildeten. Doch in den 1860er- und 1870er-Jahren wurde der Wunsch nach einem großen, einheitlichen Nationalstaat in Deutschland und in Italien immer stärker.

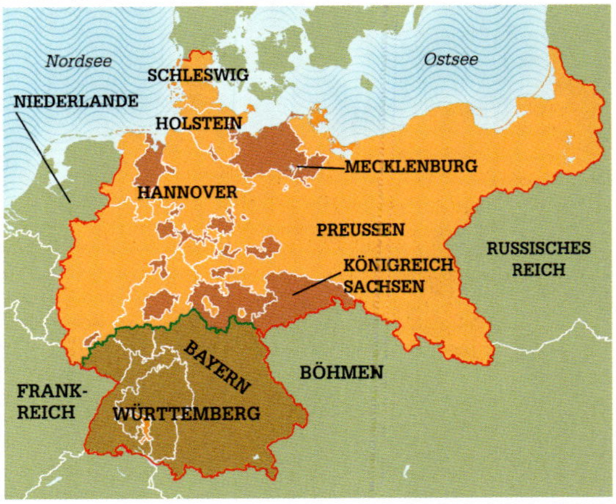

Die deutschen Staaten
1866 besiegten die Armeen Preußens die traditionell überlegene Macht Österreich. Dies ermöglichte es Preußen, mehrere deutsche Kleinstaaten zum Norddeutschen Bund unter seinem Kommando zu vereinen.

- Preußisches Gebiet
- Norddeutsche Staaten
- Süddeutsche Staaten
- Grenze des Norddeutschen Bunds 1867
- Grenze des Deutschen Reichs 1871

Rivalen

Otto von Bismarck
Der Ministerpräsident Preußens war ein kluger Politiker, der die Kriege provozierte und die Abkommen billigte, die zu einem geeinten Deutschland mit ihm als Reichskanzler führten.

Napoleon III.
Der Kaiser Frankreichs war der große Verlierer der deutschen Einigung. Nach der Niederlage im Deutsch-Französischen Krieg musste er ins Exil nach England gehen.

Germania
Dieses Bild zeigt Germania, das Symbol des vereinten Deutschlands. Germania wird meist als Frau dargestellt, die das Reichsschwert und den Schild mit dem schwarzen Adler in Händen hält. Nach der Einigung wurde Deutschland im späten 19. Jh. eine europäische Großmacht.

Krieg und Frieden
Im Deutsch-Französischen Krieg 1870–1871 besiegten deutsche Staaten unter der Führung Preußens Frankreich und beendeten dessen Vorherrschaft in Europa. Im Friedensvertrag trat Frankreich seine deutschsprachigen Provinzen Elsass und Lothringen ab. Am 18. Januar 1871 wurde das Deutsche Reich ausgerufen.

Chronik

1864
Preußen und Österreich sind in einem kurzen Krieg verbündet, in dem sie Dänemark die Provinzen Schleswig und Holstein abnehmen.

1866
Preußen und Österreich führen Krieg. Preußen siegt und erlangt im Norddeutschen Bund die Kontrolle über mehrere deutsche Kleinstaaten.

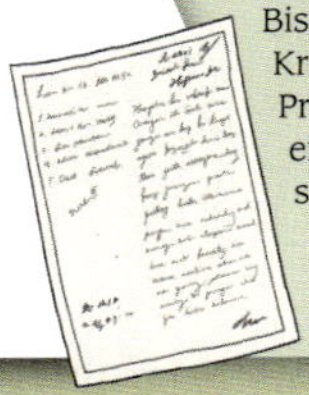

1870
Bismarck zieht Frankreich in den Krieg, das in dem erstarkenden Preußen in der Mitte Europas eine Bedrohung sieht. Preußen siegt in der Schlacht von Sedan.

1871
Wilhelm I. wird zum Kaiser des Deutschen Reichs gekrönt. Die Abhaltung der Zeremonie in Versailles bei Paris verletzt die besiegten Franzosen zusätzlich.

Italien 1815. Die rote Linie zeigt die Grenze des geeinten Landes um 1870 an.

Teilung Italiens

Mitte des 19. Jh. war Italien in mehrere Herrschaftsbereiche aufgeteilt. Österreich kontrollierte den Norden, der spanische Zweig der Bourbonen den Süden und der Papst Rom (Kirchenstaat). Zwischen 1859 und 1870 wurde Italien schließlich zum heutigen Staat vereint.

Der Schweizer Geschäftsmann Henri Dunant gründete das Rote Kreuz, da er über das Gemetzel in der Schlacht von Solferino (1859) entsetzt war.

Bedeutende Italiener

Graf Camillo Cavour

Der Premierminister des Königreichs Piemont-Sardinien trieb die politische Einigung Italiens voran. 1861 wurde er Italiens erster Ministerpräsident.

Giuseppe Garibaldi

Cavour war ein kühl berechnender Politiker, Garibaldi dagegen ein feuriger, eigenwilliger Revolutionär, der einen Eroberungszug durch Sizilien und Süditalien führte.

Kampf um die Einheit

Im Norden ging das italienische Königreich Piemont-Sardinien ein Bündnis mit Frankreich ein, um die Österreicher in Konflikten wie der Schlacht von Magenta 1859 (oben) zu vertreiben. Die Schlacht von Solferino endete mit dem Sieg Frankreichs, war aber mit hohen Verlusten auf beiden Seiten verbunden.

Krönender Ruhm

Wie das Deutsche Reich bekam auch das vereinte Italien einen König. Viktor Emanuel II. war König von Piemont-Sardinien, das den Einigungsprozess betrieb, und später König von Italien.

Krone, die der König Italiens bis zur Abschaffung der Monarchie 1946 trug

Chronik

1852 Graf Camillo Cavour wird Premierminister des Königreichs Piemont-Sardinien und ist eine der führenden Gestalten der Einigung.

1859 Truppen von Piemont-Sardinien und Frankreich vertreiben die Österreicher großenteils aus Norditalien.

1860 Garibaldi führt einen Aufstand auf Sizilien und in Süditalien. Danach wollen diese Staaten dem geeinten Italien angehören.

1861 Ausrufung eines geeinten Königreichs Italien noch ohne das von Frankreich geschützte Rom

Venezianische Gondel

1866 Der Staat Venetien (samt Venedig) tritt dem geeinten Italien bei.

1870 Die Franzosen verlassen Rom, um in den Deutsch-Französischen Krieg zu ziehen. Rom gehört endlich dem geeinten Italien an.

1880 ▸ 1890

Die ersten elektrischen Straßenlaternen in Deutschland wurden 1882 in Nürnberg und Berlin aufgestellt.

Das erste Automobil
Viele Erfinder arbeiteten an einem von Benzin angetriebenen Automobil. Der deutsche Ingenieur Karl Friedrich Benz schaffte es als Erster 1885. Ein Jahr später bekam er sein Patent.

Bertha Benz unternahm mit dem Auto ihres Mannes die erste Fahrt auf einer Straße.

1881

Zar Alexander ermordet

Zar Alexander II. von Russland wird von der Terrororganisation Narodnaja Wolja (Volkswille) ermordet. Als der jüdischen Bevölkerung die Tat unterstellt wird, führt dies zu Ausschreitungen. Tausende Juden verlassen das Land.

1882

Ägypten und Sudan

Nach kurzem Krieg macht England Ägypten zum Teil des britischen Weltreichs. Eine Revolte im Sudan wird von Muhammad Ahmad angeführt. 1898 fällt der Sudan schließlich ebenfalls an England.

1884

Wettlauf um Afrika

Die europäischen Großmächte handeln auf der Berliner Konferenz die Aufteilung Afrikas unter sich aus. Afrikanische Führer werden weder eingeladen noch gefragt. Es beginnt der sogenannte „Wettlauf um Afrika“.

Wettlauf um Afrika S. 230–231

1880

1883

Ausbruch des Krakatau

Im vermutlich lautesten Ausbruch der Geschichte explodierte 1883 die Spitze des indonesischen Vulkans Krakatau. Die Explosion war noch in über 5000 km Entfernung zu hören. Mindestens 35 000 Menschen starben.

1847–1931 THOMAS EDISON

Der amerikanische Ingenieur Thomas Edison war eine der führenden Persönlichkeiten in der Industrie des 19. Jh. Er ließ über 1000 Erfindungen patentieren, etwa den Plattenspieler, die Filmkamera und die erste kommerziell verwertbare Glühbirne.

Stromnetz
Außer der Glühbirne erfand Edison auch ein System zur Erzeugung von Elektrizität für die Glühbirnen sowie Elektrizitätswerke, die Häuser mit Strom versorgten.

Fabrik für Erfindungen
Edison arbeitete nicht allein. In seinem Forschungslabor in Menlo Park im US-Staat New Jersey setzten zahlreiche Mitarbeiter seine Ideen um. Er nannte es eine „Fabrik für Erfindungen“.

Ein früher Lederfußball

1888

Erste Fußballliga

Die erste Fußballliga der Welt trägt ihre Spiele in England vom Herbst 1888 bis Frühjahr 1889 aus. Zwölf Teams nehmen teil und nach 22 Spielen wird Preston North End Meister. Bald gibt es weltweit Fußballligen, die Meisterschaften austragen.

1890

1888

Erste käufliche Kamera

Die vom amerikanischen Unternehmer George Eastman erfundene Kodak ist die erste Kamera mit fotografischem Film. Sie enthält einen Film für 100 Fotos, muss aber zur Entwicklung der Bilder an die Fabrik zurückgeschickt werden. In Eastmans Werbung heißt es: „Sie drücken auf den Knopf, wir machen den Rest."

Eastman nannte seine Kamera Kodak, da ihm der Buchstabe „K" gefiel.

1887–1889 EIFFELTURM

Frankreich feierte den 100. Jahrestag der Französischen Revolution mit einer Weltausstellung in Paris. Die Hauptattraktion war ein nach seinem Erbauer Gustave Eiffel benannter eiserner Turm. Der Eiffelturm wurde eines der bekanntesten Bauwerke der Welt.

Der Turm entsteht

Der Turm, den der Mann konstruierte, von dem auch die Eisenträger der Freiheitsstatue in New York stammten, war ein technisches Wunderwerk. Er ist aus 18 000 Einzelteilen erbaut, wiegt 9500 Tonnen und ist 320 m hoch. 300 Arbeiter errichteten ihn in knapp zwei Jahren.

1889 war der Eiffelturm das mit Abstand höchste Bauwerk der Welt.

Touristenattraktion

Nicht allen gefiel der Turm. Eine Gruppe Pariser Künstler verlangte seinen Abriss und nannte ihn einen „Albtraum". Doch mit der Zahl der Besucher nahm auch die öffentliche Anerkennung des unübersehbaren Bauwerks zu. Heute besuchen alljährlich etwa 7 Mio. Menschen den Turm.

Wettlauf um Afrika

Für die Europäer war Afrika seit der Zeit des Sklavenhandels eine einträgliche wirtschaftliche Kraft, sie hatten sich aber zunächst nur wenige Gebiete angeeignet. Umso schneller und umfassender verlief die Kolonisierung Afrikas in den 1880er- und 1890er-Jahren. 1870 kontrollierten Europäer 10% des Kontinents. Bis 1900 herrschten sie über 90% – was einem Fünftel der Landmasse der Erde entsprach. Nur Liberia und Äthiopien blieben frei.

Britische Kolonien
Hauptgewinner des Wettlaufs war Großbritannien. Um 1900 kontrollierte es 30% der Bevölkerung Afrikas. Die britischen Kolonien reichten von Ägypten im Norden, Gambia im Westen und Kenia im Osten bis nach Südafrika.

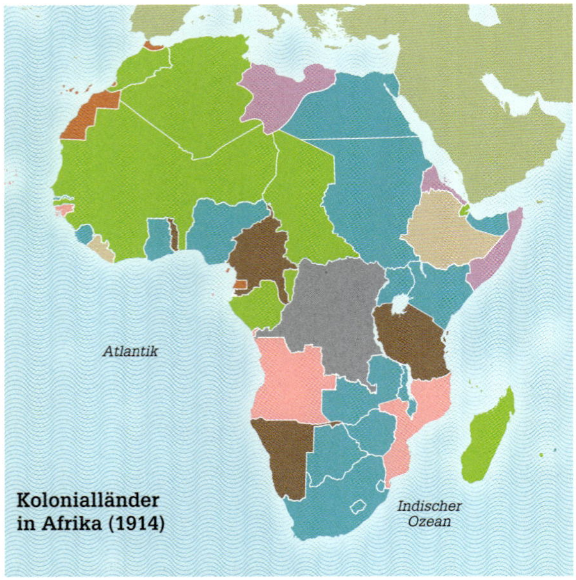

Kolonialländer in Afrika (1914)

Berliner Konferenz
Auf der Berliner Konferenz 1884–1885 über die Zukunft Afrikas begann der Wettlauf um die Bildung von Weltreichen. Die Europäer gaben vor, Afrika bei der Ausrottung der Sklaverei helfen zu wollen. Tatsächlich teilten sie den Kontinent unter sich auf, um seine Ressourcen auszubeuten. Kein Afrikaner war zur Konferenz eingeladen.

Chronik

1881
Tunesien wird französisches Protektorat. 1882 erobert England Ägypten.

1884
Der Amerikaner Hiram Maxim erfindet das Maschinengewehr, das den Briten militärische Vorteile in Afrika verschafft.

1884–1885
Die Berliner Konferenz gibt den Europäern grünes Licht, den „Wettlauf um Afrika" zu starten.

1885
Deutschland eignet sich Gebiete wie das heutige Namibia an, England das heutige Botsuana.

1889
Die südliche Elfenbeinküste wird französisches Protektorat, die nördliche folgt ein Jahr später.

Maxims Maschinengewehr

Plünderung von Afrika

Die Europäer achteten kaum die Rechte der afrikanischen Einwohner. Ihre Schätze wurden gestohlen, wie diese von Briten 1897 geraubte Bronzearbeit aus Nigeria. In Zentralafrika errichtete König Leopold II. von Belgien seine eigene Kolonie, den Freistaat Kongo, und ließ durch eine Privatarmee Einheimische zur Gummiernte zwingen.

Gründe für den Wettlauf

★ **Beendigung des Sklavenhandels**
Dies galt als ein offizieller Grund für die Kolonisierung. Doch die Kolonialmächte beuteten die Afrikaner aus und misshandelten sie.

★ **Religion**
Viele europäische Missionare bekehrten Afrikaner zum Christentum.

★ **Erforschung**
Europäische Abenteurer wie die Engländer Livingstone und Stanley trugen zur Erkundung des Kontinents bei. Das weckte das Interesse an seinen Reichtümern.

★ **Ausbeutung**
Afrika besaß riesige Bodenschätze und andere Rohstoffe, die wirtschaftlich nützlich waren.

★ **Medizin**
Nach der Entdeckung von Chinin als Heilmittel gegen Malaria waren mehr Europäer bereit, nach Afrika zu ziehen.

★ **Macht und Ansehen**
Europäische Großmächte wie England, Frankreich, Deutschland und Italien wetteiferten miteinander bei der Errichtung kolonialer Reiche.

★ **Militärische Überlegenheit**
Die Entwicklung überlegener Waffen wie Gewehre und Maschinengewehre verschaffte den Europäern einen Vorteil über die Afrikaner.

★ **Rassismus**
Manche meinten, überlegene Weiße hätten das Recht, Schwarzen ihr Land wegzunehmen, um sie zu „zivilisieren".

Persönlichkeiten

David Livingstone
Er erblickte als erster Europäer die Victoriafälle und durchquerte Afrika, um Menschen zum Christentum zu bekehren.

Cecil Rhodes
Rhodes war einer der brutalsten Kolonisatoren Südafrikas und ließ Rhodesien (heute Simbabwe) nach sich benennen.

König Leopold II.
Der belgische König beutete seine Kolonie ungehemmt aus. Das löste Empörung aus und ließ die belgische Regierung einschreiten.

Henry Morton Stanley
Der amerikanische Journalist erforschte für König Leopold II. den Flusslauf des Kongo und fand den Quellfluss des Nil.

Britische Soldaten versammelten sich 1882 vor der Sphinx, als Ägypten Teil des britischen Weltreichs wurde.

Afrikanischer Widerstand

Die Kolonisierung Afrikas verlief oft als blutige Auseinandersetzung. Die Völker der Aschanti in Westafrika, der Edo von Benin in Nigeria und der Zulus in Südafrika (rechts) verteidigten erbittert ihr Land. Doch den ungleichen Kampf entschieden meist die überlegenen europäischen Waffen.

Zuluspeer

1890
England übernimmt die Insel Sansibar von Deutschland im Austausch gegen die Nordseeinsel Helgoland.

1892
England übernimmt Yorubaland (Teil des heutigen Nigeria), Frankreich kontrolliert große Teile von Senegal.

1893
Frankreich übernimmt Dahomey (das heutige Benin).

1896
Italien will Äthiopien erobern, verliert aber die Schlacht von Adua.

1899–1901
Nach dem Zweiten Burenkrieg übernimmt England ganz Südafrika.

Äthiopischer Kommandeur in der Schlacht von Adua

„Auf Ellis Island wurde ich wiedergeboren. Für mich begann das Leben, als ich zehn Jahre alt war.“

Edward G. Robinson, Filmschauspieler, wurde als Emanuel Goldenberg in Rumänien geboren und kam 1903 auf Ellis Island an

KINDER IM 19./20. JAHRHUNDERT

Die Einwanderer von Ellis Island

Ende des 19. und Anfang des 20. Jh. reisten Hunderttausende Kinder von Europa in die USA, um ein neues Leben zu beginnen. Manche kamen mit ihren Eltern, andere allein, meist weil ihre Eltern vorausgefahren waren, um Arbeit zu suchen. Nach einer langen, beschwerlichen Seereise landeten sie auf Ellis Island im Hafen von New York, wo sie überprüft wurden, bevor sie in Amerika einreisen durften.

Insel der Hoffnung
Das 1892 eröffnete Einwanderungszentrum auf Ellis Island sollte die Menschenmengen bewältigen, die aus Europa kamen – rund 1 Million im Jahr.

Willkommen in Amerika

Die meisten Familien, die in die USA einreisten, wollten Armut oder religiöser Verfolgung in der Heimat entfliehen. Viele weinten vor Freude, als ihr Dampfschiff die Freiheitsstatue im New Yorker Hafen passierte. Sie hatten Unwetter und Seekrankheit getrotzt und endlich war die lange Reise vorbei.

Erste Eindrücke

Die Einwanderersammelstelle war vom Lärm der Massen neuer Ankömmlinge erfüllt. Aufgeregt unterhielten sich die Menschen in allen möglichen Sprachen. Krankenschwestern empfingen die Kinder, beruhigten die Kleinsten, hielten ihre Hände und gaben ihnen Milch zu trinken. Viele Kinder waren von den Ärzten in Uniform eingeschüchtert.

„Meine Ankunft auf Ellis Island werde ich mein Leben lang nicht vergessen. Der erste Eindruck – all die vielen Nationalitäten. Und dann die erste Mahlzeit … Ich sagte mir: Mein Gott, es wird uns hier gut gehen."

Marta Forman, tschechische Einwanderin auf Ellis Island (1922)

Aufnahmetests

Die Familien wurden einer Reihe von Aufnahmetests unterzogen. Menschen mit ansteckenden Krankheiten durften nicht einreisen. Im Intelligenztest wurden den Einwanderern mathematische Aufgaben gestellt. Kinder nannten den Inspektoren ihre Namen für die offiziellen Dokumente, während ihre Eltern Geld vorweisen mussten (meist 25 Dollar), um ihre Familie zu unterhalten. Kranke kamen ins Krankenhaus auf Ellis Island. Allein reisende Kinder wurden verwahrt, bis Verwandte kamen oder Geld oder ein vorab bezahltes Ticket für sie geschickt wurde.

Durst stillen
Auf Ellis Island gab es Hunderte von Arbeitern. Dieser hier verteilt Milch an wartende Frauen und Kinder.

Ein neues Leben

Hatten die Neuankömmlinge die Tests bestanden, durften sie in den USA leben – dem Land der Freiheit und der unbegrenzten Möglichkeiten. In der Einwanderersammelstelle warteten Angehörige und Freunde auf ihre Lieben, von denen sie monate- oder gar jahrelang getrennt waren. Dieser Bereich des Gebäudes wurde „kissing post" genannt, da hier wiedervereinte Verwandte einander küssten und umarmten. Etwa ein Drittel der Einwanderer blieb in New York, wo viele in der Bekleidungsindustrie arbeiteten. Tausende Kinder wurden als Zigarettenroller, Spulenableger in Spinnereien und Hilfskräfte an Fließbändern beschäftigt.

Mund auf!
Sorgfältig untersuchten die Ärzte alle Kinder, sobald sie angekommen waren, damit sie keine Krankheiten in die USA einschleppten.

Mit schwerem Gepäck
Dieses Kind kommt gerade auf Ellis Island an. Die Familien brachten alles mit, was sie tragen konnten, um ein neues Leben in den USA zu beginnen.

1890 ▸ 1900

1890

Ellis Island entsteht
Im New Yorker Hafen beginnen die Bauarbeiten für die Einwanderersammelstelle auf Ellis Island, die 1892 eröffnet wird. Als sie 1954 geschlossen wird, haben 12 Mio. Menschen sie passiert. Heute haben mindestens 40 % der US-Amerikaner einen Vorfahren, der auf diese Weise ins Land gekommen war.

Werbeplakat der Transsibirischen Eisenbahn

Der Italiener Raffaele Esposito schuf 1899 die Pizza Margherita zu Ehren von Königin Margherita.

1891

Russische Eisenbahn
In Russland wird mit dem Bau der längsten Eisenbahnstrecke der Welt begonnen. Nach über einem Jahrzehnt Bauzeit verbindet die Transsibirische Eisenbahn über 9310 km schließlich die Hauptstadt Moskau mit dem Hafen von Wladiwostok an der Pazifikküste.

1894

Kanzlerwechsel
1890 hatte der deutsche Kaiser Wilhelm II. Bismarck als Reichskanzler entlassen, weil sie u. a. in Fragen der Sozialreformen unterschiedliche Vorstellungen hatten. Der neue Reichskanzler Leo Graf von Caprivi ist weniger eigensinnig als Bismarck, muss aber trotzdem bereits 1894 zurücktreten.

Kinder im 18./19. Jahrhundert
S. 232–233

1890

1890

Massaker bei Wounded Knee
Indianer verlieren ihre Schlacht mit der amerikanischen Armee bei Wounded Knee in South Dakota. 150 Indianer und 25 amerikanische Soldaten werden getötet. Auslöser war der Versuch der amerikanischen Regierung, den Geistertanz zu verbieten – eine religiöse Zeremonie, mit der die Indianer das Vordringen der USA in ihr Land zu stoppen hofften.

Keule, die vom Stamm der Arapaho beim Geistertanz geschwungen wurde

1894

Erster Japanisch-Chinesischer Krieg
Als China und Japan Truppen zur Beilegung eines Aufstands in Korea entsenden, kommt es zum Krieg. China wird besiegt und muss die Insel Formosa (heute Taiwan) an Japan abtreten. Japan wird eine neue Macht und Korea erlangt die Unabhängigkeit von China.

Chinesische und japanische Kriegsschiffe an der Mündung des Flusses Yalu, der Korea und China trennt

1895 EIN JAHR DER ERFINDUNGEN

In diesem Jahr gab es drei bahnbrechende technische Neuerungen mit langfristigen Auswirkungen: Der Italiener Guglielmo Marconi erfand den drahtlosen Telegrafen, der deutsche Physiker Wilhelm Conrad Röntgen entdeckte die X-Strahlen und die französischen Brüder Lumière führten den ersten Film der Welt vor.

Bewegte Bilder
Der erste Film, den Auguste und Louis Lumière in Paris mit einem Projektor vorführten, zeigte 50 Sekunden lang, wie Arbeiter eine Fabrik verließen.

Filmprojektor der Brüder Lumière

Drahtloser Telegraf
Dies ist ein Nachbau von Marconis drahtlosem Telegrafen, der mittels Radiowellen Morsesignale übertrug. Die Erfindung ermöglichte die Entwicklung von Radio und Rundfunk im 20. Jh.

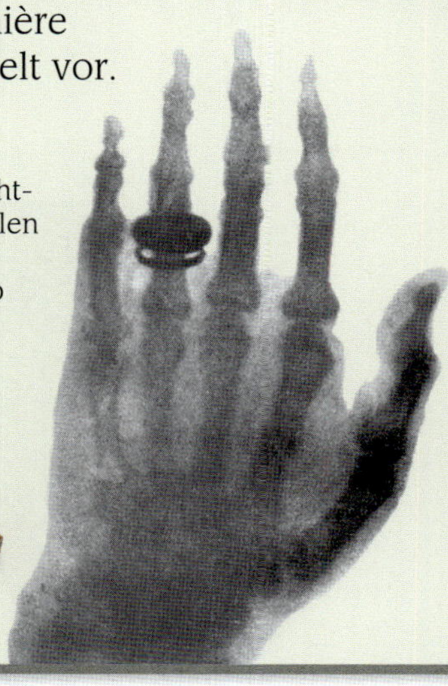

Röntgenstrahlen
Die Entdeckung der Röntgenstrahlen erlaubte Ärzten endlich einen Blick in den menschlichen Körper. Die erste Röntgenaufnahme zeigte Hand und Ehering von Röntgens Frau. 1901 erhielt er den ersten Nobelpreis für Physik.

1899

Zweiter Burenkrieg

In Südafrika gibt es Krieg zwischen den Burensiedlern und britischen Streitkräften. Nach erbitterten Kämpfen besiegen die Briten die Buren 1902, sie werden aber wegen ihres brutalen Vorgehens kritisiert. So schicken sie Zivilisten in Konzentrationslager (wo 25 000 sterben).

1900

1896

Olympische Spiele

Weil er glaubt, der Sport könne den Frieden zwischen den Nationen fördern, organisiert der Franzose Pierre de Coubertin die ersten Olympischen Spiele der Neuzeit in Athen. Rund 300 Sportler treten in verschiedenen Disziplinen an, darunter Schwimmen, Radfahren, Gewichtheben, Ringen und Leichtathletik.

Medaille, die alle Teilnehmer der Olympischen Spiele von 1896 erhielten

1898

Spanisch-Amerikanischer Krieg

Im Kubanischen Unabhängigkeitskrieg stehen die USA Kuba gegen Spanien bei. Spanien wird besiegt und muss seine verbliebenen Kolonien Philippinen, Guam und Puerto Rico an die USA abtreten. Kuba ist zwar vermeintlich unabhängig, wird aber von den USA in den kommenden Jahren weiterhin besetzt.

1896

Schlacht von Adua

Zu dieser Zeit ist Afrika (außer Liberia und Äthiopien) unter europäischer Kontrolle. Italien hofft, Äthiopien für sich zu gewinnen, verliert aber den ersten Italienisch-Äthiopischen Krieg in der Schlacht von Adua. 1935 gewinnt es den zweiten Italienisch-Äthiopischen Krieg.

Der künftige US-Präsident Theodore Roosevelt und seine Truppen hissen die amerikanische Flagge zum Zeichen des Siegs im Spanisch-Amerikanischen Krieg.

1900 ▸ 1910

Luftschiff *Graf Zeppelin* auf einem Testflug (1900)

1900

Zeppelin

Die Luftfahrt erlebt im 20. Jh. einen fliegenden Start mit dem ersten Flug eines neuartigen Luftschiffs, das nach seinem Erfinder Ferdinand von Zeppelin benannt ist. Regelmäßige Linienflüge gibt es seit 1910 und im Ersten Weltkrieg wird der Zeppelin für Bombenabwürfe eingesetzt.

1902

Riad erobert

Ibn Saud, ein Mitglied der im Exil lebenden Herrscherfamilie von Riad in Arabien, erobert 1902 die Stadt zurück. In den nächsten Jahrzehnten kontrolliert er Zentralarabien und gründet 1932 das Königreich Saudi-Arabien, das er als König Abd al-Aziz ibn Saud regiert.

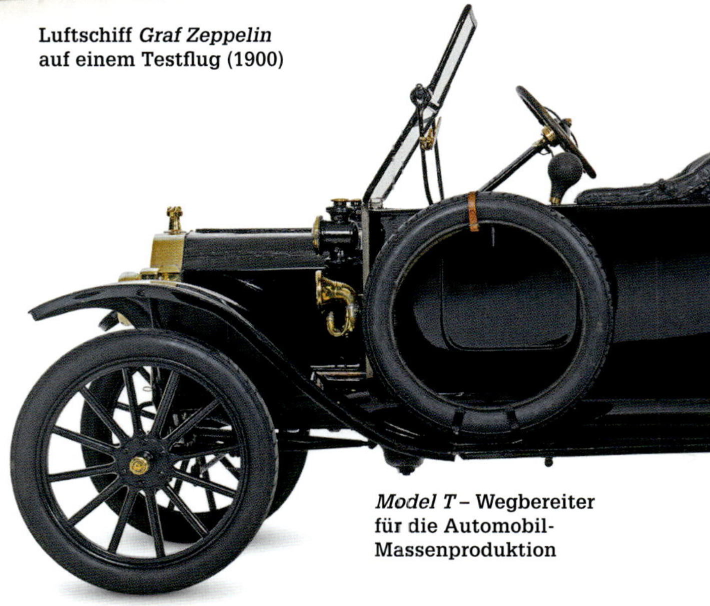

Model T – Wegbereiter für die Automobil-Massenproduktion

1900

1900

Boxeraufstand

In China zettelt eine nationalistische Gruppe, die „Fäuste der Gerechtigkeit und Harmonie“ (Spitzname „Boxer“), einen Aufstand gegen Ausländer an. Eine internationale Streitmacht schlägt ihn 1901 schließlich nieder.

Fliegen lernen
S. 238–239

1903

Erster Flug

Die amerikanischen Brüder Wilbur und Orville Wright erfinden mit ihrem *Flyer* die erste motorisierte Flugmaschine. Der Jungfernflug bei Kill Devil Hills in North Carolina (USA) dauert nur 12 Sekunden.

1904

Russisch-Japanischer Krieg

Im Boxeraufstand hat Russland die Region Mandschurei in Nordostchina besetzt. Nach Feindseligkeiten zwischen Russen und Japanern erklärt Japan den Krieg, vertreibt die Russen aus der Mandschurei und geht aus dem Konflikt als Weltmacht hervor.

Gemälde des Russisch-Japanischen Kriegs

1901

Australischer Bund

Sechs australische Kolonien bilden den Australischen Bund mit eigenständiger Innen- und Außenpolitik, obwohl sie noch immer dem britischen Weltreich angehören. Ein Jahrzehnt später wird die neue Hauptstadt Canberra erbaut.

1879–1955 ALBERT EINSTEIN

1905 erklärte der deutsche Physiker Albert Einstein in einem revolutionären Aufsatz viele Geheimnisse des Universums. Einstein arbeitete beim Schweizer Patentamt und hatte seine bahnbrechende „Relativitätstheorie" in seiner Freizeit entwickelt.

Genialer Kopf
Als Sohn einer jüdischen Familie in Deutschland geboren, studierte Einstein in der Schweiz und übersiedelte 1933 in die USA, wo er bis zu seinem Tod lebte und lehrte. 1921 wurde ihm der Nobelpreis für Physik verliehen.

Briefmarke zur Hundertjahrfeier von Einsteins Theorien (2005)

Relativitätstheorie
Einstein legte dar, dass Masse und Energie einander entsprechen, und drückte dies in seiner berühmten Gleichung $E = mc^2$ aus. Später erklärte er, wie Raum und Zeit miteinander in der „Raumzeit" verbunden sind.

Model T
Vor dem *Model T* waren Autos handgefertigt und teuer. 1908 ließ der amerikanische Geschäftsmann Henry Ford seine Fahrzeuge am Fließband fertigen und preiswert verkaufen. Bis 1927 wurden etwa 15 Mio. *Model T*-Autos gebaut.

1910

1905
Russische Revolution
Der beim Volk unbeliebte Zar Nikolaus II. erlebt nach der Niederlage Russlands gegen Japan Massenproteste. Um nicht gestürzt zu werden, muss der Zar 1905 ein neu gewähltes Parlament, die *Duma*, vorstellen.

1906
Erdbeben von San Francisco
Ein gewaltiges Erdbeben zerstört am Morgen des 18. April die meisten Gebäude von San Francisco (USA) und fordert über 3000 Menschenleben. Es dauert Jahre, bis die Schäden behoben werden.

1909
Jungtürken-Bewegung
Das Osmanische Reich in der Türkei wird von der Bewegung der Jungtürken übernommen, die den Sultan zu einer Verfassung und demokratischen Wahlen zwingt. Sie empfiehlt auch Gesetzesreformen und mehr Rechte für Frauen.

Der deutsche Mediziner Robert Koch entdeckte den Tuberkulose-Erreger und bekam 1905 den Nobelpreis für Medizin.

Ruinen säumen die Straßen nach dem Erdbeben.

17. DEZEMBER 1903, NORTH CAROLINA (USA)

Wilbur Wright beobachtet, wie sein Bruder Orville abhebt.

„Für uns gab es nichts an einem Vogel, das es ihm ermöglicht zu fliegen und das sich nicht in einem größeren Maßstab nachbauen ließe."

Orville Wright

Fliegen lernen

Nach den ersten Flugversuchen Otto Lilienthals mit einem Gleiter (1890er-Jahre) bewiesen zwei Amerikaner 1903, dass motorisiertes Fliegen möglich ist. Orville Wright setzte sich in ein selbst konstruiertes, mit einem kleinen Motor versehenes Flugzeug, während sein Bruder nebenherlief. Der erste Flug ging über 37 m und dauerte nur 12 Sekunden – und doch leitete er das Zeitalter der Luftfahrt ein. An jenem Morgen wagten jeder der Brüder zwei Flüge. Der letzte mit Wilbur als Pilot dauerte 59 Sekunden und ging über 260 m – die ersten Flugzeugpiloten der Welt hatten den Himmel erobert.

1910 ▸ 1915

Am 14. April 1912 fuhr das Linienschiff *Titanic* auf einen Eisberg und versank im Atlantik. Über 1500 Menschen starben.

1911

Chinesische Revolution

Ein Aufstand gegen die unbeliebte Mandschu-Dynastie beendet die über 2000 Jahre dauernde Herrschaft von Kaisern in China. Der sechsjährige Kaiser Puyi muss abdanken und China wird zur Republik erklärt.

1910

Mexikanische Revolution

Nach über 40 Jahren an der Macht wird Mexikos Diktator Porfirio Díaz durch einen Aufstand um mehr Freiheit für das Volk zum Rücktritt gezwungen. Doch der Kampf zwischen liberalen und konservativen Kräften hält noch zehn Jahre an.

1911 DER WETTLAUF ZUM SÜDPOL

1911 wollten zwei Expeditionsgruppen jeweils als Erste das letzte unerforschte Gebiet der Erde erreichen, den Südpol in der Antarktis. Der Norweger Roald Amundsen erreichte ihn am 14. Dezember 1911, der englische Marineoffizier Robert Scott erst am 17. Januar 1912.

Triumph der Norweger
Kapitän Amundsen und seine vier Gefährten erreichten den Südpol am 14. Dezember 1911 und hissten die norwegische Flagge. Nach dem sorgfältig geplanten Unternehmen kehrten alle Forscher wohlbehalten zurück.

1910

1912

Erster Balkankrieg

Der Balkanbund zwischen Bulgarien, Griechenland, Montenegro und Serbien erklärt dem Osmanischen Reich den Krieg, um Mazedonien von osmanischer Herrschaft zu befreien. Die Osmanen werden 1913 besiegt und verlieren mit Albanien und Mazedonien fast ihr gesamtes verbliebenes Gebiet in Europa.

1867–1934 MARIE CURIE

In einer von Männern beherrschten Wissenschaft war Marie Curie eine bedeutende Ausnahme. Die Polin Marie Sklodowska lernte beim Studium in Paris den Physikprofessor Pierre Curie kennen und heiratete ihn. Zusammen erforschten sie die Phänomene der radioaktiven Strahlung, wofür sie 1903 den Nobelpreis für Physik erhielten.

Nobelpreis
Pierre Curie starb 1906 bei einem Autounfall, Marie setzte ihre Arbeit fort und bekam 1911 einen zweiten Nobelpreis, für Chemie. Im Ersten Weltkrieg setzte sie erstmals Röntgenstrahlen in der Chirurgie ein.

Nobelpreismedaille

1911

Neu-Delhi

1911 wird George V. zum König von England gekrönt. Während der Krönungsfeiern in Indien erklärt er Neu-Delhi zur neuen Hauptstadt Indiens, die damit Kalkutta als Hauptstadt ablöst.

Massen bei einer *Durbar* (Versammlung) zur Feier der Königskrönung

Tragödie der Briten
Als Scott und seine vier Begleiter den Südpol erreichten, erkannten sie, dass sie den Wettlauf zum Pol verloren hatten. Auf der Rückreise sanken die Temperaturen und eisige Schneestürme machten ein Vorankommen unmöglich. Alle Männer starben.

Scotts Schiff *Terra Nova*

1914

Der Erste Weltkrieg beginnt

Als Erzherzog Franz Ferdinand, der Thronfolger von Österreich-Ungarn, Ende Juli in Sarajevo ermordet wird, löst dies den ersten weltumspannenden Krieg aus. Österreichs Kaiser Franz Joseph erklärt Serbien den Krieg, die anderen europäischen Großmächte steigen ein. Die Materialschlachten fordern unzählige Tote.

1914

Schlacht an der Marne

Im September dringen deutsche Truppen durch Belgien nach Frankreich vor, wo sie einige schnelle Schlachten gewinnen und Paris erreichen. Doch eine französische Gegenoffensive am Fluss Marne stoppt das Vordringen der Deutschen und zwingt sie zum Rückzug.

Erster Weltkrieg S. 242–243

1915

Zweite Flandernschlacht

Mit der ersten Schlacht bei der belgischen Stadt Ypern im Herbst 1914 beginnt ein zermürbender Stellungskrieg. In der zweiten Schlacht im Frühjahr 1915 setzen die Deutschen erstmals Giftgas ein, um eine Wende herbeizuführen, doch ohne Erfolg.

1915

1914

Kanal durch Mittelamerika

Nach zehn Jahren wird der 300 Mio. US-Dollar teure Panamakanal 1914 vollendet. Die 77 km lange Verbindung zwischen Atlantik und Pazifik wird im August für den Verkehr freigegeben. Schiffe müssen nicht mehr den langen Umweg um Kap Hoorn an der Südspitze Südamerikas und durch die gefährliche Magellanstraße nehmen.

Ein Schlepper zieht ein Schiff durch den neuen Panamakanal.

KAMPF UM FRAUENRECHTE

Um das Wahlrecht für Frauen wurde um die Jahrhundertwende weltweit in politischen Kampagnen gekämpft. Neuseeland hatte es als erstes Land 1893 errungen, Australien folgte 1902, Finnland 1906 und Norwegen 1913. In Deutschland, Österreich und England erkämpften die Frauen das Wahlrecht 1918. Die USA führten das Wahlrecht für Frauen 1920 ein.

Mehr Beachtung
Frauen wollten unbedingt die Aufmerksamkeit der Öffentlichkeit gewinnen. Die Kämpferinnen in England waren besonders engagiert. Sie riefen zum bürgerlichen Ungehorsam auf, warfen Fenster ein und ketteten sich an Straßengitter an.

Medienkampagnen
Frauen nutzten die Medien und warben um ihre Anliegen mit eigenen Veröffentlichungen. Zeitungskampagnen und Plakate ließen die weibliche Anhängerschar wachsen (oben).

Erster Weltkrieg

Um die Wende vom 19. zum 20. Jh. herrschte in Europa ein kompliziertes Netz von Bündnissen und Feindschaften. Als der österreichische Thronerbe von einem serbischen Nationalisten 1914 ermordet wurde und Österreich Serbien den Krieg erklärte, wurden andere Nationen rasch in die Krise hineingezogen. Bald erfasste der Konflikt auch die Kolonien in aller Welt. Vier Jahre lang herrschte Krieg – er kostete über 20 Mio. Menschen das Leben.

Geteiltes Europa
Europa bildete das Zentrum des Konflikts. Den Mittelmächten Deutschland, Österreich-Ungarn und Osmanisches Reich standen die Alliierten England, Frankreich, Russland und später Italien und die USA gegenüber. West- und Ostfront verlagerten sich während des Kriegs.

- Alliierte (Entente)
- Mittelmächte
- Neutral
- Westfront
- Ostfront

Grabenkrieg

An der Westfront wurde der Krieg von langen, mit Stacheldraht, Maschinengewehren und schwerer Artillerie geschützten Gräben aus geführt. Beide Seiten starteten Angriffe aus dieser Deckung heraus gegen den Feind. Meist führte das zu einem Massensterben der Angreifer im schlammigen „Niemandsland" zwischen den Fronten. In den Gräben setzten beide Seiten tödliches Chlorgas ein, gegen das nur Atemschutzmasken halfen.

„Der Erfolg wird der Seite zufallen, deren letzter Mann steht."

General Philippe Pétain, franz. Oberbefehlshaber (1916)

Chronik

1914
Nach der Ermordung von Erzherzog Franz Ferdinand bricht Krieg in Europa aus. Am Jahresende stehen sich gegnerische Truppen in den Schützengräben an der Westfront gegenüber.

1915
Der Angriff der Alliierten in Gallipoli (Türkei) wirft das Osmanische Reich nicht aus dem Krieg. Im Osten treiben die Deutschen die Russen zurück und erobern Polen.

1916
In Frankreich dauert der deutsche Vorstoß bei Verdun fast ein Jahr, doch die Stadt fällt nicht. Der Gegenangriff der Alliierten an der Somme entwickelt sich ebenfalls zum sinnlosen Massensterben.

1916
Im Kampf um Schiffsrouten kommt es zu Seegefechten. In der Skagerakschlacht vor Jütland kämpfen 250 Schiffe gegeneinander, doch die Schlacht endet unentschieden.

Neue Kriegswaffen
Im Ersten Weltkrieg wurden erstmals neue Waffen eingesetzt. Erste Zeppeline und Flugzeuge dienten der Spionage, schadeten dem Feind aber nur begrenzt. Panzer waren unzuverlässig, deuteten jedoch künftige Einsatzmöglichkeiten an.

Zeppelinangriffe
Die Deutschen setzten Luftschiffe vor allem zur Spionage ein. Bombenangriffe gegen England hatten nur begrenzte Wirkung.

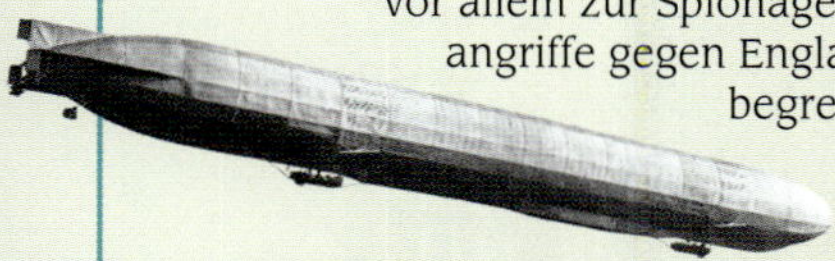

Flugzeuge
Erstmals wurden im Krieg Flugzeuge eingesetzt. Kleine Doppeldecker nahmen an Luftkämpfen teil, hatten aber kaum Einfluss auf den Ausgang des Konflikts.

Panzer
Panzer – zuerst von den Briten in der Schlacht an der Somme in Frankreich eingesetzt – blieben oft in schlammigen Schlachtfeldern stecken.

Aufruf in Amerika
Im Mai 1915 versenkte ein deutsches U-Boot das britische Linienschiff *Lusitania*. 1201 Menschen starben, darunter 128 Amerikaner. Die Empörung darüber war ein Hauptgrund, warum die USA 1917 an der Seite der Alliierten in den Krieg eintraten. Auf diesem Plakat (links) werden die Amerikaner aufgerufen, der Armee beizutreten.

Frauen im Krieg
Als immer mehr Männer in den Krieg zogen, wurden Frauen eingestellt, um ihre Arbeitsplätze auszufüllen, vor allem in Fabriken und auf Bauernhöfen. In Deutschland stellten Frauen bei Kriegsende mehr als die Hälfte der Arbeitskräfte.

Kriegsopfer
Etwa 65 Mio. Menschen kämpften im Ersten Weltkrieg, davon starben 8,3 Mio. Deutschland erlitt die höchsten Verluste.

Land	Kriegstote
USA	116 000
Osmanisches Reich (Türkei)	325 000
Italien	460 000
England und das Commonwealth	1 114 800
Österreich-Ungarn	1 200 000
Frankreich	1 385 000
Russland	1 700 000
Deutschland	1 808 000
Zivilisten aller Länder	8 000 000
Im Kampf Getötete aller Länder (geschätzt)	8 300 000
Verwundete aller Nationen (geschätzt)	19 536 000

Das Kriegsende
Die letzten Angriffe der Alliierten begannen am 8. August 1918 und näherten sich Deutschlands Grenzen. Die Mittelmächte brachen zusammen. Im geschwächten Deutschland kam es zur Revolution. Am 11. November beendete ein Waffenstillstand den Krieg. Friedensverträge zeichneten die Karte von Europa neu und teilten es in Sieger und Besiegte. Überlebende Soldaten wurden daheim als Helden begrüßt.

1917
Die USA treten in den Krieg ein, während die Revolution Russland zum Frieden mit Deutschland zwingt. Größere Westoffensiven der Alliierten bei Ypern verfehlen ihre Ziele.

1918
Die deutsche Frühjahrsoffensive treibt die Alliierten in vier Tagen um 65 km zurück. Doch eine Gegenoffensive drängt die Deutschen nach Deutschland zurück.

1918
Im November wird klar, dass Deutschland militärisch besiegt ist. Am 11. November beendet ein Waffenstillstand den Krieg.

Gedenken
Die Mohnblüten auf den Schlachtfeldern des Ersten Weltkriegs sind ein Symbol des Gedenkens an die Kriegstoten.

1915 ▸ 1920

Soldaten einer australischen Artillerieeinheit vor der Küste

1915

Schlacht von Gallipoli

Im Ersten Weltkrieg greifen die Alliierten die Türkei bei Gallipoli nahe der türkischen Hauptstadt Konstantinopel (heute Istanbul) an. Die Türken wehren den Einfall ab. Aufseiten der Alliierten gibt es eine Viertel Million Tote, darunter auch australische Soldaten.

1916

Die Ostfront

An der Ostfront, die weniger stabil ist als die Westfront, treffen die Russen auf deutsche und österreichische Truppen. Eine vom russischen General Brussilow geleitete Offensive zwingt die Österreicher zum Rückzug. Es ist der größte militärische Erfolg der Russen im Ersten Weltkrieg.

Kaiser Wilhelm II.

1918

100 Tage

Nach dem Scheitern der deutschen Frühjahrsoffensive drängen die Alliierten im August die deutschen Truppen in einem Zeitraum von 100 Tagen zurück. Am 11. November 1918 beendet ein Waffenstillstand den Krieg.

1918

Ende für Zar und Kaiser

Der deutsche Kaiser Wilhelm II. muss abdanken, um Platz für eine Republik zu machen. Der russische Zar Nikolaus II. und seine Familie werden von Kommunisten ermordet.

1915

1916

Die Westfront

1914–1918 stehen britische und französische Truppen der deutschen Armee in den Gräben der Westfront gegenüber. 1916 gibt es zwei Versuche, die Front zu durchbrechen. Ein deutscher Angriff auf die französische Stadt Verdun endet mit insgesamt 400 000 Toten auf beiden Seiten. In einer genauso katastrophalen Offensive der Briten an der Somme fallen über 300 000 alliierte und deutsche Soldaten.

Auf diesem Plakat der Russischen Revolution zerschlägt ein Arbeiter seine Ketten.

1917

Russische Revolution

1917 verlieren die Russen den Krieg, als deutsche Truppen sie zurückdrängen. Nach dem Abdanken von Zar Nikolaus II. gibt es eine Revolution. Die Kommunisten unter Lenin übernehmen die Macht. Durch den Waffenstillstand mit Deutschland kommt ein Drittel der Vorkriegsbevölkerung Russlands unter deutsche Kontrolle.

1917

Amerikas Eintritt in den Krieg

Zwei Gründe veranlassen die USA, in den Krieg einzutreten: der uneingeschränkte U-Boot-Krieg durch Deutschland mit dem Verlust mehrerer US-Schiffe und ein Telegramm, in dem Deutschland ein Bündnis mit Mexiko sucht, falls Amerika in den Krieg eintreten sollte. Die USA verstärken die alliierten Truppen erheblich.

Deutsches U-Boot *U-10* im Ersten Weltkrieg

Flug über den Atlantik
1919 flogen die britischen Flugpioniere John Alcock und Arthur Brown in knapp 16 Stunden nonstop über den Atlantik. Die Strecke betrug 3040km. Für diese Leistung erhielten sie 10000 Pfund von der Zeitung *Daily Mail*

1919

Weimarer Republik
In den Wirren der Nachkriegszeit werden in Berlin die Sozialistenführer Rosa Luxemburg und Karl Liebknecht von rechtsgerichteten Offizieren ermordet. In Weimar ernennt die neu gewählte Nationalversammlung den SPD-Politiker Friedrich Ebert zum ersten Reichspräsidenten.

1920

1919

Frieden von Versailles
Die Bedingungen des Friedensvertrags von Versailles sind für Deutschland hart. Es verliert alle Kolonien sowie Gebiete im Westen und Osten des Landes. Außerdem werden ihm die Kriegskosten auferlegt: Die sogenannten Reparationen betragen 67,7 Mrd. Goldmark. Erst 2010 ist die letzte Rate (nach einigen Unterbrechungen) bezahlt.

Der Vertrag von Versailles 1919 stürzte Deutschland in den 1920er-Jahren in eine Wirtschaftskrise. Das Gefühl, ungerecht behandelt worden zu sein, half den Nationalsozialisten an die Macht.

1918 SPANISCHE GRIPPE

Die meisten Opfer des Jahres 1918 forderte nicht der Krieg, sondern ein ungewöhnlich starkes Grippevirus, durch das über 50 Mio. Menschen starben. Die Bezeichnung Spanische Grippe verweist nicht auf ihren Ursprung in Spanien, sondern auf den Umstand, dass im neutralen Spanien mehr Berichte über die verheerende Seuche erschienen als in anderen Ländern.

Notfallzelte für Grippepatienten in Massachusetts (USA)

Weltweite Epidemie
Die Grippe war eine der schlimmsten Naturkatastrophen der Geschichte und suchte die ganze Welt heim. Krankenhäuser hatten Mühe, das Ausmaß der Seuche zu bewältigen – schätzungsweise starben über 3% der Weltbevölkerung.

Vorsichtsmaßnahmen
Die Menschen versuchten sich durch Masken vor Ansteckung zu schützen (rechts). Regierungen stellten ganze Gemeinden unter Quarantäne und wollten infizierte Menschen am Reisen hindern – ein schwieriges Unterfangen in einem Weltkrieg.

1920 ▸ 1930

1920

Völkerbund

Der Völkerbund ist eine 1919 gegründete internationale Gemeinschaft, die den Völkerfrieden dauerhaft sichern soll. Er tritt erstmals 1920 zusammen, aber ohne die USA, obwohl die Idee zum Völkerbund von US-Präsident Wilson stammte.

1922

Mussolini an der Macht

Benito Mussolini ist der Führer der von ihm 1919 gegründeten faschistischen Partei Italiens. 1922 wird er in einer politischen Krise mit der Regierungsbildung betraut. 1925 ernennt er sich zum Diktator „Il Duce" (Führer), um Italien zur europäischen Großmacht zu erheben.

1922 SOWJETUNION GEGRÜNDET

Seit 1917 herrschte in Russland Bürgerkrieg zwischen den „roten" Kommunisten und den „weißen" Oppositionskräften. Der Kommunistenführer Lenin vereinte das zuvor vom Zaren regierte Gebiet zur Sowjetunion.

Lenin und Stalin
Lenin (links) starb 1924 und nach kurzem Machtkampf wurde Josef Stalin (rechts) sein Nachfolger. Stalin festigte seine Macht, indem er seine Armee aufbaute und politische Rivalen umbrachte. Mit einem Fünfjahresplan stärkte er Landwirtschaft und Industrie und kontrollierte 30 Jahre lang rücksichtslos den Staat.

Abzeichen mit Hammer und Sichel, dem Symbol des Kommunismus

> ***„Frieden, Brot und Land."***
>
> **Kommunistische Parole (1917)**

1920

1920

Prohibition

Die USA verbieten in den Jahren 1920–1933 den Verkauf von Alkohol. Verbrecherbanden werden in dieser Zeit reich, weil sie illegalen Alkohol in geheimen Bars (Speakeasys) verkaufen.

1923

Rentenmark

In Deutschland schreitet die Inflation immer weiter voran. Die Einführung einer neuen Währung, der Rentenmark, als Übergangslösung hält den Prozess erfolgreich auf.

1923

Türkei wird Republik

Nach dem Ersten Weltkrieg wird das Osmanische Reich großenteils zwischen England und Frankreich aufgeteilt. Doch die Türken befreien sich von den Besatzern und gründen 1923 die Republik Türkei in den Grenzen, wie sie heute sind.

Diese Herren verstoßen gegen das Prohibitionsgesetz.

Tutanchamuns goldene Totenmaske

Tutanchamun
Nach jahrelanger Suche entdeckte der britische Archäologe Howard Carter das Grab des ägyptischen Pharaos Tutanchamun. Das seit über 3000 Jahren ungeöffnete Grab enthielt wertvolle Schätze.

1926

Geburt des Fernsehens

Der schottische Erfinder John Logie Baird führt 50 Wissenschaftlern in London die ersten flimmernden Fernsehbilder vor. 1929 findet der erste deutsche Fernsehversuch in Berlin statt.

Walt Disney mit einem Modell seiner Schöpfung Micky Maus

Früher Schwarz-Weiß-Fernseher von Baird

Fernsehbild-schirm

1928

Micky Maus

Die berühmte Zeichentrickfigur erscheint zuerst in dem kurzen Cartoon *Steamboat Willie*. Ihr Schöpfer Walt Disney gründet Walt Disney Productions, produziert Trickfilme in voller Länge und eröffnet 1955 den ersten Freizeitpark Disneyland in Kalifornien (USA).

Oscar-Verleihung

Die erste Verleihung von Oscars an die besten Filme des Jahres fand 1929 in einem kleinen Hotel in Hollywood (Los Angeles, USA) statt. Jeder Preisträger erhielt eine kleine vergoldete Statue.

1927 leitete der erste Film mit gesprochenen Worten das Ende des Stummfilms ein. Er hieß *Der Jazzsänger.*

1930

1929

Schwarzer Freitag

Die Goldenen Zwanzigerjahre finden ein plötzliches Ende im Oktober 1929, als Panikverkäufe von Aktien an der US-Börse Unternehmenswerte in Milliardenhöhe vernichten und die Weltwirtschaftskrise auslösen.

Weltwirtschaftskrise S. 250–251

In New York versucht ein Mann, der sein Geld beim Börsenkrach verloren hat, sein Auto zu verkaufen.

1928 ENTDECKUNG DES PENIZILLINS

Der schottische Forscher Alexander Fleming entdeckte in Schalen für die Züchtung von Staphylokokken-Bakterien einen Schimmelpilz, der die Bakterien tötete. Diese Zufallsentdeckung führte zur Entwicklung des ersten Antibiotikums Penizillin.

Flemings Labor

Fleming entdeckte und entwickelte das Penizillin in seinem Labor. Der Australier Howard Florey und der Deutsche Ernst Chain machten daraus ein nutzbares Medikament.

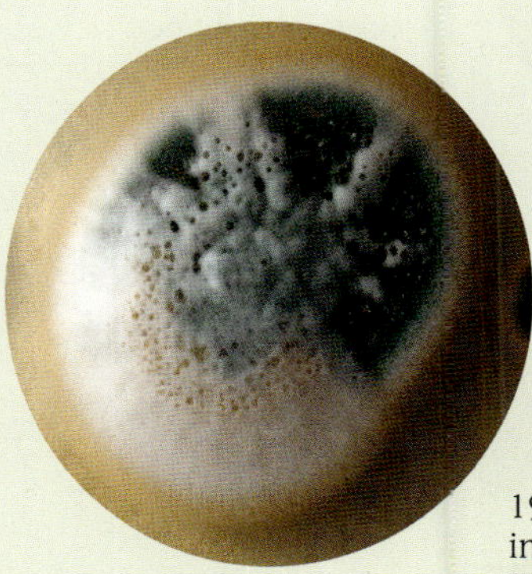

Antibiotika

Ein Antibiotikum ist eine aus einem Schimmel entwickelte chemische Substanz zur Heilung von Entzündungen. Seit Ende der 1940er-Jahre wird das Antibiotikum Penizillin industriell hergestellt und rettet seither Millionen kranker Menschen das Leben.

Penizillin-Schimmel (grün) greift Bakterien (weiß) an.

1930 ▸ 1935

Ein sowjetisches Plakat wirbt für die Ernte im Land.

1931

Zeit der Wolkenkratzer

Das 319 m hohe Chrysler Building wird 1930 in New York (USA) erbaut. Ein Jahr später wird in seiner Nähe das Empire State Buildung errichtet. Mit einer Höhe von 443 m ist es das höchste Gebäude der Welt.

Das Chrysler Building ist ganz rechts neben einem Arbeiter beim Bau des Empire State Buildings zu sehen.

1930

Kollektivierung der Landwirtschaft

In der Sowjetunion stößt der Versuch des Diktators Josef Stalin, die Landwirtschaft durch Umwandlung kleiner Privathöfe in große staatliche Betriebe zu industrialisieren, auf breiten Widerstand. Tausende Bauern werden zur Zwangsarbeit in sogenannte Gulags gesteckt.

1931

Entstehung des Commonwealth

Das britische Parlament erkennt per Gesetz die sich selbst verwaltenden Kolonien des britischen Weltreichs – Australien, Neuseeland, Kanada, Südafrika, Irland und Neufundland – als selbstständige Staaten an. Diese neue Staatengemeinschaft wird Commonwealth of Nations genannt.

1932

New Deal

Auf dem Höhepunkt der Wirtschaftskrise, als rund 13 Mio. Amerikaner arbeitslos sind, stellt der neue US-Präsident Franklin D. Roosevelt seinen „New Deal" vor: einen Plan zur Lösung der wirtschaftlichen Probleme, der ein Jahr später in Kraft tritt.

▶▶ **1930**

1930

Salzmarsch

Im Rahmen seines Kampfes für die Unabhängigkeit Indiens von britischer Herrschaft führt Mahatma Gandhi Tausende Anhänger ans Meer, um symbolisch Salz zu sammeln, obwohl Salzgewinnung nur Briten erlaubt ist. Die Protestaktion zieht weite Kreise.

1931

Japan besetzt die Mandschurei

Unter dem Vorwand, die südmandschurische Eisenbahn vor Terroristen zu schützen, besetzen die Japaner diese Region Chinas. Als Herrscher von Gnaden Japans setzen sie den letzten chinesischen Kaiser Puyi ein, der 1912 abgedankt hatte. Die Besetzung endet erst 1946.

1930 PIONIERE DER LUFTFAHRT

Einen großen Aufschwung erlebte die Luftfahrtindustrie nach 1930. Flugzeuge und Luftschiffe konkurrierten miteinander um Passagiere. Die Öffentlichkeit faszinierten auch die Leistungen von Flugpionieren wie Amelia Earhart und Elly Beinhorn.

Earhart flog die *Lockheed Vega*.

Pilotinnen

In den 1920er-Jahren waren Flugpioniere international berühmt geworden. In den 1930er-Jahren taten sich auch mutige Frauen hervor: Die Deutsche Elly Beinhorn flog 1931 als erste Frau allein nach Afrika. 1932 gelang es der Amerikanerin Amelia Earhart, als Erste unbegleitet über den Atlantik zu fliegen.

1889–1945 ADOLF HITLER

Adolf Hitler, in Österreich geboren und aufgewachsen, diente im Ersten Weltkrieg als Soldat in einem deutschen Regiment. Er gründete eine rechtsextreme Partei, die NSDAP, wurde Reichskanzler und errichtete einen deutschen Terrorstaat, das Dritte Reich.

Gewalt, Terror und Propaganda
Als Vorsitzender der extrem rechten Nationalsozialistischen Deutschen Arbeiterpartei (NSDAP) gab Hitler die Schuld an Deutschlands Wirtschaftsproblemen dem Versailler Vertrag und deutschen Minderheiten, v. a. den Juden, die er in der Folge millionenfach systematisch ermorden ließ.

Aufstieg eines Diktators
Als begabter Redner überzeugte Hitler viele Menschen, die Nationalsozialisten zu unterstützen. Doch als diese 1933 an die Macht kamen, verwandelten sie Deutschland in eine Diktatur mit Hitler als oberstem Führer.

Haile Selassie, Kaiser von Äthiopien

1935

Äthiopien erobert

Nach dem 1896 gescheiterten Versuch, Äthiopien zu erobern, nimmt Italien einen neuen Anlauf. Trotz des Widerstands der Äthiopier unter Kaiser Haile Selassie fällt Äthiopien 1936 an Italien.

1935

1933

Hitler wird Kanzler

Der deutsche Reichspräsident Paul von Hindenburg ernennt den Vorsitzenden der NSDAP, Adolf Hitler, zum Reichskanzler. Er soll die wirtschaftlichen Probleme des Landes lösen, errichtet aber einen radikalen Führerstaat.

Weltwirtschaftskrise S. 250–251

1935

Dust Bowl

Eine Naturkatastrophe verschärft die Wirtschaftskrise in den USA: Die Rodung der Prärie und schwere Unwetter beseitigen die Bodenkrume in Oklahoma, Texas und anderen Staaten und erzeugen gewaltige Staubstürme. Tausende von Bauern müssen umsiedeln.

Luftfahrtkatastrophen
Anfang der 1930er-Jahre schien Luftschiffen die Zukunft zu gehören. Doch nach einer Reihe von Katastrophen verloren die Menschen das Vertrauen. 1930 stürzte die britische *R101* ab und 1937 ging die deutsche *Hindenburg* beim Andocken in New Jersey (USA) in Flammen auf (oben). Über 30 Menschen starben.

Ein Lkw fährt vor einer riesigen Staubwolke in Colorado (USA) davon.

Börsenkrach an der Wall Street
Nach 1920 wurde zu viel in Aktien investiert, deren Preise hochschnellten. Doch 1929 brachen die Kurse ein und stürzten die USA ins wirtschaftliche Chaos. Oben: Panische Anleger warten vor der New Yorker Börse an der Wall Street.

Die Weltwirtschaftskrise

Am Montag, dem 28. Oktober 1929, brach die New Yorker Börse zusammen. Tausende Unternehmer wurden bankrott, Millionen Menschen arbeitslos. Bald kam es zu einer weltweiten Wirtschaftskrise. Die Wahl von Präsident Franklin D. Roosevelt 1932 und zahlreiche politische Maßnahmen, den Arbeitslosen etwa mit staatlichen Bauprojekten neue Arbeitsplätze zu verschaffen, führten einen Umschwung in den USA herbei.

Persönlichkeiten

Herbert Hoover
Der 1928 gewählte US-Präsident erkannte das Ausmaß der Probleme nicht. Er glaubte, die Wirtschaft würde sich von selbst erholen. 1932 wurde er abgewählt.

Franklin D. Roosevelt
Hoovers Nachfolger löste die Probleme mit seiner Politik des „New Deal“. Die Regierung investierte Geld in öffentliche Bauvorhaben, um neue Arbeitsplätze zu schaffen.

„Kein Vertrauen in die wirtschaftliche Zukunft der USA zu setzen, ist töricht.“

Präsident Herbert Hoover in einer Rede nach dem Börsenkrach (1929)

Immobilienkrise
Während der Wirtschaftskrise gingen etwa 20 000 Firmen und 1600 Banken pleite und Hunderttausende von Farmen wurden verkauft. Viele Menschen waren obdachlos und gezwungen, in Hüttenstädten zu hausen, nach Präsident Hoover „Hoovervilles“ genannt.

Chronik

1929
Die US-Wirtschaft stürzt in die Krise, als Aktienkurse einbrechen.

1930
In den USA gibt es über 3 Mio. Arbeitslose, doch Präsident Hoover glaubt noch immer, der Wohlstand werde zurückkehren.

1931
Als sich die Wirtschaftskrise ausbreitet, gehen viele Banken pleite. Zahllose Menschen verlieren ihre Ersparnisse.

1932
Franklin D. Roosevelt wird mit überwältigender Mehrheit zum Präsidenten gewählt. Er will die wirtschaftlichen Probleme lösen.

1933
Adolf Hitler ergreift die Macht in Deutschland und verspricht, die Wirtschaftskrise politisch zu überwinden.

Zwei Männer auf Arbeitssuche während der amerikanischen Wirtschaftskrise

Verzweifelt auf Arbeitssuche

Während der Wirtschaftskrise stiegen die Arbeitslosenzahlen. 1932 waren über 12 Mio. Amerikaner arbeitslos, weil Banken und Firmen schlossen und Fabriken ihre Arbeiter entließen. In New York gingen die Menschen auf die Straßen – mit Plakaten, die ihre Berufe und Fähigkeiten anpriesen. Sie waren bereit, für nur 1 Dollar pro Woche zu arbeiten. Viele Familien aßen in öffentlichen Armenküchen.

Flucht in die Unterhaltung

Die Wirtschaftskrise fiel zeitlich mit dem Aufkommen des Tonfilms zusammen, einer der beliebtesten Formen der Massenunterhaltung. Das Kino war für viele Menschen eine billige Möglichkeit, dem harten Alltagsleben zu entfliehen.

Technicolor-Kamera zum Drehen früher Farbfilme

Arbeitslosigkeit in der Industrie

Während der Wirtschaftskrise nahm in allen großen Industriestaaten die Arbeitslosigkeit zu und der Handel brach ein. In Deutschland, das am schwersten betroffen war, trug die öffentliche Unzufriedenheit dazu bei, dass Hitler an die Macht kam.

Land	Mio. Arbeitslose	Bevölkerungsanteil
Deutschland	6 Mio.	30,1 %
England	3 Mio.	22,1 %
Frankreich	1 Mio.	15,4 %
USA	13 Mio.	26,3 %

Massendemonstration

Weltweit kam es zu Demonstrationen gegen die Wirtschaftskrise. 1936 marschierten bei einem der berühmtesten Protestzüge 200 arbeitslose Schiffbauer fast 500 km von Jarrow in Nordostengland nach London, um die Regierung aufzufordern, ihnen zu helfen.

Aufschwung im Krieg

Zwar ging es der US-Wirtschaft Ende der 1930er-Jahre besser, doch die Krise endete erst mit dem Eintritt in den Zweiten Weltkrieg. Tausende Jobs entstanden, als Fabriken Armeefahrzeuge und Waffen produzierten.

Werbeplakat für Kriegsarbeit in Fabriken

1933

Roosevelt startet den „New Deal“ – Projekte, die die USA aus dem wirtschaftlichen Tief herausholen sollen.

1933

Präsident Roosevelt beginnt mit seinen „Kamingesprächen“ (Radioansprachen an die Nation).

Männer auf Arbeitssuche

1935

Staubstürme zwingen Tausende von Farmern im Mittleren Westen der USA zur Umsiedlung. Das verschärft die Krise.

1936

Roosevelt stellt mit dem Zweiten „New Deal“ Pläne für Renten sowie für Kranken- und Arbeitslosengeld vor.

1941

Der Wirtschaftsaufschwung der USA kommt nach dem Eintritt in den Zweiten Weltkrieg in Gang.

Wertloses Geld

Nach dem Ersten Weltkrieg musste Deutschland hohe Reparationen bezahlen – Geld, das die Alliierten als Ausgleich für Kriegsschäden von dem besiegten Deutschland verlangten. Um die Finanzkrise zu bewältigen, ließ die Regierung Geld drucken. Damit wurde es nur wertlos und die Preise stiegen. Während dieser sogenannten Hyperinflation kostete 1922 ein Laib Brot 163 Mark, im September 1923 dann 1,5 Mio. und im November 1923 sogar 200 Mrd. Mark. Die Deutschen nutzten Notenbündel als Brennstoff oder Tapeten und ließen ihre Kinder damit spielen.

„Der Wert des Geldes beruht hauptsächlich darauf, dass man in einer Welt lebt, in der es überschätzt wird.“

Henry Louis Mencken, amerikanischer Journalist

Kinder spielen mit Drachen aus wertlosen deutschen Banknoten.

1935 ▸ 1940

1936–1939 SPANISCHER BÜRGERKRIEG

1931 dankte Spaniens König ab und das Land wurde eine Republik. Doch 1936 wollte die von General Francisco Franco geführte Nationalistische Partei die Republik wieder beseitigen und revoltierte gegen die neue Regierung.

Franco an der Macht

Tausende kamen im drei Jahre dauernden Bürgerkrieg um. General Franco besiegte die Republikaner und herrschte über Spanien in den nächsten 36 Jahren als Diktator.

Republikanisches Plakat

Jesse Owens

Hitler nutzte die erstmals im Fernsehen übertragenen Olympischen Spiele 1936 in Berlin, um Nazideutschland der Welt zu präsentieren. Doch der afroamerikanische Ausnahmeathlet Jesse Owens widerlegte mit seinen vier Goldmedaillen Hitlers Rassetheorien.

Jesse Owens bei den Olympischen Spielen 1936

1935

1936

Edward VIII. dankt ab

Knapp ein Jahr, nachdem er König von England geworden ist, dankt Edward VIII. ab, um die geschiedene Amerikanerin Wallis Simpson zu heiraten – nach herrschendem Gesetz darf der britische Monarch keine geschiedene Frau heiraten. Sein Bruder George VI. besteigt den Thron.

Edward und Mrs. Simpson an ihrem Hochzeitstag (1937)

1937

Zweiter Japanisch-Chinesischer Krieg

Japan, das bereits die Mandschurei im Nordosten Chinas kontrolliert, startet einen umfassenden Krieg gegen China und nimmt mehrere Städte wie die Hauptstadt Nanking ein. Der Krieg endet erst mit Japans Niederlage im Zweiten Weltkrieg.

Deutsche Truppen in Wien

1938

Kristallnacht

Mit den Novemberpogromen wird die antijüdische Rassenpolitik der Nazis tödliche Realität, als jüdische Geschäfte und Synagogen in ganz Deutschland zerstört werden. Etwa 30 000 Juden werden verhaftet und in Konzentrationslager gesteckt.

1938

„Anschluss" Österreichs

Die nächste Stufe in Hitlers Plan für ein Großdeutsches Reich ist der „Anschluss" seines Geburtslands Österreich an Deutschland. Im März marschieren deutsche Truppen widerstandslos in Österreich ein.

1938

Münchner Abkommen

Deutschland, Italien, Frankreich und England unterzeichnen das Münchner Abkommen, um Hitlers Machtstreben zu begrenzen. Deutschland erhält noch das Sudetenland, einen Teil der Tschechoslowakei. Doch Hitler bricht das Abkommen und besetzt 1939 auch den Rest des Landes.

Der britische Premierminister Neville Chamberlain nach Unterzeichnung des Münchner Abkommens

1939
Hitlerjugend
Mit Einführung der „Jugenddienstpflicht“ im März 1939 sind praktisch alle deutschen Jugendlichen Mitglied der Hitlerjugend (HJ). Die militärisch organisierte Hitlerjugend bereitet Jungen gezielt auf ihre Rolle als Soldat vor.

1940

1940
Frankreich kapituliert
Deutsche Truppen überrollen Belgien, die Niederlande, Dänemark und Norwegen. Frankreich kapituliert binnen weniger Wochen. Die Deutschen besetzen den Norden, während die französische Regierung sich zunächst in Vichy (Südfrankreich) hält. 1942 nehmen die Deutschen ganz Frankreich ein.

1939
Der Zweite Weltkrieg beginnt
Nach dem Einmarsch der Deutschen in Polen am 1. September erklären England und Frankreich Deutschland den Krieg. Die USA bleiben vorerst neutral. Italien tritt 1940 an der Seite Deutschlands in den Krieg ein.

Krieg in Europa S. 256–257

1940 LUFTSCHLACHT UM ENGLAND

Nach der Niederlage Frankreichs wandte sich Deutschland England zu. Im Sommer und Herbst 1940 kam es über England zu einer erbitterten Luftschlacht zwischen der deutschen Luftwaffe und der britischen Royal Air Force (RAF).

Britische Jagdflugzeuge vom Typ *Spitfire* wehrten in Hunderten von Luftkämpfen deutsche Angriffe ab.

Rivalen am Himmel
Hitler plante, die britische Luftabwehr vor einer umfassenden Invasion zu vernichten. Seit Juli griffen Geschwader von *Messerschmitts* und *Stukas* britische Flugplätze und Flugzeugfabriken an. Im September änderten die Deutschen ihre Taktik und starteten verheerende Bombenangriffe auf London. Als England nicht kapitulierte, brachen die Deutschen die Angriffe am 31. Oktober ab, um den Einfall der Sowjetunion vorzubereiten.

Das deutsche Jagdflugzeug *Messerschmitt*

Für den Zeichentrickfilm *Schneewittchen und die sieben Zwerge* bekommt Walt Disney 1939 den Ehren-Oscar.

Krieg in Europa

Zwei Tage nach dem Einmarsch der Deutschen in Polen am 1. September 1939, dem ersten Schritt zu der von Adolf Hitler geplanten Eroberung Europas, erklärten England und Frankreich Deutschland den Krieg. Aber 1940 waren bereits Frankreich, Holland, Belgien, Dänemark und Norwegen gefallen. Den Alliierten England, Australien, Neuseeland, Kanada sowie den Exilfranzosen und -polen schlossen sich 1941 die Sowjetunion und die USA an. Sie standen zusammen gegen die „Achsenmächte" Deutschland und Italien und seit 1941 Japan.

Blitzkrieg
Deutschland gelangen einige rasche Siege im Zweiten Weltkrieg dank der schnellen vereinten Panzer- und Luftangriffe, die die alliierten Streitkräfte überraschten. Diese Taktik wurde „Blitzkrieg" genannt.

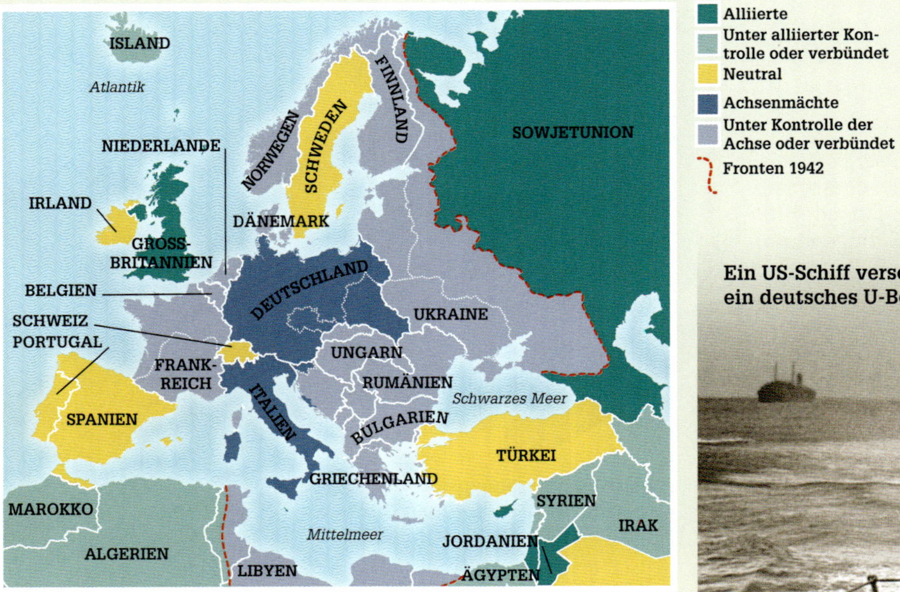

Deutscher Vormarsch
1942 hatte die deutsche Wehrmacht große Teile Europas und Nordafrikas überrollt. In vielen besetzten Ländern wie Frankreich, Russland, Jugoslawien und Griechenland leistete die Bevölkerung Widerstand.

Atlantikschlacht
Der Konflikt wurde an Land wie auf See ausgetragen. Im Atlantik versenkten deutsche Bomber und U-Boote vor Frankreich und Norwegen US-Schiffe mit Nahrungslieferungen und Waffen. Alliierte Schlachtschiffe und Flugzeugträger schlugen zurück.

Ein US-Schiff versenkt ein deutsches U-Boot.

Chronik

1939
Deutschland erobert Polen. England und Frankreich erklären ihm den Krieg.

1940
Frankreich kapituliert. Britische Truppen müssen mit allen verfügbaren Schiffen über den nordfranzösischen Hafen Dünkirchen aus Frankreich evakuiert werden.

1941
Deutschland wendet sich gegen seinen Verbündeten, die Sowjetunion. Von August 1942 bis März 1943 werden deutsche Truppen in Stalingrad eingekesselt.

1942
In den Schlachten von El Alamein in Nordafrika besiegen britische Streitkräfte das deutsche Afrikakorps.

1943
Deutschland ergibt sich in Stalingrad. Deutsche und Italiene werden aus Nordafrik vertrieben. Mussolini muss zurücktreten.

Kleines Schiff von Dünkirchen

Deutsche Verschlüsselungsmaschine *Enigma*

Geknackte Codes

Alle Kriegsbeteiligten verschlüsselten ihre Nachrichten. Ein Durchbruch gelang britischen Codeknackern, als sie deutsche Nachrichten entschlüsselten. Die wertvollen militärischen Informationen verschafften den Alliierten einen großen Vorteil.

Persönlichkeiten

Winston Churchill

Churchill warnte in den 1930er-Jahren als einer der wenigen Politiker vor Hitler und führte England als Premierminister durch den Krieg.

Adolf Hitler

Hitler führte Deutschland in den Krieg und in die Niederlage. Kurz vor Kriegsende nahm er sich das Leben.

Dwight D. Eisenhower

Der US-General kommandierte die alliierten Streitkräfte in Westeuropa und leitete die Invasion am D-Day. Später wurde er Präsident.

Josef Stalin

Sowjetführer Stalin schlug 1941 nach dem Überfall der Deutschen zurück und übernahm am Ende viele der von deutscher Kontrolle „befreiten" Länder.

Vormarsch in Nordafrika

1940 erreichte der Krieg Nordafrika. Italienische Truppen eroberten Ägypten, wurden aber von britischen Streitkräften wieder zurückgedrängt. Der Konflikt endete 1942 mit dem Sieg der Briten bei El Alamein in Ägypten. Britische und amerikanische Truppen in Algerien und Marokko nahmen die „Achsenmächte" in die Zange. Sie kapitulierten 1943.

Das deutsche Afrika-Korps unter General Rommel kämpfte an der Seite Italiens. Doch die Lage war aussichtslos.

Russische Militärmütze

Die Wende

An der Ostfront besiegten die Russen die Deutschen 1942 in Stalingrad und drängten sie nach Westen zurück, wobei sie im Januar 1945 Warschau einnahmen und im April Berlin einschlossen. Gleichzeitig rückten alliierte Truppen von Westen nach Deutschland vor. Am 7. Mai kapitulierte Deutschland. Berlin lag in Trümmern und Hitler hatte sich in seinem Führerbunker umgebracht. Am 8. Mai wurde offiziell das Kriegsende in Europa verkündet.

1944

Am 6. Juni (D-Day) landen britische, amerikanische, kanadische und französische Truppen in Nordfrankreich und drängen die Deutschen zurück.

1944

Italien unterzeichnet 1943 einen Waffenstillstand, doch die Deutschen kontrollieren große Teile Italiens bis 1944, als US-Truppen Rom einnehmen.

V2

1944

Hitler setzt neue Waffen ein, die V1 (fliegende Bomben mit Düsenantrieb) und die V2 (Überschallraketenbomben), doch mit geringem Erfolg.

1944

Durch Frankreich vorrückende alliierte Truppen nehmen Paris ein. Die Ardennenoffensive ist die letzte vergebliche Gegenoffensive Deutschlands.

1945

Die Alliierten greifen Deutschland von Osten und Westen her an und erobern Hitlers Hauptstadt Berlin. Am 7. Mai kapituliert Deutschland.

Krieg im Pazifik

Japan, seit 1940 Deutschlands Verbündeter, wollte in Asien und im Pazifik führende Macht sein. Doch es fürchtete, amerikanische Interessen in diesem Gebiet könnten das verhindern. Also griffen die Japaner 1941 überraschend die US-Flotte in Pearl Harbor auf Hawaii an, um die USA zu schädigen. Der Kampf um die Kontrolle über den Pazifik verwandelte den Krieg in Europa in einen globalen Konflikt. Mit ihren Verbündeten bekämpften die USA Japan und besiegten es schließlich durch den Abwurf verheerender Atombomben auf Hiroshima und Nagasaki.

Persönlichkeiten

Franklin D. Roosevelt
Der US-Präsident nannte Pearl Harbor „ein Datum ewiger Schande". Er starb, bevor der Krieg zu Ende war. Sein Nachfolger wurde Harry S. Truman.

Kaiser Hirohito
Japans Herrscher wurde nicht als Kriegsverbrecher bestraft und blieb bis 1989 an der Macht. Unter ihm boomte die Wirtschaft seines Landes.

Japan gegen die Alliierten

Mit dem japanischen Angriff auf Pearl Harbor traten die USA in den Krieg ein. Nach Blitzkriegen kontrollierte Japan die Philippinen, Indonesien, Hongkong, die Malaiische Halbinsel, Birma und viele Pazifikinseln. Doch seit Mitte 1942 schlugen die Alliierten zurück und zwangen Japan zum Rückzug.

Chronik

1941
Im Dezember greift Japan den US-Marinestützpunkt Pearl Harbor an. Am nächsten Tag erklären die USA den Krieg.

1942
Japan verstärkt seinen Asienfeldzug und erobert Gebiete in Südostasien und im Pazifik.

1942
Seit Jahresmitte drängen die USA Japan zurück und verhindern die Einnahme des US-Marinestützpunkts auf der Insel Midway nahe Hawaii.

1943
Die USA besiegen Japan in der Schlacht um die Gilbertinseln, der bislang blutigsten Schlacht im Pazifik. Über 1000 Amerikaner und 4000 Japaner sterben.

1944
Die Japaner greifen die Briten in Nordostindien an. Mithilfe der birmanischen Armee vertreiben die Briten Japan 1945 aus Birma.

Gedenkstätte von Pearl Harbor heute

Japanische Flieger

Bei Kriegsbeginn war das japanische Jagdflugzeug *Mitsubishi Zero* viel schneller als alle Flugzeuge der Alliierten. Doch diese machten den technischen Rückstand wett. Die Japaner begannen immer mehr Schlachten zu verlieren und wandten immer verzweifeltere Taktiken an.

Japans Symbol der aufgehenden Sonne

Kamikazepiloten

Kamikazebomber

Als sich das Kriegsglück für Japan zunehmend in Misserfolge verwandelte, entwickelten die Japaner eine neue militärische Strategie: Kamikaze, „göttlicher Wind“. Piloten unternahmen in mit Sprengstoff gefüllten Flugzeugen Selbstmordangriffe auf US-Schiffe. Über 50 alliierte Schiffe wurden zerstört, mindestens 4000 Kamikazepiloten opferten auf diese Weise ihr Leben.

Pearl Harbor

Im Dezember 1941 unternahm Japan einen Überraschungsangriff auf einen US-Flottenstützpunkt. Über 2000 Menschen kamen dabei um, 188 Flugzeuge wurden zerstört und viele Kriegsschiffe beschädigt. Doch die USA konnten ihre Verluste ersetzen und 1942 den Angriff auf Japan starten.

Angriffe auf Großstädte

Vom 10. März bis15. Juni 1945 gerieten sechs japanische Großstädte unter schwere Bombenangriffe durch die USA.

Japanische Städte	Zahl der Angriffe	Prozentsatz der Zerstörung
Tokio	5	50 %
Nagoya	4	31 %
Kobe	2	56 %
Osaka	4	26 %
Yokohama	2	44 %
Kawasaki	1	33 %

Atomkrieg

Die beiden von amerikanischen und britischen Forschern entwickelten Atombomben, die auf Japan abgeworfen wurden, verursachten ein noch nie dagewesenes Ausmaß der Zerstörung. In Hiroshima wurden über 90 000 Menschen getötet und 70 % der Gebäude zerstört, in Nagasaki starben mindestens 60 000 Menschen. Nach der zweiten Atomexplosion kapitulierte Japan.

Atompilz über der Stadt Nagasaki

Nachbau der auf Hiroshima abgeworfenen Atombombe

„Ich weiß um die tragische Bedeutung der Atombombe ... Wir danken Gott, dass wir sie hatten, nicht unsere Feinde.“

US-Präsident Harry S. Truman am 9. August 1945

1944

Die Schlacht in der Philippinensee endet mit Japans Niederlage bei den Marianeninseln.

1944

In der größten Seeschlacht, in der erstmals Kamikazebomber eingesetzt werden, besiegen die USA Japans Flotte bei der Philippineninsel Leyte.

1945

Erbittert wird um die kleine, aber strategisch wichtige Insel Iwo Jima gekämpft. Über 6000 US-Soldaten und mindestens 20 000 Japaner fallen.

1945

Zwei Monate dauert die Eroberung der massiv verteidigten Insel Okinawa. Die USA verlieren 12 000 Soldaten, Japan verliert über 100 000 Mann.

1945

Die USA beenden den Krieg mit dem Abwurf von zwei Atombomben auf die japanischen Städte Hiroshima und Nagasaki. Japan kapituliert.

1940 ▸ 1945

1940

Blitzkrieg

Deutschland versucht Englands Widerstand zu brechen, indem es 16 Großstädte bombardiert. 57 Nächte in Folge fliegt die deutsche Luftwaffe Angriffe auf London. Über 40 000 Menschen sterben.

Das zerstörte London

1942

Schlacht um El Alamein

In Nordafrika zwingt eine alliierte Offensive bei El Alamein in Ägypten die Deutschen zum Rückzug. 1943 ergibt sich das deutsche Afrikakorps in Nordafrika den Alliierten.

Krieg in Europa S. 256–257

1942

Schlacht um Stalingrad

Deutschland versucht vergeblich, die sowjetische Stadt Stalingrad (heute Wolgograd) einzunehmen. Die Sowjets halten über ein halbes Jahr durch, bis die deutsche Wehrmacht zum Rückzug gezwungen ist. Der Krieg wendet sich.

Die Ruinen von Stalingrad 1942

1944

Leningrader Blockade endet

Die Leningrader Blockade, die längste Belagerung des Kriegs mit den meisten Opfern, beginnt 1941 und endet 1944, als die Sowjets einen Landkorridor öffnen und die Deutschen zum Rückzug zwingen können. Über 1 Mio. Sowjets sterben.

1943

Die „Weiße Rose"

Unter dem Namen „Weiße Rose" üben mutige Studenten Widerstand gegen das Regime Hitlers aus. Unter ihnen sind die Geschwister Hans und Sophie Scholl, die 1943 verhaftet und hingerichtet werden.

1940

1941

„Unternehmen Barbarossa"

Im Juni startet Deutschland das „Unternehmen Barbarossa" – einen Überfall auf den bisherigen Verbündeten Sowjetunion. Am Jahresende stehen deutsche Truppen vor Moskau. Doch ein sowjetischer Gegenangriff im Januar 1942 wirft die Deutschen zurück.

1941

USA treten in den Krieg ein

Mit dem Angriff Japans auf den US-Stützpunkt Pearl Harbor am 7. Dezember ändert sich die Meinung der amerikanischen Öffentlichkeit, die bis dahin eine Beteiligung am Krieg mehrheitlich abgelehnt hat. Der US-Kongress erklärt den Kriegseintritt.

1944 „D-DAY" IN DER NORMANDIE

Am 6. Juni (Codename D-Day) landeten Tausende alliierter Soldaten an der Küste der Normandie in Frankreich. Sie stießen auf heftigen deutschen Widerstand, doch am 17. Juni standen über eine halbe Million Soldaten auf französischem Boden. Der Vorstoß nach Deutschland begann.

Fallschirmspringer

Zunächst landeten Tausende Fallschirmspringer hinter den deutschen Linien. Sie sollten wichtige Ziele einnehmen und die deutschen Abwehr- und Nachrichtensysteme zerstören, bevor die Invasionsarmee durch Frankreich marschierte.

Landung am Strand

Truppen und Ausrüstung, in England für den Angriff zusammengestellt, wurden über den Ärmelkanal befördert. Unter heftigem Feuer wateten Soldaten an die Strände der Normandie, konnten aber schließlich die deutsche Abwehr durchbrechen.

1945

Italien besiegt

Alliierte Truppen erobern Italien und nehmen 1943 Rom ein. Der Krieg endet im Mai 1945, als sich deutsche Truppen in Italien ergeben. Italiens Diktator Benito Mussolini will fliehen, wird aber gefangen und hingerichtet.

1945

Deutschland kapituliert

Die sowjetische Offensive im Osten und der Vorstoß der Alliierten im Westen drängen die deutschen Truppen immer weiter zurück. Als Hitler klar wird, dass alles verloren ist, begeht er Selbstmord. Berlin wird eingenommen und Deutschland ergibt sich am 7. Mai. Der 8. Mai wird von den Menschen in ganz Europa als Tag der Befreiung gefeiert.

Soldaten der Roten Armee hissen die russische Fahne auf dem Reichstag.

Kriegs-rationierungen

Da die Lebensmittel im Krieg knapp waren, mussten sie rationiert, d. h. staatlich eingeteilt werden. Die Bevölkerung erhielt Lebensmittelkarten. Pro Monat gab es z. B. nur 300 g Zucker.

1945

1945

Japan kapituliert

Japan kämpft nach der Niederlage Deutschlands noch einige Monate weiter. Nachdem die USA im August die Städte Hiroshima und Nagasaki mit zwei Atombomben zerstört hat, kapituliert Japan.

Der amerikanische Boxer Muhammad Ali wurde 1942 als Cassius Clay geboren. Als erster Schwergewichtsboxer wurde er dreimal Weltmeister.

1933–1945 DER HOLOCAUST

Die antisemitische (antijüdische) und rassistische Politik der Nazis führte zur Ermordung von über 6 Mio. Juden, Sinti und Roma, Homosexuellen und Behinderten. Diese systematische Tötung wird „Holocaust" (Brandopfer) genannt.

Anne Franks Tagebuch

1942 versteckte sich das Mädchen Anne Frank mit ihrer jüdischen Familie in Amsterdam. In ihrem Tagebuch erzählte Anne von ihrer Angst, im Verborgenen zu leben. 1944 wurden sie entdeckt und Anne starb in einem Konzentrationslager.

Konzentrationslager

Die Juden wurden in Massen verhaftet und in Konzentrationslager gesteckt, wo sie zur Zwangsarbeit verpflichtet wurden. Später wurden Millionen Menschen von den Nazis in „Vernichtungslagern" wie Auschwitz (oben) ermordet.

Der gelbe „Judenstern"

„Judenstern"

Die Nazis zwangen die Juden, auf ihre Kleidung gelbe Sterne zu nähen, damit sie für die übrige Bevölkerung und die Behörden als Juden kenntlich waren. Auf den Sternen stand das Wort „Jude".

Flucht vor den Nazis

Abschied
Diese Kinder sagen auf dem Wiener Hauptbahnhof ihren Eltern Lebwohl.

Im November 1938, als die Verfolgung der Juden in Deutschland immer schlimmer wurde, bildeten sich im Ausland Hilfsorganisationen, um den jüdischen Kindern zu helfen. Eine davon war der „Kindertransport", gegründet von britischen Juden mit dem Ziel, jüdische Kinder nach England in Sicherheit zu bringen. Dies war als vorübergehende Maßnahme gedacht, bis sich die Lage bessern würde. Doch als der Zweite Weltkrieg ausbrach, blieben die Kinder.

Die wenigen Glücklichen
Die Organisatoren wollten die wehrlosesten Kinder retten: Waisen, Kinder aus armen Familien oder deren Eltern in einem Konzentrationslager waren. Etwa 10 000 Kinder aus Deutschland, Österreich, Polen und der Tschechoslowakei schafften die Reise, bevor der Krieg ausbrach.

Mit leichtem Gepäck
Die Kinder durften nur einen kleinen Koffer und höchstens 10 Mark mitnehmen. Sie bekamen einen einfachen Pass, der oft an ihre Kleidung geheftet wurde. Sie verließen ihre Eltern und es begann die lange Reise nach England per Bahn und Schiff.

„Wir lehnten uns alle aus dem Waggonfenster und meine Eltern winkten mit weißen Taschentüchern. Ich wusste nicht, dass ich sie zum letzten Mal sah."

Vera Schaufeld (9 Jahre) aus der Tschechoslowakei

Das Leben in England
Viele Kinder der Aktion „Kindertransport" kamen in Waisenhäuser. Andere lebten in Heimen, kleineren Einrichtungen und auf Bauernhöfen. Manche ältere Kinder arbeiteten – meist in der Landwirtschaft, als Hausmädchen oder als Krankenschwestern. Mit 18 gingen viele Jungen zum Militär und kämpften aufseiten der Alliierten gegen die Nazis.

Nach dem Krieg
Manche Kinder kamen nach dem Krieg wieder zu ihren Eltern, doch viele Eltern waren in Konzentrationslagern gestorben. Zwei Nobelpreisträger waren ehemalige Kinder der Aktion „Kindertransport": der Deutschamerikaner Arno Penzias bekam 1978 den Nobelpreis für Physik, der aus Österreich stammende Amerikaner Walter Kohn 1998 den für Chemie.

Ein sicherer Ort
Kinder stehen vor ihren Zimmern in einem Ferienlager in England. Viele „Kindertransport"-Kinder waren hier untergebracht, bis man Pflegeeltern gefunden hatte.

„Ich hatte Glück, dass ich meine Eltern wiedersah. Den meisten Kindern war dies nicht vergönnt."

Marion Marston aus Deutschland, mit 14 Jahren vom „Kindertransport" gerettet

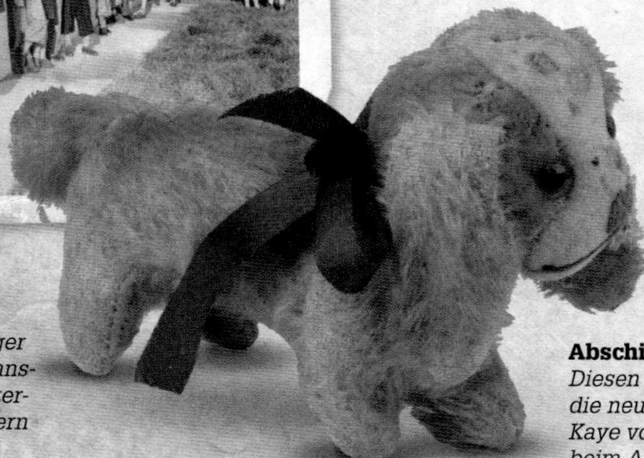

Abschiedsgeschenk
Diesen Plüschhund bekam die neunjährige Evelyn Kaye von ihrem Vater beim Abschied in Wien.

Neuankömmling
Ein gerade angekommenes deutsches Mädchen hält seine Puppe und Reisetasche und wartet darauf, untergebracht zu werden.

„Damals hielt ich das Ganze für ein aufregendes Abenteuer. Ich sagte meiner Mutter Auf Wiedersehen. Wer wusste da schon, was passieren würde?“

Inga Joseph aus Wien, mit 9 Jahren vom „Kindertransport“ gerettet

HIS MASTER'S VOICE
Verve
45-POP 1061
DESAFINADO
STAN GETZ
CHARLIE BYRD
APOLLO 11
SONY
STEREO

1945–2020 Aufbruch in eine neue Zeit

Nach dem Zweiten Weltkrieg begann der Kalte Krieg zwischen den zwei Supermächten: den USA und ihren kapitalistischen Verbündeten auf der einen, der Sowjetunion und ihren kommunistischen Verbündeten auf der anderen Seite. Diese Phase dauerte vier Jahrzehnte und endete mit dem Zerfall der Sowjetunion. Auch die europäischen Kolonialreiche lösten sich auf, andererseits entstand die Europäische Union. Dank rasanter technischer Fortschritte betraten Menschen den Mond und Computer kamen in die meisten Haushalte, um Menschen in aller Welt durch das Internet zu verbinden.

1945 ▸ 1950

„Ein Sieg, der durch Gewalt erlangt wird, ist eine Niederlage, denn er vergeht."

Mahatma Gandhi

1947 UNABHÄNGIGKEIT INDIENS

Die Rufe indischer Nationalisten nach Freiheit von britischer Herrschaft wurden im 20. Jh. immer lauter. Da England nach dem Zweiten Weltkrieg wirtschaftlich geschwächt war, wurde Indien 1947 aus dem britischen Weltreich entlassen und in das hinduistische Indien und das muslimische Pakistan aufgeteilt.

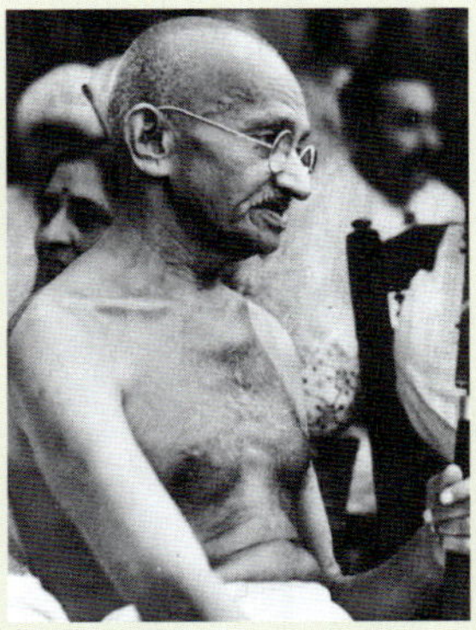

Gandhi
Die indische Unabhängigkeitsbewegung führte Mahatma Gandhi (oben) an, der eine Politik des gewaltlosen Widerstands predigte. Ein fanatischer indischer Hindu ermordete ihn 1948.

Massenwanderung
Der Unabhängigkeit folgte ein Chaos, denn Millionen Muslime in Indien sowie Hindus und Sikhs in Pakistan wurden zwangsumgesiedelt. Die größte Massenwanderung der Geschichte führte zu religiösen Unruhen mit vielen Toten.

Neue Länder
Mit der Unabhängigkeit Indiens entstanden drei neue Länder. Indien und Pakistan wurden 1947 gegründet. 1971 trennte sich eine Region von Pakistan und bildete Bangladesch. Dies sind die drei heutigen Nationalflaggen:

Pakistan — Indien — Bangladesch

1945

Nürnberger Prozesse

In Nürnberg werden 20 überlebende Naziführer angeklagt, im Zweiten Weltkrieg Verbrechen gegen die Menschlichkeit und Völkermorde begangen zu haben. Zwölf werden zum Tod durch Erhängen, die anderen zu Gefängnisstrafen verurteilt, auch Rudolf Heß, bis 1941 Hitlers Stellvertreter.

Rudolf Heß (Zweiter von links) beim Prozess

1945 — 1946

1946

Vereinte Nationen

Die Vereinten Nationen (UNO) werden nach dem Zweiten Weltkrieg als globale Organisation gegründet, in der die Nationen zusammenkommen und ihre Unstimmigkeiten friedlich erörtern. Nach anfangs 51 Mitgliedern vertritt die UNO heute 193 Länder. Ihr Logo (oben) zeigt die von Olivenzweigen umrahmte Welt – ein Symbol des Friedens.

Singles hießen auch „45er", da sie mit 45 Upm (Umdrehungen pro Minute) abgespielt werden.

Ein Plakat wirbt für den Marshallplan.

1947

Marshallplan

US-Außenminister George Marshall bringt seine Regierung dazu, 13 Mrd. Dollar als Hilfsgelder für die vom Krieg zerstörte europäische Wirtschaft bereitzustellen. Man glaubt damit auch zu verhindern, dass sich der Kommunismus von Osteuropa weiter nach Westen ausbreiten wird.

1948

Geburt Israels

Nach dem Zweiten Weltkrieg wollen die Vereinten Nationen Palästina in einen jüdischen und einen arabischen Staat aufteilen. Dagegen wehren sich die Araber in einem Krieg, den die Juden gewinnen. Im Mai 1948 wird der neue Staat Israel ausgerufen, der auch Teile des vorgesehenen arabischen Staats umfasst.

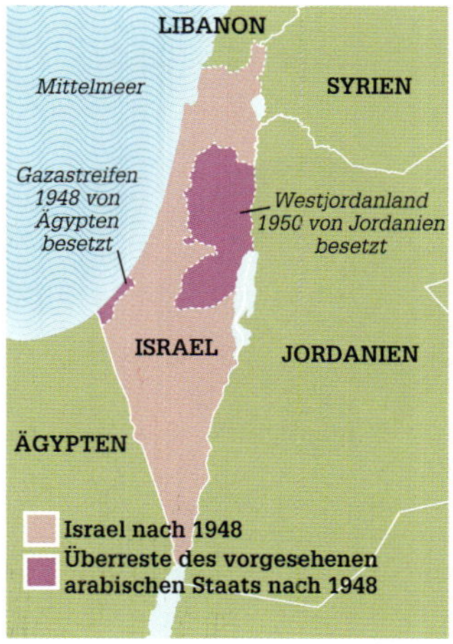

1949

Zwei deutsche Staaten

Durch die Verkündigung des Grundgesetzes wird die Bundesrepublik Deutschland (BRD) im Westen Deutschlands gegründet. Wenige Monate später entsteht die Deutsche Demokratische Republik (DDR) im Osten Deutschlands.

1949

Volksrepublik China

Der Bürgerkrieg zwischen Chinas regierender Nationalistischer Partei und den Kommunisten flammt wieder auf. 1949 wird der Führer der Kommunisten, Mao Zedong, Vorsitzender der neuen Volksrepublik China. Der Nationalistenführer Chiang Kai-shek gründet auf Taiwan die Republik China.

Prokommunistische Propaganda in China

1947 1948 1949 1950

Zwischen Nord- und Südkorea gibt es keinen Friedensvertrag.

Erste Single

Im März 1949 revolutionierte die neue, kleinere Vinylschallplatte die Musikindustrie und verhalf dem Rock 'n' Roll in den 1950er-Jahren zum Erfolg.

1950–1953 DER KOREAKRIEG

Das von Japan kontrollierte Korea wurde nach dem Zweiten Weltkrieg geteilt: in das kommunistische Nordkorea und das demokratische Südkorea. 1950 griff der Norden den Süden an. Die drei Jahre dauernden Kämpfe waren der erste große Konflikt im Kalten Krieg.

US-Bomber greifen Nordkorea an.

Internationaler Krieg

Das von Kim Il Sung (oben) geführte kommunistische Nordkorea wurde von der UdSSR und China unterstützt, Südkorea von den USA und der UNO. Der lokale Streit drohte zum Weltkrieg zu eskalieren.

Pattsituation

Nach frühen Gewinnen wurde Nordkorea mithilfe von US-Panzern, -Soldaten und -Bombern (rechts) zurückgetrieben. China bewahrte es vor dem Zusammenbruch. Es kam zur Pattsituation, in der die Grenzen der beiden Länder unverändert blieben.

Der Kalte Krieg

Nach dem Zweiten Weltkrieg wurden die USA und die Sowjetunion (UdSSR) rivalisierende „Supermächte“. Beide rüsteten ihre Atomwaffen so lange auf, bis sie den jeweils anderen mehrmals hätten vernichten können. Weil sie keinen direkten Krieg riskieren wollten, führten sie einen „Kalten Krieg“, der über 40 Jahre anhielt. Sie suchten Bündnispartner, unterstützten Rivalen der Gegenseite, starteten einen Wettlauf um neue Technologien und spionierten sich gegenseitig aus.

Bündnispartner

Beide Supermächte unterhielten im Kalten Krieg ein enges Netz von Bündnissen mit anderen Ländern. 1949 bildeten die USA mit 13 Ländern eine militärische Union, die North Atlantic Treaty Organisation (NATO). Die Sowjetunion reagierte darauf 1955 mit der Gründung des Warschauer Pakts. Beide Seiten unterstützten auch Verbündete in anderen Konflikten wie dem Koreakrieg, dem Vietnamkrieg und dem Afghanistankrieg.

- NATO-Länder
- Länder des Warschauer Pakts
- Andere Verbündete der USA
- Andere Verbündete der UdSSR

Persönlichkeiten

Josef Stalin
Der sowjetische Diktator setzte den Kalten Krieg in Gang, indem er die osteuropäischen Staaten unter sowjetische Kontrolle brachte.

John F. Kennedy
Der US-Präsident verlangte 1962 von der UdSSR, sie solle ihre Atomwaffen vom kommunistischen Verbündeten Kuba abziehen.

Leonid Breschnew
Der sowjetische Staatschef Breschnew diskutierte mit US-Präsident Nixon über die Abrüstung der Atomwaffen.

Kinder in Berlin jubeln, als „Rosinenbomber“ der Alliierten Lebensmittel abwerfen.

Berliner Luftbrücke
Nach dem Zweiten Weltkrieg wurde die deutsche Hauptstadt Berlin in Zonen der drei Alliierten und der UdSSR geteilt. 1948 schlossen die Sowjets alle Straßen- und Eisenbahnverbindungen, um die Stadt auszuhungern. Doch die Alliierten vereitelten dies mit einer fast ein Jahr dauernden Versorgung aus der Luft.

Chronik

1946
Der britische Ex-Premier Winston Churchill (rechts) nennt die Teilung zwischen West- und Osteuropa einen „Eisernen Vorhang“.

1949
Die Blockade Berlins endet, die NATO wird gegründet und die Sowjets entwickeln Atomwaffen.

1949
Die Bundesrepublik Deutschland und die DDR werden gegründet. China wird kommunistisch und ein Verbündeter der UdSSR.

1950
Die Supermächte ergreifen Partei im Koreakrieg, dem ersten großen Konflikt des Kalten Kriegs.

1955
Der Warschauer Pakt zwischen der UdSSR und sieben osteuropäischen kommunistischen Staaten wird gegründet.

Brennpunkte im Kalten Krieg

Korea
Im Koreakrieg (1950–1953) kämpften die USA und die UNO an der Seite Südkoreas. Der kommunistische Norden wurde von den Sowjets und China unterstützt.

Ungarn und Tschechoslowakei
Aufstände in Ungarn (1956) und der Tschechoslowakei (1968) gegen den Kommunismus wurden von der UdSSR gewaltsam unterdrückt. Der Westen war entsetzt, hielt sich aber heraus.

Geteiltes Deutschland
Als immer mehr Menschen aus Ostdeutschland in den Westen gingen, errichtete die DDR 1961 eine stark gesicherte Mauer, die das Land teilte.

Kuba
Der Kalte Krieg trat 1962 in die heiße Phase, als die USA die UdSSR aufforderten, ihre auf Kuba stationierten Atomraketen abzuziehen. Nach einer US-Blockade gab die UdSSR schließlich nach.

Vietnam
Amerikanische Truppen kämpften an der Seite Südvietnams, während die Sowjets das kommunistische Nordvietnam militärisch unterstützten und ausrüsteten. Der Krieg begann 1955 und endete nach 20 Jahren mit einem Sieg der Kommunisten.

Afghanistan
Die Sowjets eroberten 1979 Afghanistan, stießen aber auf erbitterten Widerstand der von den USA ausgebildeten und bewaffneten afghanischen Mudschaheddin. Die UdSSR zog sich schließlich 1989 zurück.

Wettrüsten
Im Kalten Krieg kam es zu einem Wettrüsten zwischen den USA und der UdSSR mit riesigen Beständen an Kernwaffen und anderem Rüstungszeug wie Marschflugkörpern (oben). Investiert wurde aber auch in kleinere Techniken, v. a. für Spionage, wie Geheimkameras und Wanzen, die militärische und politische Geheimnisse des Gegners ausspähen sollten.

Der Händedruck, der den Kalten Krieg beendete

Friedliches Ende
Der Konflikt endete friedlich, als beide Seiten bereit waren, ihre Waffenbestände zu verkleinern. 1989 erklärten US-Präsident George Bush und Sowjetführer Michail Gorbatschow auf Malta (oben) das Ende des Kalten Kriegs. Die geschwächte UdSSR löste sich knapp zwei Jahre später auf.

Sowjetische Rakete

1962
Die USA und die UdSSR geraten wegen der kubanischen Raketenkrise aneinander. Die UdSSR lenken ein.

1972
Der ABM-Vertrag ist ein erster Schritt zur Begrenzung der Atomwaffenarsenale der Supermächte.

1987
US-Präsident Reagan und Sowjetführer Gorbatschow unterzeichnen ein Abrüstungsabkommen zur Reduzierung der Atomwaffen.

1989
Die Berliner Mauer fällt. Die Staatschefs der USA und der UdSSR erklären auf Malta das offizielle Ende des Kalten Kriegs.

1991
Die Sowjetunion bricht zusammen und der Warschauer Pakt wird aufgelöst.

Blick von der anderen Seite
Ein kleiner Junge schaut in Ost-Berlin durch den Stacheldraht, der die Stadt kurz vor dem Mauerbau teilte.

„Im Westen glauben alle, wir seien hier unglücklich. Mir gefällt hier nicht alles. Manchmal möchte ich weggehen, mich umsehen. Aber ich darf nicht. Und selbst wenn ich es könnte – hier bin ich zu Hause und ich würde zurückkommen.“

12-jähriger Junge aus Ostberlin

KINDER IM 20. JAHRHUNDERT

Das geteilte Berlin

Nach dem Zweiten Weltkrieg wurden Deutschland und seine Hauptstadt Berlin von den Alliierten in Besatzungszonen eingeteilt. Der Osten wurde von der Sowjetunion, der Westen von den USA, Frankreich und England kontrolliert. 1961 flüchteten pro Woche Hunderte von Familien vor Not und Unterdrückung in Ostberlin in den vermeintlich „goldenen Westen". Aus Angst vor einer Massenabwanderung erbauten die DDR-Behörden eine Mauer zwischen Ost- und Westberlin, die die Bewegung stoppte, aber auch Familien trennte.

Der Bau der Mauer
Am 13. August 1961 schloss die DDR ihre Westgrenze, indem sie Straßen und Eisenbahnstrecken stilllegte und Barrikaden und Stacheldraht errichtete. Dann wurde eine riesige Betonmauer erbaut und den bewaffneten Grenzsoldaten ein „Schießbefehl" erteilt.

Zerrissene Familien
Die Mauer teilte auch Familien. Eltern wurden von ihren Kindern, Kinder von ihren Geschwistern getrennt. Kontakte waren unmöglich oder durch Schikanen erschwert. Im Lauf der Zeit entfremdeten sich Verwandte voneinander.

Getrennte Nachbarn
Der Westen Deutschlands war wohlhabender als der Osten. Im Westen konnten Familien alles kaufen, was es gab, und sie durften frei reisen. Das Leben im Osten war viel mehr geregelt. Familien mussten ständig vor der Geheimpolizei, der Stasi (Staatssicherheit), auf der Hut sein. Waren Eltern verdächtig, flüchten zu wollen, wurden sie verhört oder verhaftet. Zwei Drittel der Kinder gehörten sozialistischen Jugendorganisationen wie der FDJ (Freie Deutsche Jugend) an, die ihnen beibrachten, das System nicht infrage zu stellen.

Flucht in den Westen
Die Mauer machte die Flucht in den Westen fast unmöglich. Doch viele versuchten es trotzdem – durch unterirdische Gänge, selbst gebaute Freiluftballons oder sie versteckten sich in Autos. Über 130 Menschen starben bei solchen Fluchtversuchen. Erst 1989 fiel die Mauer.

Im Schatten der Mauer
Kinder im Westen Berlins spielen neben der Mauer, die die Stadt von 1961 bis 1989 teilte.

„Eine Mauer war über Nacht errichtet worden. Freunde und Verwandte, die auf Besuch in Ostberlin waren, steckten fest und durften nicht zurückreisen."

Marion Cordon-Poole, Amerikanerin, die sich 1961 als Kind in der Familie ihrer deutschen Mutter aufhielt

Vereitelte Flucht
DDR-Grenzsoldaten verhaften einen Mann, der durch die Kanalisation in den Westen flüchten wollte.

„Das ganze Dorf war wie ein Gefängnis. Wo du auch hingingst, kamst du an die Mauer."

Gitta Heinrich aus der DDR

Getrennte Familien
Kurz nach dem Schließen der Grenze 1961 halten Eltern in Westberlin ihre Babys hoch, damit die Großeltern auf der anderen Seite der Mauer sie sehen können.

1950 ▸ 1960

Der höchste Berg der Welt, der Mount Everest, wurde erstmals 1953 von Edmund Hillary aus Neuseeland und Tenzing Norgay aus Nepal bestiegen.

Test der Wasserstoffbombe im Pazifik

1952

Königin Elizabeth II.

Nach dem Tod König Georges VI. wird seine Tochter Elizabeth Königin von England und Oberhaupt des Commonwealth. Ein Jahr später wird sie in der Londoner Abtei Westminster feierlich gekrönt.

1952

Eine tödliche Waffe

Sieben Jahre nach dem Abwurf der ersten Atombombe entwickeln die USA eine noch gefährlichere Waffe: die Wasserstoffbombe. Beim ersten Test wird eine Pazifikinsel völlig zerstört.

1953

DDR-Aufstand

Arbeiter in der DDR erheben sich gegen die Regierung der SED (Sozialistische Einheitspartei Deutschlands). Der Aufstand am 17. Juni wird durch die sowjetische Besatzungsmacht brutal niedergeschlagen.

1950 · 1952 · 1954

1950

Apartheid in Südafrika

Als die Partei der Nationalisten 1948 in Südafrika an die Macht kommt, betreibt sie eine Politik der Rassentrennung, Apartheid genannt. Seit 1950 wehrt sich der ANC (African National Congress) gegen die Apartheid-Gesetze, was teils zu gewaltsamen Ausschreitungen führt.

Die schwarze Bevölkerung darf weder wählen noch in Gebieten der Weißen leben bzw. diese betreten.

Crick (stehend) und Watson erläutern die DNA-Struktur.

1953

Die Struktur der DNA

Die Forscher James Watson und Francis Crick entschlüsseln die Struktur der DNA – des Moleküls in jeder Zelle, das die Erbinformation enthält, welche die Zelle aufbaut und steuert. Ihre Form einer verdrehten Leiter heißt Doppelhelix.

1954

Franzosen verlassen Südostasien

Nach jahrelangen schweren Kämpfen werden Laos und Kambodscha von Frankreich unabhängig, während Vietnam geteilt wird: in das kommunistische Nordvietnam und in die demokratische Republik Südvietnam.

Elvis' erste Single

Elvis Presley, der „King of Rock 'n' Roll", brachte 1954 seine erste Single mit dem Titel *Jailhouse Rock* heraus. Bis zu seinem Tod 1977 wurden von ihm über 100 Mio. Platten verkauft.

1955

Busboykott

In Montgomery im US-Staat Alabama weigert sich eine Schwarze namens Rosa Parks, ihren Bussitzplatz einer Weißen zu überlassen, wie es das Gesetz vorschreibt. Sie kommt ins Gefängnis, was zu einem Boykott durch die schwarze Bevölkerung führt und schließlich die Rassentrennung in Bussen in Montgomery beendet.

Sowjetische Briefmarke, die an *Sputnik 2* und Laika erinnert

1959

Castros Kuba

Nach sechsjährigem Kampf stürzen kubanische Revolutionäre unter Fidel Castro den von den USA unterstützten Diktator Fulgencio Batista. Castro regiert Kuba als kommunistischen Staat trotz zahlreicher Attentatsversuche der USA bis 2008.

Kubas Revolutionsheld Fidel Castro

1955

Warschauer Pakt

Auf die Bildung der NATO 1949, einem von den USA geführten Militärbündnis der Westmächte, reagieren die kommunistischen Ostblockländer Europas mit einem eigenen Bündnis, dem von der Sowjetunion geführten Warschauer Pakt.

1957

Sputnik 1

Beim Wettlauf ins All geht die Sowjetunion früh in Führung, als sie den ersten Satelliten, *Sputnik 1*, im Oktober in eine Erdumlaufbahn bringt. Einen Monat später fliegt *Sputnik 2* mit dem ersten Lebewesen, der Hündin Laika, ins All.

1956 — 1958 — 1960

1956

Volksaufstand in Ungarn

Als Ungarn eine liberale Regierung bilden und aus dem Warschauer Pakt ausscheiden will, rollen sowjetische Panzer ein (unten). Nach schweren Kämpfen gewinnt die Sowjetunion die Kontrolle zurück.

1957

Römische Verträge

In den 1950er-Jahren versuchen die Staaten Europas ihre Beziehungen zu verbessern. Mit den Römischen Verträgen gründen sechs Länder die Europäische Wirtschaftsgemeinschaft (EWG): Bundesrepublik Deutschland, Frankreich, Italien, Niederlande, Belgien und Luxemburg.

1957

Unabhängigkeit für Ghana

Ghana, ehemals Goldküste genannt, erlangt die Unabhängigkeit von Großbritannien.

1958

Großer Sprung nach vorn

Chinas Staatschef Mao Zedong verordnet das Reformprogramm „Großer Sprung nach vorn", um den Agrarstaat China zum Industriestaat zu entwickeln. Statt Nahrung soll vermehrt Stahl produziert werden. Doch diese Politik führt zu einer katastrophalen Hungersnot und dem Tod von 35 Mio. Menschen.

Chinesisches Propagandaplakat

1960 ▸ 1965

Sowjetischer Kosmonaut Juri Gagarin

1961

Erster Mann im All

Der sowjetische Pilot Juri Gagarin wird weltbekannt, als er als erster Mensch ins Weltall fliegt. An Bord seiner Rakete *Wostok I* gelangt er in knapp zwei Stunden in die Erdumlaufbahn, bevor er wieder wohlbehalten zur Erde zurückkehrt.

1962

Algerien unabhängig

Seit 1954 hat es zwischen der französischen Armee und Algeriern, die sich von französischer Herrschaft befreien wollen, einen blutigen Krieg gegeben. Der ehemalige General Charles de Gaulle wird 1958 französischer Staatspräsident und soll Frankreich zum Sieg führen. Doch 1962 gewährt er Algerien die Unabhängigkeit.

Algerier feiern Unabhängigkeit mit neuer Nationalflagge.

1962

Kubakrise

US-Spionageflugzeuge entdecken von den Sowjets stationierte Atomraketen auf dem kommunistischen Kuba vor der amerikanischen Küste. Präsident Kennedy fordert den Sowjetführer Nikita Chruschtschow auf, die Waffen abzuziehen, sonst gebe es einen Vergeltungsschlag. Tagelang droht ein Atomkrieg, bevor die Sowjets nachgeben.

1960

1961

Mauerbau

1961 gehen Tausende von Menschen aus dem kommunistischen Ostberlin ins demokratische Westberlin, was die DDR-Wirtschaft ernsthaft schwächt. Als Reaktion errichtet die DDR eine schwer bewachte Mauer, die die Stadt und bald das ganze Land teilt.

Kinder im 20. Jahrhundert S. 270–271

Telstar 1

Die USA brachten 1962 den ersten Kommunikationssatelliten *Telstar 1* ins All. Er übertrug Fernseh-, Telefon-, Telegrafen- und andere Signale zur Erde, fiel aber wegen technischer Mängel nach knapp einem Jahr aus.

1962

Die erste Single der Beatles

Nachdem eine Popgruppe aus Liverpool in England, die sich die Beatles nennt, jahrelang in kleinen Clubs gespielt hat, bringt sie ihre erste Single „Love Me Do" heraus. Die Beatles werden in den 1960er-Jahren die beliebteste Band der Welt.

Die Beatles im Konzert

1963

Elysée-Vertrag

Bundeskanzler Konrad Adenauer macht sich für die Versöhnung mit dem ehemaligen Erzfeind Frankreich stark. Die Unterzeichnung des Elysée-Vertrags zwischen der BRD und Frankreich führt zu einer jahrzehntelangen politischen Zusammenarbeit beider Länder.

1963

Marsch auf Washington

Auf einer amerikanischen Bürgerrechtsdemonstration in Washington D. C. erklärt Martin Luther King: „Ich habe einen Traum, dass ... eines Tages diese Nation ... ihre Überzeugung ausleben wird: ... Alle Menschen sind gleich erschaffen.“

1963

Afrikanische Einheit

20 Jahre nach dem Zweiten Weltkrieg werden eine Reihe afrikanischer Länder von ihren einstigen europäischen Kolonialherren unabhängig. 1963 gründen 32 afrikanische Staaten die Organisation für Afrikanische Einheit, um ihre Interessen gemeinsam zu fördern.

Konrad Adenauer und der französische Präsident Charles de Gaulle

Der „heiße Draht“, eine Telefonverbindung zwischen den USA und der UdSSR, wurde nach der Kubakrise eingerichtet.

1964

Mandela im Gefängnis

Anfang der 1960er-Jahre ist Nelson Mandela einer der führenden Köpfe des ANC (African National Congress), der für die Rechte schwarzer Südafrikaner kämpft. Er fordert den Sturz des Apartheid-Regimes, das die Rassentrennung betreibt, wird aber verhaftet. 26 Jahre lang sitzt er im Gefängnis.

Nelson Mandela

1965

1963 US-PRÄSIDENT KENNEDY ERMORDET

Die ganze Welt war schockiert, als John F. Kennedy im November ermordet wurde. Dem offiziellen Bericht zufolge beging ein Einzelgänger die Tat, als Kennedy bei einem offiziellen Besuch im offenen Wagen durch die Straßen von Dallas fuhr. Sein Mörder sei der kommunistische Sympathisant Lee Harvey Oswald gewesen.

Tod in Dallas
Als Kennedy langsam an den Massen in Dallas vorbeifuhr, soll Oswald den Präsidenten mit drei Schüssen aus dem fünften Stock eines nahen Gebäudes getötet haben.

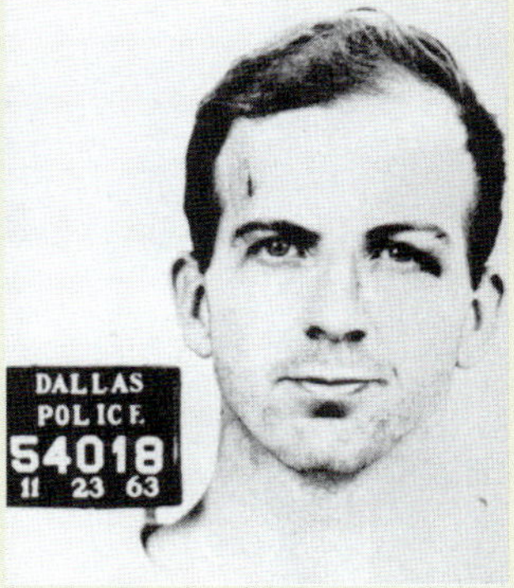

Lee Harvey Oswald
Oswald (links) wurde verhaftet, aber bei der Überführung ins Gefängnis erschossen. Daher glauben manche an eine Verschwörung – der wahre Mörder des Präsidenten sei in den Reihen der Mafia oder der CIA zu suchen.

Bürgerrechte

Mitte des 20. Jh. betrieben die meisten Südstaaten der USA eine Politik der Rassentrennung. Weiße und Schwarze mussten in verschiedenen Gegenden leben, auf unterschiedliche Schulen gehen und unterschiedliche Verkehrsmittel benutzen. Die Verkehrsmittel für die schwarze Bevölkerung waren fast immer schlechter als die für Weiße. In den 1950er- und 1960er-Jahren protestierte die Bürgerrechtsbewegung immer wieder gegen diese Diskriminierung und erreichte schließlich einige wichtige Gesetzesänderungen.

Rosa Parks in einem Bus nach der Entscheidung des Supreme Court

Parks Protest
Ein Protest gegen die Rassentrennung in Bussen durch Rosa Parks, eine Näherin aus Montgomery im US-Staat Alabama, war ein Wendepunkt der Bürgerrechtsbewegung. Martin Luther King führte einen Boykott des Busunternehmens durch die schwarze Bevölkerung Montgomerys an. 1956 befahl der Oberste Gerichtshof der Vereinigten Staaten das Ende der Rassentrennung in Bussen.

Persönlichkeiten

Martin Luther King Jr.
Der Führer der Bürgerrechtsbewegung organisierte zahlreiche Streiks, Proteste und Märsche gegen die Rassentrennung, befürwortete aber stets den gewaltlosen zivilen Ungehorsam.

Robert Kennedy
Der US-Justizminister und Bruder von Präsident John F. Kennedy verabschiedete mehrere der wichtigsten Bürgerrechtsgesetze.

Malcolm X
Der leidenschaftliche Befürworter von Bürgerrechten Malcolm X glaubte, Afroamerikaner sollten nötigenfalls Gewalt ausüben, um ihre Ziele zu erreichen. Er wurde 1965 ermordet.

Chronik

1954
Der Oberste Gerichtshof schreibt eine gemeinsame Schulbildung vor: Weiße und schwarze Kinder sollen an allen Schulen gemeinsam unterrichtet werden.

1955
Rosa Parks' Weigerung, ihren Busplatz einer Weißen zu überlassen, führt zum Busboykott und einem Verbot der Rassentrennung in Verkehrsmitteln.

Ein Bus in Montgomery

1957
Präsident Eisenhower muss Soldaten entsenden, um neun schwarzen Schülern – „Little Rock Nine" genannt – den Besuch einer rein weißen Schule in Little Rock im US-Staat Arkansas zu ermöglichen.

1960
Aktivisten protestieren gegen die Rassentrennung in „weißen" Bereichen von Restaurants, in Schwimmbädern und in Kirchen für Weiße.

„Die Zeit ist gekommen, dass Gerechtigkeit für alle Kinder Gottes Wirklichkeit wird.“

Martin Luther King Jr. (1963)

King und seine Frau Coretta Scott King führen den Marsch an.

Fortschritte

Nach dem Erfolg des Marschs auf Washington organisierte King 1965 einen weiteren Marsch von Selma nach Montgomery, als Protest gegen Benachteiligungen schwarzer Wähler. In Alabama mussten Schwarze oft einen Lese- und Schreibtest bestehen oder als Wähler eine Steuer zahlen. Das im selben Jahr verabschiedete Wahlrechtsgesetz verbot diese Praktiken.

Marsch auf Washington

1963 führte King den längsten Protestmarsch der Bürgerrechtsbewegung an. Etwa 250 000 Menschen zogen nach Washington und forderten die Regierung auf, die Rassendiskriminierung endlich zu beenden. Vor dem Lincoln Memorial hielt King seine Rede mit dem berühmten Satz „Ich habe einen Traum“. Der Marsch veranlasste die US-Regierung, 1964 das Bürgerrechtsgesetz zu verabschieden.

Neue Gesetze

Der Bürgerrechtsbewegung ist es zu verdanken, dass die US-Regierung mehrere wichtige Gesetze verabschiedete:

★ **Civil Rights Act 1964**
Das Bürgerrechtsgesetz verbot Arbeitgebern, Mitarbeiter wegen ihrer Farbe, Religion oder Herkunft einzustellen.

★ **Voting Rights Act 1965**
Das Wahlrecht verbot den Staaten zusätzliche Wahlanforderungen, die Schwarze daran hinderten zu wählen.

★ **Fair Housing Act 1968**
Alle Bürger werden beim Kauf oder Mieten eines Wohnobjekts gleich behandelt.

Späte Erfolge

1968 wurde King von James Earl Ray, einem Gegner der Bürgerrechtsbewegung, ermordet. Damals war die Rassentrennung gesetzlich beendet. Welche Fortschritte das Land in den Rassenbeziehungen gemacht hatte, wurde 2008 klar, als die USA ihren ersten schwarzen Präsidenten, Barack Obama, wählten. 2013 schwor er den Eid für seine zweite Amtsperiode auf der Bibel von Martin Luther King (rechts).

1963

Martin Luther King begeistert eine Nation mit seiner berühmten Rede „Ich habe einen Traum“ in Washington D.C. bei der größten Demonstration der Bürgerrechtsbewegung.

1964

Nach jahrelangen Protesten und dem Marsch auf Washington verabschiedet die Regierung den Civil Rights Act, der jede Diskriminierung aufgrund von Hautfarbe, Religion oder Geschlecht verbietet.

1965

Die Regierung verabschiedet Gesetze zum Schutz des Wahlrechts von Afroamerikanern im Süden, die oft an den Wahlurnen schikaniert wurden.

1968

Ein Jahr des Triumphs durch ein Gesetz, das jede Diskriminierung auf dem Immobilienmarkt verbietet, und der Tragödie, als King und Robert Kennedy ermordet werden.

1965 ▸ 1970

WETTLAUF INS ALL

Seit Mitte der 1950er- bis Mitte der 1970er-Jahre wetteiferten die USA und die UdSSR um die Erforschung des Weltalls. Vor allem aber war dies ein Kampf um internationales Ansehen und militärische Vorteile zwischen beiden Supermächten.

Sowjetische Briefmarke, die Leonows Ausflug ins All zeigt

UdSSR geht in Führung
Zunächst lagen die Sowjets vorn, als sie 1957 den ersten Satelliten, *Sputnik*, und vier Jahre später den ersten bemannten Flug ins All starteten. 1965 unternahm der sowjetische Kosmonaut Alexej Leonow als erster Mensch außerhalb einer Rakete einen „Spaziergang im All".

Die USA holen auf
Mit ihrem *Apollo*-Weltraumprogramm überholten die USA die Sowjets. 1967 starteten sie erfolgreich die Rakete *Saturn V* (rechts). Zwei Jahre später brachte eine *Saturn V* den ersten Menschen auf den Mond.

Abzeichen der *Apollo-Sojus*-Mission

Zusammenarbeit im All
1975 beendete das *Apollo-Sojus*-Testprojekt den Wettlauf ins All, als eine amerikanische *Apollo*- und eine sowjetische *Sojus*-Rakete im All andockten.

1965–1975 VIETNAMKRIEG

Seit 1955 griff das kommunistische Nordvietnam Südvietnam an. Die USA traten 1965 in den Konflikt ein, um Südvietnam beizustehen und die Ausbreitung des Kommunismus in andere Länder der Region zu verhindern. Trotz ihrer Überlegenheit konnten die USA den Norden nicht besiegen und unterzeichneten 1973 einen Waffenstillstand. 1975 besiegte Nordvietnam den Süden.

Vietkong
Auf der Seite des Nordens kämpften v. a. die Vietkong, eine Gruppe südvietnamesischer kommunistischer Rebellen, die Guerillaangriffe und Sabotageakte gegen Südvietnams Regierung unternahmen.

1965

1966

Kulturrevolution in China
China wird in totales Chaos gestürzt, als Mao Zedong die Kulturrevolution ausruft. Ihr Ziel ist die Beseitigung kapitalistischer Sympathisanten in Machtpositionen. Hunderttausende werden ermordet, ehe Mao 1969 die Revolution für beendet erklärt.

Chinesische Kinder lesen die „Mao-Bibel", eine Sammlung von Zitaten des Vorsitzenden Mao.

1969 unternahm das Überschallpassagierflugzeug *Concorde* seinen Jungfernflug.

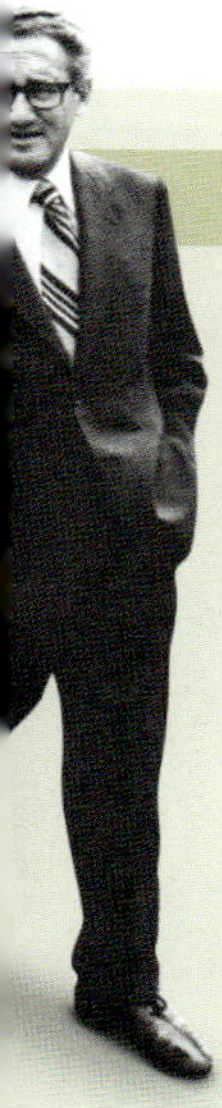

Rückzug der USA
Bis 1969 waren Tausende von US-Soldaten gefallen und der Widerstand Nordvietnams war ungebrochen. Präsident Nixon begann Truppen abzuziehen, während Sicherheitsberater Henry Kissinger 1973 einen Waffenstillstand aushandelte.

Präsident Nixon (links) mit Henry Kissinger

Woodstock
Bei diesem dreitägigen Musikfestival 1969 in den USA traten einige der größten Bands der Zeit auf. Es war der Höhepunkt der Hippiebewegung, die für Frieden und Liebe schwärmte.

Friedensdemos
Der Vietnamkrieg wurde als erster Konflikt täglich im Fernsehen gezeigt. Geschockt durch die Gewalt gegen US-Soldaten wie unschuldige Zivilisten kam es weltweit zu Demonstrationen.

1968

Attentate

Zwei führende Persönlichkeiten der US-Bürgerrechtsbewegung fallen Mordschützen zum Opfer: Am 4. April wird Martin Luther King während eines Streiks schwarzer Arbeiter in Memphis erschossen. Es kommt zu Rassenunruhen im ganzen Land. Im Juni wird Robert Kennedy als US-Präsidentschaftskandidat ermordet. Das Motiv seines palästinensischen Mörders Sirhan Sirhan ist Kennedys Eintreten für Israel ein Jahr zuvor im Sechstagekrieg.

1969

Gaddafi kommt an die Macht

Der junge Armeeoffizier Muammar al-Gaddafi ergreift die Macht in Libyen, als der König im Urlaub außer Landes ist. Gaddafi führt Libyen 42 Jahre lang, bis auch er 2011 gestürzt wird.

1970

1967

Che Guevara ermordet

Eine führende Gestalt der kubanischen Revolution, Ernesto „Che“ Guevara, verlässt Kuba 1965, um Aufstände in anderen Ländern zu starten. Doch US-Truppen fangen ihn in Bolivien und ermorden ihn.

Bilder von Che Guevara wurden ein Symbol für Protest und Revolution.

1968

Streiks in Frankreich

Studenten in Paris demonstrieren wegen der Bildungspolitik der Regierung. Bald erfasst eine revolutionäre Stimmung das Land und über 11 Mio. Arbeiter streiken und fordern höhere Löhne. Die Proteste hören erst nach dem Rücktritt der Regierung auf.

1968

Einmarsch in der Tschechoslowakei

Im Januar leitet Alexander Dubček, Generalsekretär der kommunistischen Tschechoslowakei, ein Reformprogramm, den „Prager Frühling“, ein, das den Menschen mehr Freiheit geben soll. Im August marschieren sowjetische Truppen ein und stoppen die Reformen.

Studentenproteste im Mai 1968 in Paris

> ***„Ich fordere jeden Bürger auf, die blinde Gewalt abzulehnen, die Dr. King traf, der gewaltlos lebte.“***
>
> **US-Präsident Lyndon B. Johnson (1968)**

21. JULI 1969

Dieser Stiefelabdruck von Aldrin ist noch immer auf dem Mond, da kein Wind ihn verwehen kann.

Der Mensch auf dem Mond

Im Juli 1969 verfolgten weltweit Millionen Menschen vor den Fernsehschirmen die Mondlandung der *Apollo-11*-Mission. Die US-Astronauten Neil Armstrong und Edwin Aldrin setzten ihre Landefähre auf und begaben sich hinab zur eintönigen grauen Oberfläche. Als erste Menschen betraten sie einen anderen Planeten. Zehn weiteren Menschen ist dies bislang gelungen.

„Das ist ein kleiner Schritt für [einen] Menschen und ein großer Sprung für die Menschheit.“

Neil Armstrong, der als erster Mensch den Mond betrat

1970 ▸ 1975

Willy Brandt vor dem Mahnmal für die Opfer des Aufstands im Warschauer Ghetto (Polen)

1970

Flugzeugentführungen

Palästinensische Terroristen entführen drei Passagierjets und zwingen sie zur Landung auf einem Flugfeld in der jordanischen Wüste. 40 Passagiere werden als Geiseln genommen und die Flugzeuge gesprengt. Die Geiseln werden gegen sieben Palästinenser ausgetauscht, die in westlichen Gefängnissen sitzen.

1971

Friedensnobelpreis

Mit seinem Kniefall in Polen 1970 hat sich Willy Brandt als Kanzler der BRD für die deutschen Verbrechen im Zweiten Weltkrieg entschuldigt. Diese symbolische Geste trägt wesentlich zur Entspannung zwischen Ost und West bei, sodass Brandt 1971 mit dem Friedensnobelpreis ausgezeichnet wird.

1970

1970

Zyklon in Ostpakistan

Der verheerendste Zyklon in der Geschichte Ostpakistans fordert über eine halbe Million Opfer. Weil Westpakistan nur begrenzt Hilfe leistet, werden Rufe nach Unabhängigkeit laut. 1972 trennt sich die Region von Westpakistan und bildet das neue Land Bangladesch.

1971

Idi Amin an der Macht

Idi Amin, Kommandeur der Armee Ugandas, stürzt im Januar den Präsidenten. Als einer der brutalsten Herrscher ist er für den Tod von über 100 000 Ugandern verantwortlich.

Ein Terrorist des Schwarzen September

Überlebende graben in den Trümmern, die der Zyklon in Ostpakistan hinterließ.

1972

Terrormorde bei Olympia

Terroristen der palästinensischen Gruppe Schwarzer September nehmen elf Mitglieder der israelischen Olympiamannschaft in München als Geiseln. Bei einem Befreiungsversuch sterben alle Geiseln und die meisten Terroristen.

1972

Nixon kommt mit Mao zusammen

Seit 1949 weigern sich die USA, die Volksrepublik China anzuerkennen. Die Beziehungen verbessern sich, als Richard Nixon als erster US-Präsident China besucht und mit Mao Zedong zusammenkommt. 1978 erkennen die USA China an.

1973

Jom-Kippur-Krieg

Am höchsten jüdischen Feiertag greifen ägyptische und syrische Truppen Israel an, das aber erfolgreich zurückschlägt. Weil der Westen Israel beisteht, schränken arabische Staaten die Ölförderung ein, was zu einer Rezession (wirtschaftlichen Schwächung) führt.

1973

Putsch in Chile

Von 1970 bis 1973 führt der Sozialist Salvador Allende eine der wenigen Demokratien in Südamerika. Doch dann wird er durch einen Militärputsch von General Augusto Pinochet gestürzt, der in Chile bis 1990 als Diktator regiert.

Chiles Diktator General Pinochet

Seine 1975 gegründete Computerfirma Microsoft machte Bill Gates 1995 zum reichsten Mann der Welt.

Sears Tower
Bei seiner Fertigstellung 1973 ist der 442 m hohe Wolkenkratzer in Chicago, der heute Willis Tower heißt, das höchste Gebäude der Welt. Seit 2010 hält diesen Rekord jedoch der Burj Kalifa in Dubai mit 828 m Höhe.

1975

1974

Türkei besetzt Zypern

Die Türkei besetzt Zypern, weil sie fürchtet, die Mittelmeerinsel würde an Griechenland fallen. Der Norden erklärt sich zur Türkischen Republik Nordzypern, wird aber nur von der Türkei anerkannt.

1974

Lucy entdeckt

In einem Tal in Äthiopien graben Forscher fossile Überreste eines der ältesten Ahnen der Menschheit aus – eine affenähnliche Frau, die vor über 3,2 Mio. Jahren lebte und auf zwei Beinen ging. Sie gehört der Art *Australopithecus afarensis* an und wird von ihren Entdeckern „Lucy" genannt.

1974

Watergate-Affäre in den USA

1973 kommen sieben Männer ins Gefängnis, weil sie die Zentrale der Demokratischen Partei im Watergate-Gebäude in Washington D.C. verwanzt haben. Die Zeitung *Washington Post* weist nach, dass Präsident Nixon in das Komplott eingeweiht war. Er muss zurücktreten.

Präsident Nixon, kurz bevor er das Weiße Haus für immer verlässt

Arabisch-israelischer Konflikt

Die Errichtung des Staates Israel 1948 sollte eine friedliche Zeit für das jüdische Volk einleiten, das nach der Verfolgung im Zweiten Weltkrieg hier eine Heimat bekam. Doch es begann ein jahrzehntelang anhaltender Konflikt mit den Palästinensern.

Israel gegründet
1948 erklärten Juden, die in Palästina im Nahen Osten lebten, die Gründung des neuen Staates Israel mit einer neuen Flagge (links). Doch die dort lebenden Palästinenser waren dagegen. Bald kam es zum Krieg.

Kriege

★ **1948 Arabisch-Israelischer Krieg:** Den neuen Staat griffen seine arabischen Nachbarn sofort an. Israel schlug erfolgreich zurück und beanspruchte mehr Land.

★ **1967 Sechstagekrieg:** Israel nahm beim raschen Angriff Ägypten den Gazastreifen und Jordanien das Westjordanland ab.

★ **1973 Jom-Kippur-Krieg:** Ägypten und Syrien griffen Israel am höchsten Feiertag überraschend an. Doch nach Anfangserfolgen wurden sie zurückgeschlagen.

★ **1987–1993 Erste Intifada:** In dem Aufstand (Intifada) der Palästinenser in Gaza und Westjordanland starben Hunderte Israeli und Tausende Palästinenser.

★ **2008 Gaza-Invasion:** Als Reaktion auf Raketenbeschuss durch die Hamas griff die israelische Armee den Gazastreifen an. Dabei starben mehr als 1000 Palästinenser. 2014 unternahm Israel einen weiteren Angriff auf den Gazastreifen.

Sechstagekrieg
Im Juni 1967 marschierten syrische, ägyptische und jordanische Streitkräfte an Israels Grenzen auf. Israel kam einem Einmarsch zuvor und besetzte in sechs Tagen die Golanhöhen von Syrien, das Westjordanland und den Ägypten gehörenden Gazastreifen sowie die Halbinsel Sinai.

Jom-Kippur-Krieg und Ölkrise
Ägypten und Syrien griffen Israel 1973 am höchsten Feiertag Jom Kippur an. Wieder vermochte Israel den Angriff zurückzuschlagen und drang vor einem Waffenstillstand in Ägypten und Syrien ein. Während des Konflikts stoppten arabische Länder die Öllieferungen an Staaten wie die USA, die Israel beistanden. Der bis März 1974 dauernde Lieferstopp führte weltweit zu Benzinknappheit, Schlangen an Tankstellen und einer wirtschaftlichen Schwäche (Rezession).

Jordanische Panzer greifen im Sechstagekrieg an.

Chronik

um 1200 v. Chr.
Das Volk der Juden erscheint in der nahöstlichen Region Palästina und gründet das Königreich Israel.

um 133
Die Juden werden nach ihrem Aufstand gegen die Römer aus Palästina vertrieben.

638
Palästina, inzwischen Teil des Byzantinischen Reichs (Ostrom), wird von arabischen Muslimen erobert.

1897
Ein Zionistenkongress fordert eine jüdische Heimstätte in Palästina, um den europäischen Antisemitismus einzudämmen.

1922
Nach dem Zusammenbruch des Osmanischen Reichs kontrolliert England Palästina. Juden wandern scharenweise in die Region ein.

Der Friedensprozess

★ **1978–1979 Camp-David-Abkommen:** Das Abkommen verpflichtete beide Seiten zu einer friedlichen Zukunft und schränkte die Selbstverwaltung der Palästinenser ein.

★ **1993 Oslo-Abkommen:** Nach dem Abkommen erkannten die Palästinenser Israels Existenzrecht an, während Israel eine palästinensische Selbstverwaltung, die Palästinensische Autonomiebehörde, in Westjordanland und Gaza zuließ.

★ **1998 Land for Peace:** Nach einem von den USA ausgehandelten Abkommen war Israel bereit, sich bei einem Ende der palästinensischen Gewalt aus palästinensischen Gebieten zurückzuziehen.

★ **2002 Roadmap:** US-Präsident George Bush verlangte in seiner „Road Map" ein Ende palästinensischer Gewalt und des israelischen Siedlungsbaus auf palästinensischem Gebiet. Nach kurzem Frieden kam es erneut zur Gewalt.

★ **2012 UN-Resolution:** Die UN-Vollversammlung verlieh Palästina den Status eines beobachtenden Nicht-Mitgliedstaats. Damit kann es an UN-Konferenzen teilnehmen, hat aber kein Stimmrecht.

Palästinenser werfen Steine während der Ersten Intifada.

Palästinensischer Widerstand

Anfangs waren Israels Gegner v. a. arabische Staaten in der Region. Doch 1964 fanden die Palästinenser ihre eigene Stimme: Sie gründeten die Palästinensische Befreiungsorganisation (PLO) und 1987 starteten sie die Erste Intifada, den Aufstand gegen die Anwesenheit der Israelis im Westjordanland und im Gazastreifen.

Sperranlagen zum Westjordanland

Der Siedlungsbau der Israelis in palästinensischen Gebieten löste 2000 die Zweite Intifada aus. Israel errichtete daraufhin eine riesige Betonmauer um Teile des Westjordanlands (unten). Sie sollte Terrorakten vorbeugen, erntete aber internationale Kritik, da sie auch die Reisefreiheit gesetzestreuer Palästinenser einschränkte.

Hoffnung auf Frieden

Neuerdings erklärt Israel, es verlange von den Palästinensern die Anerkennung seines Existenzrechts und werde das der Palästinenser achten, falls die Gewalt auf israelischem Gebiet ende. Die Palästinenser fordern den Abzug der Israelis aus dem Westjordanland und dem Gazastreifen sowie die volle Anerkennung ihrer Souveränität.

Die palästinensische Flagge

1948

Der Staat Israel wird gegen den Willen der Palästinenser gegründet. Es kommt zum Arabisch-Israelischen Krieg.

Jassir Arafat

1964

Die PLO, die politische Stimme der Palästinenser, wird gegründet. 1969 wird Jassir Arafat ihr Vorsitzender.

1967

Im Sechstagekrieg nimmt Israel das Westjordanland und den Gazastreifen ein, die späteren Palästinensergebiete.

2006

Die Hauptparteien der Palästinensischen Autonomiebehörde trennen sich. Die Fatah beherrscht das Westjordanland, die Hamas den Gazastreifen.

2017

Trotz Protesten der Palästinenser erkennen die USA Jerusalem als Hauptstadt von Israel an und verlegen ihre Botschaft dorthin.

1975 ▸ 1980

Erster Apple-Computer
Unter seinem Mitgründer Steve Jobs brachte Apple 1976 sein erstes Produkt heraus, einen einfachen Personal Computer namens Apple I (links). Das Unternehmen entwickelte sich zu einem Weltkonzern.

Truppen des Nordens besetzen den Präsidentenpalast im Süden.

1975

Ende des Vietnamkriegs

Die USA haben sich schon 1973 aus Vietnam zurückgezogen, doch die Kämpfe gehen weiter. 1975 überrollen nordvietnamesische Truppen den Süden, der sich kurz darauf ergibt.

1976

Tod einer RAF-Terroristin

In der BRD sind die 1970er-Jahre vom Terrorismus der Roten Armee Fraktion (RAF) bestimmt. Die linksextremistische Vereinigung wandte sich mit Anschlägen gegen den Staat. Ulrike Meinhof, Gründungsmitglied der RAF, begeht 1976 im Gefängnis Selbstmord.

1976

Punkrock

Die Bewegung des „Punk" erschüttert die Popmusik. Die schnellen und lauten Punksongs widmen sich oft politischen oder sozialen Problemen. Bands wie die Sex Pistols sorgen mit Igelfrisur, zerrissener Kleidung und aggressivem Auftreten für Skandale.

Johnny Rotten, Leadsänger der Sex Pistols

1975

1975

Die Roten Khmer

Pol Pot, der Führer der Roten Khmer, Kambodschas kommunistischer Partei, stürzt die kambodschanische Regierung. Er will das Land zu einer ländlichen Gesellschaft zurückführen, lässt Großstädte räumen und alle Gegner brutal umbringen. Rund 1,7 Mio. Menschen sterben, bevor Vietnam einmarschiert und Pots Regime stürzt.

1975

Bürgerkrieg im Libanon

Im Libanon kommt es zu Spannungen zwischen den Christen, die an der Regierung sind, und palästinensischen Flüchtlingen. Ein bewaffneter Überfall von Christen auf einen Bus mit Palästinensern in Beirut löst einen 15 Jahre dauernden Bürgerkrieg aus.

Das Wrack des Busses

1979 EINMARSCH IN AFGHANISTAN

Die Kommunisten Afghanistans kamen 1978 an die Macht und benannten das Land in Demokratische Volksrepublik Afghanistan (DVA) um. Doch nach einem Aufstand islamischer Guerillas, der Mudschaheddin, besetzte die Sowjetunion das Land, um es für die Kommunisten zu sichern.

Mudschaheddin
1989 zwangen die Mudschaheddin (unten) die sowjetischen Truppen zum Rückzug. Unterstützung bekamen sie von Ländern wie Pakistan, Saudi-Arabien und v. a. von den USA, die sie mit Waffen versorgten.

1979 ISLAMISCHE REVOLUTION IN IRAN

Der iranische Schah (König) Mohammad Pahlavi machte sich als Verbündeter der USA im Land sehr unbeliebt und wurde 1979 von muslimischen Rebellen gestürzt. Das Land wurde eine islamische Republik unter dem Geistlichen Ayatollah Khomeini.

Erster Golfkrieg
1980 suchte der Irak die Situation im Iran durch einen Angriff zu nutzen. Doch der Iran schlug zurück und bald kam es zu einer Pattsituation. Der Waffenstillstand von 1988 stellte die alten Grenzen beider Länder wieder her.

Unterstützung für Khomeini
Weil er den Schah „eine Marionette" des Westens nannte, musste Ayatollah Khomeini 1964 ins Exil gehen, doch er hatte noch viele Anhänger im Iran. Große Demonstrationen (links) führten dazu, dass der Schah fliehen musste und Khomeini zurückkehrte.

Anhänger von *Solidarność*

1980

Solidarność

Die Autorität der UdSSR bekommt Risse, als streikende Werftarbeiter in Polen die erste unabhängige Gewerkschaft namens *Solidarność* (Solidarität) gründen. Sie wird ein Jahr später verboten und ihr Führer Lech Walesa kommt ins Gefängnis, doch wegen wachsenden Drucks muss die Regierung mit der Gewerkschaft schließlich verhandeln.

1980

Rückzug der Sowjets
Trotz jahrelanger blutiger Kämpfe konnte die Sowjetunion den Aufstand nicht unterdrücken und zog ihre Truppen 1989 ab (oben). Die Mudschaheddin stürzten 1992 die Regierung der DVA, aber dann kam es zu internen Machtkämpfen. Eine Splittergruppe, die Taliban, ging daraus schließlich als Sieger hervor.

1979

Politik der Sandinisten

Nach dem Sturz von Nicaraguas Präsident Anastasio Somoza Debayle führen die linken Sandinisten nach 1980 eine liberale Politik ein. Sie werden von den Contras bekämpft, rechten Milizen, die von den USA unterstützt werden.

Erster Walkman
Die Einführung des Walkman, eines kleinen tragbaren Kassettenspielers mit leichten Kopfhörern, revolutionierte das Musikerlebnis. Nun konnte man Musik bequem unterwegs hören.

Präsident Robert Mugabe

1980

Wahlen in Simbabwe

Nach internationalem Druck und inneren Unruhen endet schließlich auch in Rhodesien die Herrschaft der Weißen. Bei freien Wahlen wird Robert Mugabe zum ersten schwarzen Präsidenten des Landes gewählt, das nun Simbabwe heißt. Mugabe entwickelt sich zum Diktator.

1980 ▸ 1985

Columbia **setzt zur Landung an.**

1981

Spaceshuttle

Im April starten die USA das erste wiederverwendbare Raumfahrzeug, das Spaceshuttle *Columbia*. Insgesamt werden fünf Spaceshuttles gebaut, wovon zwei bei Missionen explodieren. Nach 135 Missionen wird das Spaceshuttle-Programm 2011 eingestellt.

1982

Falklandkrieg

Argentinien bestreitet seit Langem den Anspruch Englands auf die Falklandinseln im Südatlantik. Im April besetzt es die Inseln, woraufhin England Truppen entsendet (oben), um sie zurückzuerobern. Nach zwei Monaten gibt Argentinien auf.

1982

Einmarsch im Libanon

Im Juni greifen die Israelis Stützpunkte der Palästinensischen Befreiungsorganisation (PLO) im Libanon an. Nach dem Waffenstillstand im August übersiedelt die PLO-Führung nach Tunesien in Nordafrika.

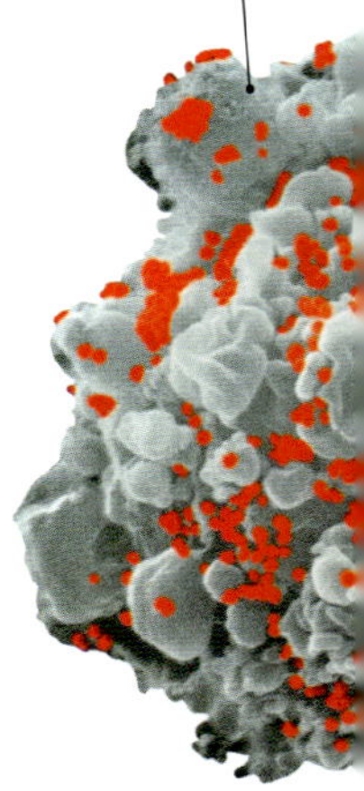

1980

1981

Attentatsversuche

Attentäter versuchen, US-Präsident Ronald Reagan und Papst Johannes Paul II. zu töten. Nach dem Angriff zeigt sich der Papst nur noch in einem kugelsicheren Fahrzeug, dem „Papamobil“. In Ägypten wird Präsident Sadat von einem Soldaten aus Empörung über den Friedensvertrag zwischen Ägypten und Israel ermordet.

Papst Johannes Paul II., von einem türkischen Extremisten angeschossen

1983 HUNGERSNOT IN ÄTHIOPIEN

In den 1980er-Jahren fiel in Äthiopien so wenig Regen wie nie zuvor. Es kam zu einer katastrophalen Hungersnot mit über 400 000 Toten. Fernsehbilder der hungernden Bevölkerung schockierten die Welt. Bekannte Musiker veranstalteten Live-Aid-Konzerte in England und den USA, um Geld für die Hungernden zu sammeln.

Flüchtlingslager
Tausende Menschen verließen ihre Heimat und viele kamen in Flüchtlingslager (links). Das Leiden in Äthiopien wurde durch die Politik der Regierung verschlimmert, die über die Hälfte des Volkseinkommens lieber in die Rüstung steckte.

1983

Bürgerkrieg auf Sri Lanka

Spannungen zwischen der singhalesischen Mehrheit und der Minderheit der Tamilen, die einen eigenen Staat errichten wollen, explodieren 1983 in einem 26 Jahre langen Bürgerkrieg auf Sri Lanka, in dem rund 700 000 Menschen sterben. Er endet, als Regierungstruppen die radikalen tamilischen Tiger besiegen.

Mikroskopaufnahme einer vom HI-Virus infizierten weißen Blutzelle

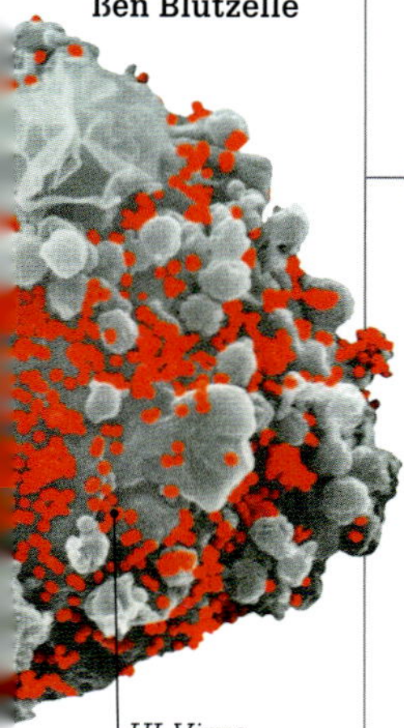

HI-Virus

1983

AIDS entdeckt

In den frühen 1980er-Jahren sterben Menschen an einer geheimnisvollen Krankheit. Schließlich wird das HI-Virus entdeckt, das das Immunsystem angreift und AIDS (Acquired Immune Deficiency Syndrome) auslöst. Seither sind über 20 Mio. Menschen an AIDS gestorben. Bisher entwickelte Medikamente können den Krankheitsverlauf abmildern, aber nicht heilen.

Streikende Bergarbeiter

1984

Bergarbeiterstreik

In England streiken Bergarbeiter über ein Jahr lang wegen zu niedriger Löhne und drohender Bergwerksschließungen. Doch die konservative Regierung unter Premierministerin Margaret Thatcher gibt nicht nach. Angesichts ihrer Not müssen die Kumpel schließlich ihre Arbeit wieder aufnehmen.

1985

Live Aid

Als er Fernsehbilder sterbender äthiopischer Familien sah, versammelte der irische Popsänger Bob Geldof Musiker für die Aufnahme der Benefizsingle *Do they know it's Christmas?*. 1985 organisierte er die Live-Aid-Konzerte, die über 100 Mio. Euro an Spendengeldern einspielten.

1984

Indira Gandhi ermordet

Im Juni lässt die indische Premierministerin Indira Gandhi (unten) Sikh-Rebellen im Goldenen Tempel von Amritsar angreifen. Hunderte Tote sind die Folge. Im Oktober wird Gandhi von zwei Sikh-Leibwächtern aus Rache ermordet.

1985

Demokratie in Brasilien

Nach 21 Jahren Militärdiktatur wird Brasilien wieder eine Demokratie. Doch ihr erster Präsident Tancredo Neves stirbt, bevor er sein Amt antritt. Nachfolger wird sein Stellvertreter José Sarney.

Thriller

Das sechste Album des amerikanischen Popstars Michael Jackson wurde ein weltweiter Erfolg: Mit über 60 Mio. Exemplaren war *Thriller* die bestverkaufte Schallplatte aller Zeiten.

Ende des Kolonialismus

Vor dem Zweiten Weltkrieg besaßen die Großmächte Europas ebenso wie Japan Gebiete in Übersee. Italien und Japan verloren sie bei Kriegsende. Die siegreichen europäischen Nationen hielten ihre Kolonien etwas länger, doch als ihre Wirtschaft nach dem Krieg am Boden lag und weltweit nationalistische Bewegungen aufkamen, lösten sich die Kolonialreiche nach und nach auf. Anfang der 1980er-Jahre war dieser Prozess großenteils abgeschlossen.

Wind des Wandels
Auf seinem Höhepunkt war das britische Weltreich das größte Reich der Geschichte, doch nach dem Zweiten Weltkrieg begann es sich aufzulösen. 1960 sagte der britische Premierminister Harold Macmillan in einer Rede vor dem südafrikanischen Parlament voraus, ein „Wind des Wandels" würde durch Afrika fegen. Binnen zwei Jahrzehnten wurden die meisten britischen Kolonien unabhängig.

Indonesien
1945 erklärten nationalistische Rebellen Indonesien für unabhängig von den Niederlanden, die es seit 1800 regiert hatten. Doch erst nach drei kampfreichen Jahren zogen die Niederländer ab und Indonesien wurde 1949 unter Präsident Sukarno (oben) unabhängig.

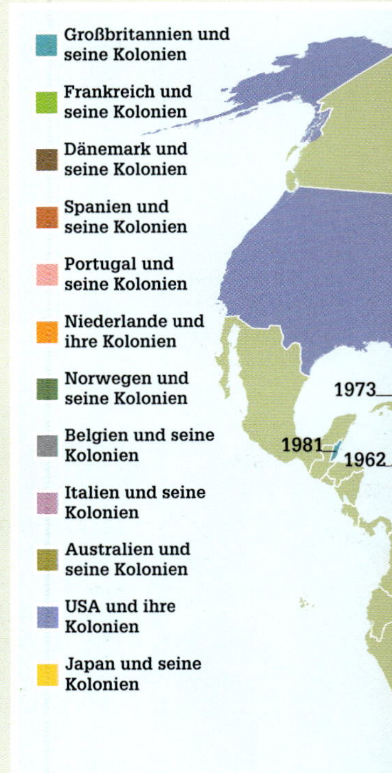

Ende der Kolonialreiche
Diese Karte zeigt die Weltreiche im Jahr 1938 vor dem Zweiten Weltkrieg. Die einzelnen Reiche sind farbig markiert, die Daten geben das Jahr der Unabhängigkeit an. Manche Gebiete sind noch heute Kolonien.

Ägypten
Ägypten war zwar 1922 offiziell unabhängig geworden, doch die Briten kontrollierten auch weiterhin das Land und seinen Herrscher, König Faruk. Ihr Einfluss endete schließlich mit der Ägyptischen Revolution 1952 unter Oberst Nasser (links), der Präsident wurde.

Ghana
Die britische Kolonie Goldküste strebte nach dem Krieg die Unabhängigkeit an. England sträubte sich anfangs, gab aber schließlich nach und 1957 entstand das umbenannte unabhängige Land Ghana. Das Bild links zeigt eine Parade ghanaischer Soldaten bei den Unabhängigkeitsfeiern.

Chronik

1947
Indien und Pakistan werden von England unabhängig.

1948
Birma und Sri Lanka werden unabhängig (von England).

Flagge von Sri Lanka

1956
Marokko und Tunesien werden unabhängig (von Frankreich), im nächsten Jahr Malaysia und Ghana (von England).

1960
17 afrikanische Länder werden unabhängig, darunter Kamerun und die Elfenbeinküste (von Frankreich).

1962
Unabhängig werden Ruanda (von Belgien), Algerien (von Frankreich), Jamaika, Trinidad und Tobago und Uganda (von England).

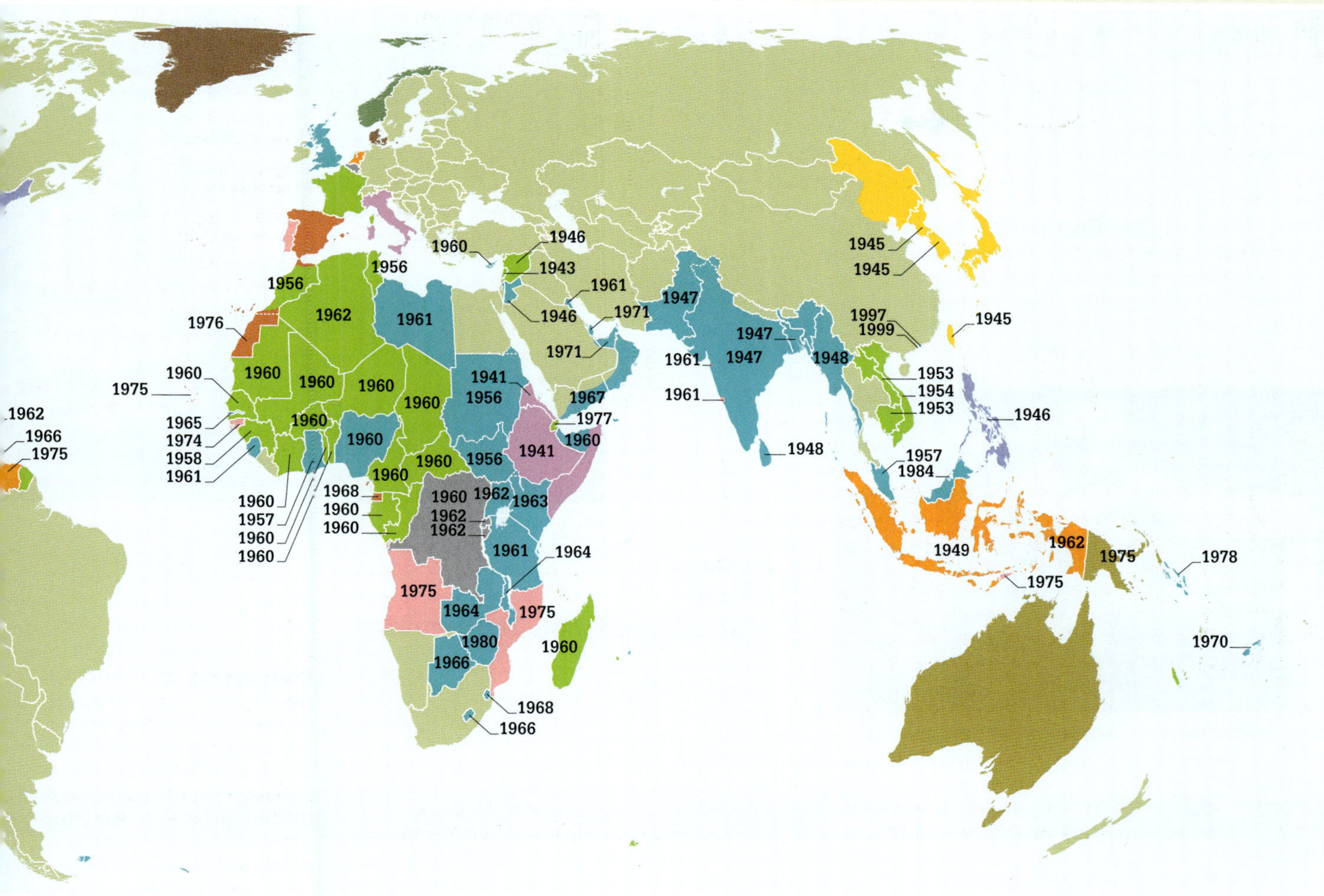

Jamaika
Ende der 1950er-Jahre fasste Großbritannien mehrere Karibikinseln, darunter auch Jamaika, zur Westindischen Föderation zusammen. Doch sie zerbrach und 1962 wurde Jamaika unabhängig. Links Prinzessin Margaret, die Schwester der Queen, bei den jamaikanischen Unabhängigkeitsfeiern.

Angola
Angolanische Nationalisten begannen 1961 einen Befreiungskampf gegen die portugiesische Diktatur, die ihr Land regierte. Der Konflikt endete erst mit dem Sturz der Diktatur in Portugal 1974. Agostinho Neto (links) wurde Angolas erster Präsident, aber bald herrschte im Land Bürgerkrieg, der erst nach 26 Jahren endete.

1964
Malawi, Sambia und Malta werden unabhängig (von England).

1966
Guyana, Botsuana, Lesotho und Barbados werden unabhängig (von England).

1968
Mauritius und Swasiland (von England) sowie Äquatorialguinea (von Spanien) werden unabhängig.

1975
Angola, Mosambik, Kap Verde, São Tomé und Príncipe werden unabhängig (von Portugal).

1981
Antigua und Barbuda sowie Belize werden unabhängig (von England).

1985 ▸ 1990

1986

Challenger-Katastrophe

Bis 1986 ist das amerikanische Spaceshuttle-Programm mit 24 Missionen ein Riesenerfolg. Doch im Januar kommt es zur Katastrophe, als das Shuttle *Challenger* kurz nach dem Start explodiert. Die sieben Insassen sterben.

Trümmer und Rauch der explodierten *Challenger*

1986

Katastrophe von Tschernobyl

Ein Kernkraftreaktor in Tschernobyl in der Sowjetunion (heute Ukraine) explodiert. Eine gefährliche radioaktive Strahlungswolke verbreitet sich über Europa und Tausende von Menschen müssen das Gebiet um den Reaktor räumen.

1985

1987 SCHWARZER MONTAG

Am Montag, dem 19. Oktober 1987, gab es weltweit den größten Börsenkrach seit 1929. Doch anders als damals kam es nicht zur Weltwirtschaftskrise, sondern nur zu einer kurzfristigen Flaute.

Computer

Ein Händler an der US-Börse spürt die Auswirkungen des Börsenkrachs am 19. Oktober. Schuld daran waren z. T. die an den Börsen neu installierten Computer, durch die sich Aktien schneller und in größeren Mengen als je zuvor verkaufen ließen.

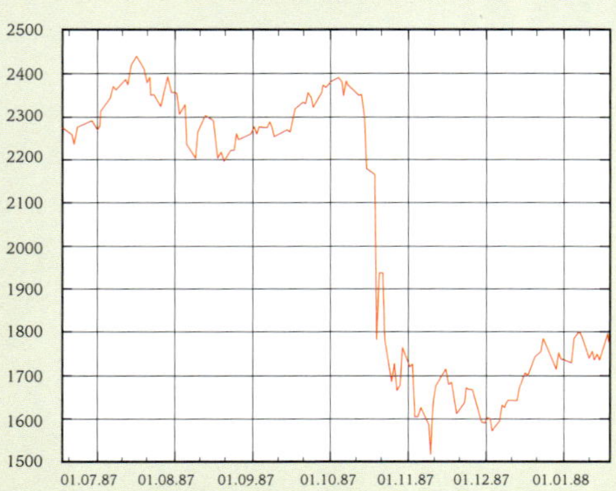

Kurseinbruch im Oktober

Diese Grafik, die den Wert der 100 Topunternehmen in England zwischen Juli 1987 und Januar 1988 anzeigt, weist einen steilen Absturz für Oktober aus, sie verloren 26 % ihres Werts. Der Crash begann in Hongkong und wirkte sich auf alle westlichen Märkte aus.

1987

Erste Intifada

Weil die Israelis weiterhin Gaza und Westjordanland besetzen, starten die Palästinenser eine Intifada (Aufstand). Während der nächsten sechs Jahre kommen über 150 Israelis und 2000 Palästinenser um.

Arabisch-Israelischer Konflikt S. 284–285

Zahlreiche Menschen feiern vor dem Reichstag die Wiedervereinigung.

Ende des Kommunismus S. 294–295

1989

Fall der Berliner Mauer

Nach einer Reihe von Ereignissen, die zum Zerfall der DDR führen, stürmen Menschen in Ost- und Westberlin die am 9. November geöffnete Mauer. 1990 ist Deutschland nach über 40 Jahren offiziell wieder vereint.

1990

Golfkrieg

Iraks Diktator Saddam Hussein lässt Kuwait besetzen und seine Ölreserven beschlagnahmen. Die USA starten eine internationale Vergeltungsaktion, um die Irakis zu vertreiben, können Hussein aber nicht stürzen.

US-Marinesoldat vor brennender Ölquelle

1990

1988

Lockerbie-Anschlag

Im Dezember zünden libysche Terroristen eine Bombe in einem Flugzeug, das von London nach New York fliegt. Alle 259 Menschen an Bord kommen um. Das Wrack stürzt auf die schottische Kleinstadt Lockerbie, wo weitere 11 Menschen am Boden ihr Leben verlieren.

1989

Tian'anmen-Massaker

Zunächst genehmigen die Behörden in Beijing (China) Studentendemonstrationen am Platz des Himmlischen Friedens (Tian'anmen). Doch dann beenden Panzer die Demonstration. In der Stadt gibt es Hunderte Tote.

1989

Ölpest der *Exxon Valdez*

Der mit Rohöl beladene Tanker *Exxon Valdez* läuft vor Alaska auf Grund. Durch einen Riss im Rumpf entweichen 37 000 Tonnen Öl, das die Umwelt schwer schädigt und zahllose Tiere tötet. Das Oberste Gericht der USA verurteilt den Konzern Exxon zu rund 1 Mrd. Dollar Schadenersatz.

Blick ins Universum

Das in Amerika gebaute *Hubble*-Weltraumteleskop wurde 1990 auf eine Umlaufbahn um die Erde geschickt. Es liefert seither detailreiche Bilder von weit entfernten Regionen des Kosmos.

1990

Nelson Mandela frei

Nach 26 Jahren wird Nelson Mandela, Vorkämpfer gegen die Apartheid in Südafrika, endlich aus der Haft entlassen. Er kehrt sofort in die Politik zurück, übernimmt den Vorsitz des Afrikanischen Nationalkongresses (ANC) und handelt ein Ende der Apartheid mit Südafrikas weißem Präsidenten Frederik Willem de Klerk aus.

Ende des Kommunismus

Im Kalten Krieg schien die Sowjetunion eine Supermacht zu sein, doch im Grunde hatte sie wirtschaftlich schwer zu kämpfen. Mitte der 1980er-Jahre konnte sie mit den USA militärisch nicht mehr mithalten. Der neue Staatschef Michail Gorbatschow wollte dem Volk in der UdSSR und den verbündeten Staaten, darunter der DDR, mehr Freiheit gewähren. Damit war das Ende der Sowjetunion und ihrer Kontrolle eingeleitet.

Fall der Berliner Mauer
Die Berliner Mauer, Symbol des Kalten Kriegs, hatte die Stadt seit 1961 geteilt. Als 1989 kommunistische Regime in ganz Europa stürzten, wuchs der Druck auf die DDR-Regierung, die Grenzen zu öffnen. Im November verkündete sie die Öffnung der Mauer. Tausende von Menschen eilten herbei, um sie zu stürmen.

Chronik

1989
Im Januar haben die UdSSR, die Warschauer-Pakt-Staaten und Jugoslawien noch kommunistische Regime.

1989
Im Juli lässt Gorbatschow in den Warschauer-Pakt-Staaten freie Wahlen zu.

1989
Im August wählt Polen seine kommunistische Regierung zugunsten der Partei Solidarność ab.

1989
Im November befreit sich die Tschechoslowakei mit der „samtenen Revolution" vom Kommunismus.

1989
Am 9. November fällt die Berliner Mauer, die die Stadt fast 30 Jahre geteilt hat.

Ein Banner von Solidarność

Gorbatschows Buch *Perestroika* wurde in viele Sprachen übersetzt.

Neue Politik
Bis Mitte der 1980er-Jahre wurde die sowjetische Gesellschaft streng kontrolliert. Doch Gorbatschows neue Politik von *Glasnost* (Offenheit) und *Perestroika* (Umbau) verschaffte den Bürgern mehr private und wirtschaftliche Freiheit. Doch sie wollten auch politische Freiheit.

Jelzin hält eine Rede auf einem im gescheiterten Militärputsch eingesetzten Panzer.

Ende des kommunistischen Ostblocks
1989 ließ Gorbatschow in den Warschauer-Pakt-Staaten freie Wahlen zu, was zum Sturz kommunistischer Regierungen in Mittel- und Osteuropa führte. In der Sowjetunion zettelten Gegner der Veränderungen einen Militärputsch gegen Gorbatschow an, der aber von dem Demokraten Boris Jelzin (oben) niedergeschlagen wurde. Die UdSSR löste sich auf.

Persönlichkeiten

Michail Gorbatschow
Der letzte Staatschef der Sowjets löste große Veränderungen aus. Er bekam den Friedensnobelpreis, verlor aber seine politische Macht im Land.

Boris Jelzin
Jelzin, der führende Politiker Russlands nach dem Ende der UdSSR, sorgte als zweimaliger Präsident für den Übergang des Landes in eine neue Zeit.

Nicolae Ceaușescu
Der brutale kommunistische Diktator Rumäniens führte ein Leben im Luxus, während sein Volk hungerte. 1989 wurde er gestürzt und hingerichtet.

„Warum nicht?“

Michail Gorbatschow im Mai 1989 auf die Frage eines Reporters, ob die Berliner Mauer abgerissen werden sollte

Der Warschauer Pakt
Acht Länder unterzeichneten den Warschauer Pakt, der bei einer Bedrohung von außen militärische Hilfe zusicherte:

Albanien	Ungarn
Bulgarien	Polen
Tschechoslowakei	Rumänien
DDR	UdSSR

Russische Föderation
Nach ihrer Auflösung im Dezember 1991 zerfiel die UdSSR in 15 Länder. Links die Flagge der Russischen Föderation, des größten und mächtigsten Staats, der aus der ehemaligen Sowjetunion hervorging. Boris Jelzin wurde ihr erster Präsident.

1989
Im Dezember wird das kommunistische Regime Rumäniens in einem blutigen Aufstand gestürzt.

1990
Im März gibt es in der DDR freie Wahlen, bei denen der Kommunismus abgelehnt wird.

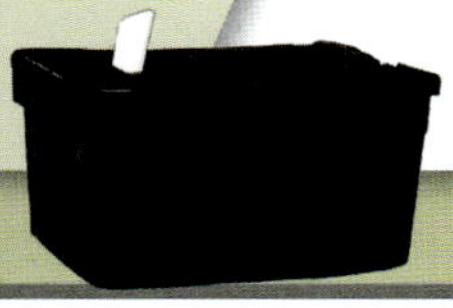

Wahlurne

1990
Im Oktober sind West- und Ostdeutschland nach über 40 Jahren wiedervereint.

1990
In den sechs Republiken Jugoslawiens wird der Kommunismus abgelehnt, doch bald gibt es Krieg zwischen ihnen.

1991
Im Dezember tritt Gorbatschow zurück. Die Sowjetunion existiert offiziell nicht mehr.

1990 ▸ 1995

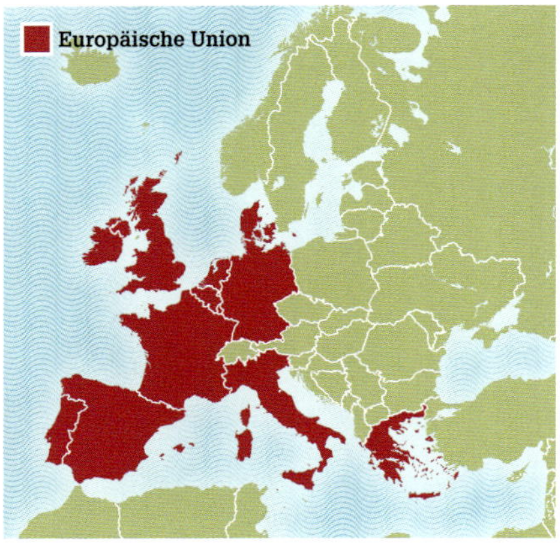

1992

Vertrag von Maastricht

Der Zusammenschluss westeuropäischer Staaten seit Ende des Zweiten Weltkriegs führt mit dem Vertrag von Maastricht zur Europäischen Union. Deren Mitgliedsstaaten einigen sich auf eine gemeinsame Außen- und Verteidigungspolitik. Einige wollen künftig auch eine einheitliche Währung, den Euro, einführen.

1991

Ende der Sowjetunion

Nach über 40 Jahren als eine der zwei Supermächte der Welt löst sich die Sowjetunion nach Demonstrationen in den Sowjetrepubliken auf. Es bilden sich 15 eigenständige Länder.

1992

Unruhen in Los Angeles

1991 werden Polizeibeamte gefilmt, wie sie den Schwarzen Rodney King brutal verprügeln. Nach dem Freispruch vom Vorwurf der übertriebenen Gewalt kommt es zu sechstägigen Rassenunruhen, bei denen 53 Menschen sterben.

1993

Oslo-Abkommen

Israels Staatschef Jitzchak Rabin und Jassir Arafat, Chef der Palästinensischen Befreiungsorganisation (PLO), besiegeln vor US-Präsident Bill Clinton per Handschlag ein Friedensabkommen. Bei Geheimgesprächen in Oslo hat Israel den Rückzug aus palästinensischen Gebieten und die PLO das Ende der Gewalt und die Anerkennung von Israels Existenzrecht zugesagt.

1990

1991–1996 KRIEG IN JUGOSLAWIEN

Nach dem Ende des Kommunismus kam es zum blutigen Zerfall von Jugoslawien. Als Slowenien, Kroatien, Mazedonien sowie Bosnien und Herzegowina unabhängige Länder werden wollten, erklärte Serbien den Krieg, um die Macht zu behalten und „Großserbien" zu errichten.

Belagerung von Sarajevo

Die vierjährige Belagerung der bosnischen Stadt Sarajevo wurde durch NATO-Luftschläge beendet. Es wurde ein Friedensabkommen unterzeichnet, doch über 11 000 Zivilisten waren tot oder wurden vermisst.

Ethnische Säuberung

1992 erklärten Bosnien und Herzegowina sich für unabhängig. Die bosnischen Serben waren dagegen. Unterstützt von Serbiens Präsident Slobodan Milošević (rechts), vertrieben sie gewaltsam alle Nichtserben aus serbischen Gebieten. Dies nennt man „ethnische Säuberung".

1993

Die Waco-Belagerung

In Waco im US-Staat Texas stürmt die Behörde des Bureau of Alcohol, Tobacco and Firearms mit Panzern und Tränengas das Hauptquartier der christlichen Sekte Branch Davidians. Der Gebäudekomplex gerät in Brand, bei dem etwa 70 Menschen umkommen, darunter der Sektenführer David Koresh.

1994

Völkermord in Ruanda

Rund 800 000 Menschen – etwa 20 % der Bevölkerung – werden in Ruanda umgebracht, als die Hutu-Mehrheit die Minderheit der Tutsi angreift. Als Vorwand dient extremistischen Hutu-Führern die Ermordung ihres Präsidenten Juvénal Habyarimana.

1991 fanden zwei Touristen in einem Alpengletscher die Mumie eines Mannes aus der Steinzeit: Ötzi.

1994

USA greifen in Haiti ein

Haitis erster gewählter Präsident Jean-Bertrand Aristide wird 1991 bei einem Militärputsch gestürzt. Drei Jahre später bringen ihn die USA durch eine militärische Mission wieder an die Macht. Doch ein Jahrzehnt später wird er erneut gestürzt.

1995

Barings Bank

Die älteste Investmentbank Englands, die Barings Bank, wird von einem „kriminellen Händler“ ruiniert. Nick Leeson verspielt riesige Summen in riskanten Investments – bis zu 800 Mio. Pfund, fast das gesamte Kapital der Bank.

1995

1994

Erster Tschetschenienkrieg

Als die Kaukasusregion Tschetschenien sich von Russland lösen will, marschiert die russische Armee ein. Dennoch wird Tschetschenien 1996 unabhängig. Doch nach dem zweiten Krieg (1999–2000) gewinnt Russland die Kontrolle zurück.

1995

Bombenanschlag in Oklahoma

Aus Protest gegen das Vorgehen in Waco lässt der Exsoldat Timothy McVeigh neben einem Regierungsgebäude in Oklahoma City eine große Bombe explodieren. 168 Menschen kommen um. McVeigh wird verhaftet und 2001 hingerichtet.

Brasilien Fußballweltmeister
Das südamerikanische Land wurde 1994 zum vierten Mal Fußballweltmeister. Im Finale, das in Kalifornien (USA) stattfand, schlugen die Brasilianer Italien im Elfmeterschießen.

1918–2013 NELSON MANDELA

Nelson Mandela kämpfte stets gegen Vorurteile an. Als junger Mann hatte er eine führende Rolle bei den Protesten des African National Congress (ANC) gegen Südafrikas Apartheidregime. Später wurde er Präsident und bekam 1993 den Friedensnobelpreis.

Internationaler Held
Weil er Südafrikas weiße Regierung zu stürzen versuchte, kam Mandela 1964 ins Gefängnis und war seither ein international gefeierter Held. In den 1980er-Jahren forderten Musiker mit Konzerten und Schallplatten seine Freilassung, die 1990 erfolgte.

Leben im Gefängnis
Mandela schlief in einer winzigen Zelle (rechts), durfte im Jahr nur einen Besucher empfangen und musste schwer arbeiten. Nach seiner Freilassung bemühte Mandela sich um Versöhnung zwischen Schwarzen und Weißen.

Neue Flagge
Südafrika wählte 1994 eine neue Flagge. Sie kombiniert die Farben Grün, Weiß und Gold des ANC mit Rot, Weiß und Blau der Niederlande und Englands, Südafrikas alten Kolonialmächten.

Leben in der Apartheid

Die Apartheid (Getrenntheit) wurde in Südafrika 1948 von der herrschenden weißen Nationalen Partei eingeführt, damit die Regierung die Kontrolle über die schwarze Mehrheit erhielt. Je nach ihrer Hautfarbe führten die Familien ein ganz unterschiedliches Leben – die einen waren bevorzugt, die anderen benachteiligt. Schwarze und weiße Kinder durften nicht miteinander spielen.

Ausgesperrt
Schwarze Kinder beobachten hinter einem Zaun, wie weiße Kinder an einem Strand „nur für Weiße" spielen. Im Südafrika der Apartheid war alles nach Rassen getrennt, auch die Taxis (rechts).

Rassentrennung

Unter der Apartheid wurde schwarzen Menschen vorgeschrieben, wo sie leben durften, und sie bekamen nur minderwertige Jobs. Kranke schwarze Kinder wurden in Krankenwagen „nur für Schwarze" ins Krankenhaus gebracht. Schwarze Kinder bekamen das Leben weißer Südafrikaner nur dann mit, wenn sie mit ihren Eltern als Bedienstete in Häusern von Weißen arbeiteten.

Getrennt leben

Schwarze Familien wurden in „Townships" zwangsumgesiedelt – das waren arme Gegenden mit wenigen Einrichtungen und überfüllten Schulen. Schwarze mussten immer einen speziellen Pass dabeihaben. An manchen Orten kündigte eine Sirene um 18 Uhr eine Ausgehsperre an. Jeder Schwarze, der danach ausging, konnte verhaftet werden.

„An allen Schulen, die ich von der Vorschule bis zur Universität besuchte, waren die einzigen schwarzen Menschen, die ich antraf, Reinigungspersonal, Bedienstete oder Gärtner."

Gerrit Cooetzee, ein weißer Lehrer, über das Leben im Südafrika der Apartheid

Proteste gegen das Regime

Kinder in den „Townships" lebten im Schatten der Gewalt. Proteste wurden gewaltsam niedergeschlagen, etwa die Demonstration junger Menschen 1976 in Soweto. Den Widerstand gegen die Apartheid führten Gruppen wie der African National Congress (ANC) an. Einer der führenden Köpfe des ANC war Nelson Mandela, der dafür 26 Jahre ins Gefängnis kam.

Das Ende der Apartheid

Der internationale Druck auf Südafrika wurde immer größer. 1989 hob Präsident de Klerk das Demonstrationsverbot auf und beendete die Rassentrennung in öffentlichen Einrichtungen. 1994 wurde Nelson Mandela zum Präsidenten gewählt. Er setzte sich für ein Zusammenleben schwarzer und weißer Südafrikaner ein.

Schüleraufstand
1976 demonstrierten Schüler in der Township Soweto gegen die Apartheid. Die Polizei erschoss 600 Menschen.

„Trafst du einen Polizisten auf der Straße, fragte er dich sofort: ‚Wo ist dein Pass?' Hattest du ihn nicht dabei, wusstest du, wo du die Nacht verbringst – im Knast."

John Biyase, schwarzer Lehrer, über das Leben in der Township Soweto

Endlich zusammen
Diese Kinder erwarten einen Besuch von Nelson Mandela, dem ersten schwarzen Präsidenten. Ihre Gesichter sind mit der neuen südafrikanischen Flagge von 1994 bemalt.

In der Schule
Ein Kind in der Zeit der Apartheid beim Unterricht an einer Schule „nur für Schwarze". Als die Proteste zunahmen, wurde der Unterricht in Townships durch Boykotts ausgesetzt.

„Die Schule, auf die ich ging, war überfüllt. In einer Klasse waren 70–80 Kinder."

Obed Bapela, Abgeordneter, über den Schulunterricht für schwarze Kinder in der Township Alexandra

1995 ▸ 2000

1996
Talibanstaat
Die Taliban (links) stürzen die afghanische Regierung, die seit 1992 an der Macht ist. Sie errichten das Islamische Emirat Afghanistans, einen extremistischen muslimischen Staat.

1997
Hongkong
1898 hatte China Hongkong an England für 99 Jahre verpachtet. In dieser Zeit wurde es ein bedeutendes Finanzzentrum. Seit 1997 gehört es wieder zu China, ist aber nach wie vor teilweise unabhängig mit lokalen Gesetzen und eigener Währung.

Wolkenkratzer in Hongkong

Ein Blumenmeer vor Dianas Haus am Kensington Palace

1997
Prinzessin Diana
Die Exfrau des englischen Thronfolgers Prinz Charles und Mutter der Prinzen William und Harry stirbt bei einem Autounfall in Paris. Millionen verfolgen an den Fernsehern den Gedenkgottesdienst in London.

1995
Abkommen von Dayton
Nach dem Friedensabkommen von Dayton (USA) werden Bosnien und Herzegowina in die Serbische Republik und die bosniakisch-kroatische Föderation aufgeteilt. Das Abkommen beendet den Bosnienkrieg, den schlimmsten Krieg in Europa seit dem Zweiten Weltkrieg.

1995

1995 ENTSTEHUNG DES INTERNETS

Die Benutzung der ersten Computernetzwerke in den 1960er-Jahren war kompliziert. 1990 kam dem britischen Informatiker Tim Berners-Lee (links) die Idee, wie sich Informationen einfach verbreiten lassen: durch die Verknüpfung von Dokumenten mit Hyperlinks. Er nannte seine Erfindung World Wide Web.

Langsamer Start
Berners-Lees Erfindung nutzten in den ersten Jahren nur ein paar Menschen, doch mit der Einführung von Internetbrowsern 1993 wurde sie bald sehr beliebt. 1995 war das Internet auf dem besten Weg, ein globales Phänomen zu werden.

Eine Welt online
Dieser Computer war der erste Internetserver und enthielt die erste Internetseite, die Berners-Lee 1990 einrichtete. Neben dem Bildschirm hinterließ er eine Notiz, man solle sie nicht abschalten.

1997
Harry Potter
Der erste Harry-Potter-Roman von J. K. Rowling, *Harry Potter und der Stein der Weisen*, erscheint in England und wird sofort ein Weltbestseller. Von den sieben Harry-Potter-Romanen werden weltweit über 500 Mio. Exemplare verkauft.

1998

Der Kosovokrieg

Der serbische Präsident Slobodan Milošević entsendet Truppen, um die Unabhängigkeit der serbischen Region Kosovo zu verhindern. Die Serben werden durch NATO-Luftschläge vertrieben und 2008 erklärt Kosovo seine Unabhängigkeit.

1998

Frieden in Irland

Ein Durchbruch im nordirischen Friedensprozess wird erzielt, als sich Nationalisten und Unionisten auf eine gemeinsame Regierung einigen. Der Friedensvertrag wird sowohl von Nordirland als auch von der Republik Irland befürwortet.

Der irische Premier Bertie Ahern, US-Senator George Mitchell und der britische Premier Tony Blair nach der Unterzeichnung des Friedensabkommens

1998

Auslandseinsatz der Bundeswehr

Der Bundestag stimmt dem Bundeswehreinsatz im Kosovo mit großer Mehrheit zu und schickt damit erstmals seit 1945 deutsche Soldaten zum Kampf ins Ausland. Es ist gleichzeitig der Grundstein für künftige militärische Einsätze im Rahmen der NATO.

Die *Harry-Potter*-Romane wurden in 80 Sprachen übersetzt.

1999

Osttimor entsteht

1999 stimmt Osttimor für die Loslösung von Indonesien. Die gewaltsame Revolte einer Minderheit, die bei Indonesien bleiben will, wird von UN-Truppen niedergeschlagen. 2002 ist Osttimor das erste neue Land des neuen Jahrtausends.

Flagge von Osttimor

Klonschaf Dolly

1996 gelang es Wissenschaftlern zum ersten Mal, ein Säugetier zu klonen. Das Schaf Dolly war eine exakte Kopie seiner Mutter.

1999

Putsch in Pakistan

Nach der Niederlage im Grenzkonflikt mit Indien wird die Regierung des pakistanischen Ministerpräsidenten Nawaz Sharif in einem unblutigen Militärputsch gestürzt. General Pervez Musharraf kommt als Diktator an die Macht.

2000

2000

Jahrtausendfeiern

Auf der ganzen Welt feiern Milliarden Menschen den Beginn des neuen Jahrtausends. Im Vorfeld befürchtet man, dass ein sogenannter „Millennium-Bug“ weltweite Computerabstürze bewirken könnte. Diese Befürchtungen erweisen sich letzten Endes als unbegründet.

Das neue Jahrtausend wird begrüßt.

2000 ▸ 2005

Flüchtlinge im angolanischen Bürgerkrieg passieren ein Minenfeld.

Aufräumungsarbeiten nach dem verheerenden Erdbeben in Gujarat

2001

Erdbeben in Gujarat

Ein gewaltiges Erdbeben der Stärke 7,9 auf der Richterskala erschüttert den Staat Gujarat im Nordwesten von Indien. Über 20 000 Menschen kommen dabei um und mindestens 400 000 Häuser werden zerstört. Etwa 600 000 Menschen werden obdachlos.

2002

Ende des angolanischen Bürgerkriegs

Nach 26 Jahren endet der Bürgerkrieg in Angola. Nachfolgerin der Organisation für Afrikanische Einheit (OAU) wird die Afrikanische Union.

2002

Milošević vor Gericht

Jugoslawiens Ex-Präsident Slobodan Milošević muss sich vor dem Internationalen Gerichtshof in Den Haag für Kriegsverbrechen im Bosnienkrieg verantworten. Er stirbt jedoch vor Prozessende im Gefängnis.

2000

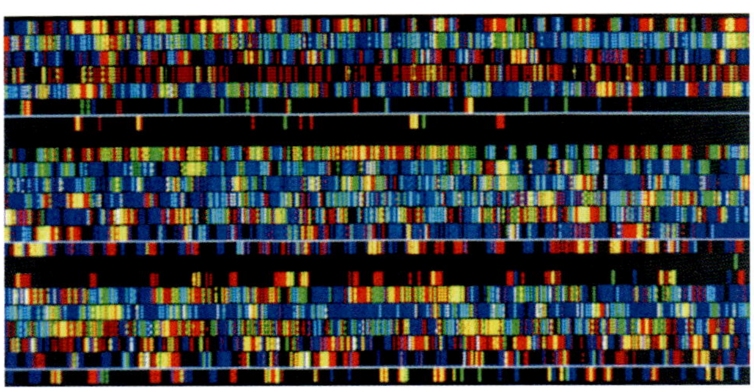

Sequenz (Folge) von menschlicher DNA

2001

Das Human-Genom-Projekt

Seit 1990 ermitteln weltweit Forscher im Rahmen des Human-Genom-Projekts über 20 000 Gene, aus denen die menschliche DNA besteht – die Blaupause des Lebens. 2001 wird die vollständige Sequenzierung (Reihenfolge) des Genoms veröffentlicht.

2001

Schweiz gegen EU

In einer Volksabstimmung entscheidet sich die Mehrheit der Schweizer Bevölkerung gegen EU-Beitrittsverhandlungen.

2001

Anschläge von al-Qaida

Mitglieder der Terrororganisation al-Qaida fliegen am 11. September Flugzeuge in New Yorks World Trade Center. Nach dem schlimmsten Terroranschlag ihrer Geschichte greifen die USA Afghanistan an, wo sich al-Qaida-Führer Osama Bin Laden versteckt.

Krieg gegen den Terror S. 304-305

Euro-Banknoten

2002

Der Euro

Am 1. Januar ersetzen 17 Länder der Europäischen Union ihre alten Währungen durch den Euro als neue gemeinsame Währung. Heute werden Euro-Banknoten und -Münzen von über 330 Mio. Menschen verwendet.

2004 VERHEERENDER TSUNAMI

Am frühen Morgen des 26. Dezember 2004 gab es unter dem Indischen Ozean ein gewaltiges Erdbeben. Die Folge war ein über 30 m hoher Tsunami (eine riesige Flutwelle), der über den Ozean raste und mit verheerender Gewalt die Küsten der Anliegerstaaten heimsuchte.

Ausmaß der Zerstörung
Der Tsunami traf 14 Länder, wo er zahllose Häuser zerstörte und über 230 000 Menschen tötete. Da es keine Warnungen gab, wurden die meisten Opfer überrascht.

Vom Tsunami aufgetürmte Autos

Die Folgen
Diese Bilder zeigen Banda Aceh auf Sumatra vor und nach dem Tsunami. Er machte ganze Städte dem Erdboden gleich und hinterließ eine kahle Landschaft.

iPod
2001 brachte Apple ein revolutionäres Produkt heraus: den iPod, ein tragbares Gerät zum Speichern und Abspielen Tausender Musikstücke.

2005

2003 Darfur-Konflikt
Die Sudanregion Darfur rebelliert gegen die Regierung. 300 000 Menschen sterben, bevor es 2010 einen Waffenstillstand gibt. Ein weiterer Bürgerkrieg (1983-2005) führt dazu, dass der Südsudan 2011 unabhängig wird. Seit dem erneuten Ausbruch des Bürgerkriegs (2013-2018) sind über 2 Mio. Menschen aus dem Südsudan geflohen.

Sudanesische Rebellen

2003 Irakkrieg
Im Rahmen des „Kriegs gegen den Terror" greifen die USA den Irak an, um Diktator Saddam Hussein zu stürzen. 2011 ziehen die US-Truppen ab, doch das Land bleibt instabil. 2014 kehren die US-Truppen zurück, um den Irak im Kampf gegen Terroristen zu unterstützen.

2004 Geiselnahme in Beslan
Tschetschenische Separatisten nehmen aus Protest gegen die Herrschaft Russlands in einer Schule in Beslan über 1000 Menschen als Geiseln. Die Erstürmung durch die Russen endet mit dem Tod von 331 Menschen, darunter 186 Kinder.

Überflutete Häuser in New Orleans

2005 Hurrikan Katrina
New Orleans im US-Staat Louisiana wird vom Hurrikan Katrina verwüstet. Die Dämme, die die Stadt vor Überschwemmungen schützen sollen, brechen unter der Wucht der Sturmflut. Ein Großteil der Stadt gerät unter Wasser, Tausende werden obdachlos. Der Schaden beträgt Milliarden Dollar.

Krieg gegen den Terror

In den 1980er-Jahren bildete sich die militante islamistische Terrororganisation al-Qaida, um einen muslimischen Gottesstaat zu errichten. Ihre Anschläge gipfelten 2001 in der Zerstörung des New Yorker World Trade Center. Die USA starteten den „Krieg gegen den Terror".

„Heute sind unsere Mitbürger, unsere Lebensweise, unsere Freiheit schlechthin angegriffen worden."

US-Präsident George W. Bush in einer Ansprache an die Nation (11. September 2001)

Der Anschlag
Am 11. September 2001 kaperten 19 Mitglieder von al-Qaida vier US-Flugzeuge. Zwei rasten in die Zwillingstürme des New Yorker World Trade Center, eins traf das Pentagon in Washington D.C. und das letzte stürzte auf ein Feld in Pennsylvania. Fast 3000 Menschen kamen um.

Osama Bin Laden
Osama Bin Laden, Mitglied einer reichen Saudi-Familie, kämpfte in den 1980er-Jahren mit den Mudschaheddin in Afghanistan gegen die Sowjets. Später gründete er al-Qaida (arabisch „Die Basis"), um einen *Dschihad* (heiligen Krieg) gegen den Westen zu führen.

Einmarsch in Afghanistan
Die in Afghanistan herrschenden Taliban gewährten Bin Ladens al-Qaida Stützpunkte. 2001 ließ US-Präsident George W. Bush das Land angreifen. Anfangs verzeichneten die USA Erfolge und die Taliban wurden rasch gestürzt. Doch sie schlugen zurück und der Krieg ging über ein Jahrzehnt weiter. Bin Laden entkam vorerst.

Chronik

1988
Nach dem Afghanistankrieg gründet Osama Bin Laden al-Qaida.

1991
Bin Laden errichtet terroristische Ausbildungslager im Sudan, muss aber später das Land verlassen.

1996
Bin Laden kehrt nach Afghanistan zurück und ruft seine Anhänger zum heiligen Krieg gegen die USA auf.

1998
Al-Qaida tötet mit Bomben auf US-Botschaften in Kenia und Tansania über 200 Menschen.

Zerbombte Botschaft

1998
Die USA rächen sich mit Luftschlägen auf Ausbildungslager von al-Qaida in Afghanistan.

Irakkrieg
2003 wandten sich die USA dem Irak zu. Sie glaubten, der Diktator Saddam Hussein besäße Massenvernichtungswaffen und könnte sie gegen den Westen einsetzen. Also besetzten sie das Land, um sie zu vernichten. Hussein wurde zwar rasch entmachtet, doch es fanden sich keine derartigen Waffen und die neue irakische Regierung wurde jahrelang von Rebellengruppen bekämpft.

Eine Statue von Saddam Hussein wird von Irakern mithilfe von US-Soldaten umgestürzt.

Anschläge von al-Qaida

Seit 2001 protestierten al-Qaida und ihre terroristischen Verbündeten mit Anschlägen auf den Westen gegen die Kriege in Afghanistan und Irak.

★ **Dezember 2001**
Der britische Terrorist Richard Reid wollte auf einem Flug von Paris nach Miami (USA) eine Bombe in seinem Schuh zünden.

★ **Oktober 2002**
Zwei Bomben töteten in einem Nachtclub auf Bali über 200 Menschen.

★ **März 2004**
Bei Bombenanschlägen in Zügen in Madrid gab es über 190 Tote und 1800 Verletzte.

★ **Juli 2005**
Bomben in U-Bahnen und in einem Bus töteten in London 52 Menschen und verletzten über 700.

★ **April und Dezember 2007**
Bombenanschläge in Algier (Algerien) töten über 70 Menschen, darunter 17 UN-Mitarbeiter.

Bin Ladens Unterschlupf

Bin Ladens Ende
Ein Jahrzehnt lang entzog sich Osama Bin Laden seiner Festnahme. Er organisierte weitere Terroranschläge und forderte seine Anhänger in öffentlichen Botschaften auf, den Kampf gegen den Westen fortzusetzen. Doch 2011 wurde er in seinem Unterschlupf in Abbottabad (Pakistan) aufgespürt. US-Soldaten landeten mit Hubschraubern, stürmten das Gebäude und erschossen Bin Laden.

2001
Die Terroranschläge auf die USA lösen den „Krieg gegen den Terror" aus.

2001
Am 7. Oktober eröffnen die USA den Krieg in Afghanistan, um al-Qaidas Terrorstützpunkte aufzuspüren.

2003
Der Irakkrieg stößt auf großen internationalen Widerstand.

Protestplakate

2006
Nach seiner Verhaftung 2003 wird Saddam Hussein wegen „Verbrechen gegen die Menschlichkeit" angeklagt und hingerichtet.

2011
Osama Bin Laden wird in Pakistan aufgespürt und von US-Soldaten erschossen.

2005 ▸ 2010

KLIMAWANDEL

Die Durchschnittstemperatur der Erde ist in den letzten Jahrzehnten rasant gestiegen. Ein Grund dafür ist die Verbrennung fossiler Brennstoffe, die Treibhausgase freisetzen. Durch die globale Erwärmung schmelzen die Eisdecken, der Meeresspiegel steigt und extreme Wetterereignisse nehmen immer mehr zu.

Kyoto-Protokoll
1997 trafen sich die Staats- und Regierungschefs in Kyoto (Japan), um Maßnahmen gegen die Erderwärmung zu vereinbaren. Die Industrienationen versprachen, weniger Treibhausgase zu produzieren. Entwicklungsländer wie Indien und China wurden jedoch von dieser Vereinbarung ausgenommen.

Pariser Klimaabkommen
2015 beschlossen die Staats- und Regierungschefs in Paris (Frankreich) weitere Maßnahmen gegen die Erderwärmung. Die Entwicklungsländer versprachen, weniger Treibhausgase zu produzieren. Die Industrienationen verpflichteten sich, Projekte für erneuerbare Energien zu finanzieren.

Schulstreiks
2018 weigerte sich die 16-jährige Schwedin Greta Thunberg zur Schule zu gehen. Stattdessen zog sie mit einem Plakat mit der Aufschrift „Schulstreik für das Klima" vor das Parlament. Schüler auf der ganzen Welt folgten ihrem Beispiel jeden Freitag zu streiken. Die „Fridays-for-Future"-Bewegung war geboren. 2019 kam es weltweit zu Demonstrationen. Allein in Deutschland gingen 1,4 Mio. Menschen auf die Straße.

2006

Twitter

In den USA startet der neue soziale Netzwerkdienst Twitter. Benutzer können dort kurze Mitteilungen, sogenannte „Tweets", veröffentlichen. Twitter ist bald beliebter als das Fernsehen, wenn es um Nachrichten oder um Reaktionen auf aktuelle Ereignisse geht.

2006

Terror in Mumbai

Über 200 Menschen kommen in Mumbai (Indien) um, als in Zügen sieben Bomben explodieren. Zwei Jahre danach sterben über 150 Menschen bei Schusswechseln und Bombenanschlägen. 2011 gibt es bei drei Bombenanschlägen 26 Tote und 130 Verletzte. Hinter allen Anschlägen stecken islamistische Extremisten.

2004 startet das soziale Netzwerk „facebook". Es wird so beliebt, dass bis 2012 über eine Milliarde Menschen dort registriert sind.

2005

2007

Globale Finanzkrise

Ende 2007 stürzt die Welt in die größte Finanzkrise seit der Großen Depression. Sie beginnt in den USA, als viele Menschen Kredite aufnehmen, die sie sich nicht leisten können, um sich damit Häuser zu kaufen. Als sie die Kredite nicht zurückzahlen können, gehen viele Geldinstitute bankrott oder brauchen Hilfe vom Staat. Die Krise breitet sich schnell über die ganze Welt aus. Weil in Griechenland die Löhne der Regierungsangestellten gekürzt werden, kommt es zu Unruhen auf den Straßen.

In Griechenland kommt es zu Krawallen.

2008
Large Hadron Collider
Der große Teilchenbeschleuniger geht bei Genf (Schweiz) in Betrieb. Er soll die Bedingungen kurz nach dem Urknall nachahmen und so ein genaueres Bild von der Entstehung des Universums vermitteln.

Large Hadron Collider

2008
Obama gewählt
Die USA schreiben Geschichte, als sie Barack Obama zum ersten afroamerikanischen Präsidenten wählen. Der Demokrat und ehemalige Anwalt wird 2013 für eine zweite Amtszeit wiedergewählt.

Präsident Obama

Der Vulkan Eyjafjallajökull stößt große Mengen Vulkanasche aus.

2010
Isländischer Vulkan
Durch den Ausbruch des isländischen Vulkans Eyjafjallajökull bildet sich eine riesige Aschewolke, die sich über den Nordatlantik und Nordeuropa ausbreitet. In den folgenden fünf Tagen müssen 95 000 Flüge gestrichen werden.

2010
Deepwater Horizon
Vor der US-Küste kommt es zu einer Umweltkatastrophe, als die Ölplattform Deepwater Horizon explodiert und untergeht. 636 Mio. Liter Erdöl fließen ins Meer und schädigen das maritime Leben schwer.

2010

2007
Erstes iPhone

Der US-Elektronikkonzern Apple bringt das iPhone heraus. Das „Smartphone" hat ähnlich viel Leistung wie ein Heim-PC. Man kann damit ins Internet gehen und es hat einen Touchscreen. Das iPhone X, das 2017 erscheint, besitzt sogar Gesichtserkennung.

2008
Usain Bolt
Bei der Sommerolympiade in Peking wird der Jamaikaner Usain Bolt der schnellste Mensch der Welt. Er läuft die 100 Meter in nur 9,69 Sekunden.

Usain Bolt bei der Olympiade 2008

2010
Bergarbeiter befreit
Als die Decke in einer Gold- und Kupfermine in Chile einstürzt, werden 33 Bergleute verschüttet. Sie müssen 69 Tage unter der Erde aushalten, bevor eine Rettungsmission sie alle sicher an die Oberfläche zurückbringt.

2010
Erdbeben auf Haiti
Das Erdbeben erreicht zwar nur die Stärke 7 auf der Richterskala, doch viele schlecht gebaute Gebäude auf Haiti - einem der ärmsten Länder der Welt - werden zerstört. Es gibt über 230 000 Tote.

Haitis Präsidentenpalast liegt in Trümmern.

2010 ▸ 2020

2011

Arabischer Frühling

Eine Welle von Revolten und Demonstrationen, Arabischer Frühling genannt, erschüttert die arabische Welt, als die Menschen Demokratie und mehr Menschenrechte fordern. Sie beginnt in Tunesien und breitet sich rasch in andere Länder aus. Einige Diktatoren werden zwar gestürzt, aber die Region versinkt langfristig in Gewalt und Zerstörung.

2011

Krieg in Syrien

Als die Menschen in Syrien eine demokratische Regierung fordern, geht Präsident Assad mit brutaler Militärgewalt gegen sein Volk vor. Ein Bürgerkrieg bricht aus, bei dem Hunderttausende sterben. Millionen Syrer fliehen, sodass es zu einer Flüchtlingskrise kommt.

2011

Tsunami in Japan

Ein Erdbeben vor der Nordostküste Japans löst einen Tsunami aus. Gewaltige Wellen überfluten das Festland, zerstören Tausende Gebäude und töten über 16000 Menschen

2012

Marssonde

Die NASA bringt die Raumsonde *Curiosity* nach 8 Monaten Flug zum Mars. Der mit Kameras und wissenschaftlichen Instrumenten ausgestattete Rover wurde für eine langfristige Erkundung der Marsoberfläche entwickelt. Seine Hauptaufgabe ist es, nach Spuren von möglichem Leben auf dem Planeten zu suchen.

▸▸ 2010

2013

Meteor

Ein 20 m breiter Meteor mit einer Geschwindigkeit von 20 km/s bricht über der russischen Stadt Tscheljabinsk auseinander. Die Stoßwelle zerschmettert Fenster und reißt Menschen von den Füßen. Viele werden durch die Trümmer verletzt.

1997– MALALA YOUSAFZAI

2012 wurde die 15-jährige Malala Yousafzai bei einem Attentat der Taliban fast getötet, weil sie sich für das Recht auf Bildung für pakistanische Mädchen einsetzt. Heute ist sie eine weltbekannte Botschafterin für junge Menschen und die jüngste Friedensnobelpreisträgerin der Welt.

„Lasst uns zu unseren Büchern und Stiften greifen. Sie sind die mächtigsten Waffen der Welt."

Rede vor den Vereinten Nationen, 12. Juli 2013

Kämpferin für Bildung
Yousafzai spricht zu und für Frauen in aller Welt über deren Recht auf Bildung. Hier hält sie eine Rede vor Mädchen in einem Flüchtlingslager 2016 in Kenia.

2010 wird auf Instagram das erste Foto, das eines Hundes, gepostet. Inzwischen hat die App zum Teilen von Fotos und Videos über 1 Milliarde Nutzer.

2019– CORONA-PANDEMIE

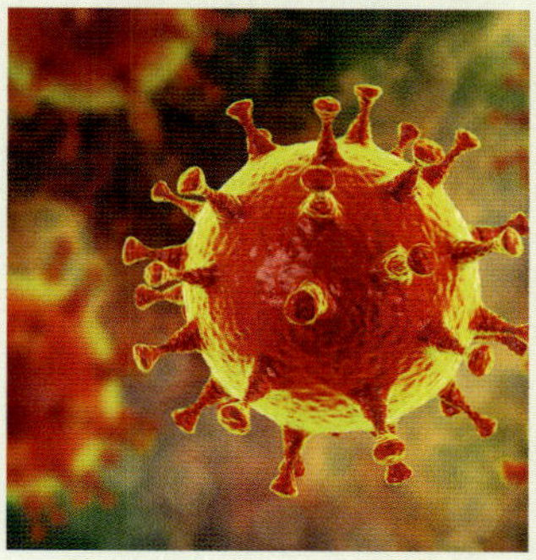

Ende 2019 trat zum ersten Mal die Coronavirus-Krankheit (COVID-19) in Wuhan (China) auf und breitete sich von dort in alle Welt aus. Die Ansteckung erfolgt durch Tröpfchen beim Niesen, Husten oder Sprechen. Obwohl viele Erkrankte nur leichte Grippe-Symptome zeigen, sterben weltweit Hunderttausende Menschen an Corona.

Stillstand
Da es noch keinen Impfstoff gegen das Coronavirus gab, ergriffen viele Staaten Maßnahmen, damit sich so wenig Leute wie möglich ansteckten. Kitas, Schulen, Restaurants, Geschäfte und Betriebe wurden geschlossen. Die Menschen wurden aufgefordert zu Hause zu bleiben und sich oft die Hände zu waschen. In vielen Ländern musste man in der Öffentlichkeit einen Mund- und Nasenschutz tragen.

Auswirkungen
Die geschlossenen Betriebe und Restaurants hatten keine Einnahmen mehr. Viele Leute wurden arbeitslos. In Deutschland versuchte der Staat mit milliardenschweren Hilfspaketen zu helfen. Doch es gab auch positive Seiten. Der öffentliche Stillstand war gut für die Umwelt und förderte den Zusammenhalt unter den Menschen.

2015

Anschläge in Paris

An einem Novemberabend in Paris (Frankreich) werden durch Attentate in Sportstadien, Konzertsälen und Restaurants 130 Menschen getötet und mehr als 350 weitere verletzt. Zu den Anschlägen bekennt sich die Terrorgruppe IS.

2020

2014

Islamischer Staat (IS)

2014 errichtet eine militante islamistische Gruppe, die sich Islamischer Staat (IS) nennt, im Irak und in Syrien eine Schreckensherrschaft. Die Kämpfer verüben Terroranschläge und zerstören kulturelle Stätten. Bis 2019 werden zwar weite Gebiete des IS zurückerobert, aber es gelingt nicht, ihn vollständig zu besiegen.

Teile der antiken Oasenstadt Palmyra werden vom IS zerstört.

2016

Trump triumphiert

Entgegen aller Voraussagen setzt sich der republikanische Geschäftsmann und Milliardär Donald Trump gegen die demokratische Politikerin Hillary Clinton durch und wird zum 45. Präsident der USA gewählt.

Donald Trump ist der 45. Präsident der USA.

2016

Brexit

In einer Volksabstimmung entscheiden die Briten, dass ihr Land nach 43 Jahren die Europäische Union (EU) verlassen soll. Die Zeit der Verhandlungen über die Bedingungen des Austritts wird Brexit genannt (eine Kombination aus „Britisch“ und „Exit“). Seit dem 1. Februar 2020 ist Großbritannien nicht mehr Teil der EU.

2018

Vereint für Korea

Die verfeindeten Präsidenten von Nord- und Südkorea treffen sich zu Friedensgesprächen und beschließen, dass beide Länder mit einer gemeinsamen Mannschaft an den Olympischen Winterspielen teilnehmen werden.

2020

Black Lives Matter

Als in den USA ein Afroamerikaner bei einer Festnahme ums Leben kommt, demonstrieren Menschen weltweit unter dem Motto „Black Lives Matter“ („Auch das Leben von Schwarzen zählt“) gegen Rassismus und Polizeigewalt.

Chronik: Deutschland, Österreich und Schweiz

Der politische und kulturelle Einfluss des antiken Roms erstreckte sich auch auf die Länder des deutschen Sprachraums: Deutschland, Österreich und Schweiz. Später zeitweise im Heiligen Römischen Reich Deutscher Nation vereint, veränderten sich ihre Ausdehnungen und Grenzen im Lauf der Jahrhunderte erheblich. Mit dem Ausscheiden der Schweiz Mitte des 17. Jh. aus dem Römischen Reich und dessen Auflösung Anfang des 19. Jh. entwickelten sich die drei Länder zu drei starken Nationen in der Mitte Europas.

Geschichte Deutschlands

Marksteine deutscher Geschichte erstrecken sich von Hermann dem Cherusker, dem Sieger über die römischen Legionen in der Schlacht im Teutoburger Wald, über Karl den Großen, die Hohenzollern und ihr Deutsches Reich bis in die Gegenwart. Nach zwei Weltkriegen, Weimarer Republik und NS-Diktatur, Teilung und Wiedervereinigung im 20. Jh. stellt die Bundesrepublik Deutschland heute eine Industrienation dar, die sich ihrer Verantwortung im geopolitischen Gleichgewicht Europas bewusst ist.

vor 700 000 Jahren Auf dem Gebiet des heutigen Deutschlands siedeln die ersten Frühmenschen: *Homo heidelbergensis* und *Homo neanderthalensis*.

113–101 v. Chr. Einfall germanischer Stämme in das Römische Reich: Kimbern- und Teutonenkriege

58–51 v. Chr. Eroberung des keltischen Galliens durch Julius Cäsar. Der Rhein wird Grenze des Römischen Reichs.

Die Porta Nigra in Trier

9 n. Chr. Varusschlacht im Teutoburger Wald: Die Germanen unter Arminius verhindern Roms weitere Ausdehnung nach Norden und Osten.

1.–3. Jh. Errichtung der römischen Grenzbefestigung (Limes) gegen die Germanen. Einrichtung der Provinzen Germania superior (Hauptstadt Mainz) und Germania inferior (Hauptstadt Köln)

ab 313 Beginn der Christianisierung: Entstehung der Bistümer Köln, Speyer, Straßburg, Trier und Worms

375 Nach dem Einfall der Hunnen Beginn der Völkerwanderung germanischer Stämme in Mittel- und Südeuropa

376–395 Die Franken (Germanen) siedeln sich am Niederrhein in Norddeutschland an.

406–407 Die Römer geben die Rhein- und Limesgrenze in Germanien und Britannien auf. Germanische Völker wie Vandalen, Burgunder und Alanen dringen weit auf linksrheinisches Gebiet vor.

476 Untergang des Weströmischen Reichs

687 Der Karolinger Pippin vereint die mehrfach geteilten Frankenreiche.

768–814 Zeit des Frankenkönigs Karl der Große: Unterwerfung der Langobarden und Sachsen. Eingliederung Bayerns. Im Jahr 800 Kaiserkrönung durch Papst Leo III. In Nachfolge des antiken Roms nennt er sein Herrschaftsgebiet „Heiliges Römisches Reich".

843 Vertrag von Verdun: Dreiteilung des Reichs in Westfrankenreich (Frankreich), Ostfrankenreich (Deutschland) und Lotharingien (Mittelreich)

870/880 Lotharingien wird geteilt. Das Ostfrankenreich erwirbt später alle Gebiete des ehemaligen Mittelreichs. West- und Ostfranken treiben auseinander.

955 Schlacht auf dem Lechfeld bei Augsburg: vernichtender Sieg Ottos I. über die Ungarn

1024–39 Unter dem Salier Konrad II. erweitert sich das westliche Kaiserreich um das Königreich Burgund. Es besteht nun aus Deutschland, Burgund und Reichsitalien.

1075–1122 Investiturstreit: Machtkampf zwischen Kaiser und Papst um die Einsetzung von Bischöfen

1194 Der Staufer Heinrich VI. vereint das Kaiserreich mit Unteritalien.

1273–1291 Mit Rudolf I. wird erstmals ein Habsburger römisch-deutscher König.

1356 Goldene Bulle: Festlegung des Rechts der Königswahl und der Stellung der Kurfürsten im Reichsgrundgesetz

1455 Gutenberg-Bibel: erster Buchdruck in Europa auf einer Presse mit beweglichen Lettern

1517 Martin Luther prangert in 95 Thesen das Ablasswesen in der katholischen Kirche an. Rasche Verbreitung seiner Reformideen

1517–1529 Zeit der Reformation. In der Folge anhaltende Spaltung des Christentums in Protestanten und Katholiken

1521 Exkommunikation Luthers und seiner Anhänger durch Papst Leo X. Auf dem Reichstag zu Worms verweigert Luther den Widerruf seiner Schriften. Kaiser Karl V. verhängt die Reichsacht über ihn (Wormser Edikt).

1524/25 Deutscher Bauernkrieg: Bauern begehren gegen die geistliche und weltliche Herrschaft auf.

1546/47 Schmalkaldischer Krieg zwischen protestantischen Reichsfürsten und katholischen Streitkräften Karls V. Sieg des Kaisers

1555 Augsburger Religionsfrieden: Anerkennung des lutherischen Glaubens, jeder Fürst in Deutschland entscheidet selbst über den Glauben in seinem Land.

1618 Prager Fenstersturz und Beginn des Dreißigjährigen Kriegs (bis 1648)

1648 Westfälischer Frieden: Zulassung auch des calvinistischen Bekenntnisses im Reich. Die nördlichen Niederlande und die Schweiz scheiden endgültig aus dem Verband des Heiligen Römischen Reichs aus.

1714–1727 Georg I. ist der erste englische König aus dem deutschen Haus Hannover. Die Personalunion endet 1837.

1740–1786 Unter Friedrich II. (der Große) entwickelt sich Preußen zur europäischen Großmacht. Intensive Förderung von Wissenschaft und Kunst

1740–1742/1744–1745 Erster und Zweiter Schlesischer Krieg zwischen Preußen und Österreich

1756–1763 Der Siebenjährige Krieg besiegelt die Vormachtstellung Preußens in Europa.

1789 Französische Revolution. Abschaffung des Feudalsystems, Beginn der demokratischen Bewegung und des modernen Nationalismus in Europa

1792–1797 Erster Koalitionskrieg Frankreichs gegen Preußen und Österreich. Abtretung des Rheinlands an Frankreich

1805/06 Zweiter, Dritter und Vierter Koalitionskrieg. 1806 Preußische Niederlage gegen Frankreich in der Doppelschlacht bei Jena und Auerstädt

1806 Rheinbundakte: Napoleon begründet den Bund zwischen kleineren und stark vergrößerten deutschen Mittelstaaten. Verzicht Kaiser Franz' II. auf die römisch-deutsche Kaiserwürde. Ende des Heiligen Römischen Reichs Deutscher Nation nach über 1000 Jahren

1812 Preußen scheidet aus dem Bündnis mit Napoleon aus.

1813 Völkerschlacht bei Leipzig: Sieg der Alliierten über Napoleon. Auflösung des Rheinbunds

1814 Abdankung Napoleons. Wiederherstellung der Bourbonenherrschaft in Frankreich mit Ludwig XVIII.

1815 Rückkehr Napoleons und endgültige Niederlage bei Waterloo. Neuordnung Europas auf dem Wiener Kongress. Gründung des Deutschen Bunds aus 41 Einzelstaaten

1817 Wartburgfest: Deutsche Burschenschaften erheben nationale und liberale Forderungen.

1819 Karlsbader Beschlüsse: Verschärfung der Zensur und Maßnahmen gegen revolutionäre Umtriebe im Gebiet des Deutschen Bunds

1848/49 Revolutionäre Bewegung in Europa, beginnend in Palermo (Sizilien). Märzrevolution in Berlin und München. Die Deutsche Nationalversammlung tagt in der Frankfurter Paulskirche.

1849 Preußenkönig Friedrich Wilhelm IV. lehnt die deutsche Kaiserkrone ab. Damit scheitert der erste Versuch, einen deutschen Nationalstaat zu schaffen.

1862 Ernennung Otto von Bismarcks zum preußischen Ministerpräsidenten

1866 Deutscher Krieg zwischen Preußen und Österreich. Sieg Preußens in der Schlacht bei Königgrätz. Ende des Deutschen Bunds

1867 Gründung des Norddeutschen Bunds unter Führung Preußens

1870/71 Deutsch-Französischer Krieg. Abdankung Napoleons III., Frankreich wird erneut Republik. Ausrufung Wilhelms I. zum Deutschen Kaiser. Frankreich verliert Elsass und Lothringen.

1873–1890er-Jahre Große Depression (Wirtschaftskrise) in Deutschland

1884–1919 Mit dem Erwerb von Gebieten in Afrika, China und der Südsee wird das Deutsche Reich Kolonialmacht.

1886 Der deutsche Ingenieur Karl Friedrich Benz baut das erste Automobil der Welt.

1888 Drei-Kaiser-Jahr: Nach dem Tod Wilhelms I. und Friedrichs III. wird Wilhelm II. (bis 1918) der letzte Kaiser des Deutschen Reichs.

1890 Entlassung Bismarcks. Aufhebung des Sozialistengesetzes

1896 Krüger-Depesche: Wachsende Entfremdung zwischen dem Deutschen Reich und Großbritannien. Beginn einer Hochkonjunkturphase, Deutschland wird führende Industriemacht neben den USA.

1901 In Baden als erstem deutschen Staat werden Frauen zum Universitätsstudium zugelassen.

1914–1918 Erster Weltkrieg zwischen den Mittelmächten (Deutschland, Österreich-Ungarn, Osmanisches Reich) und der Entente (Frankreich, Großbritannien, Russland, USA, Italien). Sieg der Entente, Zusammenbruch der Monarchien in Deutschland, Österreich-Ungarn und Russland

1918–1933 Weimarer Republik. Außenpolitische Wiedereingliederung Deutschlands. Die harten Friedensbedingungen von Versailles und Wirtschaftskrisen führen zu innenpolitischer Unruhe.

1933–1945 Nationalsozialistische Diktatur in Deutschland unter Adolf Hitler. Seiner Rassenideologie fallen Millionen von Juden und Andersdenkenden zum Opfer.

1939–1945 Zweiter Weltkrieg zwischen den Achsenmächten Deutschland, Italien und Japan und den Alliierten Großbritannien, Frankreich, Sowjetunion und USA

1945 Aufteilung Deutschlands in vier Besatzungszonen. Berlin erhält einen Sonderstatus. Eröffnung der Nürnberger Kriegsverbrecherprozesse

1948 Währungsreform in den Westzonen. Berlin-Blockade durch die UdSSR (bis 1949)

1949 Gründung der Bundesrepublik Deutschland (BRD) und der Deutschen Demokratischen Republik (DDR)

1950–1973 Westdeutsches „Wirtschaftswunder". Die Ölkrise beendet die Phase des Aufschwungs.

1953 Volksaufstand vom 17. Juni in der DDR

1955 Beitritt der BRD zur Westeuropäischen Union und zur NATO. Beitritt der DDR zum Warschauer Pakt

1961 Bau der Berliner Mauer

1967/68 Studentenunruhen und 68er-Bewegung in Westdeutschland

1970–1993 Gründung und Terroraktionen der Roten Armee Fraktion (RAF) in Westdeutschland. 1998 Selbstauflösung der RAF

1973 Aufnahme der BRD und DDR in die UNO

1989 Massendemonstrationen und Öffnung der Grenzen der DDR

1990 Deutsche Wiedervereinigung

1999/2002 Einführung des Euro als EU-Gemeinschaftswährung in Deutschland

2005 Angela Merkel wird die erste Bundeskanzlerin der Bundesrepublik Deutschland.

2007 Beginn der Finanzkrise in den USA, Belastung der Weltwirtschaft. 2009 Ausweitung zur Eurokrise

2011 Aussetzung der Wehrpflicht in Deutschland. Aufdeckung der rechtsextremen Vereinigung „Nationalsozialistischer Untergrund" (NSU), der eine Mordserie (2000–2007) angelastet wird (2013 Prozessbeginn)

2012 Bundespräsident Christian Wulff tritt zurück. Erstmalig wird gegen einen Bundespräsidenten staatsanwaltlich ermittelt.

2013 Rücktritt des deutschen Papsts Benedikt XVI. aus eigener Entscheidung. NSA-Affäre: Enthüllungen über globale Überwachung u. a. führender Politiker durch amerikanische und britische Geheimdienste

2015 Flüchtlingskrise: Deutschland nimmt über 1 Millionen Schutzsuchende auf.

2019 Vertrag von Aachen über die deutsch-französische Zusammenarbeit und Integration

2020 Covid-19-Pandemie. Ausgangsbeschränkungen und Maskenpflicht sollen die Pandemie eindämmen. Milliardenschweres Hilfspaket für die Wirtschaft

HERRSCHER-DYNASTIEN HEILIGES RÖMISCHES REICH DEUTSCHER NATION

800–911 Karolinger
911–918 Konradiner
919–1024 Ottonen
1024–1125 Salier
1125–1137 Haus Süpplingenburg
1138–1208/1212–1254 Staufer
1198–1218 Welfen
1254–1272 Interregnum
1273–1291/1298–1308 Habsburger
1292–1298 Nassauer
1308–1313/1346–1400/
1410–1437 Luxemburger
1314–1347/1400–1410/
1742–1745 Wittelsbacher
1438–1740 Habsburger
1740–1742 Interregnum
1745–1806 Habsburg-Lothringen

DEUTSCHE KAISER 1871–1918

1871–1888 Wilhelm I.
1888 Friedrich III.
1888–1918 Wilhelm II.

BUNDESREPUBLIK DEUTSCHLAND BUNDESPRÄSIDENTEN

1949–1959 Theodor Heuss (FDP)
1959–1969 Heinrich Lübke (CDU)
1969–1974 Gustav Heinemann (SPD)
1974–1979 Walter Scheel (FDP)
1979–1984 Karl Carstens (CDU)
1984–1994 Richard von Weizsäcker (CDU)
1994–1999 Roman Herzog (CDU)
1999–2004 Johannes Rau (SPD)
2004–2010 Horst Köhler (CDU)
2010–2012 Christian Wulff (CDU)
2012–2017 Joachim Gauck (parteilos)
seit 2017 Frank-Walter Steinmeier (SPD)

BUNDESKANZLER

1949–1963 Konrad Adenauer (CDU)
1963–1966 Ludwig Erhard (CDU)
1966–1969 Kurt Georg Kiesinger (CDU)
1969–1974 Willy Brandt (SPD)
1974–1982 Helmut Schmidt (SPD)
1982–1998 Helmut Kohl (CDU)
1998–2005 Gerhard Schröder (SPD)
2005–2021 Angela Merkel (CDU)
seit 2021 Olaf Scholz

Menschen auf der Berliner Mauer im November 1989

Geschichte Österreichs

Der Raum des späteren Österreichs war von der Errichtung der Provinz Noricum an bis ins 5. Jh. durch die Römerherrschaft bestimmt. Um 800 n. Chr. entstand zwischen Donau und Drau die Karolingische Mark gegen die Awaren. Unter den Babenbergern 1156 zum Herzogtum Österreich erhoben, bauten die aus Schwaben stammenden Habsburger seit 1282 das Land durch eine geschickte Heirats- und Bündnispolitik zu einem Weltreich aus. Nach dem Ende des Heiligen Römischen Reichs 1806, dessen Kaiser sie ab Mitte des 15. Jh. in fast ununterbrochener Folge stellten, und dem Zusammenbruch der Doppelmonarchie Österreich-Ungarn am Ende des Ersten Weltkriegs 1918 wandelte sich Österreich im 20. Jh. zur Republik.

800–380 v. Chr. Hallstattkultur

ab 400 v. Chr. Frühe La-Tène-Kultur. Die Kelten breiten sich im österreichischen Raum aus.

vor 113 v. Chr. Entstehung des keltischen Königreichs Noricum. Reger Handel mit Rom

um 15 v. Chr. Besetzung Noricums und Unterwerfung Raetiens durch Augustus. Entstehung der „Austria Romana“

um 10 n. Chr. Erste Germanensiedlungen auf österreichischem Gebiet nördlich der Donau

um 100 Ausbau des Donaulimes durch Kaiser Trajan. Vindobona (Wien) wird befestigtes Legionslager.

um 120 Carnuntum (Petronell) erhält Stadtrecht.

166–179 Kriege Marc Aurels gegen die Markomannen und Quaden (Germanen), die versuchen, den Limes zu überwinden. 179 Sieg Marc Aurels bei Vindobona, wo er 180 an der Pest stirbt

304 Einfall der Markomannen in Noricum und Pannonien. Vindobona und Carnuntum werden zerstört.

454–740 Völkerwanderung: Der Raum Österreich wird Durchzugs- und Ansiedlungsgebiet von Hunnen, Ostgoten, Langobarden, Bayern und Awaren.

304 Märtyrertod des ersten österreichischen Heiligen: hl. Florian. Um 453 und 610 beginnende Christianisierung durch Severin und den Iren Columban

788 Herzogtum Bayern und österreichische Gebiete werden Bestandteil des Fränkischen Reichs.

843 Teilung des Frankenreichs: Der österreichische Teil gehört zum Ostfrankenreich.

955 Schlacht auf dem Lechfeld: Ottos I. Sieg beendet die Eroberungszüge der Ungarn.

nach 955 Errichtung der Ottonischen Marken. Beginn der Eigenstaatlichkeit

976 Otto II. errichtet das erste Herzogtum auf österreichischem Boden: Kärnten.

976–1246 Herrschaft der Babenberger in Österreich

996 Erste urkundliche Erwähnung von „Ostarrichi“

um 1150 Wien wird Residenz.

1156 Friedrich I. Barbarossa erhebt die Markgrafschaft Österreich zum Herzogtum: Markgraf Heinrich II. verzichtet dafür auf Bayern.

1273–1291 Regierung Rudolf I. von Habsburg. In der Folge sichert er die Herzogtümer Österreich und Steiermark für seine Familie.

1438–1806 Das Herrschergeschlecht der Habsburger stellt fast ununterbrochen die Kaiser im Heiligen Römischen Reich. Ihre Heiratspolitik sichert ihnen den Aufstieg zur europäischen Großmacht.

Karl V., letzter Herrscher des Heiligen Römischen Reichs

1529/1683 Erste und Zweite Türkenbelagerung Wiens: Der Dauerkonflikt mit den Osmanen endet 1699 mit deren Verzicht auf Ungarn, das sie seit 1526 beherrschen.

1740–1748 Österreichischer Erbfolgekrieg um die allgemeine Anerkennung Maria Theresias, Tochter Kaiser Karls VI.

1745 Franz Stephan, Gemahl Maria Theresias, wird als Franz I. zum Kaiser gewählt.

1756–1763 Siebenjähriger Krieg

1765–1790 Joseph II. führt im Sinne des aufgeklärten Absolutismus zahlreiche Reformen durch: Aufhebung der Leibeigenschaft, Einführung der allgemeinen Schulpflicht, Religionsfreiheit, Judenemanzipation, Einführung der Zivilehe.

1792–1805 Koalitionskriege gegen Frankreich

1804 Franz II. ruft das österreichische Erbkaisertum aus und wird als Franz I. Kaiser von Österreich.

1806 Verzicht Franz' I. auf die römisch-deutsche Kaiserwürde und Auflösung des Heiligen Römischen Reichs

1813–1815 Befreiungskriege gegen Napoleon. Wiener Kongress unter Führung von Staatskanzler Metternich: Neuordnung der Gebiete Europas. Zusammenschluss Österreichs, Preußens und Russlands zur „Heiligen Allianz“

1815–1848 „System Metternich“: Der Staatskanzler lenkt die Monarchie mit polizeistaatlichen Mitteln. Sturz Metternichs und Abdankung Kaiser Ferdinands I. in der Märzrevolution 1848 in Wien

1866 Deutscher Krieg mit Preußen. Niederlage in der Schlacht bei Königgrätz. Infolge der Auflösung des Deutschen Bunds gehört Österreich nicht mehr zur deutschen Staatenwelt.

1867 Österreichisch-ungarischer Ausgleich. Begründung der österreichisch-ungarischen Doppelmonarchie

1873 Wiener Börsenkrach: anhaltende Weltwirtschaftskrise, begleitet von einer Massenauswanderung aus Europa, v. a. in die USA

1879 Zwei-Kaiser-Bündnis zwischen dem Deutschen Reich und Österreich-Ungarn

1881 Drei-Kaiser-Vertrag: Neutralitätszusagen zwischen dem Deutschen Reich, Österreich-Ungarn und Russland

1908 Einnahme Bosnien-Herzegowinas, Verschärfung der Balkankrise

1914–1918 Erster Weltkrieg, ausgelöst durch die Ermordung des österreichischen Thronfolgers Franz Ferdinand in Sarajevo. Niederlage Österreich-Ungarns und der anderen Mittelmächte. Zusammenbruch der K.-u.-K.-Monarchie

1918 Ausrufung der Republik Deutschösterreich (Erste Republik)

1919 Frieden von St. Germain-en-Laye

1933 Ausschaltung des Nationalrats. Austrofaschismus: Bundeskanzler Engelbert Dollfuß errichtet ein autoritäres Regierungssystem mit der Vaterländischen Front.

1934 Dollfuß' Ermordung beim Putschversuch der österreichischen NSDAP. Fortsetzung seiner Politik durch Nachfolger Kurt Schuschnigg

1938 „Anschluss“ Österreichs ans Deutsche Reich

1939–1945 Zweiter Weltkrieg. Sieg der Alliierten

1945 Aufteilung Österreichs in vier Besatzungszonen. Gründung der Republik Österreich (Zweite Republik)

1955 Erlangung der vollen Souveränität und Verpflichtung Österreichs zur immerwährenden Neutralität. Beitritt zur UNO

1986 Waldheim-Affäre: Die Aufdeckung der nationalsozialistischen Vergangenheit des Bundespräsidenten teilt die Bevölkerung. Rechtspopulist Jörg Haider wird Parteivorsitzender der FPÖ (bis 2005).

1995 Beitritt zur Europäischen Union

2000–2006 Die Schwarz-Blaue Koalition von ÖVP und FPÖ führt zur zeitweiligen Ausgrenzung Österreichs in Europa.

2009 Amtshilfe-Durchführungsgesetz beschlossen: Umsetzung der OECD-Grundsätze für bilateralen Informationsaustausch in Steuerfragen

2013 Volksbefragung: Zustimmung zur Beibehaltung von Wehrpflicht und Zivildienst. Nationalratswahl: Neuauflage der Großen Koalition (SPÖ/ÖVP)

2019 Ibiza-Affäre führt zum Bruch der Koalition aus ÖVP und FPÖ.

Geschichte der Schweiz

Im 1. Jh. v. Chr. fällt der Schweizer Alpenraum unter römische Herrschaft zur Kontrolle der Transitwege. Die Erhebung gegen die Habsburger mit dem Bundesschluss der Urkantone 1291, die Erringung der Unabhängigkeit vom Heiligen Römischen Reich und Gründung des Schweizerischen Bundesstaats im 19. Jh. sind prägend. Die geografische Lage in der Mitte Europas, immerwährende Neutralität, politische Kontinuität und starke Landeswährung zeichnen den besonderen Stellenwert des Landes im 21. Jh. aus.

um 400 v. Chr. Zwischen Jura und Alpen siedeln keltische Stämme, Räter und Lepontier.

5.–1. Jh. v. Chr. La-Tène-Zeit: Pfahlbausiedlungen um den Neuenburger See entstehen.

121 v. Chr. Die Römer dehnen sich bis südlich des Genfer Sees aus.

Anfang 1. Jh. v. Chr. Erwähnung des Namens „Helvetier".

58 v. Chr. Sieg Julius Cäsars über die Helvetier in der Schlacht von Bibracte

45 v. Chr. Erste Römerkolonie auf Schweizer Boden: Colonia Iulia Equestris in Nyon am Genfer See

um 15 v. Chr. Unterwerfung des heutigen Graubündens, Rheintals und Wallis. Entstehung neuer römischer Provinzen. Die Helvetier werden den römischen Bürgern gleichgestellt.

233 n. Chr. Alemannen-Einfälle beenden die Ruhe der Kaiserzeit. 401 Rückzug der Römer nach Italien

4. Jh. Zunehmende Christianisierung

800 Unter Karl dem Großen gewinnen die Alpenpässe der Schweiz für die Karolinger an Bedeutung.

820 St. Gallen wird Zentrum des christlichen Glaubens.

um 1230 Der Alpenpass St. Gotthard wird begehbar.

1291 Gründung der Schweizer Eidgenossenschaft: Bündnis der Kantone Uri, Schwyz und Nidwalden. Beginn der Erhebung gegen die Herrschaft der Habsburger. Rütlischwur und die Sage von Wilhelm Tell finden u. a. in Friedrich Schillers Drama (1804) ihren Niederschlag.

1315 Schlacht am Morgarten: Sieg der Eidgenossen über das Heer Herzog Leopolds I. von Österreich

1332–1353 Luzern, Zürich, Glarus, Zug und Bern treten der Eidgenossenschaft bei.

1370 Pfaffenbrief: Festlegung einer Rechtsordnung innerhalb der Eidgenossenschaft

1386/1388 Schlachten bei Sempach und Näfels: Siege über die Österreicher

Denkmal des Wilhelm Tell in Altdorf (Kanton Uri)

1393 Sempacherbrief: Gründung einer eidgenössischen Kriegsordnung

1394 20-jähriger Frieden: Bestätigung des Status quo zwischen der Eidgenossenschaft und Österreich

1403–1478 Ennetbirgische Feldzüge zur Herrschaftsausdehnung südlich der Alpenpässe. 1415 geben die Habsburger ihre Stammburg im Aargau auf.

1481–1513 Beitritt von Freiburg, Solothurn, Basel, Schaffhausen und Appenzell zur Eidgenossenschaft

1498/99 Schwabenkrieg: Die Eidgenossen werden von den Reichsreformen Maximilians I. ausgenommen. Faktische Lösung vom Heiligen Römischen Reich

1506 Papst Julius II. wirbt Schweizer Söldner zum Schutz des Kirchenstaats an. Die Schweizer Garde versieht ihren Dienst bis heute im Apostolischen Palast in Rom.

1515 Schlacht bei Marignano: Niederlage gegen die Franzosen. Ende der eidgenössischen Ausdehnungspolitik, Festlegung auf strikte Neutralität

1519–1541 Reformation und Glaubensspaltung unter Führung Ulrich Zwinglis

1529–1531 Erster und Zweiter Kappelerkrieg: Sieg der katholischen Orte über die reformierten. Die Glaubensspaltung wird gefestigt.

1549 Zwinglis Nachfolger Bullinger und Calvin einigen sich über die reformierte Lehre. 1566 gemeinsames Bekenntnis

1617–1639 Bündner Wirren: Auseinandersetzungen zwischen den Konfessionsparteien unter Beteiligung der Großmächte

1648 Westfälischer Friede: formelle Unabhängigkeit der Eidgenossenschaft vom Heiligen Römischen Reich Deutscher Nation

1656/1712 Erster und Zweiter Villmerger Krieg: Sieg der katholischen (1656) bzw. reformierten (1712) Orte

1798 Einfall der Franzosen unter Napoleon Bonaparte. Gründung der Helvetischen Republik (bis 1803): Umgestaltung der Schweiz zu einem Zentralstaat

1803 Mediationsverfassung: Eigenständigkeit der Kantone verstärkt

1815 Wiener Kongress: Anerkennung der immerwährenden Neutralität der Schweiz. Vereinbarung einer neuen Bundesverfassung der Kantone

1830/31 Einführung liberaler Verfassungen in zehn Kantonen. Zunehmende Spannungen zwischen liberalen und konservativen Kantonen

1847 Sonderbundskrieg: Kapitulation der katholisch-konservativen Kantone

1848 Gründung des Schweizerischen Bundesstaats mit moderner Bundesverfassung

1863 Gründung des Internationalen Roten Kreuzes in Genf

1874 Reform der Bundesverfassung

1914–1918 Erster Weltkrieg: Schweiz wahrt Neutralität.

1919 Erstmalige Ausübung des Proporzwahlrechts zum Nationalrat. Einführung des Acht-Stunden-Tags

1920 Gründung des Völkerbunds in Genf. Beitritt der Schweiz

1931–1936 Wirtschaftskrise

1934 Das Schweizer Bankgeheimnis wird gesetzlich verbrieft.

1938 Rätoromanisch wird vierte Landessprache der Schweiz.

1939–1945 Zweiter Weltkrieg: Die Schweiz bleibt außenpolitisch neutral. Zum Schutz vor einem deutschen Angriff Zusammenarbeit mit dem NS-Regime in finanzieller und wirtschaftlicher Hinsicht. Abweisende Flüchtlingspolitik gegenüber Juden

1959–2003 „Zauberformel" zur Zusammensetzung des Bundesrats aus den Vertretern der vier großen Parteien

1960 Gründungsmitglied der Freihandelszone EFTA

1963 Beitritt zum Europarat

1971 Einführung des Frauenwahlrechts auf Bundesebene

1979 Jura wird 23. Kanton der Eidgenossenschaft.

1989 Ablehnung einer Abschaffung der Schweizer Armee

1992 Knappe Ablehnung eines Beitritts zum Europäischen Wirtschaftsraum (EWR). In der Folge Verträge mit einzelnen EU-Staaten

1990er-Jahre Untersuchungskommissionen unter Paul Volcker und Jean-François Bergier zur Rolle der Schweiz in der NS-Zeit

2002 Beitritt der Schweiz zur UNO

2005 Zustimmung zum Beitritt zum Schengener/Dubliner Abkommen über den freien Grenzverkehr

2009 Unterzeichnung von Doppelbesteuerungsabkommen, Zusicherung von Amtshilfe nach OECD-Standards bei Steuerhinterziehung

2011 Atomausstieg beschlossen: Bewilligung nur von Nuklearforschung, nicht von neuen Kernkraftwerken

2014 Volksabstimmung befürwortet Begrenzung der Zuwanderung von EU-Bürgern. Abschluss eines Freihandelsabkommen mit der Volksrepublik China.

2018 Das Schweizer Volk spricht sich dafür aus, dass der Bund weiterhin Radio- und TV-Unternehmen betreiben und dafür Gebühren erheben darf.

2020 Wegen der Corona-Pandemie regiert der Bundesrat erstmals seit dem Zweiten Weltkrieg längere Zeit mit Notrecht.

Glossar

Kursive **Begriffe verweisen auf eigene Glossareinträge.**

Abdanken
Die Macht offiziell an jemand anderen übergeben.

Abkommen
Eine offizielle schriftliche Vereinbarung zwischen Kriegsparteien zur Beendigung der Feindseligkeiten.

Absolutismus
Herrschaftsform, v. a. im Europa des 17. und 18. Jh., in der ein Herrscher uneingeschränkt über alle Regierungsgewalt verfügte.

Alliierte
Menschen oder Staaten, die sich gegen einen gemeinsamen Feind verbünden. Ein solches Bündnis heißt Allianz.

Antike
Die Zeit der alten Griechen und Römer.

Apartheid
Die Politik der Rassentrennung in Südafrika.

Attentat
Mordanschlag auf eine bekannte Persönlichkeit aus politischen oder religiösen Gründen.

Aufklärung
Ein Zeitabschnitt in der europäischen Geschichte des 18. Jh., in dem radikale Denker versuchten, ein neues Verständnis von Gesellschaft, Regierung und Menschlichkeit zu erschaffen und zu verbreiten.

Barbaren
So bezeichneten die Römer alle Völker außerhalb des Römischen Reichs.

Belagerung
Die *Blockade* einer Stadt oder Festung mit dem Ziel, sie einzunehmen.

Blockade
Die Abschottung eines Gebiets, um zu verhindern, dass Nachschub hinein- oder herausgelangt.

Börse
Organisation für den Handel mit Unternehmensanteilen (Aktien) und anderen Finanzprodukten.

Bürgerkrieg
Ein Krieg zwischen feindlichen Gruppen eines Landes.

Byzantinisches Reich
Die hauptsächlich griechisch sprechende, christliche Weiterführung des Oströmischen Reichs, die 1000 Jahre währte.

Calvinismus
Eine strenge Form des Protestantismus, benannt nach dem religiösen Reformator Johannes Calvin im 16. Jh.

Cro-Magnon-Mensch
Der erste moderne Mensch, der vor etwa 40 000 Jahren in Europa siedelte.

Daimyo
Ein japanischer Fürst.

Demokratie
Regierungsform, die auf der Herrschaft durch das Volk basiert, das meist durch gewählte Politiker vertreten wird.

Diktator
Ein Herrscher, der ein Land allein und mit uneingeschränkter Macht regiert. Die Regierungsform heißt Diktatur.

Domestizieren
Wilde Tiere zähmen, sodass sie den Menschen nützlich werden.

Dschihad
Arabisch für „heiliger Krieg".

Dynastie
Eine Herrscherfamilie, die ein Land mehrere Generationen lang regiert.

Emir
Ein muslimischer Fürst oder Militärführer. Das Gebiet, über das er herrscht, wird Emirat genannt.

Exil
Die erzwungene Abwesenheit einer Person von ihrer Heimat oder ihrem Land.

Faschismus
Eine nationalistisch geprägte Ideologie, die den einzelnen Bürger bedingungslos dem Staat unterwirft.

Feudalismus
Ein politisches System in Europa ab dem 8. Jh., bei dem Fürsten anderen Adligen Land überließen, wenn diese ihnen im Gegenzug Treue, militärische Hilfe und andere Dienste versprachen.

Gegenreformation
Eine Zeit des Wandels in der katholischen Kirche nach der protestantischen *Reformation*, in der interne Reformen durchgesetzt wurden und die Abgrenzung zum Protestantismus verschärft wurde.

Genozid (Völkermord)
Die systematische Ermordung eines ganzen Volks.

Gilde (Zunft)
Vom 11. bis 14. Jh. in Europa eine Organisation von Handwerkern oder Kaufleuten mit dem Ziel, ihre Mitglieder zu schützen und die Geschäfte zu kontrollieren.

Glasnost
Russisch für „Offenheit". Charakterisiert die Politik Michail Gorbatschows Ende der 1980er-Jahre in der *UdSSR*.

Guerillakrieg
Eine Art der Kriegsführung, bei der Kämpfer in kleinen Einheiten Überraschungsangriffe starten.

Heidentum
Bezeichnung für den Glauben der alten Griechen und Römer und anderer europäischer Völker vor der Verbreitung des Christentums.

Heiliges Römisches Reich
Ein Reich, das im Jahr 800 gegründet wurde und das heutige Deutschland als Zentrum besaß. Der Kaiser wurde vom Papst gekrönt und war das Oberhaupt des Reichs.

Hominide
Ein Mitglied der biologischen Gruppe, zu der die Menschen und ihre ausgestorbenen Vorfahren und Verwandten gehören.

Kalif
Titel des religiösen und politischen Führers in der islamischen Welt.

Kalter Krieg
Die Phase der Feindschaft zwischen den westlichen und den von der *UdSSR* dominierten kommunistischen Ländern. Sie begann kurz nach dem Zweiten Weltkrieg und endete 1989.

Kapitalismus
Ein Wirtschaftssystem, das auf Privateigentum und freien Wettbewerbsbedingungen für Unternehmen beruht.

Ketzerei
Das Abweichen von allgemein als gültig erklärten religiösen Glaubensansichten.

Kolonie
Ein Gebiet unter der politischen Herrschaft eines anderes Staats.

Kolonisierung
Die Entsendung von Siedlern, die eine Kolonie in einem fremden Land gründen sollen und zuweilen die politische Kontrolle über die dort lebenden Menschen übernehmen.

Kommunismus
Der politische Glaube an eine Gesellschaft, in der Grund und Boden allen gehören und Reichtum gerecht verteilt ist.

Konquistador
Ein Spanier, der an der Eroberung der amerikanischen Ureinwohner beteiligt war.

Kreuzfahrer
Ein christlicher Ritter, der sich einem Kreuzzug anschloss, einer militärischen Expedition im 11., 12. und 13. Jh. mit dem Ziel, Jerusalem von den Muslimen zurückzuerobern.

Lehrling
Eine Person, die einen Beruf oder ein Handwerk erlernt.

Lutheraner
Jemand, der nach den Lehren des Theologen Martin Luthers lebte, einer der wichtigsten Figuren der *Reformation*.

Manuskript
Ein handgeschriebenes Schriftstück.

Mesoamerika
Das alte Mittelamerika, das sich von Mexiko im Norden bis Guatemala im Süden erstreckte.

Mesopotamien
Die Region zwischen Tigris und Euphrat (heute Irak), in der viele der ältesten Kulturvölker siedelten.

Missionar
Ein Geistlicher, der in einem fremden Land, in einer fremden Kultur seinen Glauben verbreitet.

Mogul
Ein Angehöriger der muslimischen *Dynastie*, die zwischen dem 16. und 19. Jh. über große Teile Indiens herrschte.

Mudschaheddin
Muslimische Kämpfer, die einen *Dschihad* führen.

Nationalismus
Eine politische Haltung, die die Interessen der eigenen Nation in den Mittelpunkt stellt.

Neandertaler
Eine ausgestorbene Menschenart, die mit unserer eigenen Art eng verwandt war.

Neolithikum
Die späte Steinzeit, in der verbesserte Werkzeuge und Waffen aus Stein hergestellt wurden und zum ersten Mal Ackerbau betrieben wurde.

Nomade
Eine Person, die auf der Suche nach Weideland und Wasser für ihr Vieh von einem Ort zum anderen zieht.

Osmanisches Reich
Um 1300 von türkischen Völkern gegründetes *Reich*, das Osteuropa und den Nahen Osten etwa 500 Jahre lang beherrschte.

Pandemie
Der plötzliche und weitverbreitete Ausbruch einer Krankheit.

Perestroika
Russisch für „Umbau". Bezeichnet den radikalen politischen und wirtschaftlichen Wandel in kommunistischen Ländern.

Pilger
Eine religiöse Person, die eine Reise zu einem heiligen Ort unternimmt.

Protektorat
Eine Nation oder Region, die von einer Großmacht geschützt und teilweise kontrolliert wird.

Protestantismus
Eine Form des Christentums, die aus der *Reformation* entstand, als sich viele Menschen von der katholischen Kirche und dem Papst abwandten.

Putsch
Die gewaltsame oder illegale Übernahme der Macht durch eine kleine Gruppe.

Reformation
Religiöse Bewegung, ausgelöst durch Martin Luther, die sich gegen die Missstände in der katholischen Kirche richtete.

Regent
Eine Person, die in Vertretung für einen Herrscher, meistens weil er zu jung oder zu krank oder nicht selbst vor Ort ist, als Staatsoberhaupt regiert.

Reich
Mehrere Länder, die unter einer Regierung oder unter der Herrschaft einer Person vereint werden.

Renaissance
Im 14. Jh. eine Epoche in der europäischen Geschichte, als sich weitreichende Veränderungen in Kunst und intellektuellem Leben durchsetzten.

Republik
Ein Land, das nicht von einem König, Fürsten oder Kaiser regiert wird. Moderne Republiken haben meistens einen Präsidenten als Oberhaupt.

Revolte
Ein nicht organisierter Aufstand mit dem Ziel, eine Staatsmacht zu stürzen.

Revolution
Plötzliche und tiefgreifende Veränderung in der Gesellschaft, die von einer organisierten, regierungsfeindlichen Gruppe ausgelöst wird.

Rote Khmer
Kommunistische Organisation, die in den 1960er- und 1970er-Jahren einen *Guerillakrieg* in Kambodscha führte und 1975 die Macht übernahm.

Safawiden-Reich
Islamisches Reich (heute Iran), das vom 16. bis 18. Jh. einen Großteil des Nahen Ostens kontrollierte.

Samurai
Ein japanischer Krieger und Ritter.

Shogun
Einer der Militärführer, die Japan vom 12. bis 19. Jh. im Namen des Kaisers regierten.

Sklave
Eine Person, die das Eigentum einer anderen Person ist.

Souverän
Ein Herrscher oder Staatsoberhaupt mit absoluter Machtbefugnis.

Sowjetunion
Eine andere Bezeichnung für die *UdSSR*.

Stadtstaat
Ein unabhängiger, sich selbst verwaltender Staat, der aus einer Stadt und deren Umgebung besteht.

Supermacht
Ein starkes und einflussreiches Land, das als stärker gilt als seine *Alliierten*.

Tribut
Geld oder Waren, die ein König dem anderen König oder ein Staat dem anderen zahlt und damit dessen überlegenen Status anerkennt.

UdSSR
Die „Union der Sozialistischen Sowjetrepubliken", kurz *Sowjetunion*. Kommunistischer Staat, der von 1922 bis 1991 im ehemaligen Russischen Reich existierte. Die Hauptstadt war Moskau.

Verfassung
Gesamtheit aller Regeln über die Staatsform und Aufgaben der Staatsorgane. Die Verfassung beschreibt auch die Grundrechte der Menschen.

Waffenstillstand
Eine Vereinbarung zwischen Kriegsparteien, die einen Konflikt beendet.

Wirtschaftskrise
Eine Zeit des dramatischen Niedergangs der wirtschaftlichen Tätigkeit, begleitet von verbreiteter Arbeitslosigkeit und Verelendung.

Zar
Vom 15. Jh. bis 1917 der Titel des russischen Staatsoberhaupts. Die weibliche Form lautet Zarin.

Zionismus
Eine Bewegung, die sich für die Gründung eines unabhängigen jüdischen Staats in Israel einsetzte.

Zoroastrismus
Eine Religion im alten Iran. Sie wurde von dem Propheten Zoroaster (Zarathustra) gegründet, der an den einen Gott Ahura Mazda glaubte.

Register

G

H

I

J

K

L

M

N

O

P

Q, R

S

T

Dank und Bildnachweis

Dorling Kindersley dankt Jackie Brind und Elizabeth Wise für das Register, Ann Baggaley, Frances Jones, Andrea Mills und John Woodward für Texte, Helen Abramson, Carron Brown, Matilda Gollon, Victoria Pyke, Jenny Sich und Samira Sood für Lektoratsassistenz, Paul Drislane und Mik Gates für die Unterstützung bei der Gestaltung, Merrit Cartographic für die Karten, Peter Bull und Caroline Church für ihre Abbildungen sowie Nityanand Kumar für die Unterstützung beim Satz.

Der Verlag dankt den folgenden Personen und Institutionen für die Genehm. zum Abdruck von Fotos:

(Abkürzungen: o = oben u = unten, m = Mitte, l = links, r = rechts, g = ganz, Hg = Hintergrund)

3 Dorling Kindersley: Dave King. Mit frdl. Genehm. des The Science Museum, London (mlo/Mikroskop). **6** Dorling Kindersley: Dave King/Mit Genehm. von The University Museum of Archaeology and Anthropology, Cambridge (m/Schnitzerei); Gary Ombler/Mit Genehm. von The Oxford Museum of Natural History (mu); Dave King/Mit Genehm. von The Pitt Rivers Museum, University of Oxford (mr/bow). Getty Images: DEA/G. Dagli Orti (m/pot). **7** Dorling Kindersley: Dave King/Mit Genehm. von The Museum of London (m/Flintstein). **8** Alamy Images: Anton Rothwell Scenic/Alamy (gor). **9** Dorling Kindersley: Dave King/Mit Genehm. von The Pitt Rivers Museum, University of Oxford (ur); Gary Ombler/Mit Genehm. von The Oxford Museum of Natural History (mo). Science Photo Library: Natural History Museum, London (mu). **10** Corbis: Kazuyoshi Nomachi (m). Dorling Kindersley: Dave King/Mit Genehm. von The University Museum of Archaeology und Anthropology, Cambridge (gol). **11** Alamy Images: John Warburton-Lee Photography (m). Dorling Kindersley: Dave King/Mit Genehm. von The Museum of London (gor/Speer, gor/Harpune point, mo); Dave King/Mit Genehm. von The Pitt Rivers Museum, University of Oxford (mgl/Bogen). **12** Dorling Kindersley: Dave King/Mit Genehm. von The Natural History Museum, London (ur); undrew Nelmerm/Mit Genehm. von The Royal British Columbia Museum, Victoria, Canada (gol); Dave King/Mit Genehm. von The Pitt Rivers Museum, University of Oxford (ugr). **13** Getty Images: AFP (gol); DEA/G. Dagli Orti (ur). **14–15** Corbis: Jean-Daniel Sudres/Hemis (m). **16** Alamy Stock Photo: Michele Burgess (mlu). The Trustees of the British Museum: (mu). **17** Alamy Images: The Art Archive (ur). The Art Archive: Musée du Louvre Paris/Gianni Dagli Ort (mro). The Bridgeman Art Library: Wolfgang Neeb (ul). Getty Images: Robert Mettifogo (gol). **18** Corbis: Burstein Collection (mr). Dorling Kindersley: Dave King/Mit Genehm. von The Museum of London (mgl). **19** Dorling Kindersley: Alan Hills und Barbara Winter/The Trustees of the British Museum (mro). **20** Alamy Images: Peter Horree (m). Corbis: Philip de BayCredit/Historical Picture Archive (mr). Dorling Kindersley: Peter Hayman/Trustees of The British Museum (mu); Demetrio Carrasco/CONACULTA-INAH-MEX. Reproduktion genehmigt durch das Instituto Nacional de Antropología e Historia (ul). **21** Corbis: (mr); Sandro Vannini (ml). Dorling Kindersley: Peter Hayman/Trustees of The British Museum (m); Dave King/Mit Genehm. von The University Museum of Archaeology und Anthropology, Cambridge (mlu). **22** Corbis: David Nunuk/All Canada Photos (gol). **23** Alamy Images: Robert Harding Picture Library Ltd (mu); The Art Archive (mru). Corbis: Paulo Aguilar/epa (mu). Dorling Kindersley: Peter Hayman/Trustees of The British Museum (gor). **24–25** Dorling Kindersley: Gary Ombler/The British Museum (mo). **26** Dorling Kindersley: Peter Hayman/Trustees of The British Museum (mlo). **27** Alamy Images: Peter Horree (mr). The Bridgeman Art Library: Universal History Archive/UIG (mro). Dorling Kindersley: Dave King/Mit Genehm. von The Pitt Rivers Museum, University of Oxford (mlo). **28–29** Corbis: Gianni Dagli Orti (mu). **28** The Bridgeman Art Library: De Agostini Picture Library (mu). Corbis: Ursula Gahwiler/Robert Harding World Imagery (mr). **29** Alamy Images: nik wheeler (gol). Dorling Kindersley: Peter Hayman/The Trustees of the British Museum (mro). **30** Dorling Kindersley: Nick Nichols und Peter Hayman/The Trustees of the British Museum (gol, gogl/Griffel). **31** Dorling Kindersley: Mit Genehm. von The British Library (gor); University Museum of Archaeology und Anthropology, Cambridge (gol); Michel Zabe/CONACULTA-INAH-MEX. Reproduktion genehmigt durch das Instituto Nacional de Antropología e Historia (mlu). **32** Corbis: (mlo). Getty Images: Universal Images Group (mu). **33** The Bridgeman Art Library: De Agostini Picture Library/G. Nimatallah (mu). Corbis: Sandro Vannini (mu). Dorling Kindersley: Dave King/Mit Genehm. von The University Museum of Archaeology und Anthropology, Cambridge (gor). **34** akg-images: Erich Lessing (gor). Alamy Images: Ancient Art und Architecture Collection Ltd (mr). Dorling Kindersley: Dave King/Mit Genehm. von The University Museum of Archaeology und Anthropology, Cambridge (ml, mu); Harry Taylor/Mit Genehm. von The Natural History Museum, London (ur). **35** Dorling Kindersley: Nigel Hicks/Mit Genehm. von Museo Tumbas Reales de Sipan (mro); Dave King/Mit Genehm. von The Museum of London (mlo); Dave King/Mit Genehm. von The University Museum of Archaeology und Anthropology, Cambridge (ul, ur); Nick Nicholls/The British Museum (mlu). **36** Corbis: Jose Fuste Raga (ur); Sandro Vannini (mro). Dorling Kindersley: Demetrio Carrasco/CONACULTA-INAH-MEX/CONACULTA-INAH-MEX. Reproduktion genehmigt durch das Instituto Nacional de Antropología e Historia (gol). Mary Evans Picture Library: (ul). **37** Corbis: Philip de BayCredit/Historical Picture Archive (mro). Dorling Kindersley: Joe Cornish/ARF/TAP (Archaeological Receipts Fund) (mu). Getty Images: Werner Forman/Universal Images Group (ul). **38** Corbis: Sandro Vannini (m). **40** The Trustees of the British Museum: (gol). Dorling Kindersley: Peter Hayman/Trustees of The British Museum (mu/Gänse, ul). **41** Dorling Kindersley: Peter Hayman/Trustees of The British Museum (m). **42** Alamy Images: BibleLandPictures.com (mu). Corbis: Alfredo Dagli Orti/The Art Archive (gol). **43** Corbis: (gor). Dorling Kindersley: Ivor Kerslake/The British Museum (mlo); Nick Nicholls/The British Museum (mu). **44** Alamy Images: The Art Archive (mlu). Dorling Kindersley: Michel Zabe (m) CONACULTA-INAH-MEX (mr). Getty Images: (mo). Panos Pictures: (gol). **45** Alamy Images: Gianni Dagli Orti/The Art Archive (mlo/Messer-Münze). Corbis: Werner Forman (gol). Dorling Kindersley: Dave King/Mit Genehm. von The Museum of London (mr/Helm). **46** Alamy Images: BibleLandPictures.com (mlo); The Art Archive (mu). Corbis: Heritage Images (mo). Dorling Kindersley: Rob Reichenfeld/National War Museum, Athen (ul). **47** Alamy Images: BibleLandPictures.com (gor); The Art Archive (ul). **48–49** Dorling Kindersley: Nick Nicholls/The British Museum (mu). **48** akg-images: North Wind Picture Archives (gol). The Trustees of the British Museum: (ul). **49** akg-images: Erich Lessing (m). **50** The Trustees of the British Museum: (mu). Panos Pictures: (mro). **51** Corbis: The Gallery Collection (gor). Dorling Kindersley: Nick Nicholls/The British Museum (mu). **52** The Art Archive: Musée Archéologique Naples/Gianni Dagli Orti (ml). Dorling Kindersley: Gary Ombler/Mit Genehm. von 4hoplites (mgl). Getty Images: De Agostini (mr). **53** akg-images: (mu). Alamy Images: Peter Horree (mogl). Corbis: Michael Nicholson (mlo). Getty Images: De Agostini (gor). **54** Corbis: Ruggero Vanni (ul). Dorling Kindersley: Dave King/Mit Genehm. von The University Museum of Archaeology und Anthropology, Cambridge (gol). **54–55** akg-images: Joseph Martin (gor). **55** Alamy Images: Gianni Dagli Orti/The Art Archive (ugl). Ancient Art & Architecture Collection: R. Kawka (ul/Spatenmünzen). Corbis: Bettmann (ur). **56** Alamy Images: (mlu). Getty Images: De Agostini (mro). Mary Evans Picture Library: Edwin Mullan Collection (mu). **57** Dorling Kindersley: Dave King/Mit Genehm. von The Museum of London (gor); Dave King/Mit Genehm. von The University Museum of Archaeology und Anthropology, Cambridge (mgl, mlu). Mary Evans Picture Library: (mr). SuperStock: David Lyons/age fotostock (mru). **58** Corbis: Heritage Images (mlu). Dorling Kindersley: Nick Nicholls/The British Museum (ur). TopFoto.co.uk: HIP (gol). **58–59** Dorling Kindersley: Nick Nicholls/The British Museum (mu). **59** akg-images: (gor); ullstein bild (mu). Corbis: (ml). **60** The Bridgeman Art Library: The Stapleton Collection (ur). Getty Images: DEA/G. Dagli Orti/De Agostini (ul). **61** Corbis: Heritage Images (gor). Getty Images: DEA/G. Dagli Orti/De Agostini (ur). SuperStock: Art Archive, The (mlo). **63** Corbis: Wolfgang Kaehler (m). **64** Alamy Images: The Bridgeman Art Library (gol). Getty Images: The Bridgeman Art Library (mlo). **65** Corbis: Werner Forman (gol). Dorling Kindersley: Karl Shone/Mit Genehm. von The Ermine Street Guard (mr). Getty Images: The Bridgeman Art Library (ul). **66** The Bridgeman Art Library: Look & Learn (ml); The Stapleton Collection (ul). Dorling Kindersley: Christi Graham und Nick Nicholls/The British Library (mro); Alan Hills/The British Museum (ur). **67** Corbis: Bettmann (mu); The Gallery Collection (ur). Getty Images: The Bridgeman Art Library (gor). **68–69** Corbis: Sylvain Sonnet (mu). **68** Dorling Kindersley: Alan Hills und Barbara Winter/The British Museum (mo). **69** The Bridgeman Art Library: Ny Carlsberg Glyptotek, Kopenhagen, Dänemark (mlo). Corbis: The Gallery Collection (mru). Getty Images: De Agostini (gol). **70** Getty Images: (mlo); De Agostini Picture Library (mlu). **71** The Bridgeman Art Library: John Mitchell Fine Paintings (ul). Corbis: Nathan Benn/Ottochrome (gol). Getty Images: Jean-Pierre Lescourret (mro). **72** akg-images: Erich Lessing (m). **74** akg-images: RIA Nowosti (mro); Collection Archiv fuer Kunst & Geschichte (mu). Dorling Kindersley: Demetrio Carrasco/Mit Genehm. von Museo Chileno de Arte Precolombino (gor); Joe Cornish/Mit Genehm. von English Heritage (mlo). **75** Alamy Images: Ben Oliver (mu). Corbis: Stapleton Collection (mo). **76** The Art Archive: Musée Cernuschi Paris/Gianni Dagli Ort (mlo). Corbis: (gol); Angelo Hornak (ul). **76–77** Dorling Kindersley: Michel Zabe (m) CONACULTA-INAH-MEX (mu). **77** Alamy Images: Interfoto (gol); Mo Peerbacus (mr). The Bridgeman Art Library: Photo © Peter Nahum at The Leicester Galleries, London (mu). Dorling Kindersley: Nigel Hicks/Mit Genehm. von Museo Tumbas Reales de Sipan (gor). **78** The Bridgeman Art Library: Giraudon (m). **79** akg-images: De Agostini Pic.Lib. (ur); MPortfolio/Electa (gor). **80** Alamy Images: Lebrecht Music und Arts Photo Library (mlo). Corbis: (ur). Getty Images: The Bridgeman Art Library (mu). **81** akg-images: (mu); De Agostini Pic.Lib. (gol). Dorling Kindersley: Gary Ombler/Mit Genehm. von The Board of Trustees of the Royal Armouries (ul); Christi Graham und Nick Nicholls/The British Library (gor). **82** akg-images: (ul). Mary Evans Picture Library: Interfoto Agentur (mro). SuperStock: DeAgostini (ur). **83** akg-images: (gol). Getty Images: Bjorn Holland (ul). TopFoto.co.uk: The Granger Collection (gor). **84** Alamy Images: Peter Horree (mgl); The Art Archive (mr). The Bridgeman Art Library: Germanisches Nationalmuseum, Nürnberg, Deutschland (ml). Dorling Kindersley: Image Gap (m) Alamy (ur). **85** Alamy Images: Peter Horree (mgl). The Bridgeman Art Library: British Library Board. All Rights Reserved (mlo); Bibliotheque Nationale, Paris, Frankreich (mr). Dorling Kindersley: Tim Parmenter/The British Museum, Mit Genehm. von The British Museum (mgr). Getty Images: SSPL (ml). **86** The Bridgeman Art Library: Musee Conde, Chantilly, Frankreich (gol); Giraudon/San Vitale, Ravenna, Italien (mo); Germanisches Nationalmuseum, Nürnberg, Deutschland (gor); Czartoryski Museum, Mrocow, Polen (ul). **87** Alamy Images: Peter Horree (gor); The Art Archive (ul). The Bridgeman Art Library: Giraudon/Musee des Arts Decoratifs, Paris, Frankreich (gol). **88** Alamy Images: Diana Bier (mlo). Dorling Kindersley: Michel Zabe © CONACULTA-INAH-MEX (mr); Linda Whitwam © CONACULTA-INAH-MEX (gol). Getty Images: Pola Damonte (ml). **89** Dorling Kindersley: Michel Zabe © CONACULTA-INAH-MEX (ur); Tim Parmenter/Mit Genehm. von The British Museum (gol). **90** akg-images: R. u. S. Michaud (gor). The Bridgeman Art Library: Fitzwilliam Museum, University of Cambridge, UK (mu). TopFoto.co.uk: The Granger Collection (ul). **91** Alamy Images: The Art Archive (ur). The Bridgeman Art Library: Archives Charmet/Musee Guimet, Paris, Frankreich (mr). Werner Forman Archive: San Francisco Museum of Asiatic Art. Location: 01 (mlu). **92** akg-images: British Library (mlo). Getty Images: UIG (mr). **93** Getty Images: TAC Images Limited (m). **94** akg-images: Album/Prisma (mu); British Library (mlo); IAM (mro). **95** Alamy Images: Robert Harding World Imagery (gol). The Bridgeman Art Library: (ul); Roger-Viollet, Paris (ur); The

Stapleton Collection (mro). **97** The Bridgeman Art Library: De Agostini Picture Library/G. Dagli Orti (mru). Corbis: Gianni Dagli Orti (gor). Dorling Kindersley: undy Crawford/Mit Genehm. von The Royal Museum of Scotland, Edinburgh (gol). **98** akg-images: Album/Prisma (mo). Getty Images: TeeJe (ul). **99** The Bridgeman Art Library: (ul); Archives Charmet/Veliko Tarnovo Museum, Bulgaria (gol); The Stapleton Collection (mro); Tyne & Wear Archives & Museums (mru). Dorling Kindersley: Geoff Dann/Ashmolean Museum, Oxford (ur). **100** Alamy Images: The Bridgeman Art Library (ml). **100–101** Dorling Kindersley: James Stevenson/Mit Genehm. von The National Maritime Museum, London (m). **101** Alamy Images: All Canada Photos (mr). Dorling Kindersley: Peter underson/Mit Genehm. von The Statens Historiska Museum, Stockholm (gol); Helena Smith/The National Museum of Scotland (ur). **102** Corbis: Atlantide Phototravel (mu). Dorling Kindersley: Michel Zabe (m) CONACULTA-INAH-MEX (mlo). **103** The Bridgeman Art Library: De Agostini Picture Library (gor); Wladimir-Kathedrale, Kiew, Ukraine (ur). TopFoto.co.uk: The Granger Collection (mlu). **104** akg-images: British Library (ul, gol). The Bridgeman Art Library: Fitzwilliam Museum, University of Cambridge, UK (mu). **105** akg-images: Gerhard Ruf (m). **106** akg-images: Erich Lessing (mro). Alamy Images: Juergen Ritterbach (ur); Christopher Vernon-Perry (mlu). Corbis: Buddy Mays (mlo). **107** akg-images: Erich Lessing (gol). The Bridgeman Art Library: Musee de la Tapisserie, Bayeux, Frankreich (mu); English Heritage Photo Library (mugr). Getty Images: SSPL (gor). Mary Evans Picture Library: (mr). **108** Alamy Images: Peter Horree (mro). The Bridgeman Art Library: Giraudon (mru). Corbis: Ken Walsh/Design Pics (ul). **109** akg-images: (mr); Yvan Travert (gor). Corbis: Ira Block/National Geographic Society (m); Gianni Dagli Orti (ur); Fotolia: Martin Schlecht (ul). **110–111** The Bridgeman Art Library: British Library Board. All Rights Reserved (m). **111** The Bridgeman Art Library: Archive Charmet/Bibliotheque Nationale, Paris (mr); Universal History Archive/UIG (gol); Giraudon/Musee des Monuments Francais, Paris, Frankreich (ur). **112** The Bridgeman Art Library: (m). **114–115** Alamy Images: SuperStock (mu). **114** The Bridgeman Art Library: Palazzo Ducale, Venedig, Italien (ul); Look & Learn (mr). Corbis: Alfredo Dagli Orti/The Art Archive (gor). **115** The Bridgeman Art Library: Bibliotheque Nationale, Paris, Frankreich (mo). Corbis: Gavin Hellier/Robert Harding World Imagery (gol); David Reed (mu). **116** TopFoto.co.uk: (m). **117** Alamy Images: North Wind Picture Archives (gor). The Bridgeman Art Library: Look & Learn (ul). Dorling Kindersley: Geoff Dann/Mit Genehm. von The National Guild of Stone Masons und Carvers, London (mru). **118** The Bridgeman Art Library: Peter Newark Military Pictures (ml); Victoria & Albert Museum, London (mr). Dorling Kindersley: Gary Ombler/Mit Genehm. von The Board of Trustees of the Royal Armouries (mu); Tim Parmenter/The British Museum, Mit Genehm. von The British Museum (gor). **119** akg-images: (mr); Visioars (mu). Alamy Images: The Bridgeman Art Library (gol). Dorling Kindersley: Gary Ombler/Mit Genehm. von The Board of Trustees of the Royal Armouries (ur). **120** Alamy Images: Lebrecht Music und Arts Photo Library (ul). The Bridgeman Art Library: (mro); Bibliotheque Nationale, Paris, Frankreich (ur). **121** Alamy Images: JL Images (mu); The Art Archive (mu). The Bridgeman Art Library: (gor); Dom, Florenz, Italien (mlo). **122** The Bridgeman Art Library: Lambeth Palace Library, London (m). **124** Corbis: Bettmann (mlo). **125** Alamy Images: The Art Archive (mru). Dorling Kindersley: Michel Zabe (m) CONACULTA-INAH-MEX (ur). Getty Images: (m). **126** akg-images: (mlo). **126–127** Dorling Kindersley: Michel Zabe (m) CONACULTA-INAH-MEX (m). **127** akg-images: (gor). Corbis: Ocean (mru). **128** akg-images: Interfoto (mgl). The Bridgeman Art Library: Photo © Boltin Picture Library/Museo Nacional de Antropologia, Mexiko-Stadt, Mexiko (mu). Dorling Kindersley: Neil Mersh/Mit Genehm. der Vatikanischen Museen und Galerien, Rom (m); PhotoAlto Agency/Isabelle Rozenbaum und Frederic Cirou (m) Getty (mru). Getty Images: British Library/Robana (mo); Werner Forman/UIG (ml). **129** Alamy Images: The Natural History Museum (mr/Dodo). Corbis: Bettmann (mgr). Dorling Kindersley: Tina Chambers/Mit Genehm. von The National Maritime Museum, London (mo/Blackbeard). Getty Images: The Bridgeman Art Library/Bishn Das (mgl). Mary Evans Picture Library: (ul). **130** Corbis: Alfredo Dagli Orti (gor). Getty Images: The Bridgeman Art Library (mu); British Library/Robana (mro); Image Source (ul). Mary Evans Picture Library: (mru). **131** akg-images: Interfoto (mr). The Bridgeman Art Library: Brooklyn Museum of Art, New York, USA (mu). Corbis: (gor). Getty Images: Werner Forman/UIG (ul). **132** Corbis: Bettmann (mgl); Araldo de Luca (mr). **133** Corbis: (gor); Stefano Bianchetti (gol); Sylvain Sonnet (mu); Summerfield Press (gogl). Mary Evans Picture Library: Iberfoto (gor). **134** akg-images: RIA Novosti (gor). Alamy Images: North Wind Picture Archives (ur). Getty Images: Popperfoto (mu). **135** Alamy Images: Dinodia Photos (gor). Corbis: Atlantide Phototravel (ur); Tibor Bognar (mlo); Bettmann (ul). **136** Corbis: Historical Picture Archive (m). Getty Images: (mlu/Cartier); SuperStock (ml); De Agostini (mlu/Magellan); DEA/G. Dagli Orti (mlo). **137** Corbis: Bettmann (gor). **138** akg-images: (mu). The Art Archive: Bodleian Library, Oxford/MS Elliott **332** folio **207–8** (ul). Getty Images: Michele Falzone (gor). TopFoto.co.uk: (mlo). **139** akg-images: Interfoto (mlu). The Bridgeman Art Library: Photo © Boltin Picture Library/Museo Nacional de Antropologia, Mexiko-Stadt, Mexiko (ur); Look & Learn (gor). Dorling Kindersley: James Stevenson und Tina Chambers/Mit Genehm. von The National Maritime Museum, London (mlo). Getty Images: De Agostini (ul). **140** Corbis: Bettmann (mru); Image Source (ur); Charles Caratini/Sygma (mro). Getty Images: (ul); The Bridgeman Art Library/Bishn Das (gol); Time & Life Pictures (mo). **141** The Bridgeman Art Library: Photo © Bonhams, London, UK (gol); British Library, London/© British Library Board (gor). Corbis: Paul Seux/Hemis (ur). Getty Images: The Bridgeman Art Library (mu). **142** akg-images: Erich Lessing (m). **143** akg-images: IAM (ml, mlo). Alamy Images: Jon Arnold Images Ltd (mr). The Bridgeman Art Library: Victoria & Albert Museum, London (mlu). Corbis: The Gallery Collection (gol). **144** The Bridgeman Art Library: Private Collection (ur). Corbis: Bettmann (gor); Stapleton Collection (ul). **145** Alamy Images: Everett Collection HIstorical (ur); The Art Archive (mro). The Bridgeman Art Library: Archives Charmet/Private Collection (mlo). Corbis: Bettmann (gor). TopFoto.co.uk: The Granger Collection (ul). **146–147** Getty Images: The Bridgeman Art Library (m). **148–149** akg-images: De Agostini Pic.Lib. (m). **148** The Bridgeman Art Library: Alinari/Museo e Gallerie Nazionale di Capodimonte, Naples. Italien (gol). **149** akg-images: North Wind Picture Archives (mro). Alamy Images: Interfoto (gor). The Bridgeman Art Library: Archives Charmet/Archives du Ministere des Affaires Etrangeres, Paris (mru); DHM/Deutsches Historisches Museum, Berlin, Deutschland (gor); Heeresgeschichtliches Museum, Wien, Österreich (mr). **150** The Bridgeman Art Library: Giraudon (ur); Peter Phipp/Travelshots (mo). Corbis: Heritage Images (mlo). Getty Images: The Bridgeman Art Library (gor). **151** The Bridgeman Art Library: Giraudon (ul); Chateau de Versailles (gor); Photo Rafael Valls Gallery, London, UK (mlo). Corbis: Paul Seux/Hemis (ur). **152** The Bridgeman Art Library: Orlicka Galerie, Rychnov nad Kneznou, Tschechische Republik (mu); Universal History Archive/UIG (mru). Corbis: Bettmann (gor); PoodlesRock (gor). Dorling Kindersley: Dave King/Mit Genehm. von The Science Museum, London (mu). Mary Evans Picture Library: Interfoto/Sammlung Rauch (m). **153** Alamy Images: The Bridgeman Art Library (m); RIA Novosti (ul). Getty Images: (gol). TopFoto.co.uk: Ullsteinbild (ur). **154–155** Getty Images: The Bridgeman Art Library. **156** Getty Images: UIG (mlu). **156–157** Getty Images: (m). **157** The Bridgeman Art Library: Paul Freeman (mugr, mu); Peter Newark Pictures (gol). Corbis: Seattle Art Museum (mru), Werner Forman (gor). **158** The Art Archive: Gift of Rita und Murray Hartstein/Museum of the City of New York/96.13.1] (ul). The Bridgeman Art Library: Photo © Crispian Riley-Smith (gor). Getty Images: (gol); Time & Life Pictures (ur). **159** The Bridgeman Art Library: (gor). Corbis: The Gallery Collection (mro). Dreamstime.com: Stefaniav (ur). Mary Evans Picture Library: Interfoto/Sammlung Rauch (ul). **160–161** Dorling Kindersley: Peter Cook (m). **161** akg-images: Erich Lessing (mlo); R. & S. Michaud (mro, gor, mr). Getty Images: UIG (gol). TopFoto.co.uk: HIP/The Board of Trustees of the Armouries (mu). **162** The Bridgeman Art Library: Photo © Philip Mould Ltd, London (gor). Corbis: Michael Nicholson (ur); Bergorand Rieger (mu). **163** akg-images: IAM (ml); R. u. S. Michaud (mr). The Bridgeman Art Library: (mu). Dorling Kindersley: Dave King/Mit Genehm. von The Science Museum, London (m). **164** Alamy Images: The Natural History Museum (ul). The Bridgeman Art Library: Universal History Archive/UIG (mro). Corbis: Bettmann (mlo). Getty Images: De Agostini/G. Nimatallah (ur). **165** The Bridgeman Art Library: Collection of the New-York Historical Society (mu); Photo © Philip Mould Ltd, London (mlo). Getty Images: SSPL (mro). Mary Evans Picture Library: (mru). **166** akg-images: Erich Lessing (ur). The Bridgeman Art Library: Peter Newark Pictures (mlu/Ch'ien-Lung). TopFoto.co.uk: (mlu/Qianlong); World History Archive (mr). **167** The Bridgeman Art Library: De Agostini Picture Library/G. Dagli Orti (gor). Dorling Kindersley: Gary Ombler/Durham University Oriental Museum (ur). **168** akg-images: R. u. S. Michaud (mu). Alamy Images: The Art Archive (gor). The Bridgeman Art Library: Acquired with assistance of National Art Collections Fund/National Army Museum, London (ul). Mary Evans Picture Library: (ml). **169** akg-images: Rabatti - Domingie (ul). Dorling Kindersley: Tina Chambers/The British Museum (mro); Tina Chambers/Mit Genehm. von The National Maritime Museum, London (mr). Getty Images: British Library/Robana (ur); SSPL (gor). **170** akg-images: ullstein bild (mr). The Bridgeman Art Library: Tretyakov Gallery, Moskau, Russland (gol). Dorling Kindersley: Christi Graham und Nick Nicholls/The British Library (gor). **171** akg-images: (mu). The Bridgeman Art Library: Art Museum, Samara, Russland (mlo); Universal History Archive/UIG (gor). Corbis: Lebrecht Music & Arts (gol); Reproduced by permission of The State Hermitage Museum, St. Petersburg, Russland (gor). Getty Images: Imagno/Hulton Archive (mlu); Universal Images Group (ml). **172–173** akg-images: IAM (mu). **172** Alamy Images: North Wind Picture Archives (mo). Corbis: (ul). **173** akg-images: (mu). Corbis: Bettmann (mro). Getty Images: Universal Images Group (mlo). **174** akgimages: North Wind Picture Archives (ml). Mary Evans Picture Library: (gol). Getty Images: Royal Geographical Society (mu).**175** The Bridgeman Art Library: Universal History Archive/UIG (m). **176** Corbis: PoodlesRock (m). Dorling Kindersley: Ranald MacKechnie/The Wallace Collection, London (mru); James Stevenson/Mit frdl. Genehm. des National Maritime Museum, London (ml). Mary Evans Picture Library: (um). Science Photo Library: Detlev van Ravenswaay (gol). **177** Corbis: Stefano Bianchetti (m). Dorling Kindersley: Gary Ombler/Mit frdl. Genehm. des Pitt Rivers Museum, University of Oxford (mlo/Bumerang); Gary Ombler/Mit frdl. Genehm. der National Cycle Collection (mr). **178–179** Science Photo Library: Detlev van Ravenswaay (um). **178** Corbis: Bettmann (gor); Museum of the City of New York (mlo). **179** akg-images: North Wind Picture Archives (um). Alamy Images: North Wind Picture Archives (mro). The Bridgeman Art Library: Archives Charmet/Archives du Ministère des Affaires Étrangères, Paris (mu). Corbis: Bettmann (ml). **180** Dorling Kindersley: John Chase/Mit frdl. Genehm. des Museum of London (ur); Wallace Collection, London (ul). Mary Evans Picture Library: (mlu, gor). **181** Corbis: Hulton-Deutsch Collection (mru). Dorling Kindersley: Colin Keates / Mit frdl. Genehm. des Natural History Museum, London (ul/Butter¬); Natural History Museum, London (ul). iStockphoto.com: EVAfotografie / Getty Images Plus (m). **182** The Bridgeman Art Library: Archives Charmet/CNAM, Conservatoire National de Arts et Metiers, Paris (m). Dorling Kindersley: Colin Keates/Mit frdl. Genehm. des Natural History Museum, London (ml). Getty Images: British Library/Robana (gol). **183** The Bridgeman Art Library: Archives Charmet/Archives de l'École Nationale des Ponts et Chaussées, Paris (gor). Corbis: (gol); Hulton-Deutsch Collection (m). Getty Images: Time & Life Pictures (mu). **184** Corbis: (m). **185** Alamy Images: Everett Collection Historical (mru). Getty Images: Popperfoto (gor); SSPL (mu). **186** Alamy Images: david martyn hughes (gol). Corbis: The Gallery Collection (gor). Dorling Kindersley: Frank Greenaway/Mit frdl. Genehm. des Natural History Museum, London (mlo); Dave King/Mit frdl. Genehm. des Science Museum, London (ur); Ranald MacKechnie/The Wallace Collection, London (mlu). **187** Corbis: The Gallery Collection (gor). Getty Images: De Agostini (mru). Mary Evans Picture Library: (mlu). **188** Corbis: PoodlesRock (mru). Dorling Kindersley: Jacob Termansen and Pia Marie Molbech/Mit frdl. Genehm. Peter Keim (gol). **189** Corbis: Heritage Images (mru). Getty Images: (ml, mlu). SuperStock: (mlo). **190** Corbis: Nigel Hicks (ul). Mary Evans Picture Library: (ur). **191** Corbis: (gol); Stapleton Collection (mro); Christel Gerstenberg (ur). Dorling Kindersley: Gary Ombler/Mit frdl. Genehm. des Pitt Rivers Museum, University of Oxford (mr). **192** Corbis: The Gallery Collection (gol, m). **193** akg-images: Interfoto (um). The Bridgeman Art Library: Archives Charmet/Musée de la Ville de Paris, Musée Carnavalet, Paris (ml); Archive Charmet/Bibliothèque Nationale, Paris (mu); Look & Learn (mru). Corbis: Gianni Dagli Orti (mgl, m). Getty Images: (gor); Universal Images Group (gol). **194** Corbis: (ul); Bettmann (gol). Fotolia: Ralph Maats (mlu). Getty Images: SSPL (mr). **194–195** Dorling Kindersley: Peter Hayman/Trustees of The British Museum (um); Clive Streeter/Mit frdl. Genehm. des Science Museum, London (mo). **195** Corbis: Bettmann (um, mru). Getty Images: The Bridgeman Art Library (gol). **196–197** Corbis: Heritage Images (m). **198** Corbis: Smithsonian Institution (um). Library Of Congress, Washington, D.C.: 3a19564u (mru). **199** Corbis: Bettmann (um); Hulton-Deutsch Collection; Stapleton Collection (ul). Mary Evans Picture Library: Iberfoto (gor). **200** Getty Images: The Bridgeman Art Library (gol); Universal Images Group/Hulton Fine Art (m). **201** Dorling Kindersley: Wilberforce House Museum, Hull (um). SuperStock: The BridgemanArt Library (gor); Universal Images Group (mr). **202–203** Corbis: Bettmann (um). **202** Corbis: Bettmann (mru); Blaine Harrington III (gol); Michael Nicholson (mr); Christie's Images (um). **203** Dorling Kindersley: Dave King/Mit frdl. Genehm. des Science Museum, London (ul); Gary Ombler/Mit frdl. Genehm. der National Cycle Collection (mo). Science Photo Library: Sheila Terry (gol). **204** The Bridgeman Art Library: The Royal Institution, London, UK (mru). Corbis: Michael Nicholson (mo); Nigel Pavitt/JAI (gol). **205** Corbis: Bettmann (ul). Getty Images: Antoine Francois Jean Claudet/Hulton Archive (mru); Joseph Niepce/Hulton Archive (gol); SSPL (mu). **206** Dorling Kindersley: Dave King/Mit frdl. Genehm. des Science Museum, London (m/mittelalterliche Instrumente). **207** Corbis: PoodlesRock (mr). Mary Evans Picture Library: Peter Higginbotham Collection (gol). Wellcome Images: Science Museum, London (ml). **208** Corbis: Michael Nicholson (ur). Dorling Kindersley: Lynton Gardiner/Mit frdl. Genehm. des American Museum of Natural History (mr). Getty Images: The Bridgeman Art Library (mo, ul). **209** The Bridgeman Art Library: Look & Learn (mro). Corbis: Bettmann (ul); Heritage Images (m). **210** akg-images: North Wind Picture Archives (ul). The Bridgeman Art Library: Peter Newark American Pictures (gol). **211** Dorling Kindersley: Demetrio Carrasco/Rough Guides (m). **212** Corbis: (gom); Heritage Images (ul). Dorling Kindersley: Ensuper/Shutterstock (mo). **213** Corbis: PoodlesRock (um). Getty Images: (gol); Universal Images Group (mru). **214–215** akg-images. **216** akg-images: John Hios (mo/Medaille). Alamy Images: Trinity Mirror/Mirrorpix (um). The Bridgeman Art Library: (m/Krone); Cincinnati Art Museum, Ohio, USA/Museum Purchase (ul). Corbis: Swim Ink 2, LLC (mro/Uncle Sam). Getty Images: SSPL (mlu/frühes Telefon, mru). **217** akg-images: RIA Novosti (mlo/Medaille). Corbis: Museum of Flight (mogr). Dorling Kindersley: Andy Crawford/Mit frdl. Genehm. der Trustees of the Imperial War Museum, London (gol); Ellen Howdon/Mit frdl. Genehm. des Glasgow Museum/Glasgow City Council (Museums) (ml); Mit frdl. Genehm. des Imperial War Museum, London (mgr); Steve Gorton/Academy of Motion Picture Arts and Sciences (mr/Oscar). **218** The Bridgeman Art Library: Privatsammlung (um); Universal History Archive/UIG (gor) Corbis: Bettmann (gor, mru). Dorling Kindersley: Gary Ombler/Mit frdl. Genehm. des Board of Trustees of the Royal Armouries (mlu). Getty Images: De Agostini Picture Library/DEA/G. Dagli Orti (gol). **219** The Bridgeman Art Library: Privatsammlung (gor). Corbis: Louie Psihoyos/Science Faction (gom). Getty Images: The Bridgeman Art Library (mlu). Mary Evans Picture Library: (mru). **220** The Bridgeman Art Library: Museo Historico Nacional, Buenos Aires, Argentinien (ur). Corbis: Hulton-Deutsch Collection (ul). Getty Images: The Bridgeman Art Library/Samuel John Hodson (gol). **221** Alamy Images: Interfoto/Travel (mru). The Bridgeman Art Library: Cincinnati Art Museum, Ohio, USA/Museum Purchase (gor). Corbis: Lebrecht Authors/Lebrecht Music & Arts (mo). Getty Images: Imagno/Hulton Archive (gol). **222** Dorling Kindersley: Confederate Memorial Hall, New Orleans/Confederate Memorial Hall, New Orleans, LA (m). **222–223** Corbis: Blue Lantern Studio (m). **223** Corbis: (gol); Bettmann (mr). Dorling Kindersley: Gettysburg National Military Park, PA (mo/Bajonett, m/Gewehr, gom); Kovalchuk Oleksandr (m) Shutterstock (mu/Grant). **224** The Bridgeman Art Library: De Agostini Picture Library (gol). Corbis: Fine Art Photographic Library (um). **224–225** Getty Images: American School/The Bridgeman Art Library (gom). **225** Getty Images: SSPL (ul). Mary Evans Picture Library: (mru). Wimbledon Lawn Tennis Museum: (gor). **226** akg-images: Ullstein Bild (mru). The Bridgeman Art Library: Tucherschloss Nürnberg (ml); Chateau de Versailles (mlu); Universal History Archive/UIG (m). **227** The Bridgeman Art Library: (mru); Museo del Risorgimento di Brescia, Italien (cml); Giraudon (mro); De Agostini Picture Library (mru/Garibaldi). **228** Alamy Images: Trinity Mirror/Mirrorpix (gom). Dorling Kindersley: The Science Museum, London (mru). Getty Images: (ul). Mary Evans Picture Library: (ur). **229** The Bridgeman Art Library: Giraudon/Musée de la Ville de Paris, Musée Carnavalet, Paris (m). Corbis: Bettmann (ul). Dorling Kindersley: Football Museum, Preston, UK (gol). **230–231** Corbis: Hulton-Deutsch Collection (m). **231** Alamy Images: World History Archive (gom). The Bridgeman Art Library: Look & Learn (gor); Photo © Tarker (mro/Rhodes); Patrick Lorette (mro/Leopold II.); The Stapleton Collection (mr). Corbis: adoc-photos (ur). Dorling Kindersley: Gary Ombler/Mit frdl. Genehm. des Board of Trustees of the Royal Armouries (m/Speer). **232** Corbis: Paul Thompson/National Geographic Society (m). **233** Corbis: Bettmann (ur, mru, gor). **234** The Bridgeman Art Library: Archives Charmet/Bibliothèque des Arts Decoratifs, Paris, (mo); Universal History Archive/UIG (ur). Dorling Kindersley: Lynton Gardiner/Mit frdl. Genehm. des American Museum of Natural History (ul). **235** akg-images: John Hios (mu). Corbis: Bettmann (ur). Dorling Kindersley: The Science Museum, London (mlo). Getty Images: Hulton Archive (mo). **236** Getty Images: De Agostini Picture Library/DEA/M. **237** Corbis: Arnd Wiegmann/Reuters (mro). Getty Images: Arnold Genthe/Hulton Archive (ur); Topical Press Agency/Hulton Archive (mlo). **238–239** Alamy Images: LOC Photo (m). **240–241** Getty Images: Popperfoto (gom). **240** Corbis: Ted Spiegel (um); Underwood & Underwood (ul). Getty Images: (mro, ur). **241** Corbis: Heritage Images (mru). Getty Images: SSPL (mu); Time & Life Pictures (ul); UIG (l). **242** Corbis: (mu). **243** Alamy Images: Martin Bennet (ml). Corbis: (mru); Swim Ink 2, LLC (gom). Getty Images: (gol, mlo/Sopwith Camel, mr). **244** Corbis: Bettmann (mro); Michael Nicholson (mu). Getty Images: Bain News Service/Interim Archives/Archive Photos (um); Mansell/Time & Life Pictures (gol). **245** Getty Images: PhotoQuest/Archive Photos (mru); Topical Press Agency/Hulton Archive (ur); SSPL (gom). **246** akg-images: RIA Novosti (mo). Corbis: Bettmann (ul). Mary Evans Picture Library: (gol) **247** Corbis: Bettmann (mu, ur); Hulton-Deutsch Collection (gor). Dorling Kindersley: Steve Gorton/Academy of Motion Picture Arts and Sciences (mro); Ellen Howdon/Mit frdl. Genehm. des Glasgow Museum/Glasgow City Council (Museums) (mlo). Mary Evans Picture Library: Epic (gom). Science Photo Library: Clouds Hill Imaging Ltd (ul). **248** aviationpictures.com: (um). Corbis: (gor). Getty Images: (ul). TopFoto.co.uk: The Granger Collection (gol). **249** Getty Images: (m, gol, ur) Time & Life Pictures (ul). **250** The Bridgeman Art Library: Peter Newark American Pictures (mlu/Roosevelt). Corbis: Bettmann (ml). Getty Images: Gamma-Keystone (gol). TopFoto.co.uk: (mr). **250–251** Getty Images: (m). **251** Getty Images: (ml, mru); SSPL (gor). **252–253** Getty Images: Keystone/Hulton Archive (m). **254** akg-images: Interfoto (mlo). Corbis: Hulton-Deutsch Collection (ur). Getty Images: (gor); De Agostini (mu). **255** Alamy Images: Andy Myatt (ur). Corbis: (gol). Dorling Kindersley: Andy Crawford/Mit frdl. Genehm. der Trustees of the Imperial War Museum, London (mr/Spitfire). Getty Images: (ul). **256–257** Corbis: (m). **256** akg-images: (gor). Dorling Kindersley: Mit frdl. Genehm. des Imperial War Museum, London (ul). **257** akg-images: (ul). Corbis: Oscar White (mo/Eisenhower). Bridgeman Art Library: SZ Photo/Scherl (mu). Dorling Kindersley: Mit frdl. Genehm. des Imperial War Museum, London (gol). Getty Images: (gom, gor); Roger Viollet (mro). **258** Corbis: (mr). Getty Images: FPG (gom). Mary Evans Picture Library: SZ Photo/Scheri (mo). **259** Corbis: Hulton-Deutsch Collection (gom); Museum of Flight (gol). Dorling Kindersley: Bradbury Science Museum, Los Alamos (mru). Getty Images: Gamma-Keystone (mr). **260** akg-images: (gor). Corbis: Bettmann (mru). Getty Images: (ml, ur). **261** Corbis: (mu); Ocean (ml). Getty Images: (um); Sovfoto/UIG (gor). **262** Corbis: Bettmann (mlu). Getty Images: (mru). Imperial War Museum: (EPH 3872) (um). **263** Corbis: Bettmann (m). **264** Alamy Images: Everett Collection Historical (mo); TNT Magazine (mu). Dorling Kindersley: Image Source/United Nations/Getty (mlo/UN-Logo); Gary Ombler/Mit frdl. Genehm. Dave Shayler/Astro Info Service Ltd (m/Abzeichen). **265** Corbis: Christian Liewig/TempSport (m). Getty Images: (mr/Buch); AFP (cl/Mandela, mgr/Obama). s(gom). Ed Uthman: (mgl/Computer). **266** Dorling Kindersley: Image Source/United Nations/Getty (mu). Getty Images: (mlo, mro); Time & Life Pictures (mlu). **267** Corbis: Swim Ink 2, LLC (gol). Getty Images: (ur, mr); Gamma-Keystone (mu). **268** akg-images: Ullstein Bild (mlu). Getty Images: (mlo, mro); Time & Life Pictures (mo). **269** Getty Images: AFP (mru); Time & Life Pictures (gor). **270** Getty Images: Gamma-Keystone (m). **271** akg-images: (ul). Corbis: Bettmann (ur, gor). **272** Alamy Images: Gallo Images (ul). Corbis: (ml). Getty Images: (mr, ur). Science Photo Library: A. Barrington Brown (mu). **273** Getty Images: (gom); Time & Life Pictures (mro); AFP (ul). Imagine China. **274** Corbis: Bettmann (ul). Getty Images: (ur); Popperfoto (gol). **274–275** Getty Images: (gom). **275** Alamy Images: Pictorial Press Ltd (mlu). Corbis: Bettmann (gom); Getty Images: (ur). TopFoto.co.uk: AP (mr). **276–277** Getty Images: AFP (m). **276** Getty Images: (ml); Time & Life Pictures (gor); UIG (mlu). TopFoto.co.uk: (mlo). **277** Corbis: Ken Cedeno (mru). Getty Images: (gom). **278–279** Getty Images: (gom). **278** Getty Images: (um, mro). NASA: (ml). **279** Alamy Images: TNT Magazine (ul). Getty Images: (gom, mogl); Popperfoto (mro); Gamma-Keystone (mru). **280–281** Corbis: Ocean. **282** Corbis: Bettmann (gol, gor). Getty Images: Time & Life Pictures (ul). **283** Corbis: Bettmann (mo); Ralf-Fin Hestoft (mru). TopFoto.co.uk: The Image Works (ul). **284** Getty Images: Danita Delimont (mr); Popperfoto (gor). **284–285** Corbis: Bettmann (mu). **285** Alamy Images: Gino's Premium Images (mru). Getty Images: AFP (gom). **286** Corbis: Wael Hamzeh/epa (ul). Rex Features: Richard Young (mro). TopFoto.co.uk: World History Archive (mu). Ed Uthman: (gor). **287** Getty Images: (mlu); AFP (mlo, gom, gor); Gamma-Rapho (ul); NBCU Photo Bank (mru). **288–289** Getty Images: (mu). Science Photo Library: NIBSC (mo). **288** Corbis: Reuters (ul). Getty Images: (gom, um). NASA: (mlo). **289** Alamy Images: f8 archive (ur). Corbis: Nathan Benn (gor); Kapoor Baldev/Sygma (um). **290** Getty Images: AFP (mlu); Time & Life Pictures (mu, mo). TopFoto.co.uk: (mlo). **291** Getty Images: (mlu); Gamma-Keystone (mru). **292** Getty Images: (mlo); AFP (mu). **292–293** akg-images: Ullstein Bild (gom). **293** Corbis: Peter Turnley (mro). **294** Getty Images: Boston Globe (m). **295** Getty Images: AFP (gor, gol); Time & Life Pictures (mlu, ml/Yeltsin); Gamma-Rapho (cla/Gorbatschow). **296** Getty Images: (mu); Time & Life Pictures (gor, ur); AFP (um). **297** Alamy Images: Universal Images Group Limited (ur). Getty Images: (mru); AFP (mro). **298** akg-images: Interfoto (mo). Getty Images: AFP (ul); Time & Life Pictures (gol). **299** Getty Images: AFP (m). **300–301** Corbis: James Leynse (gom). **300** Corbis: Ed Quinn (mlu). Getty Images: (ul); SSPL (um); AFP (mro, mu, gol). **301** Alamy Images: Universal Images Group Limited (gor). Getty Images: (ul, mro). **302** Getty Images: (gor); AFP (mlo); Medioimages / Photodisc (mru). Science Photo Library: James King-Holmes (mlu). **303** Getty Images: (mro); AFP (mlo, ul); NY Daily News (um). NASA: (mo, gom). **304** Getty Images: (mlu); AFP (m). **304-305** Getty Images: (m). **305** Alamy Images: Trinity Mirror / Mirrorpix (gor). Getty Images: AFP (mu). **306** Alamy Stock Photo: COP21 (ml). Getty Images: Hanna Franzen / AFP (um); AFP (ur); Jed Share / Kaoru Share (mlo). **307** Getty Images: (ur); Barcroft Media (gol); Fabrice Coffrini / AFP (ul); Etienne De Malglaive / Getty Images News (gor); Carl De Souza / AFP (mo). Alamy Stock Photo: Adrian Lyon / iPhone is a trademark of Apple Inc., registered in the U.S. and other countries. (ml). **308-309** NASA: JPL-Caltech. **308** Getty Images: Tony Karumba / AFP (ul). NASA: JPL-Caltech (go). **309** 123RF.com: Dmitry Kalinovsky (mo); Kateryna Kon (gol); Ken Wolter (ur). Getty Images: Joe & Clair Carnegie / Libyan Soup (mlu); Ron Sachs-Pool (ul).

Cover: *Vorn:* Dreamstime.com: Luis Leamus Hinten: Alamy Stock Photo: AF Archive (um/Amelia Earhart), EmmePi Travel (mlu/Streitwagen), Pelmof (mru/Planeten). Corbis: Schenectady Museum/Hall of Electrical History Foundation (mlu/Lampe); Gianni Dagli Orti (mugl/Vase). Dorling Kindersley: Wallace Collection, London (ul/Helm). Dreamstime.com: Cobalt88 (mugr/Tablet). NASA: (mru/Weltraumausflug).

Alle anderen Abbildungen © Dorling Kindersley